들뢰즈적 교육과정 접근법

Jason J. Wallin 저 | 윤은주 · 안효진 · 류미향 · 성소영 · 신은미 · 이연선 · 이진희 · 정가윤 공역

A Deleuzian Approach To Curriculum

학지사

역자 서문

최근 들뢰즈의 이론이 제공하는 사고와 세계의 복잡성에 대한 독특하고 풍부한 관점이 분야를 막론하고 주목을 받고 있다. 교육도 예외가 아닌지라 이 흐름에 따라 들뢰즈 교육학이 활발히 적용되면서 난해의 끝이라고 불리는 프랑스 철학자 들뢰즈의 개념을 곳곳에서 어렵지 않게 접할 수 있다.

역자들은 2016년경 유아 교육에 들뢰즈를 접목하는 작업을 하면서 깊은 통찰과 배움의 시간을 가졌고, 이를 대학원생과 연구자들과 나누고자 들뢰즈 이론을 현장에 적용시킨 책을 여럿 번역하였다. 이런 노력으로 많은 연구자들과 현장 교사들이 철학자 들뢰즈의 사유에 동참하면서 나름의 변형을 생성하기 위해 고군분투하는 모습을 빈번히 접하게 된다. 그러나 마치 숙명인 것처럼, 이론의 유행에 동반하는 설익은 이해와 잘못된 적용은 이번에도 어김없이 찾아왔다. 역자들은 이에 대한 우려와 책임감을 동시에 느끼며 들뢰즈 이론이 우리 교육을 진정으로 살리는 데 도움이 되기를 바라며 다시 한번 배움의 시간을 가졌다. 그리고 그 결과를 또다시 공유하고자 한다. 이 책은 그 노력의 결실들 중 하나이다.

이 책은 교육자들에게 들뢰즈적 접근법을 통해 교육 현장을 탐구하고 변혁하는 데에 필요한 방법과 원리를 제시해 준다. 저자는 단순한 이분법적인 접근을 피하고, 들뢰즈의 개념들을 교육 현장의 복잡성과 다양성을 존중하며 적용하는 방법으로 안내한다. 아울러 교육 현장에서 들뢰즈적 접근법을 탐구하는 연구자들이 쉽게 범할 수 있는 실수를 경고함과 함께 이를 피할 가이드라인을 제공한다. 이분법적인 접근은 들뢰즈의 철학을 과도하게 단순화하고, 그의 개념들이 가지는 힘과 잠재력을 제한할 수 있다. 따라서 이분법적 접근을 버리고 복잡성과 창의성을 존중하는 다양한 방법을 적용하여 학습자들의 비판적 사고와 창의성을 촉진하는 교육적 풍경 조성이 필요하다.

저자는 들뢰즈의 철학적 접근을 교육 현장에 적용하는 들뢰즈적 접근법을 독특한 방식으로 소개한다. 기존 들뢰즈 교육 관련 서적과는 달리, 우리가 흔히 교과라고 부르는 학문 분야의 내용을 매우 특이하고 색다른 소재들을 통해 다룬다. 구체적 내용은 다음과 같다. 제1장은 '쿠레레의 개념적 힘', 제2장은 '초월성의 허상과 내재성의 내재의 존재론', 제3장은 '허구의 힘과 시뮬라크르의 문제학', 제4장은 '유목민 되기', 제5장은 '음악-되기: 교육과정 이론에서의 즉흥연주와 도구주의', 제6장은 '불확실한 게임', 제7장은 '나는 거기에 없다: 영화의 시간-이미지, 문화, 교육과정 연구, 그리고 비시간성 주체의 정치 예술', 제8장은 '구멍 뚫린 교육과정 만들기: 비시간성, 낯설음 그리고 변이의 정신분열적 잠재성', 제9장은 '기묘한 장치와 괴상한 기계'의 내용을 담고 있다.

이 책의 구성에서 우리가 주목할 바는 저자의 설명 방식이다. 영화, 음악, 그림 게임 등의 실제 사례를 매우 구체적으로 기술한다. 마치 들뢰즈가 영화 속으로 들어가서 해설하는 듯한 방식을 도입한다. 이런 상세한 논의 덕분에 독자들은 들뢰즈적 접근법을 더 깊이 이해하고, 개념의 힘을 제대로 인식하며 교육 현장에 적용할 방안을 습득할 수 있게 된다. 더 나아가, 현장 전문가들은 들뢰즈의 개념을 오해 없이 교육 현장에서 활용하고, 학습자들이 다양성과 창의성을 향한 학습 경험을 얻을 수 있도록 도울 수 있게 해 준다. 그런 맥락에서 독자들에게 반드시 책에 나오는 영화, 음악, 그림, 게임 등을 접하면서 읽기를 당부한다. 그 이해 농도는 매우 달라질 것이다.

마지막으로, 첫 번역을 완전히 뒤엎는 작업으로 시간이 예상보다 훨씬 더 소요되었다. 그럼에도 번역의 완성을 오랫동안 기다려 준 학지사에 깊은 감사를 전한다.

역자 일동

저자 서문

이 책의 전개에서 밝혀질 **쿠레레**(currere)의 개념은 그루넷(Grumet, 1976a/1976b)과 파이너(Pinar, 1972/1974)가 개척한 자서전 방법에서 출발한다. 하지만 이 책은 자서전적이거나 반성적인 것을 지향하지는 않는다. 이 책에서 다루는 쿠레레는 교육적 사고를 위한 개념이다. 그렇다고 해서 이 작업이 양적(숫자) 족쇄에서 단지 벗어나고자 함은 아니다. 그보다 현상학 및 구조주의와 함께 들뢰즈와 가타리(Deleuze & Guattari, 1983)가 "오이디푸스"로 칭한 삶이 가진 교조적 이미지를 탈피하고자 함이다. 더 상세히 말하자면, 이 책은 **쿠레레**가 어떠한 힘을 행사할 것인가에 대한 해석이다. 달리 표현하면, **쿠레레가 행하는, 또 하게 될 바에 대한** 질문을 밝혀내는 탐색이다. 이런 차원에서 이 책이 택한 분석양식은 **사유에 대한 실험**이라고 할 수 있다. 구체적으로 말하면, 예술적 감응과 철학적 개념을 생성하여 **교육적 삶에서 사유를 위한 새로운 방식을 펼치고자 한다.** 이런 의미에서 이 책에서 다루는 쿠레레 개념에 대한 접근은 들뢰즈의 **개체화**(individualization) 개념[1]에 가깝다. 더 나아가, **교육학에서 교육학을 분리시키는 작업**이라 할 수 있다. 이러한 개념화 방식은 특정 존재론적 토대나 실재(reality)에서 추정한 이미지에 의존하지 않는다. 따라서 이 책은 재현과 관념론을 깨고 나온 들뢰즈가 행한 철학적 도전을 따르면서, 교육적 차이를 사유하기 위해 철학에서 한 장을 끌어들인다. 바꾸어 말하면 **아직 오지 않은, 즉 앞으로 오게 될 사람**들을 위해 개념을 과잉해서(필요 이상의 개념들을) 생성해 보고자 한다.

이 "생산적" 욕망의 차원에서 이 책에서는 들뢰즈(Deleuze, 1994)가 "철학의 전염병"이라고 불렀던 바는 피할 것이다. 보다 구체적으로, 창조 없는 비판(p. 28) 행위는 피하고자 한다. 즉, 이 책은 특정한 세계의 이미지를 대변하고자 하지 않는다.

---

1) 역자 주: 들뢰즈 개체화 개념의 핵심은 욕망이다. 즉, 욕망한다는 것은 배치를 구성하고자 하는 행위로, 이러한 흐름 안에서 구성으로 조합된 배치이다.

그보다 **되기**(becoming)의 창조적 역량에 무게를 두고자 한다. 교육학이 미래에 열려 있기 위해서는 새로운 교육적 사유방식이 동원되어야 함을 주장하고자 한다. 들뢰즈가 밝힌 바처럼, "새로운 표현 수단의 탐색은 니체에 의해 시작되었다. 그리고 오늘날은 예술 분야의 부활과 관련하여 모색되어야 할 것이다"(1991, p. xxi). 근(현)대 교육에서 작동하는 '진리의 체제들'에 반대하여, 이 책은 **대중의 의견과 상식 모두로부터** 자유로워진 교육적 사유방식을 생성해 내는 쿠레레 개념을 실험해 보고자 한다. 이런 맥락에서 이 책 『**들뢰즈적 교육과정 접근법**(Deleuzian Approach to Curriculum)』에서는 교육과정을 다른 종류의 또는 다른 논리의 만남으로 **여기게끔 하는 방식**에서 **쿠레레** 개념이 다뤄질 것이다.

이 책에서는 근(현)대 제도기관들이 욕망을 지배하고 주체성(subjectivity)에 대한 교조적 이미지를 창출해 낸 방법들을 분석하는 가운데, 교육과정의 이론 및 구성 부분에서 계속 통용 중인 재현 담론에 대해 비판하면서 변화를 불러오고자 한다. 새로운 형태의 주관적 혹은 사회적 조직을 모색할 가능성을 축소시키는 기존의 교육과정 연구에 깔린 초월적 사유의 유산을 "뿌리 뽑는 일" 또한 함께 진행될 것이다. 이 작업에서 저자인 나는 들뢰즈와 가타리가 **수목**(arboreal)이라고 부른 위계적이고 발달적이며 상황적인 사유에 만연된 "뿌리 깊음(rootedness)"을 낱낱이 밝혀낼 것이다. 이 책에서 주장하고자 하는 바는 이러한 **수목형** 교육 이미지가 제도적 허무주의, 냉소주의, 보수주의의 확산을 야기해 왔다는 점이다. 이와는 대조적으로 이 책에서는 들뢰즈, 들뢰즈와 가타리의 글에서 개념화된 아이디어인 en fuit 혹은 "누출, 누수(leaking)"의 교육적 이미지를 창안하여 이 생각으로 개입을 시도해 보고자 한다. 들뢰즈 및 들뢰즈와 가타리는 파시스트 사고에 대항할 무기로 다수의 "누출(**리좀적, 유목적, 정신분열적**)"을 끌어들였다.

기관의 무수한 통제 메커니즘에 대항하여 생산적인 탈주선들이 계속 이어지고 있다. 이 책에서는 이런 선들이나 미세 운동들을 비난의 투보다는 강조의 방향에서 다루고자 한다. 동일 선상에서, 이 책은 조직(organization)과 탈조직(disorgarnization)을 두 개의 분리된 존재론적 실체(ontological substance)로 나누지 않으면서 둘 모두를 고려하는 생산적인 방법을 지향하고자 한다. 내가 보기에 이런 접근에서는 주체(subject)가 해방된다. 그리고 이 주체는 이미 존재하는 정체성 구조에 묶이지 않는다. 이러한 존재론적 접근은 정치적 양면성과 부정의 시대에 필연적으로 존재한다. 그리고 이 접근을 통해 이론과 실제에 대한 새로운 방향이 제시될 때 우리는 더 이상 근본이나 최종의 전체성(목적론이나 변증법)에 구속받지 않는다.

이 책에서는 미시정치 혹은 **비주류**(minor, 들뢰즈 용어로) 교육과정 학풍에 기반하면서 두 가지 작업을 수행하고자 한다. 첫째, 차이와 다양성의 문제를 지향하는 교육과정 분야의 새로운 계보를 만들고자 한다. 이것은 "공식적" 계보가 과도하게 코드화되었거나 죽어 버린 분야 연구자들에게 도움이 될 것이다. 둘째, 교육과정 학문을 탐구하는 방법을 장려하고자 한다. 이것은 지금까지 관련 없던 연구자들 사이에서 새로운 공감을 불러일으킬 것이다. 아울러 학자들이 일련의 새로운 개념적 도구와 이론적 계보를 갖고서 자신들이 작업하게 될 차이와 다양성으로 가득 찬 복잡한 문제 상황에 들어서도록 만들어 줄 것이다.

이 책에서는 생성적 욕망과 가능성을 해방시켜 줄 예술의 힘을 설명하는 가운데 많은 예술적 혁신이 언급될 것이다. 이 예술적 혁신에서는 물질적 방법들이 중요하게 다뤄질 것이다. 이 물질적 방법들은 "예술"이 권력을 반대해 오고, 차이를 긍정해 오며, 또 규범화된 담론을 탈습관화했을 때 적용했던 방식이다. 이 점은 사람들이 주체성(subjectivity)과 사회조직을 재고할 때 적용할 사유방식과 물질적 실천을 제안해 준다는 점에서 유용할 것이다. 이 책은 이러한 실행을 통해 교육이 무엇을 배우고 혹은 사용할 수 있는 것인가의 물음을 던진다. 더 나아가, 이러한 우리가 이 같은 예술적 혁신을 진지하게 받아들일 수 있다면, 과연 교육에서 어떤 되기(becoming)들이 가능하겠는가를 묻는다. 내가 보기에 예술적 "탈영토화(deterritorializations)" 방법은 도구주의(사전에 욕망을 조직화하거나 지배하는)와 실증주의(이상주의와 도덕의 체계가 지역의 상태와 내재성을 고려치 않는다고 가정하는)에 의해 속박되지 않는 사유방식을 우리에게 제공해 준다. 이 물음은 사회과학에서 이제 실험을 끝내라는 요구와 함께 동시에 예술에서 생산되는 욕망의 흐름을 기존 제도가 받아들이지 못한 부분과 직접 관련이 있다. 이와는 대조적으로, 저자인 나는 차이를 "포착하는(잡아내는)" 것이 아니라, 긍정(동의하여 행동으로 나타나는)하는 교육과정 구성을 위한 개념 **도구상자**를 개발하고자 한다. 아울러 가르침과 배움이 재조직될 수 있는 차이에 의해 항상 또 이미 깨지고 있는 방법을 설명하고자 한다. 달리 말하자면, 조직화(organization)는 이미 하나의 차이라고 할 수 있다. 이런 방식을 통해 나는 "영토화된" 교육적 사고를 창의적이고 생산적인 차이로 되돌려놓고자 한다. 이를 통해 교육자와 교육과정 연구자들은 "삶이 어떻게 **될지**"를 평가하고 이해할 수 있는 "새로운" 기준을 갖고 교육이 직면한 현대 문제(허무주의, 초월, 결의, 도구주의)를 해결할 수단을 제공받을 것이다. 또한 사유의 강조뿐만 아니라 "삶이 어떻게 **되어야** 하는지"의 이미지에 집중된 행동과 정서의 탈습관화도 강조될 것이다.

이 책은 틀에 얽매이지 않는 교육, 가르침, 배움의 이미지를 생성하고자 한다. 부분적으로 종종 기울어지기는 하지만, 교육적 관계를 특이성으로 상상하도록 만들 수단을 제공하는 예술적 양식을 분석하여 접근하고자 한다. 그러나 이 작업은 오늘날 현장에서 **선험적** 모델(오이디푸스, 인본주의적, 위계적)의 재현으로 여겨지는 수많은 이론화를 통해서는 아니다. 그보다 나는 삶이 어떻게 나아가야 하는지 알아보기 위한 실험적 "고원"으로 현대 영화, 음악, 기타 행위예술의 사례를 활용할 것이다. 즉, 시간과 공간, 삶의 되기가 어떻게 다르게 사유되는지를 알아보기 위해 이들 사례를 활용할 것이다. 더 나아가 지식, 의미 및 중요성의 전통적 흐름을 재구성 중인 예술에서 그런 역동적 실천들을 찾아낼 것이다. 여기서 나는 교육과 관련된 사례를 강조하고자 하며, 이것은 "정규화된" 교수법을 "이상한 것"으로 생각하도록 해 줄 것이다. 이 전략은 교육자/이론가들에게 교육에서 상상의 사례와 물질적 사례를 제공해 줄 것이다. 그러나 이 사례들은 속(genus) 혹은 초자아적 "메타-구조"가 요구하는 바에는 맞춰(환원)질 수 없다. 대신에 이 책에서는 교육과정을 질적 다중성(**종류**의 차이로서)으로 생각하고 실행하게 해 줄 개념을 보여 줄 것이다. 내가 보기에, 확립된 기준으로서 다양성의 **정도**로 차이를 축소시키는 개념모델로 제한을 받아 온 수많은 교육가와 이론가에게 사고의 변환은 혁신적 통로가 될 것이다.

교육과정 연구 분야를 재검토하기 위한 이들 각각의 전략은 들뢰즈, 들뢰즈와 가타리[2] 그리고 니체, 베르그송, 스피노자를 포함한 "야만인, 미개인" 철학 계보를 따르고 있다. 이 책은 어느 정도는 교육이 직면한 현대적 문제에 들뢰즈와 들뢰즈가타리 철학을 도입하는 것에 대한 설명이다. 더 나아가, 정치적 저항과 사회적 변화를 위한 탈주선을 만들려는 들뢰즈와 가타리 사유의 도입이다. 그러나 이 작업은 교육과정 이론이 **무엇인지**에 대한 "조사"를 단지 포기한 것은 아니다. 그보다 교육과정 이론화를 **수행할 수 있는** 이론을 변경하고자 한다. 단순히 사상가의 입장을 설명하며 페이지를 메꾸려는 것이 아니다. 그보다 자신의 생각이 무엇을 설명하는지, 또 오늘날 교육자에게 그와 같은 생각이 어떤 가능성을 열어 줄지를 밝히고자 함이다. 내가 보기에, 우리는 특정 제도의 흐름(욕망의 식민지화) 해독을 통해 재현 혹은 동일정체성 사고에 의해 더 이상 설명되지 않는 새로운 종류의 탈중심화된 주체와 사회조직을 만들 수 있다(Villani, 2006). 이것은 이론가들과 교육자들 모두로 하여금 재생산보다는 창조의 행위로서 교육과정에 접근하게 해 줄 것이다.

Jason J. Wallin

2) '들뢰즈가타리' 배치물은 들뢰즈와 가타리의 협력적인 결과물이다.

차례

제1장 쿠레레[1)]의 개념적 힘

"모든 학문은 자신의 허상을 만든 후에는 그 연막 뒤로 숨는다."

—Deleuze & Guattari, 1994, p. 3.

들뢰즈와 가타리(Deleuze & Guattari, 1994)에게 개념(concept)이란 주체나 사물에 붙은 명칭 이상을 뜻한다. 개념이란 세상에 접근하는 방식이다. 달리 설명하자면, 개념은 가능성을 탐구하는 사유를 **적극적**으로 확장시켜 **하나의** 세상을 창조해 내는 방식이다. 그런 확장은 그저 이상적인 것만은 아니다. **그보다, 아닌 것**(what it is not)에 대해 경험을 열어 펼치는 것이다. 이런 식으로 개념은 차이를 긍정하면서 경험을 확장한다. 들뢰즈와 가타리(Deleuze & Guattari, 1987)의 말을 빌리자면, 개념이 **무엇인지**는 개념이 **하는 일**에 비해 크게 중요하지 않다. 그리고 선험적 실재를 반영하기 위한 수단도 아니다. 개념이 가진 적극적 힘은 흐름과 환경과의 연결을 만들어 "우리로 하여금 존재와 세계 또는 존재하는 것에 대해 새롭게 사유하는 방식을 고민하도록 … 만든다"(May, 2005, p. 116). 따라서 개념이란 경험을 넘어서, 미리 만들어진 혹은 변형 불가능한 구조가 아니다. 들뢰즈와 가타리(Deleuze & Guattari, 1994)는 니체(Nietzche)가 제시한 철학적 사명을 따르면서 다음과 같이 언급했다. "(우리는) 개념을 더 이상 선물로 받아들이지 말아야 한다. 개념을 단순히 정화하고 닦으려고만 하지 말고, 먼저 **만들고 창조해야 한다**"(p. 5). 실험적 시도로서 개념이 지닌 이런 적극적 힘은 매우 극단적 (영역인) 예술과 철학 양식의 사유에서 그 특징을 파악할 수 있다. 이러한 극단적 만남을 통해 개념이 수행하는 적극적

1) 역자 주: currere는 이 책에서 적극적 생성, 혁명, 변형의 의미로 쓰이기에 curriculum(교육과정의 번역)과 구분하고자 쿠레레라고 표기한다.

창조는 새로운 사유방식과의 실험적인 접속을 끌어낸다. 한편, 개념은 경험의 영역을 활발히 확장시키기 때문에 새로운 예술적 · 정치적 · 윤리적 실천을 탐구하는 장(소) 또한 만들어 낸다(Bogue, 2003).

들뢰즈와 가타리의 예리한 시각을 볼 수 있는 책 『**철학이란 무엇인가?**』(Deleuze & Guattari, 1994)에서 이들은 철학적 탐구의 목적은 세계가 보이는 대로 특징짓는 것이 아니라, 개념을 창출하는 능력을 발휘하는 데 있다고 밝혔다. 이런 방향성은 반성적이기보다 실천적이며, **반응적**(reactive)이라기보다 생산적이다. 니체(Nietzsche, 1961)에 따르면, 차이에 대해 생각하는 개념이 지닌 적극적인 연결의 힘은 지식이나 **재현의** 주어진 대상으로 축소될 때 약화된다(Deleuze, 1991). 그러나 들뢰즈와 가타리가 "개념은 주어지지 않는다. 개념은 만들어지고 창안된다."라고 거듭 강조한 바는 중요한 의미를 갖는다. 들뢰즈와 가타리(Deleuze & Guattari, 1987)는 이런 면에서 개념의 적극적인 힘을 지지하지만, 개념이 적용된 또는 정렬된 지식의 단순한 재현으로서 반응적으로 이해하는 것에는 반대한다. 개념을 반응적인 것으로 다룰 경우, 차이는 대중 의견과 **있는 그대로**의 세계에 대한 선험적 이미지라는 미리 정해진 한계 범위 안에 놓인다. 이렇게 될 경우, 개념이 가진 복잡성은 축소된다.

어원에서 나타나듯이, 교육과정은 라틴어 **쿠레레**(currere), 즉 달리다(run)에서 나왔다. 이것만으로도 교육과정은 적극적인 개념의 힘을 가진 사유방식을 자아낸다. 달리 말하자면, **달리다**라는 말은 쿠레레의 개념적 힘이 새로운 흐름, 파생, 그리고 다양한 운동을 창조하는 생산적 능력과 보여 준다. 예를 들어, 신체가 **될**(become) 수 있는 경험을 확장시키면서, 리좀 줄기와 '뻗어 나가는(run)' 뿌리는 확장을 통해 다른 유기체 및 비유기체와의 새로운 접속을 만들어 낸다(Deleuze & Guattari, 1987). 뻗어 내려가는 화산 마그마의 흐름은 탈영토화를 위한 영토에 내재된 지형적 가능성을 뚜렷이 드러낸다. 그리고 표면상 안정되어 보이는 지구 맨틀을 따라, 또 그것을 통해 새로운 경로를 만든다(Bonta & Protevi, 2004). 음악적 "뻗어 나감"은 코드들과 잠재적으로 일치하는 탈주선을 만든다. 여기서 이 코드들은 새로운 감응을 만들어 낼 때 음색의 음역대를 과잉으로 흐르게 하고, 확장시키고 또 횡단시켜서 그 뻗어 나감을 생성한다. 이 각각의 예시에서 쿠레레는 **되기**(becoming)의 선을 만든다. 또 이 선은 실험, 운동과 창조를 나타내면서 차이를 확장시켜 나간다. 쿠레레는 이 탈주선을 따라 독단적으로 결정된 세계에 대한 이미지를 없앤다. 세계에 대한 이미지가 굳어지기 시작할 때, 쿠레레는 "영원히 계속되는 혁명의 씨앗"을 뿌리는 적극적 힘을 발휘한다(Deleuze, 2004, p. 78).

쿠레레의 개념이 적극적인 창조를 향한 삶의 과정을 펼쳐 주지만, 한편으로 교육과정 사유에 대한 이 개념적 접근은 반응적인 이미지로 인해 방향이 바뀔 수 있다. 다시 말하면, 쿠레레가 여는 되기의 잠재적 방식은 되기에 대한 삶의 잠재력이 가진 선험적 이미지가 뒤바뀌면서 그 복잡성과 차이는 축소된다. 쿠레레의 적극적인 잠재성이 영토화되는 선험적 이미지는 그 어원과 관련이 있다. 쿠레레의 적극적 개념이 "달리기"를 암시하는 반면, 반응적인 선험적 이미지(cursus)[2)]는 고대 그리스어 "전찻길" 또는 어원적으로 "달리게 될 경로(course to be run)"를 지칭한다. 전찻길의 이미지일 경우, 이른바 앞서 쿠레레에 대한 특징으로 말한 다중의 운동은 함락되고, 따라서 잠재적 운동의 "무리(떼)"는 가장 일반적인 굳어 버린 표상구조(Deleuze & Guattari, 1983)로 쇠퇴한다. 쿠레레의 적극적 개념의 힘이 사유를 향한 지향을 나타내는 것처럼, 경마장 폐쇄 회로 내에서 투옥된 삶의 이미지도 마찬가지로 쇠퇴를 나타낸다. 그러나 이런 방식에 들게 된 삶은 더 이상 되기를 위한 창조의 극대화로 받아들여지지 않는다. 그보다 반응적 구조로서 삶은 그 "달리게 될 경로"의 이미지와 관련되어 이해된다. 즉, 서구 교육이 선험적 실재로 잘못 받아들인 이미지이다.

제도교육의 경우, 트랙의 이미지는 동질화되는 영토를 형성해 왔다. 경험을 위한 초월적 근거로 받아들여지면서, 달리게 될 경로는 교육적 삶의 잠재적 되기(becoming)를 훼방한다. 달리게 될 경로는 경계를 넘나들며 변형을 만들어 내고, 정체성을 흔드는 쿠레레의 적극적 힘으로 사유하는 것이 아니라 잘 다듬어진 길로 사유하거나 삶의 과정이 주어진다고 가정한다. 니체(Nietzsche, 1961)의 언어로 표현하자면, 그러한 반응성(reactivity)은 대중 의견을 따르는 삶을 묵인하는 집단정신

2) 역자 주: cursus는 라틴어로 과정 또는 경로를 의미한다.

과 밀접하게 관련 있다. 들뢰즈와 가타리(Deleuze & Guattari, 1994)가 엄청난 철학적 오류로 지적한 것에서 보면, '경로(course)'는 차이가 **두 번째**(secondary) 운동으로 이어지는 근거로 잘못 취급되어 왔다(즉, 오류 수정 때문에 두 번째 운동을 시작한다). 들뢰즈와 가타리(Deleuze & Guattari, 1994)의 철학에서 그러한 개념화의 오류는 선험적 이미지를 우선시하는 가정에서 비롯되었다. 즉, 이미지가 혼돈에서 태어난 추상화(abstraction)로 이해하는 것과는 달리, 실재의 근본적인 표상으로 여겨진다(Ansell Pearson, 1999). 차이는 중요한 것이다. 달리게 될 경로가 경험 외부에 존재하는 진리로 받아들여질 경우, 차이를 생각하는 잠재력은 이 높아진 외부 힘에 의해 뒤얽히거나 밀려나기가 쉽다. 더 나아가, 즉각적인 경험 너머 존재하는 근거로 여겨진 경로의 이미지는 내재적 변형(immanent transformation)에 가깝다. 메이(May, 2005)에 따르면, "초월성은 삶을 얼어붙게 하고 응고시켜 그 흐름을 놓치게 한다. 초월성은 중요한 차이를 포착한 후 … 유일의 관점으로 굴복시킨다. 이 유일한 관점은 차이 외부에 존재하면서 차이를 통제 가능한 범주에 집어넣어 버린다"(p. 27). 반면에, 쿠레레의 안정된 이미지가 '경로화하기(coursings)'의 다양성을 벗어난 추상화로 이해될 경우, 차이의 개념적 힘은 초월적 구조에 의해 '근거되지 않는' 새로운 사유방식을 창안하는 잠재성을 유지하게 된다.

삶의 이미지를 창조하고자 하는 욕구는 인간종만의 특징이다. 들뢰즈(Deleuze, 2004)에 따르면, 그것은 필연적이다. 가타리(Guattari, 2000)가 "카오스모스(chaosmos)"[3]라고 부르는 이 개념은 고원을 만든다. 이것은 혼돈으로부터 잘려 나온 영토이고, 다양한 지형(geomorphic multiplicity) 속에 있는 지층이다. 또는 즉흥적 음악 속에 들어 있는 후렴구라 할 수 있다. 개념은 내재적 가상세계(성) 한가운데서 한 사고방식을 창안해 낸다. 따라서 개념은 항상 모든 것이 아니다(non-all). 개념은 **모든 것을** 담을 수 없다. 왜냐하면 개념은 추상화로부터 나온 혼돈과 닮아 있기 때문이다(Buchanan, 2000). 그러나 쿠레레의 적극적 힘(active force)[4]과 반응

3) 역자 주: 카오스모스(chaosmos)는 혼돈(chaos)과 질서(cosmos)의 상호 침투(omose)를 합성한 단어로, 이 같은 '배치'의 추상적 토대이다. 뿌리-코스모스(root-cosmos) 대신 곁뿌리-카오스모스(radicle-chaosmos)이다.

4) 역자 주: force(힘)는 물리적으로 나타나는 힘을 의미하고, power(동력)는 사람, 사물을 통제할 수 있는 힘(세력)을 의미한다.

적 동력(reactive power) 사이의 핵심적 구분은 반드시 짚어져야 한다. “힘(force)은 … 제약(한계)을 부수고, 새로운 전망을 펼치는 반면에 … 동력(power)은 벽을 쳐 구분한다”(Massumi, 1987b, p. xiii). 달리 말하자면, 쿠레레의 적극적 개념의 힘은 이질적인 핵심 요소들로 구성된 지층을 창조하기 위해 움직인다. 이 리좀의 뿌리들은 관계의 가능성이 현저히 낮은 영토 전역에서 배치를 만들어 낸다. 들뢰즈와 가타리의 도전을 떠올려 보자. 철학은 세상의 재현과는 아무런 관련이 없다. 우리가 영화 제작자, 화가 및 음악가의 철학적 작업이라 부를 수 있는 것처럼, 철학은 오히려 “밟아 다져진 길”(Massumi, 1987b)을 벗어나 그들 각각의 매체와 이탈이 지닌 잠재성으로의 탐험을 뜻한다. 마수미(Massumi)는 개념을 벽돌이 가진 잠재력에 비유하였다. 구축된 경계선(y+z)을 부수기 위해 벽돌은 팔과 함께 배치할 수 있다. 아울러, 차이(x=x=not y)에 맞서 보다 탄력성 있는 경계선을 구축할 때 건축 재료인 끈적한 회(mortar)와 결합할 수 있다.

들뢰즈와 가타리(Deleuze & Guattari, 1994)의 사고에서 보면, 이런 개념은 무(ex nihilo)로 나타나지 않는다. 그것은 문제(학)(problematics)[5]와 밀접히 닮아 있다. 들뢰즈와 가타리는 이 관계가 아니라면, 즉 문제(학)과 닮지 않다면 개념은 의미가 없다고 주장한다. 예를 들어, 데카르트의 코기토(cogito) 개념은 “의심할 여지 없이 알 수 있는 것은 무엇인가?”(Deleuze & Guattari, 1994)라는 문제를 생각하는 한 방식을 창안했다. 데카르트는 연구과정에서 혼란스러운 소용돌이와 폭풍으로부터 존재의 확실성을 생각하기 위해 개념적 힘을 만들어 냈다. 또 다른 예를 들자면, 플라톤(Plato)의 형상(form)은 보편성의 문제과 매우 밀접하다. 바꿔 말하면, 플라톤의 형상은 실재(reality)와 허상(illusion)이라는 문제(학)와 개념적으로 재결합하는 것이다. 이것은 플라톤의 『공화국』(Plato, 1992)에 나오는 동굴의 교훈이라고 할 수 있다. 세상 경험의 그림자 허상 외에도 플라톤은 세상 곳곳에서 모방된 순수 원형 구조의 존재를 개념화하였다. 즉, 플라톤의 형상은 무수한 세상의 시뮬레이션(가장, 흉내)들 속에서 표현을 찾아내는 초월적 실재가 된다. 따라서 플라톤의 과업이란 어떤

5) 역자 주: 문제(학)으로 정의한다. 제3장에 자세히 기술하였다.

형태의 모사(simulacra)가 만들어 낸 순수형상을 가장 잘 재현하는지 알아내는 반성적 절차이다.

들뢰즈(Deleuze, 1987/1994/1997/2001/2003a/2004)와 가타리에 의해 유발된 야만(적) 철학자 계보에서 개념은 "…문제(problem)로 … 만들어졌다. 즉, 잘 이해되지 못하거나 잘 상정되지 못한 생각으로 만들어졌다"(p. 16). "국가 철학" 혹은 더 나아가 "플라톤 이후 서구 형이상학을 특징짓는 재현적 사고"(p. 5)의 굳어 버린 영토 안에서, 스피노자의 **내재론적 존재론**, 니체의 **영원회귀** 및 아르토(Artaud)의 **무정부주의**(crowned anarchy)는 개방의 문을 활짝 열어젖혔다. 이들 각각은 개념적 벽돌을 만들어 국가체계(**로고스**)에 던져서 차이를 생각하는 방식을 창안하였다. 이것은 들뢰즈와 가타리(Deleuze & Guattari, 1994)가 개념의 교육(a pedagogy of the concept)이라 부른 것이다. 새로운 개념은 다른 사람들이 한계를 영토화할 때 항상 끊임없이 필요하다.

우리가 삶의 문제를 이해하기 위한 "도구"로 들뢰즈와 가타리(Deleuze & Guattari, 1994)의 개념을 진지하게 받아들일 때, 쿠레레의 반응적 개념이 과연 어떤 문제에 답할 것인가라는 물음은 지속된 개방 속에서 중요한 위치를 차지한다. 앞서 설명한 것처럼 쿠레레의 반응적 이미지는 그리스어 "전찻길"의 이미지에 해당한다. 오늘날 교육과정 개념화를 위한 이 낯선 끌개(attractor)는 수많은 제도적 양식 속에서 화석화되어 왔다. 학생을 **궤도에 올려놓는 것**을 목표로 하는 학문적 실행에 지배당해 온 작금의 교육은, 학생의 욕망과 달리게 될 경로라는 선험적 이미지 사이에 자기-유사성을 강요한다. 바꿔 말하면, 학생들이 발휘한 창조적 힘은 질서화되고 규정된 쿠레레의 경로와 동일하게 만들고 있다. 돌연변이, 편차, 괴물 같은 돌출은 쿠레레의 합성(synthesis) 이미지에서 재영토화된다. 환언하면, 반응적 이미지는 선이나 흐름이 빠져나가지 않는 조직된 전체로서 개념화된다. 헤겔(Hegel)의 변증법인 테제와 반테제(존재와 비존재)는 동질성으로 변모한다. 이런 개념화에서 급진적인 분리의 가능성은 미심쩍게도 회피된다. 들뢰즈(Deleuze, 1994)가 보기에 변증법적 합성의 특징은 차이의 종결이다. 여기서 "정체성은 차이가 존재하고 또 사유될 충분조건이 되면서 … 모호함은 출발부터 이미 명확한 것이 된다"(p. 263). 합성의 이미지로서 쿠레레의 반응적 형태는 혼돈과 급진적 차이라는 문제(학)(problematics)에 대해 답을 준다. 즉, 실재의 토대로서 미리 결정된 통일의 성격을 확립해서 해결책을 제시한다.

쿠레레의 반응적 이미지

쿠레레의 안정적이고 폐쇄된 이미지는 보비트(Bobbitt, 1924)와 타일러(Tyler, 1949)의 초기 이론에 나와 있다. 이들이 내놓은 포드식(Fordian)[6] 이미지에서는 학생을 거대한 기계 장치(machanical appratus)의 산물로 본다. 그리고 이 기계 장치는 모든 사고에서 국가적 사고의 규범 조건을 주입하도록 고안되어 있다. 보비트와 타일러가 내놓은 정언(canon)의 전반에서 소개된 명시적 교육 문제(학)(problematics)들을 살펴보면, 교육 경험의 조직에 집착하면서 미리 정해진 규범에 학생들의 행동을 일치하도록 기술하고 있다(Tyler, 1949). 합리주의자의 규범 또한 목적론을 도입하여 무엇을 가르칠 것인가의 문제에 대해 비슷한 답을 내놓는다. 바꿔 말하자면, 쿠레레 과정의 내용은 미리 예정된 대존재(Being)의 이미지에 대한 부합의 관점에서 생각된다. 따라서 노동력 진입을 위한 학생들의 준비는 미리 정해진 발달적 이상에 대한 자기-유사성으로 나타난다.

학교에서 표준화된 테스트가 널리 사용되는 것도 이와 같지 않은가? 학생들은 끊임없이 표준 준거에 따라 트래킹되고, 미리 결정된 이미지에 대해 어디서나 볼 수 있는 위계적으로 배열된 표준화 검사가 아닌가? 오늘날 학생들을 표준에서 이탈한 정도로만 분포시키기 때문에 이러한 **트래킹**은 책무성과 효율성의 히스테리성 비유에 가깝다. 즉, 표준화(에 대한) 요구란 교육 절차의 동일한 처리의 제안이다. 이 동질 처리는 결국 변화 정도에 따라 식별할 수 있는 것이다. 반면에 쿠레레의 **종류** 면에서는 그다지 급진적이지 않다. 최근 학생에 대한 **트래킹**과 표준화를 우선시하면서 교육 사고에서 나쁜 습관이 형성되었다. 이로 인해 "교육의 과정"이 섬뜩하게 영토화되었다.

---

6) 역자 주: Fordian 이미지란 미국 산업가이자 포드자동차 회사 창립자인 헨리 포드와 관련된 것으로, 대량생산 조립라인 표준화 효율성 등의 산업 발전, 현대 자본주의의 이미지를 뜻한다.

국가에 의해 제공된 학습의 이미지와 가장 유사해지면서 자체적으로 이행되고 있다. "학교가 특정 방식으로 경험되는 것은 … [그런] 경계들을 통해서이다"(Roy, 2003, p. 12). 달리 표현하자면, 역량과 지성을 쉽게 파악할 수 있는 이미지에 습관적으로 의존함으로써 쿠레레의 반응적 이미지는 다양한 학문적 무리(constellation)가 동원된 허상이라기보다는 근원적 실재로 드러났다. 따라서 제도적 기관의 판별력은 동일성(the Same)이 가진 동질화시키는 힘(homogenizing power)에 종속된다.

교육과정의 영토화는 반응적 이미지의 핵심인 다른 특권과 밀접하게 닮아 있다. 환언하면, 쿠레레의 반응적 이미지는 심하게 **인간주의적**(humanistic)이며, 삶을 인간의 정말-너무나도-인간적인(human-all-to-human) 경계 짓기로 축소시킨다. **한** 삶을 사유하는 잠재적 방식들은 세상이 '우리와 동일하다'는 이미지로 축소된다. 즉, 달리게 될 경로는 인간중심(anthropocentric)의 상상 속에서 온전히 재현되는 이미지로 축소된다. 삶을 확연한 인간의 일로 추정할 경우, 쿠레레의 **비인간**적 잠재력을 생각하기 위한 역량은 인정받지 못한다. 삶의 과정에 대한 반응적인 이미지와 마찬가지로, 삶의 과정은 가장 인간적인 구성에서 그 표현을 모색하게 된다. 현대 학교교육의 속도와 체질에서 완벽한 닮은꼴인 경마장이 삶의 이미지로 채택되면서 리좀적 · 아메바적 · 지형적인 이미지는 회피된다. 또한 **달리게 될 경로**를 고려할 다른 방법의 무리 또한 마찬가지로 회피된다. 한편, 이런 생각이 새로운 인간주의적 이미지의 창조를 가리키는 것은 아니다. 오히려 이는 이미지가 **없는** 사유를 얻는 방법에 해당한다. 결국, "교육과정은 존재하지 않으며, 교육과정은 발생한다."라고 데뉼트(Daignault)가 확언했다(Hwu, 2004, p. 183에서 재인용).

이런 차원에서 쿠레레의 반응적 이미지는 정체성의 이중적 체계로 승격되어 만들어진다. 경로(course)의 **내면성**은 국가 영토화로 정의된 운동의 한계를 규정짓는다. 또한 교육을 수사적으로 "진행 중인" 그리고 "안내된 과정"으로 비유한다. 그러나 **안내**(guidance)라는 표면상 중립적 비유조차도 앞서서 모든 기호를 해석하는 내면성의 성향을 결코 흐리게 할 수 없다. 즉, 잘 알려진 여행길을 "앞장서서 이끄는(**교육하고 돌보는**)" 내면성이 가진 성향을 결코 지울 수 없다. 오늘날 모든 곳에 안내가 있지만 이것이 우리를 사유하도록 하지는 않는다. 반대로, 안내는 생각을 말살하는 사유 이미지를 만들어 낸다(Daignault & Gaultier, 1982). 예를 들어, 현대의 많은 교육에서 안내는 교수 매뉴얼, 교과서 및 준비된 과정에서 해석이 되어 왔다. 이러한 해석된 안내는 "[불변의] 물질을 생산하기 위해" 이질성을 불허하면서 **과잉코드**(surcodage)[7]한다(Bonta & Protevi, 2004, p. 112). 쿠레레의 사유방법에 대한 사유학(noology)[8]과 관련하여 '불변'의 물질이 교육의 과정 그 자체를 뜻하는 것으로 여겨진다. 들뢰즈(Deleuze, 1994)의 주장처럼, 우리는 빈번하게 삶이 동질적인 문제이거나 고정된 영토인 것처럼 접근하는 경향이 있다. 이것은 단순히 "교사와 상관없는(teacher-proofing)" 것이 아니다. 그보다 국가 생각의 규범적 및 미시적 특징을 주장하는 교육적 삶의 과정을 사유하는 이미지의 창안이다. 따라서 **노모스**(Nomos),[9] 즉 영토의 과잉코드를 뒤엎는 터널링(tunneling) 혹은 지하 사고(subterranean thinking)는 쿠레레와 동일하지 않은 것(x=x=not y)으로 정의된다. 이런 정체성 체제(identity politics)에 대한 몰적(molar) 혹은 이중적 체제에서는 쿠레레의 적극적 힘은 판별력의 가장 확고부동한 성격으로 축소되고, 교육적 삶의 과정이 사유될 방법들을 독단적으로 제한시킨다. 쿠레레의 반응적 이미지는 주체적 행위 당사자와 이질성의 문제에 대한 다음과 같이 직접적으로 답을 내놓는다. 즉, 쿠레레의 반응적 이미지는 모든 곳에서 창조적 탈영토화 과정을 통해 표현하려는 유목민적 사고가 가진 위험을 반대한다.

들뢰즈와 가타리(Deleuze & Guattari, 1994)의 주장처럼, 개념은 한 세상을 창조한다. 개념은 문제를 만들며, 세상의 이미지에 앞서는 전-개념적인 "카오스모스"(preconceptual "chaosmos")에서 특정 관계체계를 동원한다(Guattari, 1995). 간략히 말해서, 이미지는 삶의 혼돈에 대해 형태를 부여한다. 따라서 쿠레레의 반응적 이미지는 단순히 옳고 그름이 아니라, 교육적 삶의 과정을 이해하기 위한 지층의 창조물이다. 이것은 필연적이며, 또 필수적 "시작"이라 할 수 있다. 그러나 앞서 논의

7) 역자 주: 불어로 과잉코드로, 데이터 크기를 줄이고 효율성을 높이기 위해 사용한다.
8) 역자 주: 고대 그리스어로서 'noo'는 그리스어 'noos'에서 나왔으며, 이는 마음(mind)을 뜻한다. 즉 'noology'는 마음에 대한 학문(a study of mind)이다. 즉, 순전히 마음으로서 현상의 과학이다(Merriam-Webster).
9) 역자 주: 고대 그리스어로 '관리' '규율' '법칙' 등을 의미한다.

된 바와 같이, 쿠레레의 반응적 이미지가 교육적 삶의 **과정**을 생각하는 **유일한** 방법은 아니다. 쿠레레가 과잉코드된 영역화가 이뤄질 때, 새로운 개념들과 차이를 귀환시키는 혼돈이 필요해진다. 그리고 창조적 되기(creative becoming)를 향해 이들 개념과 혼돈은 모든 체계에 압박을 가한다. 쿠레레의 탁월한 이미지가 자체적으로 둘러싸인 안정된 궤도로 있음에도 불구하고, 쿠레레의 적극적 힘은 **달리게 될 경로**를 근본적으로 다른 방식으로 사유하도록 만든다. 따라서 적극적 개념의 힘을 지닌 쿠레레의 반응적 힘의 횡단하기(cross-cutting)는 단순히 쿠레레 어원의 자기모순적 특징을 기술하는 수단이 아니다. 그보다 들뢰즈와 가타리(Deleuze & Guattari, 1994)와 같이 이 횡단하기는 쿠레레 그 자체에 대해 무엇인가를 **수행하는** 하나의 방법이다. 쿠레레의 적극적 개념으로 생겨난 탈주선 실험하기는 지식과 **억견**(doxa)[10]을 넘어서서 삶을 변화시키고 또 경험을 확장시키는 방법이 된다. 더 나아가, 이는 쿠레레와 그 문제들이 배치된 지층을 만듦으로써 보다 적절한 문제와 개념적 탈주선이 생겨나도록 한다(Deleuze & Parnet, 2007).

쿠레레의 자기모순적 특징을 밝히는 일은 중요하다. 그러나 아직 우리는 신체-삶의 과정에 무엇을 할 수 있는지(Deleuze & Guattari, 1984)에 대해서는 충분히 밝혀내지 못했다. 이런 차원에서 들뢰즈(Deleuze, 1991)가 제안하기를, 오늘날 우리에게 필요한 것은 과잉되게 넘치는 개념들이다. 이것은 이미 넘쳐나도록 학술어휘가 쌓인 사전에 새로운 단어나 이미지를 단순히 더하는 것 이상의 의미를 지닌다. 아울러 예술가나 철학자가 이미 말했던 것을 말하는 것도 아니다. 그보다 그들이 한 일을 수행하기 위해서 "그들이 제기한 문제에 답을 얻기 위해 새로운 개념을 창안하는"(Deleuze & Guattari, 1994) 도전에 해당한다. 그리고 이것은 일부는 **반응주의**(reactivism)의 오류에 대한 윤리적 개입에서 도출되었다. 반응주의는 삶의 힘을 노예화시키면서 신체를 그 미래에서 분리시켰다. 쿠레레의 적극적 힘이 수행해야 할 과업은 되기(becoming)[11]를 위한 삶, 그 탈주선, 배치, 가능성에 필수적인 힘

10) 역자 주: 감각에 의한 지식이다. 플라톤이 이성에 의한 지식을 에피스테메로 칭하는 것에 대해 독사(억견)는 개인차도 있고 수준이 낮아 신뢰할 수 없는 지식이라 하였다.

11) 역자 주: 들뢰즈가타리의 핵심 개념으로 되기는 역량을 증가시키는 형태로 신체들을 결합시키고 질적으로 강렬한 변화의 상태로 이끌어 새로운 신체를 조성하고 생산하는 방식이다.

을 파악하는 데 있다. 그런 되기는 반응적 사유와는 정반대이다. 또한 이런 되기는 정체주의적(identitarian) 사유방식을 따르는 선험적 이미지에 근거해서 단순하게 평가될 수 있는 것이 아니다. 반응적 힘은 되기를 생성하지 않는다. 그뿐만 아니라 반응적 힘은 반성적 자기-유사성(self-similarity)(x=x=not y)의 관점에서 대존재(Being)를 영토화시킨다. 그렇게 함으로써 차이를 생각하는(Roy, 2003) 잠재력에 제재를 가한다. 차이가 지닌 필수적이고 창조적인 힘을 갖고 참여하려면 먼저 교육적 삶의 보편적인 반응적 이미지가 설명되어야 한다. 환언하자면, 실재와 결합된 이미지, 현실과 결합된 이미지는 반드시 탈결정체화되어 안정된 지층이라는 인상이 잘려 나가는 흐름으로 개방되어야 한다. 로이(Roy, 2003)가 지적한 바와 같이, 이 과업은 "교육적 만남에 대한 얼어붙은 사고방식의 탈습관화를 돕는 내재적인 장소를 … 창조하는 것"을 뜻한다. 아울러 이 과업은 "인식에-대한-의지(a will-to-recognition)와 재현에-대한-의지(a will-to-representation)"에 [달려 있다](p. 9).

최근 탈습관화선(lines of dehabituation)이 급증하고 있다. 영화, 음악 예술, 비디오 게임에서 몰적(molar) 영토와 정체성을 중시하는 사유가 탈영토화의 과정을 통해 변화하고 있다. 지하운동은 모든 곳에서 층화된 시스템을 단절(rupture)의 지점으로 몰아붙이고 있다. 따라서 영토화 및 탈영토화 과정은 적대적인 이항적 짝이 아니다. 그보다 영토화와 탈영토화 과정은 상호적 관계로서 핵심 체계가 갖는 차이화(differentiating)의 힘과 밀접하게 닮아 있다. 콜브룩(Colebrook, 2002)이 언급하기를, "삶의 형태가 **현재의** 것이 되도록(영토화하도록) 하는 매우 연결적인 힘은 마찬가지로 현재의 것이 **아닌 것**이 되도록(탈영토화하도록) 할 수 있다"(p. xxii). 그러나 들뢰즈(Deleuze, 2004)가 말한 것처럼, "유클리드가 아닌 기하학은 유클리드가 기본이 될 수 없도록 한다"(p. 141). 즉, 사회 분야가 유목민적 운동으로 활기차 있다고 해서 통일된 삶의 이미지를 습관적으로 계속 유지하는 것이 배제되는 것은 아니다. 오늘날, 쿠레레가 지닌 안정되고 폐쇄된 형태는 무수한 제도적 실행과 기표에서 자체적으로 유지되고 있다. 따라서 근래의 도전이란 "우리 주변에 일어나는 일에 적합한"(Deleuze, 2004, p. 138) 삶의 과정에 대한 생각이 무엇을 의미하는지를 열어 놓는 것이다. 들뢰즈(Deleuze, 2004)에 따르면, 이런 일은 미술(1990;

2000), 음악(1987), 영화(2003a; 2003b), 비디오 및 청소년 문화에서 나타나는 도전 속에 강렬하게(생생하게) 살아 있는 비통합과 함께 거부의 잠재적 양식을 알아내는 것이다. 이런 일은 다른 곳이나 다른 영역 또는 준비 중인 곳에서 또는 진행 중인 곳에서 그들 자신의 혁명으로서 반드시 채택되어야 한다(Deleuze, 2004, p. 138). 그러한 이질적 영역들과의 생산적 관계 속에서, 이 책에서는 **분열 자본주의시대에 교육을 위한 새로운 개념들을 개발**하고자 한다. 이 탐색은 교육적 대존재(Being)의 탓으로 규범적 한계를 변형시키는 **예술적·정서적·윤리적 시도로서 진행될 것이다.** 쿠레레가 무엇**인지**를 정의 내리는 것에 반대하면서, 이 책은 쿠레레의 적극적 개념화가 무엇을 **할 것인지**를 보여 주는 데 중점을 두고자 한다.

이 책에서는 가장 급진적이고 비재현적 양식에 해당하는 예술 기반(arts-based) 연구로서, 쿠레레의 적극적 개념화로 유발된 탈주선 실험하기가 진행될 것이다. 이 연구의 핵심은 차이를 생각하고자 만드는 잠재력이다. 제2장에서는 초월성이 갖는 제한적 힘에 대응하는 방법으로서 들뢰즈(Deleuze, 1988)의 스피노자 해석을 참조할 것이다. 간략히 말하자면, 초월성은 경험 "밖에 있는" 특권화된 이상을 구축하면서, 차이에 **앞서** 정체주의적 사유가 중요하다고 주장한다. 교육에서 초월론 사상의 유산에 반대하여 맞서고자, 제2장에서는 스피노자와 관련해서 들뢰즈(Deleuze, 1994)가 내재성(immanence)으로 지칭한 생산적 탈출의 경로를 전개할 것이다. 스피노자가 행한 초월성에 대한 이단적 비판을 통해, 제2장에서는 또한 차이 사유하기를 위한 존재론적 공약과 관련해서 내재성의 개념을 도입하여 살펴볼 것이다.

제3장에서는 예술적이고, 정치적이며, 윤리적으로 채워진 차이의 개념을 창조하면서 들뢰즈(Deleuze, 2004)의 "폭발적이고 화산 같은 철학자들의 끊어진 계보의 사유"를 계속 발전시킬 것이다(p. 141). 제2장에서 주로 들뢰즈와 스피노자의 접속에 중점을 둔다면, 제3장에서는 니체와 함께 들뢰즈(Deleuze, 2006a)의 만남에 초점을 둘 것이다. 구체적으로 영원회귀를 통해 차이 개념에 대해 고심해 볼 것이다. 즉, 이것은 **차이-그-자체**(difference-to-it self)에서 반복되는 "긍정적 복제(positive simulation)"를 의미한다. 들뢰즈(Deleuze, 2004)에 따르면, "궁극적으로 힘에 대한 의지밖에 없다. 즉, 예술의 최고 권력으로서, 가변성 있는 힘으로서 … 궁극적

으로 변형하는 능력, 가면을 형성하는 능력, 예술의 최고 권력으로서 해석하고 평가하는 권력밖에는 없다"(p. 119). 이런 맥락에서, 들뢰즈(Deleuze, 2006)는 "오류의 힘"을 사유하기 위해서 혹은 더 나아가 예술의 생산적 힘을 **주장(확인)**하기 위해서 "긍정적 시뮬라크르(positive simulacrum)"라고 칭한 바를 들여온다. 시뮬라크르(simulacrum)는 재현적 정체성이 의존하는 모형에 더 이상 얽매이지 않고서도 차이에 내재한 것으로 생각될 수 있다. 아울러 서양에서 초월적 사유의 우월성으로서가 아닌, **실재**의 강등된 복제(복사, 모사)로 여겨질 수 있다. 이런 맥락에서, 제3장에서는 차이의 개념화를 위해 긍정과 영원회귀의 의미에 대해 알아볼 것이다. 더 나아가, **아직-오지-않은 사람들**(a people yet to come)을 위해 모사의 긍정적 힘을 재발견하려는 노력을 하는 가운데 보드리야르(Baudrillard)의 시뮬라크르(simulacrum)가 가진 허무주의에 대해 살펴볼 것이다.

이 책의 나머지 부분은 6개의 **탈주선** 전개에 할애하고자 한다. 들뢰즈(Deleuze, 1987)에게 탈주선이란 유아론적(solipsistic) 의미보다 구성적 의미로 "빠져나간다(escape)"라는 뜻임을 언급하는 것이 중요하다. 이런 맥락에서 탈주선은 새로운 무엇이 존재하도록 배치한다. 몰적(molar)[12] 습성은, 특히 현대 학교교육에서 **기존에** 알려진 경로/뿌리 따라 베끼기로 교육과정 지도를 존재론적으로 영토화한다. 그런 반면에 나의 첫 번째 탈주선은 **유목민 되기**(becoming-nomad)라는 들뢰즈가타리(1987)의 개념적 전략을 통한 교육적 가능성의 타진이다. 〈**데드맨**(Dead Man)〉의 감독인 짐 자무쉬(Jim Jarmusch)의 실험적 힘을 펼치면서, 이 장에서는 단순한 재현이 아니라 교육적 차이의 창조라는 사유방식을 만드는 시도가 진행될 것이다. 이 장에서는 "**들뢰즈의 유목민 실험하기를 통해 어떤 종류의 교육적 윤리가 만들어지는가**"와 함께 더 나아가 "**유목민적 사유가 어떻게 서구의 존재론적 전제에 도전을 던질 것인가?**"라는 물음을 던질 것이다.

음악의 들뢰즈적 개념은 단순히 음악학의 담론에 국한되지 않는다. 오히려 들뢰즈와 가타리는 음악에 대한 사유방식을 철학적 규범(canon)을 조사하는 규범 밖의

12) 역자 주: 분자적.

수단으로 사용한다. 들뢰즈가타리의 철학에서 음악은 감응적 힘인 동시에 음악이 가능하게 해 주는 감응과 힘을 강화하는 수단이다. 대중음악은 반복과 엄격성을 통해 감응적 잠재력을 영토화한다. 반면에 그러한 과잉결정(overdetermination)이 음악의 최대한의 잠재력을 나타내는 것은 아니다. 이전의 탈주선에서와 마찬가지로, **음악되기**(becoming-music)는 쿠레레의 차이를 생각하기 위한 통로로 즉흥 음악을 끌어들여 음악적 영토화의 익숙한 여정을 변형(deform)시킨다. 이 탈주선은 주체성과 권위의 한계에 대해 도전하는 동안 계속해서 유목민의 정치적인 힘과 창조적인 힘 모두를 철저히 조사할 것이다. 구체적으로 이 탈주선은 다음과 같은 질문과 씨름할 것이다. **"즉흥연주가 어떻게 악기적 사유에서 파열을 일으키는가?"** 더 나아가, 다음과 같은 질문과도 마찬가지이다. **"음악의 감응력은 어떻게 탈영토화되고 사유의 새로운 선들을 구성하기 위해 재분배되는가?"**

바둑(Go, 중국 전통적 전략 게임)과 **파쿠르**(parkour),[13] 컴퓨터 해킹과 같은 이러한 **"불확실한 게임"**은 몰적 혹은 평균화된(stastical) 영역의 위계 및 사전 결정으로부터 벗어난 운동에 대해 근본적으로 다른 감응적 이해를 제공한다. 다시 말해서, 앞서 언급한 각각의 "게임"의 "규칙들"은 국가 통제의 논리를 "벗어나기" 시작한 운동, 관계 및 배치의 이미지를 상정하고 있다. 제6장에서는 그런 불확실한 게임이 몰적 혹은 수목형 족쇄에서 나온 능동적 사유를 뒤흔드는 방법을 상세하게 설명하여 쿠레레의 몰적 조직을 쫓아내고자 한다. 이와 함께 불확실한 게임이란 제목이 달린 탈주선을 통해 오늘날 청소년이 사회적 지형과 국가 권위의 제한을 탈영토화하는 방법도 검토될 것이다. 즉, 많은 제도적 기관이 침강되고 초월적인 형태인 "경로"의 구조주의적 개념을 계속해서 통합해 왔다. 이 장에서는 시대착오적인 목적론 및 존재론적 확실성을 향한 시대착오적 영토화를 그리워하는 시도들을 드러내 보여 줄 것이다. 이런 그리움의 유혹에 맞서고자 이 장에서는 다음과 같은 물음을 던지고자 한다. **"리좀적 운동이 어떻게 국가 사고의 퇴적물을 생산적으로 탈영토화하는 사유방식을 만들어 내는가?"**

---

13) 역자 주: 스포츠의 하나로, A 지점에서 B 지점까지 맨몸으로 자연, 도시, 시골의 건물이나 다리, 벽 등 지형 및 사물을 효율적으로 이용하여 이동하는 것이다.

〈나는 거기에 없다(I'm Not There)〉는 안티-오이디푸스, 반파시스트 및 반재현적 주체를 사유하는 급진적 영화 스타일을 진전시켰다. 제7장에서는 최근 교육과정 이론화에 동원된 외견상 자유로운 삶의 이미지가 오이디푸스 이미지 내에 계속 사로잡혀 있다는 점을 주장하고자 한다. 즉, 이것은 욕망을 자기-닮음(self-resemblance)과 자기-투영(self-reflection)이라는 정체성 체제에 굴복시키는 이미지에 해당한다. 정체성 체제를 감추려는 영역 내 그러한 시도들은 다양한 성공을 거두었다. 예를 들어, 〈나는 거기에 없다〉에서 주장하기를 많은 교육과정 이론화에서 칭송받은 이질성의 힘은 사회적 영역 내에서 동일정체성을 주장하는(몰적)[14] 사유의 약화 또는 창조적 저항과 반드시 같은 것은 아니다. 오늘날 교육과정 이론은 사유의 선험적 이미지로 후퇴하지 않는 한 삶을 사유하기 위한 새로운 개념적 자원을 요구하고 있다. 〈나는 거기에 없다〉라는 이 과업은 소위 정치-예술(political-arts)로 불리는 교육과정 이론화와 닮아 있다. 그러한 정치-예술의 개념화를 향하여, 〈나는 거기에 없다〉는 신체적 및 사회적 조직과 함께 실험하기 위해서 들뢰즈식 시간-이미지(time-image)를 동원한다. 이 탈주선을 따라 교육과정 이론가들은 영화가 단순히 해석 혹은 재현 장치가 아니라고 "본다". 그리고 더 중요한 점은 영화를 삶이 어떻게 진행될 것인지 실험하기 위한 도구로 본다. 삶이 어떻게 진행될 수 있는지 실험하기 위한 수단으로 생각한다. 이 장에서 주장하듯이, 예술은 세계를 있는 그대로 닮지는 않지만 어떻게 될지는 닮는다.

제7장은 교육과정 이론화를 위한 시간의 급진적 개념화를 시도한다. 제8장은 구멍 뚫린(holey) 공간으로, 혹은 더 나아가 홈 파인(조직된), 매끈한(탈영토화된/유목민적) 지형 모두를 가로질러 소통하는 가능성의 공간으로 교육과정을 사유하기 위한 실험적 접근을 시도한다. 이런 공간 개념화를 통해서 교육과정 사고는 해커 문화, 혁명적 예술 공동체 및 지하 음악 현장에서 현재 진행 중인 창조적 변용(modification)에 대해 찬성하면서, 적응(adeptation)이라는 극우주의적 비유에서 빠져나올 것이다. 구멍 뚫린 공간의 개념화를 통해서 국가 권력의 감시 또는 포착이라는 자본주의

14) 들뢰즈-가타리의 중요 개념으로, 권력, 습관, 제도에 의해 조직된 이항대립의 질서를 의미한다. 이 세계의 단위-화학적 용어로 몰이다.

양식에 의해 아직 과잉결정되지 않은 장소를 우리는 이 **구멍 뚫린 공간**에서 준비할 수 있을 것이다. 공간의 개념화는 들뢰즈와 가타리가 "사적인" 혹은 "비시간적인" 것으로 부른 사유 양식으로의 참여가 점차 어려워짐을 알게 된 제도 기관에서 일하는 노동자들에게 절대적으로 필요하다. 들뢰즈와 가타리에게 **구멍 뚫린 공간**은 역사적으로나 지금이나 **배반**의 공간에 해당한다. 즉, 이는 국가 장치의 결과로서 공공연하게 기능하건 또는 정치적 혹은 교육적 진보주의의 기치 아래 오래된 헤게모니에 새로운 힘을 불어넣는 잠행 기관으로서 기능하건 간에, 과잉코드화하는 힘으로부터 부수고 나오려는 자세를 취하고 있다. **구멍 뚫린 교육과정 만들기**는 토대 없이 교육과정 토대를 생각하는 방법을 창안할 때 차이를 확인하기 위해서 그런 **배반** 전략을 개발하려는 시도이다. **더 나아가, 현대 교육과정 이론화와 예술 기반 연구에서 리좀학의 해방적인 개념화와 "경계선 작업" 및 "제3의 공간"을 암묵적으로 문제화하기 위함이다.** 이런 규범은 짐 자무쉬의 〈**고스트독: 사무라이의 길**(Ghost dog: The Way of the Samurai)〉(1999)의 변형된 분석을 통해 비판되고 있다. 이 영화에서는 변칙적인 삶의 난해한 구성이 매우 열렬히 고려된다.

인간의 진보를 위한 유토피아 도구 혹은 인류 종말의 징조로서 **기술**을 이분법적으로 개념화하는 것에 반대하면서, **기묘한 장치**(Strange Contraptions)와 **괴상한 기계**(Queer Machine)는 2개의 탈주선을 따라 확장한다. 먼저, 나는 삶을 사유하게 하는 과정 존재론(process ontology)의 이론화를 위해서 **테그네**(techne)[15]의 중요성을 밝히고자 한다. 여기서의 한 삶은 인본주의적인 메타내러티브 이상 혹은 세계에 대한 인간중심적 이미지로 되돌아가지 않는다. 그런 재현 수준에서의 "실패"는 현대 음악(턴테이블의 보철물 배치를 통해), 영화(인간 관점에 대한 카메라의 탈영토화를 통해), 시각 예술(포스트휴먼적 동물우화집의 실험적 창조를 통해)에서 이미 실현되고 있다. 인간중심주의의 전통에서 벗어나 공생의 생산적 잠재성과 포스트휴머니즘의 "방출좌석 신학"을 생각하기 위해서는 반드시 알려지지 않은 것에 대해 반응하는 사유 양식이 필요하다. 이 두 번째 탈주선을 따라 **기묘한 장치**와 **괴상한 기계**가 들

15) 역자 주: 제9장에서 다루는 개념으로 더 자세히 살펴볼 수 있다. 그리스 철학에서 '만들다'라는 의미의 철학적 개념이다.

뢰즈의 기계적 사유를 존재론적 실험과 예술적 혁신을 위한 자원으로 개발하게 된다. 이 실험과 혁신에서는 질료형상의 **가능성**이라는 이전 모형으로 되돌아가지 않는다. 그보다 이 장에서는 **기계적 사유**를 통해 **트랜스휴먼**으로 불리는 것에 대한 의미를 설명한다. 이런 식으로 이 장에서는 기이한 교육적 **기계**의 사유를 시작하는데, 이는 학교교육의 정통적 이미지를 이루는 물질적 반복을 기이하게 만들거나, 더 나아가 정반대로 실현하게 한다. 이 주장은 앞서 전개들을 접으며 이 책의 핵심 전제를 되풀이한다. 즉, **우리는 삶이 어떻게 구성될 것인지 아직 모른다.**

제 2 장 초월성의 허상과 내재성의 존재론

전통적인 쿠레레(currere)의 개념화는 초월성의 공약으로 특징지을 수 있다. 구조주의와 현상학 같은 담론으로 구축된 세상의 선험적 이미지는 안정된 존재론적 토대를 상정한다. 이 변치 않는 존재론적 토대로부터 교육적 삶의 과정이 나온다. 푸코(Foucault, 1972)가 단언한 것처럼, 구조주의는 휴머니즘의 가치를 극복하는 수단으로 인식됨에도 불구하고 보편적 구조화를 요하는 삶의 이미지를 증폭시켰다. 쿠레레에 대한 구조주의 접근방식은 차이에 앞서 기저 시스템 혹은 보편적 법칙으 선험적 이미지를 주장한다. 달리 말하면, 교육과정 이론에서 구조주의 전통은 초월적 논점 혹은 구조 아래 놓인 구조적 토대를 상정하고 있다. 이 같은 전통은 마르크스주의, 소쉬르주의, 프로이트주의 교육과정 이론 편성에 들어 있다.

정치 이론가 보우어(Bowers, 1980)는 다음과 같이 말한다. 마르크스주의 교육과정 이론가들은 "실재를 엄격한 범주와 선형적 인과관계로 조직하는 사유의 절차에서 벗어나지 [못했다]"(p. 278). 예를 들어, 보우어는 애플(Apple), 보우어와 긴티스(Gintis)의 마르크스주의 교육과정 분석에서 다음을 확인하였다. 옳고/그름, 진리/허상, 구원/쇠퇴라는 이분법 안에 있는 사회주의와 자본주의라는 엄격한 구조의 틀이 바로 그것이다. 더 나아가, 보우어는 교육과정의 체제(성)를 비판한다. 즉, "깊이 뿌리 박힌" 이분법 구조, "원자론적(atomistic) … 개인주의" 이미지, 그리고 숨겨진 인간중심주의(anthropocentrisim, p. 282)에 구조적으로 고착되어 있다. 보우어는 자칭 급진주의라고 부른 초기 교육과정 이론을 분석하면서, 그 속에 보수주의가 지속적으로 투입된 사실을 찾아냈다. 더 나아가, 그는 그 속에 든 교육적 삶의 초월적 이미지를 찾아냈다. 이 초월적 이미지는 사회를 변혁하기에는 제한적이고 특권적인 존재론적 토대를 전제로 하였다. 마르크스주의 사상에서 하나의 "토대(ground)"

는 생산의 경제적 기반 시설이다. 마르크스와 마르크스주의 교육과정 이론가들도 마찬가지이다. 즉, 생산의 기반 시설은 교육, 종교, 법, 정치, 예술 등의 이데올로기의 상위구조에서 나온다. 따라서 생산의 존재론적 기반은 구조화시키는 무의식 권력으로 그려진다. 이 권력은 세상 속에서 이데올로기적 관계를 만들어 낸다.

교육과정 이론에서 또 다른 구조주의 전통의 예시로서 로이(Roy, 2004)의 "교육적 의사소통" 분석을 들 수 있다. 로이에 따르면, "명확한 의사소통(clear communication)"의 도구주의 개념은 "지칭의 3자적 구조"를 발전시켰다. 이것의 전제는 단일한 주체(표명), 단일한 객체(지칭), 그리고 단일한 이데아(의미)이다(Roy, 2004, p. 311). 교육적 의사소통 이미지는 다음 사항을 강조한다. 주체적 행위자와 안정된 환경[1](milieu)은 선험으로(a priori) 가정될 수 있다. 의미는 정치적으로 중립적이다. 언어는 합리적 숙달 아래에서 사용 가능하다. 더 나아가, 교육적 의사소통은 재현적(representational)이다. 그보다 오히려 교육적 의사소통이 실제로 존재하기 때문에 삶의 표현(articulation)에 해당한다. 송신자-수신자라는 전통적 교육전달 모형에서 나온 이런 이상적 표상의 전제는 다음과 같다. 즉, 소쉬르(Saussure)로부터 나온 기표와 기의의 대응적 안정성(correspondent stability)이다. 이런 의미에서 주체의 맥락화를 강조하는 교육과정 이론들은 조직되거나 변증법적인 전체의 이미지에서 시작된다. 그러나 로이가 밝힌 대로 이러한 모형은 "일상적 삶의 고질적 혼란함을 부인함으로써 단지 의지적으로만 존재할 수 있다"(Roy, 2004, p. 299). 로이에게 이러한 모형은 궁극적으로 허무주의적 해결 혹은 발언으로 퇴보된다. 즉, 이는 실제의 원인을 말하지 않고, 단순히 사전에 주어진 중요성의 안정된 관계를 반영한다. 달리 말하면, 전통적 교육전달 모형에서 언어는 정치적이거나 정서적으로 추궁되지 않는다. 그보다 언어는 주체, 맥락 그리고 "신뢰할 만한" 의미의 보편적 구조에 의해 지원되는 명확한 매개로 인식된다.

교육과정 이론의 세 번째 구조주의적 전통은 프로이트(Freud)의 오이디푸스이다. 위계적 구조와 전통적 교육 장치인 주체 정치사상에서 유사하게 그 흔적을 파

1) 역자 주: 사회적 · 문화적 환경을 의미하며, 인간의 경험과 관계망을 말한다.

악할 수 있다. 교실의 일상생활 기표 뒤에는 **엄마-아빠-나**(mommy-daddy-and me)라는 함축된 가족모형이 내포되어 있다고 본다. 달리 말하면, 교육의 다양한 개념화에서 오이디푸스 드라마는 교실의 정신적 관계를 위한 고정된 틀이나 **자동적인 해석 기계**에 해당한다. 오이디푸스 드라마의 "무의식" 구조는 학생과 교사의 의도에 기생적으로 작동하면서, 욕망을 가족의 선험적 정신역동성에 기반하여 변경시킨다. 이는 교실 생활에서 나타나는 욕망-생산이 암묵적으로 나쁜 것이라는 이미지를 부여한다. 부정적으로 정의된 욕망은 상징적 장치인 훈육적 징계를 받아야만 한다. 이 상징적 장치는 보편적 도덕과 법칙의 특권화된 법령이 유지되도록 작동한다.

초월성의 오류

쿠레레의 구조주의 이미지에 따르면, 차이는 정초적 맥락 혹은 환경과 관련 있다. 따라서 구조주의 용어에서 차이란 실재에 대한 보편적 · 근원적 이미지의 변이 **정도**에 따라 단지 상상될 뿐이다. 이러한 근원적 이미지는 초월성에 대한 철학의 의지로 인함이다. 니체(Nietzsche, 2000)는 스피노자(Spinoza)의 말을 빌려 서양 철학 사유의 "네 가지 거대 오류"를 지적하였다. 다른 무엇보다도 첫 번째는 **초월성의 허상**에 관한 것이다(Deleuze & Guattari, 1994).

들뢰즈와 가타리(Deleuze & Guattari, 1994)가 지적하기를, 서양의 형이상학 전통은 경험적 공간, 권력 그리고 존재론적 실재(ontological being)에 더하여 물질의 존재(existence)를 상정한다. 니체(Nietzsche, 1969)는 초월성의 첫 번째 예가 유대-기독교의 신의 초월성이라고 하였다. 신은 경험의 세계를 초월할 뿐만 아니라 세계 그 자체를 초월한다. "그(He)"는 우리가 상상할 수 있는 능력 이상이며, 그것을 넘어서서 존재한다. 그러나 유대-기독교의 신이 서양 철학의 목록에서 가장 끈질긴 초월성의 유산을 성취했지만 유일한 사례는 아니다(May, 2005). 시대적으로 기독교보다 앞선 플라톤의 형상은 초월적 사고의 또 다른 유산이다. 기독교의 신과 마찬가지로 플라톤의 형상은 경험을 넘어서 존재한다. 이 형상은 물질적 세계를 가린다. 이와 같이 플라톤의 형상은 선험적 이데아(a priori Ideal)의 복제물로서만 세상에 그 모습을 드러낼 뿐이다. 동굴에서 보인 플라톤(Plato, 1992)의 교훈처럼 물질세계는 오직 심오한 실재의 그림자일 뿐이다. 그리고 지각이 거의 불가능하다. 반면에 플라톤(Plato, 1992)에 따르면, 세상의 사물들은 변형이 가능하고 불완전하다. 이것들은 불변하는 완벽한 선험적 형상에 대응하는 표현에 해당한다.

소크라테스(Socrates)의 『메논(Meno)』에서 플라톤(Plato, 1992)은 평등의 초월적 이데아에 대한 논쟁을 벌였다. 플라톤에 따르면, 평등은 세상에 존재하지 않는다. 반면에 본질적 평등의 **이데아**는 경험적인 방법으로 파악하기를 넘어서 존재한다. 겉보기에 똑같은 몸무게 혹은 키를 가진 두 사람도 면밀히 조사하면 차이가 나타날 수 있다. 플라톤에 따르면, 세상에서 완벽한 평등은 불가능하다. 왜냐하면 항상 차이가 발견되기 때문이다. 그러나 플라톤식 사고에서 불완전성에 대한 지각은 완벽한 형상의 존재를 시사한다. **이데아**는 경험적 삶으로 뒤덮여 보다 심오한 실재를 가리킨다. 플라톤은 세상의 불완전한 형상을 넘어 순수한 본질, 즉 안정된 불변의 우주를 제안하였다. 삶의 온전한 표현은 보다 심오한 실재를 열망한다. 따라서 진 · 선 · 미는 선험적으로 주어진 진 · 선 · 미의 불변의 형상에 따라 존재할 뿐이다. 그러므로 플라톤주의(Platonism)에서 실재(reality)란 초월적인 형상과 일치하는 세속적 경험을 끌어들여서만 파악될 수 있다. 들뢰즈와 가타리(Deleuze & Guattari, 1994)에 따르면, 이런 과업은 **철학자 왕**에게 주어진다. 이 왕은 선험적 이데아와 유사하게 세상을 이해하고 재창조하는 책임을 지고 있다. 모든 관계는 형상의 물질부터 문제가 제기된다. 바꿔 말하면, 형상의 물질은 사유의 "올바른 범주"이다. 서양 형이상학 전통에서 우리에게 주어진 것은 대존재(Being)의 토대이다. 이 대존재의 토대는 경험 외부의 초월적이고 불변적인 안정된 힘이다.

서양 형이상학에서 주체성(subjectivity)의 초월성 유산은 유사한 안정성에 기반을 두고 있다. 따라서 초월적 주체는 가장 위대한 표현으로 데카르트(Decartes, 1998)가 말한 "나는 생각한다(코기토, cogito)."에서 찾는다. 데카르트 공식에서 주체(subject)란 물질 경험의 외부에 자리한다. 의심의 극복은 주체와 그 주체의 의심하는 능력에 달려 있다. 세상이 허상이라는 가능성을 극복하려면, 주체와 그 주체가 그렇게 생각하는 능력이 있어야 한다. 데카르트의 코기토는 대존재의 확실성의 인식론을 제거할 수 있다. 오류와 기만 가능성을 넘어설 때, 그 주체는 초월적 토대로서 개념화된다. 비판 교육학의 해방 프로젝트에서, 주체의 초월적 이미지는 가장 "기본적" 사회 단위로 여겨진다. 이 단위는 "자유와 합리성의 근간으로 우리가 위치 지은 것이다"(Bowers, 1987, p. 2). 주체는 이런 식으로 사회의 변형과 교육 개혁을 위한 "한정된 사례" 혹은 초월적 토대가 된다. 그러나 코기토의 출현은 난관에 봉착해 있다. 초월적 추체가 확립되기 위해서 데카르트는 신의 힘에 의존해야 한다. 즉, 데카르트는 생각하는 자아의 실재를 보장하기 위해 "나는 생각한다."의 존재론적 정당성을 보증하는 방법으로 신의 힘을 불러낸다. 데카르트(Decartes, 1998)에 따르면, "나 자신의 관념이 내 안에서 태어난 것과 마찬가지로 (진리, 명료성, 구분의 관념은) 내 안에 내재되어 있다"(p. 42). 데카르트가 암시한 순수 주체성의 본질적 이미지는 내재적 창조물이 아니다. 오히려 안정된 주체의 존재론적 확신은 신의 초월적 힘을 통해 **주어진다**. 이런 존재론적 움직임은 데카르트 작업의 핵심에서 이중적 초월성으로 표현된다.

초월적 신에 의존하는 데카르트주의는 결국 사라졌다. 인간 주체는 초월적 자리(transcendent plane)에서 신의 위치를 뺏는다. 칸트(Kant)에서 사르트르(Sartre)까지에 이르는 철학은 물질적 실재를 통제하는 주체 이미지로 사람들의 마음을 사로잡는다(May, 2005). 예를 들어, 후기 칸트주의는 개념 생성이 초월적 신에 의해서라기보다 순수한 주체성 덕분이라고 보았다(Deleuze & Guattari, 1994). "칸트는 초월성을 구하는 현대적 방법을 찾아냈다. 이것은 더 이상 어떤 무언가(a Something)의 초월성이 아니다. 혹은 다른 모든 것보다 더 높은 어떤 하나의(a One) 초월성도 아니다(숙고). 내재성의 영역은 필연적으로 그런 주체를 스스로에게 나타나는 자아에 속함으로써만 주체의 초월성에 귀속된다(성찰)"(Deleuze & Guattari, 1994, p. 46). 존재론적 전환이 초월성의 자리를 이동시켰지만 초월성의 유산은 그대로 남아 있다. 일상적 삶의 흐름 뒤에 본질적 실재의 이데아는 여전히 서양사상 이미지와 계속해서 밀접한 관계를 유지했다(Foucault, 1972). 이런 방식으로 주체의 초월성 지위는 수많은 20세기 및 21세기 이론에 의해 유지 중이다. 우리가 주체를 계급, 성, 문화의 정도에 따라 정의하고 있지만, 여전히 초월적 주체에 대한 기본 전제는 계속 유지되고 있다. 오늘날 이 같은 개념화는 철학을 훨씬 벗어나 대중문화, 여론 및 상식에서 확장되고 있다. 우리는 마치 우리가 주체를 면밀하게 관찰함으로써 세상이 경험되는 것처럼 행동한다. 더 나아가, 우리는 그런 주체가 상대적으로 안정적이고 초월적인 자아를 나타낸다고 생각한다.

푸코(Foucault, 1972)는 자신의 철학을 "초월성에 대한 복종"과의 단절로 정의하였다(p. 203). 그가 주장하기를, 서양사상과 제도 권력의 이미지는 항상 모종의 정초적 "외부성(exteriority)"을 지향한다. 이 외부성은 해석과 발견이 가능하며 또는 명확히 알려질 수 있다. 푸코는 외부성이 "지식의 윤리"를 구축함으로써 욕망을 잡았다고 보았다. 푸코는 다음과 같이 언급하였다. "지식의 윤리"의 전제에 따르면, 우리는 모종의 위계적 '외부성'을 취함으로써 세상을 있는 그대로 알게 된다. 들뢰즈와 가타리(Deleuz & Guattari, 1994)는 초월성에 대한 그런 복종을 "인터프레토시스(interpretosis)"[2]라고 불렀다. 그보다 모든 현상에서 발견되거나 폭로된 보다 깊은 실재를 상상하는 병든 의지로 묘사했다. 들뢰즈(Deleuze, 2004)가 쓴 대로, 이 병든 의지는 제도권 환경에 생생히 남아 있다. 전통적 정신의학에서 임상의 로고스[3]는 환자의 파토스[4]를 부숴 버렸다. 원인과 증상을 의식 가능한 순서에 맞춰 모두 예측하였다. 교육에서 학생의 욕망은 쿠레레의 과정인 로고스에 의해 휘둘린다. 이렇게 교육적 과업은 개념의 생성보다 선험으로 구비된 사고를 위한 발견의 이미지를 지향한다(Doll, 1993). 돌(Doll)이 말하기를, "발견 교육과정(discovery curriculum)"은 중요한 결과에 대해 학생과 교사를 동일 선상에 두는 수단을 사용한다. 이 모형에서는 교실에서 교육과정 계획을 실현하는 표상적 대응이 쿠레레의 초월적 이상임을 확인시켜 준다. 교육양식 조직용 계획을 만든다는 것은 신체에게는 특이성의 제한된 세트에 해당한다. 따라서 이는 "초월성의 장(소)"으로서 작동한다(Bonta &

2) 역자 주: 인터프레토시스(interpretosis)는 들뢰즈와 가타리가 해석학에 부여한 풍자적 용어이다. 해석 과잉을 의미한다.

3) 역자 주: 로고스는 이성적이고 과학적인 것을 가리킨다.

4) 역자 주: 파토스는 감각적이고 신체적이며 예술적인 것을 가리킨다.

Protevi, 2004, p. 162). 철학 작업과 마찬가지로, 쿠레레의 반응적 이미지는 "사전에 결정된 것"을 기반으로 한다. 이 결정에서는 삶은 진리를 추구하는 방향으로 지향된다(Deleuze, 1994, p. 94). 이것이 사유의 이미지이다. 이 이미지에서 복종과 해석과잉이란 초월적인 실재를 우선시함으로써 유지된다. 근본적 외형은 신이건, 진실이건, 선함이건 혹은 존재이건 상관없이 한 삶의 물질적 흐름과 상반되도록 세워졌다. 달리 말하면, 우리는 행동과 세상 사이에 놓인 내재적으로 생산적인 관계로 보지 않는다. 대신에 우리는 즉각적이며 물질적인 경험을 넘어서 펼쳐진 모종의 근본적 진리가 있다고 생각한다. 들뢰즈(Deleuze, 1995)가 보기에는, 이러한 삶의 강렬한 힘을 포괄적 힘으로 가리는 행위는 초월적 허상에 의해 이루어진 최대의 삭제 행위이다.

그러나 유대-기독교의 신, 플라톤의 형상, 데카르트의 코기토, 푸코(Foucault)의 '지식의 윤리'는 서양사상에서 초월성 유산의 네 가지 사례이다. 들뢰즈와 가타리(Deleuze & Guattari, 1987)가 보기에 그런 초월적인 형태란 단순히 틀린 것을 입증하는 것이 아니다. 그보다 사유의 심오한 잠재력을 입증하는 것이다. 들뢰즈와 가타리(Deleuze & Guattari, 1994)가 말했듯이, 오직 사유의 가장 생산적이고 창의적인 힘만이 외현적 이미지에 대해 삶을 통제할 수 있다. 들뢰즈와 가타리는 창조의 행위로서 초월성을 다룰 때 역사조사의 방식을 취하였다. 즉, 인간이 만든 초월성의 "천의 고원"을 모두 살폈다. 그렇다고 해서 들뢰즈와 가타리가 초월적 세상 이미지를 옹호한 것은 아니다. 오히려 그들은 니체(Nietzsche)의 생각을 받아들였다. 니체는 초월성이 서양 철학의 가장 큰 실수라고 꾸짖었다. 오늘날 교육은 장황한 선험적 이미지에 종속되어 있다. 이 이미지에 마르크스주의의 유산, 소쉬르주의, 그리고 프로이트 사유방식으로 만든 교육과정의 학풍이 포함되어 있다. 이런 각각의 교육적 고원은 세상을 사유하는 방식에 기호를 붙인다. 동시에 우리가 세상을 사유하는 방식을 제한한다.

복잡한 리비도 경제(libidinal economy)라는 프로이트(Freud)의 환원에 반대한 융(Jung)은 이런 제한(restriction)의 대표적 사례이다(Roy, 2004). 융이 보기에 프로이트가 행한 실수는 그의 성 심리발달 환원에서 오이디푸스 형식의 독단적 이미지까지 이른다. 융은 다음과 같이 말했다. 분석가들은 전이의 관계에서 분석 대상자들에게 "악마 … 신 … 혹은 마법사"로 종종 나타난다(Roy가 인용한 Jung, p. 303). 융은 분석 대상자 또는 학생들이 분석가나 교사를 가족 견본과 구별하여 "볼" 수 있는 수많은 방법이 존재한다고 제안하였다. 따라서 교실에서 정신적 삶을 오이디푸스 견본으로 환원시키는 것은 교육적 관계로 이해될 수 있는 수많은 방법을 덮어 버리는 것이다. 더 나아가, 프로이트의 특권적인 가족 이미지는 이질적인 것이 가진 생산적 힘에 위반된다. 그런데 이 생산적 힘은 관계의 가치와 질을 사유하는 새로운 방식을 펼쳐 준다. 이런 교육의 삶이 가진 독단적인 이미지는 "나르시시즘의 결과를 불러온다. 이 나르시시즘은 다양한 경험을 단일성의 투영으로 이끈다. 이 단일성의 투영은 가치의 선험적 위계체계 내에 쉽게 자리 잡을 수 있다"(ibid., p. 303). 이러한 흐름에서 프로이트는 욕망을 부정적 개념으로 굳혔다. 그뿐만 아니라 가족 이미지를 직접적으로 확장시키면서 주체 발달의 토대를 강화하였다. 따라서 한 "무리(swarm)"의 잠재적 되기 혹은 관계는 초월적 동일성에 대하여 이런 존재론적 운동 안에서 '포착'된다. 들뢰즈와 가타리(Deleuze & Guattari)에게 그런 초월적 사유의 전복은 차이의 개념화에서 매우 중요하다. 들뢰즈(Deleuze, 1997/1988)는 이런 과업을 행하면서 스피노자(Spinoza)의 철학 연구와 내재성의 개념으로 방향을 전환하였다.

초월성의 철학은 기본적인 두 가지 공약에 의존한다. 먼저, 초월성은 **두 가지**의 존재론적 실체(substance)에 대한 개념화를 필요로 한다. 만약 신, 플라톤적 형상 또는 데카르트(Descartes)의 주체가 세상을 초월한다고 가정할 경우, 그 구성은 필연적으로 **다른 종류의 것이** 되어야 한다. 달리 말하면, 신이 세상과 동일한 실체로 구성되었을 경우 이 두 가지는 비슷할 것이다. 이 초월적 실체는 변화 가능하고, 불안정하며, 제한된 세계와 동일한 거울이 될 것이다. 이런 공식으로 보면, "신은 공간과 시간 어느 곳에나 존재하지만, 신은 **저 너머** 존재하지 않는다"(May, 2005, p. 28). **두 가지** 존재론적 실체가 존재하지 않는다면, 초월적 **넘어섬**(transcedent beyond)의 개념화는 불가능해진다. 서양 철학의 전통에서 초월성은 지구상에 존재하는 실체와 유사한 것이 아니다. 오히려 그것은 불변적이고, 안정적이며, 확실하고 또 세상에 행하는 것이다. 그 초월성은 물질적 실재의 형태에 의해 구속받지 않는 위치에 있다. 예를 들어, 코기토의 철학적 개념은 무기력하고, 특성 없는 세상에 이미지를 부여하는 역할을 한다. 따라서 초월성의 이미지는 단순히 식민지화하는 힘의 이미지가 아니다. 오히려 대존재를 위해 세상의 위대한 초월적 능력이라는 이미지를 표현하면서 그 우수성을 부여하는 해방적 권위이다.

초월성의 첫 번째 공약은 물질(material)을 넘어서 장(소)이 존재하는 최소 두 가지의 존재론적 실체(substance)에 대한 개념화이다. 두 번째 공약은 힘과 가치의 관점에서 실체를 위계적으로 순서화하는 것이다(May, 2005). 초월성이 외부성을 구성할 때 적어도 두 가지 존재론적 실체가 필요하다. 더 나아가, 하나의 실체가 다른 실체보다 우세해야 한다. 예를 들어, 형이상학의 전통에서 초월성은 물질적 삶(material life)이 갖는 혼돈스러운 흐름과는 비교할 수 없다. 초월성을 추구할 가치가 있는 보다 심오한 실재로서 옹호될 때, 이런 존재론적 필요가 구심점이 된다. 달리 말하면, 존재론적 사유의 전제는 물질적(material) 삶을 넘어서서 발생한다. 더 높은 순서가 없을 경우, 그런 넘어섬은 추구될 수 없다. 따라서 세상이 갖는 초월적 이미지는 특정한 실체를 우대하면서 다른 실체를 강등시키는 것으로 그려진다. 신에 대한 중세적 개념, 플라톤 형상 그리고 데카르트의 코기토 각각은 이 세상의 것이 아닌 우월한 존재론적 실체이다. 초월적 전통에서 특권화된 존재론적 실체는 "비신체, 무제한, 그리고 자기 정체성의 통일성"(p. 31)과 함께 융합이 된다. 비정체성, 혼돈, 물질적 힘은 초월성의 전통에서는 극복해야 할 실체이다.

니체(Nietzsche, 1966)가 보기에, 초월성의 공약은 우리에게 금욕적인 성직자를 제공해 준다. 니체에 따르면, 이 성직자들은 불행, 고통, 우울에 대해 초월적 이상이라는 치료적 힘을 제공해 준다. 간략히 말해 금욕적인 성직자는 삶의 곤경과 유혹 위에 불변하는 초월적 힘의 이미지로 대중을 위로한다. 니체(Nietzsche, 1968)는 이러한 전환을 "무(無)에-대한-의지(will-to-nothingness)"라고 칭한다. 즉, 불변성과 확실성의 유토피아적 장(소)에 대한 묵인이다. 이런 맥락에서 "넘어섬의 금욕적 스승"은 "비관주의자, 허무주의자, 동정에 대한 낭만주의, 범죄자 그리고 악의 중독과 동일한 기원을 갖고 있다"(p. 71). 왜냐하면 진실, 신, 사랑 혹은 정의 각각은 모종의 초월적 형태에서 구원을 상정하기 때문이다. 니체(Nietzsche, 2000)는

"인간의 의지는 의지하지 않는 것보다 차라리 **무**에 대한 의지를 원한다."라고 하였다(p. 533). 금욕적인 성직자는 **진공 상태의 공포**(horror vacui)에 대항하여 초월성의 이미지에서 의지를 위한 목표를 만들어 낸다. 니체의 성직자들은 대중의 원한을 그들 스스로에게 돌리면서 다음과 같이 주장한다. "너 자신의 나쁜 점에 대해 다른 사람을 비난하지 마라. **너 자신을 비난하라!**" 금욕주의는 생산적 욕망을 스스로 규율하고 억압하는 미사여구에 밀착시키면서, 주체를 삶의 즉각적이고 본질적인 물질을 넘어서는 보다 높은 일련의 가치에 있도록 명령한다. 따라서 금욕적인 성직자는 주체가 초월의 이미지를 불변의 법칙으로 받아들여 스스로를 극복하도록 권한다. 물질적 실재는 혼란스럽고 변화무쌍하다. 반면에 진리, 신 그리고 주체의 초월적 이상은 심연으로부터 하나로 보존된 안정적 이미지를 입증한다(Descartes, 1641/1998).

니체(Nietzsche, 2000)에 따르면, 금욕적인 이상은 삶을 퇴보시키는 힘에 맞서기 위해 세워진다. 즉, "삶을 **보전하기** 위한 책략"(p. 556)이다. 초월된 세계는 내재적이며 창조적인 힘을 적극적으로 폄하한다. 달리 말하면, 초월성은 삶의 힘을 확인시켜 준다. 즉, 초월성은 차이의 힘을 제한함으로써 삶의 힘을 확인시킨다. 도덕적으로 욕망의 생산적 잠재력은 방탕함으로 축소된다. 즉, 망상으로 더빙된 부정적인 정서를 내재적으로 극복하는 것이다. 니체는 사람들의 "상식"(p. 456)에 따라 대중을 노예로 만들면서 금욕적인 성직자를 초월적 이상으로 여긴다. 니체는 다음과 같이 비판한다. "(성직자는) 오로지 고통 그 자체와만 싸운다. 고통받는 이의 고통과만 싸운다. 그러나 그것의 원인도 **아니며**, 진짜 아픔도 **아니다**. 이것이 바로 우리가 성직자의 치료를 근본적으로 반대하는 이유가 되어야 한다"(p. 566).

니체(Nietzsche, 2000)는 서양 철학의 금욕적 **반응성**의 결과는 허무주의라고 하였다. 금욕주의자들은 모종의 보다 위대한 힘 또는 가치가 물질적인 삶을 넘어서 존재한다고 주장한다. 훈련된 주체로서 우리는 선험적 이미지에 복종하여 우리의 욕망을 포기해야 한다. 초월화된 세계 이미지에서 의지는 실재의 물질적인 흐름을 넘어서 안정된 불변의 세계를 열망한다. 그러나 이러한 세상은 존재하지 않기 때문에, 우리는 궁극적으로 그것을 붙잡을 수 없다는 것을 깨닫는다. 즉, 삶의 흐름을 넘어서 붙잡을 수 있는 실재가 존재하지 않기 때문에, 우리는 절망하고 비참해지며 낙담한다. 궁극적 진실이 존재하지 않는다는 깨달음은 니체를 허무주의와 분노로 이끌었다(Nietzsche, 2000). 따라서 세계에 대한 초월적 이미지는 결국에는 허무주의로 이어지는 바로 그 생각이다. 즉, 존재론적 실체가 물질적 삶의 종속된 실체에 대한 의미를 부여하지 않는다면, 삶은 필연적으로 이해될 수 없다. 초월성의 유산은 냉소주의로 붕괴된다. 따라서 니체에게 허무주의란 초월성의 철학적 오류의 대응물이다. 이는 서양사상에서 **반응성**의 유산에 내재하는 진짜 병이라고 할 수 있다.

로이(Roy, 2004)에 따르면, 전통적인 교육전달 모형은 허무주의 속에서 유사한 방식으로 소멸한다. 예를 들어, 소쉬르주의 언어학에서 세상에 대한 묘사는 표면상 중립적 과정으로 인식된다. 이러한 중립성은 일반적으로 의사소통의 투명성뿐만 아니라 더 나아가 단어의 중립성을 가정한다. 이러한 단어는 안정되고 참고할 만한 실재를 반영한다. 이러한 이미지로 언어는 선험적 형상이나 의사소통의 이상 차원에서 생각된다. 이와 반대로, 로이는 언어에 대한 형태적(formative) 혹은 표현적(expressive) 접근을 주장한다. 이는 재현적 이상(representation ideal)에 낯선 것을 도입하는 것이다. 달리 말하면, 로이는 언어가 고정된 의미와 담론적 규범에 가까워지려는 노력을 줄여야 한다고 주장했다. 고정된 의미와 담론적 규범 둘 다 의사소통의 비생산적인 본질을 해결하는 형태의 허무주의로 이어지기 때문이다. 그 대신 로이는 들뢰즈(Deleuze)의 명령언어 개념을 소개하였다. 이는 변형적 감응을 수반하는 구성적 언어 행위(contitutive speech-act) 혹은 명령을 말한다. 따라서 언어는 단순한 의사소통이 아니라 수행적인 것이며 관계를 변형할 수 있는 것이다. 즉, 상징체계에서 손실을 소개하고 의미의 새로운 세계를 펼쳐 준다. 로이가 주장하기를, 수행적 명령언어는 코드로서 언어라는 생각을 휘저어 놓는다. "코드는 모든 설명을 위한 가능성의 조건이다"(p. 305). 더 나아가, 들뢰즈식 명령어 혹은 수행적 언어는 의미, 구문론 및 화용 간 구분을 불가능하게 만든다. 언어 행위는 감싸인 수행적 감응을 안내하면서 각각을 가로지른다. 관련된 의미에서 "언어의 의미는 더 이상 [언어 행위]와 별도로 정의될 수 없다"(p. 305). 즉, 언어 행위는 진보된 의미(signification)를 배제하면서 의미에 영향을 준다. 로이가 탈영토화할 때처럼, 언어는 단순히 동일한 형태(Form)로 이해될 수 없다. 그보다 표현적 형성(expressive formation)으로 이해된다. 그런 언어적 접근방식은 재현적 모델에 대한 반기이다. 언어는 단순히 세계에 있는 사물을 묘사하는 것이 아니다. 언어는 무엇인가를 실행한다.

스피노자와 내재성의 장(소)

서양사상의 허무주의 붕괴에 대한 니체(Nietzsche)의 논평은 실체들(substances)의 존재론적 문제와 밀접한 관계가 있다. 이것은 스피노자(Spinoza) 철학에서 바로 맞닥트린다(Deleuze, 1997). 스피노자가 살던 시대의 신은 보다 큰 가치와 힘의 본질로 개념화되었다. 그러나 스피노자(Spinoza, 1951)는 "**신 외에 다른 실체는 존재할 수 없거나 생각될 수 없다.**"(p. 39)라고 말했다. 여기서 스피노자의 비판은 실체의 차이, 더 나아가 마음과 신체의 구분에 대한 분노이다. 스피노자에게 생각(마음)과 확장된 신체는 사실 다른 실체가 아니다. 오히려 생각(마음)과 확장된(신체는) 다른 **표현**(expressions) 또는 **실체**의 양식이다(Deleuze, 1997). 그렇게 이해하면서 스피노자는 **표현**의 개념에 찬성하여 초월성을 거부하였다.

초월된 세계의 이미지가 존재론적 공약에 의존하고 있음에도 불구하고 질문 하나가 뇌리에서 떠나지 않는다. 만약 초월론적 사유가 적어도 2개의 존재론적 실체들이 나타나야 한다면, 둘의 상호작용 특성은 무엇인가? 스피노자(Spinoza, 1951)에게 존재하는 것과 초월적 실체 사이의 관계는 **유출**(emanation)의 하나에 해당한다. 스피노자는 "실체란 그 자체로 존재하고, 그 자체를 통해 파악되는 것을 의미한다."(Spinoza, 1951, p. 45)라고 밝혔다. 스피노자의 발산은 무에서의(ex nihilo) 창조적 과정과는 다르다. 유출은 창세기의 순수 창조와는 다른 이야기이다. 유출에 따르면, 창조자의 실체로부터 무엇(something)은 만들어진다. 여기서 무엇의 창조자는 "그 자신 안에 머무르면서" [만들어 낸다](Deleuze, 1997, p. 171). 유출에는 모든 창조가 이슈화하는 오직 하나의 실체만이 있을 뿐이다. 그러나 유출이 초월성이 가진 개념적 권력을 문제시할 때는 자신이 가진 위계적 특성을 그대로 유지한다. 즉, 유출의 개념으로 창조자와 피조물 간 존재론적인 구별이 재확인된다. 이런 식으로 유출은 초월성에 핵심적으로 투입된다. 다른 공약에서도 창조자는 자신의 창조물에 대한 특권을 갖는다. 따라서 유출에 암시되어 있는 내재적 특성, 즉 유출의 "자가-생산" 능력은 초월성에 이중의 존재론적 공약을 통해 다뤄진다.

스피노자(Spinoza)의 존재론은 유출로 중단되지 않는다. 오히려 그것은 **내재성의 존재론**을 통해 초월성의 오류를 바로 잡으려 애쓴다. 스피노자는 초월적 사유에 대항하여 깊게 자리한 이단적 책략 속에서 **존재의 일의성**(univocity of being)을 개념화하였다. 초월성은 창조자와 피조물 사이에 있는 존재론적 틈새의 영속성에 의존한다. 반면에, 존재의 일의성은 위계성의 투입을 파괴한다. 달리 말하자면, 스피노자의 일의성 존재는 존재론적 실체들 사이에 있는 차이를 단일한 장(소) 안으로 붕괴시킨다. 『**윤리학**』의 명제 13에서 스피노자는 "실체는 절대적으로 무한하다."(Spinoza, 1951, p. 54)라고 기술하였다. 스피노자가 주장하듯이, 분열을 통한 무한 분할(cessation)은 터무니없는 것이다. 따라서 스피노자의 경우, 신은 더 이상 존재론적으로 다양한 모종의 실체로 구성되어 있지 않다. 오히려 하나의 불가분한 실체로 구성되어 있다.

다음은 스피노자(Spinoza)가 쓴 명제 14이다. "신은 하나이다. 즉, … 오직 하나의 실체만이 이 우주에서 주어질 수 있다. 그리고 그 실체는 절대적으로 무한하다"(p. 55). 스피노자의 일의성 존재(univocal Being)는 존재를 위한 그저 새로운 기반이 아니다. 오히려 그것은 열린 전체(open Whole) 또는 "순수한 다양성(pure variation)"(Deleuze & Guattari, 1994, pp. 39-41)이다. 즉, 스피노자가 개념화한 내재성의 존재론은 모종의 안정된 기반이나 초월적인 힘의 발산이 아니다. 그보다 내재성의 존재는 조직되기 전 무한하고 코드화되지 않은 혼돈이다. 들뢰즈(Deleuze, 1997)가 보기에 스피노자의 내재성 존재론은 인과관계의 횡포독재에서, 보다 상위 존재의 힘들에서, 파시스트 **타자**의 명령에서 벗어난 표현이다. 내재성은 유출이나 창조와 다르게 **따르기**, **종속하기** 혹은 **닮기**라는 개념으로 축소되지 않는다(May, 2005). 다시 말하면, 스피노자의 내재성은 차이에 열려 있다. 즉, 내재성의 장(소)에는 더 이상 초월적인 이미지나 표현을 위해 그것의 잠재력을 결정짓는 사회적 정체성을 중시하는 정치성이 없다. 그렇기 때문에 쿠레레(삶의 과정)는 실험을 위해 개방된 장(소)이 된다.

일의성(univocity)이 존재론적 실체의 초월적 분열을 거부하는 것으로 단정될 경우, 어떻게 이것이 차이라고 입증할 수 있는가? 우리가 일의성으로 단 하나의 실체를 개념화할 때 차이를 부인하는 균등한(uniform) 장(소)을 갖지 않을 수 있는가? 여기서 들뢰즈(Deleuze, 1997)는 스피노자(Spinoza)의 표현에 대한 개념으로 되돌아간다. 들뢰즈는 초월성의 덫에 빠지지 않으면서 스피노자가 존재의 실체가 **속성들**(attributes)에서 표현을 찾아낸 것을 언급하였다. 속성들은 결국 변조(modulation) 또는 **모드**(mode)를 통해 표현을 찾는다. 인간 의식에 접근 가능한 실체의 속성에는 사상과 확장이 들어 있다. 들뢰즈는 이 두 가지 모두 **무한한 존재**(unlimited finity)로 개념화하였다(Deleuze, 1997). 들뢰즈에 따르면, **속성들**은 활동적이고 역동적이다. 속성은 모종의 초월적 형상에 의해 실체에게 **주어진 것이 아니다**. 오히려 실체 자체에 내재된 속성으로 **한정된다**. 달리 말하자면, 유출에 따르면 속성은 좀 더 큰 존재론적 가치나 힘에 의해 주어진다. 그 속성 뒤에서 초월론 철학의 유산이 불변의 실체를 제시한다. 불변의 실체의 예로 신, 플라톤 형식, 진리, 또는 물질세계에서 그 속성을 **창조하는** 주체를 든다. 반대로, 내재성은 실체의 표현으로 속성을 개념화한다. 즉, 속성은 초월적인 실체에 의해 기인한 것이 아니다. 오히려 이는 실체가 표현될 무한수의 한정된 방식 중 하나에 해당한다. 들뢰즈는 이 개념을 설명하기 위해 일본식 종이접기를 예로 들 수 있다고 말했다. 종이접기(오리가미)의 실체는 한 장의 종이이지만 한정되거나 **내재된** 잠재력은 접는 방식의 방향과 배치의 차이를 통해 표현된다.

이러한 맥락에서 예술, 음악, 영화 및 비디오가 쿠레레의 **적극적인 힘**(active force)을 정교화하는 데 중요한 역할을 한다. 그들의 가장 중요한 점은 각각이 실체의 내재적 표현성을 탐구하는 것이다. 결국, 예술이 가진 속성의 힘은 그 양식의 표현성에서 질적인 차이를 보여 준다. 음악을 예로 들어 보자. 재즈, 헤비메탈 및 드럼과 베이스 일렉트로니카와 같은 다양한 음악적 속성의 표현이 가능하다. 그뿐만 아니라 즉흥연주, 민속적 영감, 그리고 축음기, 신시사이저(합성기), 디지털 샘플러[5] 같은 비인간적 테크놀로지의 생성하는 잠재력을 통해 그 각각의 변주에서 의미 있는 차이를 낼 수 있다. 삶은 되기(becoming)를 위해서 삶이 가진 표현적(expressive) 잠재력을 증폭시키기 위해 애쓴다. 들뢰즈와 가타리(Deleuze & Guattari, 1994)에 따르면, 이는 예술과 철학의 윤리적 도전이다. 달리 말하면 "삶이 무엇인가"와 같은 횡포적 이미지는 예술과 철학을 통해 삶이 아닌 것과 될 수 있는 것으로 된다. 들뢰즈와 가타리(Deleuze & Guattari, 1987)는 예술이 엄청나다고 말한다. 예술은 세상을 닮지 않으면서도 홀로 서 있는다. 즉, 예술은 정서들을 만들어 낸다. 그 정서들은 선험적 이미지에 명령받지 않는다. 그 대신 삶이 가진 표현적 잠재력을 입증한다(Massumi, 1995). 이러한 맥락에서 우리가 생각하기에 쿠레레의 적극적 힘은 재현의 문제라기보다 교육적 삶이 할 수 있는 것의 표현에 해당한다.

교육이론화 전통에서 이런 쿠레레 개념은 낯설게 받아들여진다. 실제로 "기본으로 돌아가자."와 같은 풀뿌리 운동의 정치적 지향은 다음과 같은 이미지를 가진다. 즉, 삶이 무엇인가에 대한 풀뿌리 운동의 이미지에는 삶이 가진 표현적 과잉성과 엄청난 창조가 빠져 있다. 이런 표현적 잠재력이 있는 곳에서 사유와 행위(확장)를 영토화시키는 안정된 초월적 토대가 작용한다. 그런 영토화 움직임은 차이의 흐름을 멈추게 한다. 즉, 쿠레레를 삶의 선험적 이미지로 축소시킨다(x=x=not y). 예를 들어, "전통주의 운동"에서 급조해 낸 쿠레레의 이미지는 학문 간 구분을 엄격히 한다. 즉, 표준화 시험에서 재현의 병렬과 교육의 질을 관련지으면서 기초 지식을 높이는 데 중점을 둔다. 그러한 운동들은 초월성의 투입과 매우 밀접하다. 교육적 삶을 정적인 존재의 이미지가 되게 한다. 달리 말하면, 쿠레레는 고정된 영토가 된다. 이 영토는 교육의 토대가 무엇인지에 대한 정치적 주장에 얽매여 있다. 이러한 선험적 삶의 이미지는 재현의 습관에 따라 교육적 삶을 반응적으로 조직하는 사유와 행위의 속성을 갖고 있다.

반응적 쿠레레의 이미지는 사유와 확장의 표현적 힘을 제한시킨다. 이러한 이미

5) 신시사이저와 디지털 샘플러의 중요성에 대한 확장된 논의는 9장에서 나타난다. 여기에서는 테크네(techne) 모드는 트랜스휴먼(transhuman)의 개념화와 연결된다.

지에서는 철학과 예술을 위한 잠재력을 찾아볼 수가 없다. 여기서 철학과 예술은 삶이 무엇이 될 것인가가 아니라 삶이 **무엇인지**를 넘어서는 것이다. 전통적인 학교 교육에서 이러한 탈주선은 반-직관적이다. 합리주의 교육이론에 따르면, 교육의 목적이 **무엇인가**에 대해 정의를 내는 것에 맞춰 있다. 그뿐만 아니라 선험적으로 주어진 것이 **무엇인지**에 대해 정의를 내리는 것에 맞춰 있다. 교육에서 도구주의 전통은 현상을 **정확하게 재현하는** 능력에 개념의 중요성을 연결 짓는다.

반대로, 들뢰즈식 도전은 사전에 주어진 세상에 대항하는 윤리적인 자극적 원동력이다. 이런 맥락에서 예술에서 정서의 창조와 철학에서의 개념들은 쿠레레의 적극적 힘의 표현에 해당한다. 그것들은 주어진 속성이라기보다 속성적이다. 은유가 아니라 변형이다. 따라서 스피노자(Spinoza)의 내재성 존재론은 우리가 쿠레레에 접근하는 방법에 대한 중요한 것이다. 아도르노(Adorno, 1966)가 썼듯이, "폐쇄된 체계는 틀림없이 종말을 고할 것이다"(p. 35).

현재 유행하는 냉소주의 문화가 아도르노(Adorno)의 예측의 근거라고 할 수 있다. 니체(Nietzsche, 2000)가 쓴 바와 같이, 초월성과 금욕적인 자아-훈련의 한계로 인해 사유는 허무주의로 무너졌다. 손에 잡힐 수 없는 유토피아처럼, 최고의 존재론적 실체의 기본적 이미지는 실패했다. 세계가 **유출할** 안정된 토대를 남기지 못했다(Lyotard, 1979). 사유를 변형적이고 생산적인 힘으로 생각하지 못하면서 허무주의는 분노의 부정적 정서만을 만들어 냈다. 그러한 분노에 반응하여 니체(Nietzsche, 2000)는 다음과 같이 주장하였다. 이러한 반응은 존재를 위한 새로운 진리나 초월적 기초에 기반하고 있지 않다. 달리 말하면, 초월적 사유의 중지는 실제를 위한 새롭거나 보다 안정된 토대의 설치를 원하지 않는다. 니체는 오히려 모든 초월적 진리에 대한 거부 속에서 아모르파티의 윤리가 만들어질 수 있다고 하였다. **아모르파티** 혹은 **'존재'의** 사랑은 초월적 존재 이미지를 전제로 두지 않는다. **존재**(what is)는 모종의 존재론적 최고 실체가 아니다. 즉, 정체성이나 "지식 윤리"(Foucault, 1972)를 입증시켜 주는 실체가 아니다. 그보다 니체에 따르면, **아모르파티는** 표현의 긍정과 삶이 가진 혁신적 특성과 밀접하다. 들뢰즈(Deleuze)에게 니체의 **아모르파티** 개념은 철학과 예술을 위한 윤리적 자극 원동력이다. 이는 단순히 환상으로 세상의 초월적인 이미지를 드러내는 것으로는 충분하지 않다. 그뿐만 아니라 문화적 구성물로 드러내어 자연스럽게 만든 이미지로 대체하는 것으로도 충분치 않다. 들뢰즈(Deleuze, 1994)의 주장에 따르면, 여기서 필요한 것은 사유의 힘에 대한 긍정이다. 즉, 사유를 위해 새로운 방식을 해방시키고, 창조하며, 만들어내는 사유의 힘을 확인하는 것이다. 따라서 들뢰즈에게는 심오한 표현인 사유의 입증은 서양 철학의 초월성의 유산이다. 철학은 단순히 비판의 연습이 아니다. 따라서 철학은 차이를 사유하는 생산적이고 표현적인 잠재력의 단언이다.

들뢰즈와 가타리(Deleuze & Guttari, 1987)에게 철학이란 단순히 되기(생성)가 아니다. 그보다 타자-되기(이형생성)이다. 초월적 사유에 대한 유목적 전쟁을 벌이면서, 들뢰즈와 가타리는 초월적 경험주의에 대한 엄청난 비판을 끌어냈다. 그러면 차이를 만들고, 접고, 분열하고, 변형시키고, 왜곡하는 "x" 세계는 없다. 이것이 바로 니체(Nietzsche, 1969)가 미리 경고한 초월성의 허상이다. 들뢰즈(Deleuze, 1994)에게 "x" 세계는 내재성 존재론의 표현이다.

달리 말하면, 그것은 한 덩어리의 가상 잠재력 안에 있는 "조각"이고 "지층"이다. 이미 문제에 대한 반응했기 때문에 기초가 될 수 없는 개념에 해당한다. 만약 존재를 위한 초월적인 토대가 없을 경우, 우리는 생산적 만남의 차원에서 관계를 생각하기 시작할 것이다(그리고 … 그리고 … 그리고). 이런 개념화(그리고, 왜냐하면, 또는)는 관계에 대한 초월적 양식과 대비된다(Colebrook, 2002). 이 초월적 양식은 존재(이다.)와 동일하다. 이는 쿠레레의 반응적 이미지에 대한 적극적인 이미지를 나타낸다.

제 3 장 허구의 힘과 시뮬라크르[1]의 문제(학)[2]

후기산업사회와 소비문화가 도래하면서 종전에 초월적 존재론의 실체로서 원본(model)이 누려 왔던 지위는 사라졌다(Baudrillard, 2002). 기호는 상징의 의무에서 벗어나 소비주의 바다 위를 "떠다니게" 되었다. 이러한 흐름 속에서 보드리야르(Baudrillard)는 플라톤(Plato, 1992)이 널리 전파시킨 원본/복제본의 이원론적 위계를 붕괴시킨 들뢰즈(Deleuze, 1983)를 따랐다. 물질적 삶이 유출된다고 여겨진 심오한 현실성인 초월적 원본은 제거되었다. 그런 존재론적 확실성을 대신하여 남은 것은 순수한 **가상성**(virtuality)[3] 혹은 시뮬라크르(simulacrum)이다. 들뢰즈(Deleuze, 1994)의 표현을 빌리자면, 이 가상성은 **내재성의 존재론**(ontology of immanence)이다. 보드리야르(Baudrillard, 1983)에 따르면 "현실보다 더 현실적인 것"이 남게 되었으며, **초월적** 원본으로부터 **하이퍼리얼**(the hyperreal)[4]이 풀려났다. 하이퍼리얼에서 쿠레레의 초월적 이미지는 폐기되었다. 그러나 쿠레레의 적극적

1) 역자 주: 시뮬라크르(simulacre)는 가상, 거짓 그림 등의 뜻을 가진 라틴어 시뮬라크룸에서 유래한 말로, 시늉, 흉내, 모의 등의 뜻을 지닌다. 실제로 존재하지 않는 대상을 존재하는 것처럼 만들어 놓은 인공물을 지칭하며, 존재하지 않지만 존재하는 것 같은, 때로는 존재하는 것보다 더 실재처럼 인식되는 대체물을 말한다. 영어 시뮬라크럼(simulacrum)은 불어의 시뮬라크르(simulacre)와 동일한 것으로, 이 책에서는 일반적으로 많이 쓰이는 시뮬라크르로 통일해서 쓰고자 한다.

2) 역자 주: 문제(학)은 모든 것을 문제시하는 태도, 자세, 마음가짐, 경향, 방식 등을 의미한다. 모든 문제와 관련된 하나의 학문으로 접근해야 한다는 의미에서 problematics, 즉 문제(학)으로 번역하였다.

3) 역자 주: 소비사회에서 과잉된 기호와 이미지의 안개 속으로 실재가 사라지는 현상을 비판하면서, 소비사회가 전달하는 가짜 이미지를 수동적으로 받아들이고 재생산하는 인간에 대하여 한탄한 보드리야르에게 있어서 virtualiity, virtual reality, 'the tirtual'이라는 용어는 '가상성', '가상현실', '가상계' 등으로 번역함이 적절하다. 반면, 시뮬라크르가 가진 무한한 차이와 특이성을 긍정하는 들뢰즈에게는 '잠재성', '잠재실재', '잠재계' 등으로 번역하는 것이 적절할 것이다. 이 장에서는 맥락에 따라 두 가지 용어가 혼재됨을 밝혀 둔다.

4) 역자 주: 시뮬라크르가 실재를 대체하거나 다시 현실에 미치는 현상이다. 즉, 현실 위에 존재하는 또 다른 현실을 가리키는 것이다. 누군가에 의해 만들어진 현실을 사람들이 진짜라고 믿는 것을 말한다.

개념을 위한 시뮬라크르의 문제(학)는 탐색되어야 한다. 이 장에서는 이에 대한 탐색이 진행될 것이다.

보드리야르의 탄식

보드리야르(Baudrillard, 1993/1994)의 시뮬라크르에 대한 종말론적 예측은 상징으로 넘쳐 나는 현실 속에서 진짜가 실종된 것에 대한 일종의 탄식이었다. 보드리야르의 시뮬라크르 이론은 "떠다니는" 기표의 바다 속에서 넘쳐 나는 주관적 행위주체성의 상실, 이미지의 숭배, 역사의 전위와 합체되면서, 반응적 쿠레레 이미지에 대한 달랠 길 없는 슬픔을 보여 주었다(Pinar, Reynolds, Slattery, & Taubman, 2001). 먼저, 보드리야르의 소쉬르(Sussure) 다시 읽기는 기표와 기의를 분리시켰다. 기표, 단어나 이미지, 그리고 이에 기의된 개념 간의 대응 관계는 그저 **자연적** 대응에서 나온 것이 아니다. 보드리야르(Baudrillard, 1994)가 단언한 바와 같이, 지금까지 가정되어 온 기표와 기의의 대응은 사실상 **의도된 것**이다. 예컨대, 쿠레레라는 기표는 폐쇄형 시스템이라는 기의된 개념에 **임의적**으로 대응하는 것이 아니라 동질화 공식, 즉 (x=x=not y)를 통해 그러한 대응 관계로 제한된 것이다. 이는 타일러(Tyler)와 슈와브(Schwab) 같은 합리적 도구주의 이론가의 교육과정 이론을 견고하게 지지하는 정치적 이데올로기 중립성이 가진 가정을 전복하는 주장이다(Cherryholmes, 1988).

예컨대, 타일러(Tyler)에게 교육과정 설계란 쿠레레의 경로를 규정짓고 통제하는 것을 넘어서서 "그것의 실재를 구성하는 것이다"(p. 25). 마수미(Massumi, 1987)에 따르면 "모든 시뮬라시옹(simulation)은 영토의 안정적 정체성[이라는] 통제된 세계를 그 출발점으로 삼는다"(p. 3). 타일러는 쿠레레에 대하여 하나의 선형적 이미지, 변형을 위한 선험적 조건 그리고 동질한 매트릭스를 부여하였다. 이들은 조직화/무질서, 목적성/비목적성, 연속성/불연속성이라는 몰적(molar) 질서 속에 안전하게 숨어 있다(Cherryholmes, 1988). 이러한 맥락에서 타일러의 교육과정 시뮬라크르는 지도에 해당한다. 이 지도는 지도의 제작에 앞서 존재하며, 교육설계용 기성품 매트릭스이다. 보드리야르(Baudrillard, 1994)의 표현을 빌리면, 그러한 하이퍼리얼(the hyperreal) 설계는 한 삶에서 잠재적 표현들을 제한하는 코드로 작용한다. 그런 의미에서 삶은 하나의 코드화된 경로를 "달리기" 하거나 따라 베끼기로 축소된다. 그런 경로가 더 이상 선험적 초월성 근거에 따라 결정되지 않을 때조차도 보드리야르의 시뮬라크르인 우리를 "에워싼" 코드는 내재적 혹은 가상적 장(소)이 지닌 잠재력을 병들게 한다. 보드리야르에게 시뮬라크르란 악의 기반이다. 실재의 이미지가 과도하게 규정되면서 삶을 사회, 기구, 조직의 객체로 축소시켜 차이를 소거한다. 보드리야르(Baudrillard, 1994)의 부정적 시뮬라크르 안에서 삶은 그 생명력을 제거당한다. 이는 과도하게 규정되고 종국에는 "수동적이 된다"(p. 106).

하이퍼리얼리티(hyperreality)에서는 "자신을 제외하고는 다른 무엇도 나타내지 않는"(Massumi, 1987a, p. 3) 실재의 허구만 존재한다. 보드리야르(Baudrillard)에 따르면 교육과정의 분류학적 · 발달론적 담론은 실재적 토대 혹은 진실을 그려 내지 못하며, 단지 교과에 이항된 기술이다. 동질화시키는 기호 등식(x=x=not y), 혹은 선험적 지도(a priori mapping) 그리기가 더 깊이 있는 실재로 여겨질 따름이다. 보드리야르(Baudrillard, 1975)는 다음과 같이 기술한다. 시뮬라크르에서 "단지 원본에 소속되어 있는가의 여부만이 의미를 가진다 … 선행자이자 유일하게 신뢰받는 결론으로 기능하는 '참조 기표(signifier of reference)'이다"(p. 56). 시뮬라크르의 코드는 "자동화된 해석 기계"가 되어 사유를 동질적인 외양으로 감환시키면서, 사유를 과도하게 규정한다(Deleuze, 2004, p. 275). 교육 담론에서 부정적 시뮬라크르 혹은 (우리를) 에워싼 코드는 발달론적 · 분류학적 사유 안에 내재한다. 즉, 교과, 분류, 한계, 가능성은 기관의 복잡한 코드화 기계를 거쳐 매핑된다. 진단검사, 행동의 세분화, 교과의 선형적 이미지화, 교육계열의 순서화 관점 등을 통해 시뮬라크르는 재생산 메커니즘으로 작동하면서 자아-동일성(self-same)의 이미지 속에서 세계를 재창조한다. 그러한 이항적 매핑(mapping)은 중립성을 가장한 채 순환된다. 내폐된 실체로서의 구조주의적 기호를 폐기시킨 보드리야르는 실재에 대한 그러한 주장이 쿠레케의 허구적 이미지라고 본다. 사실상, 보드리야르와 들뢰즈(Deleuze)의 시뮬라크르 개념에서 대존재(Being)에 대해 이견 없이 명료한 의미를 정착시킬 수 있는 안정된 존재론적 토양과 뿌리 깊은 실재는 없다. 들뢰즈와 가타리(Deleuze & Guattari, 1994)는 "현대적 사유는 재현의 실패와 정체성의 상실, 발견에서 태어났다 … 모든 정체성은 단지 모방되고 보다 심오한 차이와 반복의 게임에 따른 시각효과로 만들어진 것"(p. xix)이라고 말한다. 신플라톤주의자의 원본/복제본이라는 이원론을 전복시키며 "실재"는 시뮬라크르로 와해된다.

하이퍼리얼리티(hyperreality)에서 의미는 최소한으로 차별화된 기호의 열광적 교환과 쾌락 없는 광란 속에서 소멸된다(Massumi, 1987a). 이러한 디스토피아 시나리오는 오늘날의 교육기관이 가지는 이미지를 날카롭게 지적한다. 교환가치의 상업적 순환성에 묶여서, 기관노동은 노동의 **기호**(signs)를 불러일으키는 한에서만 "효율적"인 것으로 여겨진다. 달리 표현하자면, 기관의 생산성 기호가 쿠레레의 반응적 이미지가 개념적으로 반응하는 문제(학)를 가려 버렸다. 학생들에게 해야 할 일이 넘쳐 나지만, 이런 작업들이 요구하는 미친 속도 때문에 종종 상당한 불만이 야기된다. 그렇지만 구조주의나 현상학에서 찬미되는 초월적 이미지를 거부하는 보드리야르(Baudrillard)식 시뮬라크르는 궁극적으로 또 다른 형태의 **허무주의**를 낳을 수밖에 없다. **더 많이** 접근하고, 처리하고, 알아야 한다는 필요는 현대 교육에서 당연시되는 원칙이다. 끊임없는 정보의 순환이 주는 무게에 눌린 보드리야르의 개인은 자동제어 장치(servomechanism)로 축소된다. 즉, 기관의 정보에 접근하여 재생산하는 피드백 모듈이 된다. 이러한 쿠레레의 이미지는 "전통적 학교교육" 프로젝트에 내재해 있다. 여기서 학생은 이상적으로는 지배문화를 재생산하는 자동제어 기계(servomotor)[5]로 여겨진다.

기관의 자동제어 장치(servomechanism)라는 학습자의 이미지는 교육적 **선택**이라는 현대사회의 수사적 표현과는 시대에 뒤떨어진다. 아오키(Aoki, 2005d)에 따르면, 교육과정과 수업 풍경은 "여러 가지 선택지를 제공한다"(p. 417). 그러나 "자유선택'이라는 기관의 수사적 표현으로 널리 알려진 다양성의 허상에 대해 경고가 주어져야 한다. "[교육과정]의 다양성은 허상이다 … 그것들은 교육과정의 [단일한]

5) 역자 주: servomotor는 여기서 자동제어 기계로 번역하였다. 서보(servo)의 어원은 라틴어의 servue로 노예를 의미하는데, 여기서는 학생들이 노예로서 지배문화를 재생산한다는 것을 의미한다.

의미, 즉 계획-으로서-교육과정(curriculum-as-plan)의 현상이다"(p. 417). 이러한 맥락에서 표면상 존재하는 학습자의 자유는 교육적 삶의 선험적 이미지에 의해 사전에 코드화된다. 교육과정과 학습자의 관계는 그저 **상호작용적**이거나 **수동적**인 것이 아니라 **상호수동적**(interpassive)이다. 상호작용성은 쿠레레의 불완전성을 내포하며, 능동적인 주체의 노력을 요구하는 것을 함의한다. 반면에 상호수동성은 이미 **완벽-그-이상**(more-than-complete)인 시스템에 대한 개인의 관계를 나타낸다. 상호수동성에서 행위 주체는 능동적 창조의 요구로부터 자유롭다(Pfaller, 2003). 예컨대, 쿠레레의 반응적 이미지에서는 주체가 더 이상 새로운 사유방식의 창조 요구에 직면하지 않는다. 쿠레레의 반응적 힘에 의해 투사된 삶의 이미지는 **그 자체를 위한** 특정한 사유방식을 구축한다. 메이(May, 2005)는 "사유의 독단주의 이미지로 인해 이미 각각의 속성들로 구성된 정체성이 만들어져 있으며, 이는 사유에 의해 재현되게 된다."라고 하였다(p. 120). 이런 독단주의적 이미지에 따르면 "'가르침'은 '이행(implementation)'이 되고, '수업(instruction)'은 학습자를 주어진 이미지로 내적-구조화하는 것(in-structuring)이 된다"(Aoki, 2005d, p. 418). 그렇지만 학습자에게 가능하다는 소위 "선택"은 아무리 확장되었다고 하더라도 **이미** 조직화의 것이다. 개인은 차이를 생각해 내는 위험에 도전해 볼 필요 없이 상호수동적으로 선택을 자신의 것으로 받아들인다. 따라서 과제는 선험적으로 주어진 자신의 사유 안에서 재현하는 것이 된다. 교육과정 이론에서 수동적이자 상호수동적인 개인의 이미지가 반복된다. 상업적 매체들이 누적해 온 힘 때문에 시뮬라크르는 생명력 넘치는 새로움을 창조할 기회를 말살당한다(Habermas, 1990; Pinar, Reynolds, Slattery, & Taubman, 2000; Postman, 1993). "에너지를 불어넣은" 혹은 내재성의 장(소)의 생명력 넘치는 표현들이 "침묵하는 다수의 거대한 무질서도(엔트로피, entropy)"[6] 한가운데에서 무력화되고 만다(Massumi, 1987a).

보드리야르(Baudrillard)의 시뮬라크르 이론은 근대성의 초월적 토대를 거부했으나, 그 결과는 또 다시 허무주의로 이어지는 새로운 상황을 만들어 내고 말았다.

---

6) 역자 주: 엔트로피는 열량과 온도에 관계되는 물질계 상태를 나타내는 열역학적 양(量)의 하나로, 비엔트로피는 유효 에너지의 감소나 증가의 열역학적 양의 변화 없음을 표현한다. 이 책에서는 무질서도로 번역한다.

“현실”은 현실의 기호로 대체, 제거되면서 죽음을 앞둔 운명론을 받아들이는 극도의 냉소적 접근을 불러일으킨다. 보드리야르의 시뮬라크르 이론은 들뢰즈와 가타리(Deleuze & Guattari, 1987)가 발전시킨 내재성이 가진 잠재적 힘을 제한한다. 근본적인 실재가 있다고 가정하는 순진한 재현적 리얼리즘으로 후퇴하거나, 이미지들이 서로 기생하며 형성하는 거대한 구조 속에서 정보를 흡수하는 스펀지처럼 된다(Massumi, 1987a). 달리 표현하자면, 보드리야르의 시뮬라크르 이론은 현실과 가상적 삶의 차이를 거듭 강조하면서 **상징적 실재**(symbolic reality)의 상실을 슬퍼하는 것이다. 보드리야르는 중세 봉건시대의 기호가 사회적 지위, 전통적 관습과 의례에 한정되어 있었다고 주장한다. 따라서 보드리야르는 사회적 영역에서 후기산업사회의 가상화(virtualization)를 앞선 실재를 제안한다. 현실과 가상을 구분하고, 그리고 둘을 허무하게 붕괴시키는 것을 모두 반대하면서, 들뢰즈와 가타리는 마수미(Massumi)의 표현대로 시뮬라크르에 대한 **세 번째** 이론화 방식을 발전시킨다.

들뢰즈의 긍정

보드리야르(Baudrillard)는 시뮬라크르가 이미 존재하는 실재를 대체하는지, 아니면 배제시키는지에 대한 질문을 회피한다(Massumi, 1987a). 들뢰즈와 가타리(Deleuze & Guattari, 1983)에게는 두 질문 모두에 대한 대답이 긍정적인 “그렇다(yes).”가 된다. 들뢰즈(Deleuze, 1990)는 다음과 같이 말한다. 시뮬라크르는 삶에 부차적 존재가 아니라 삶 그 자체이다. 비실재적 가상의 이미지로 보완되는 “진짜” 세계가 애초에 존재하지 않는다. 들뢰즈(Deleuze, 1983)에게 실재란 현실-잠재태(actual-virtual)이다. 즉, 현실계란 **이미** 하나의 이미지이다. 예를 들어, 인간 존재(Human Being)는 부분적으로 분류학적 · 발달론적 이미지를 통해 현실화된다(is actualized). 인간이 인간으로 인식되려면 그에 대한 이미지(한계, 모양, 차이)가 반드시 있어야 한다. 그러나 들뢰즈(Deleuze, 1983)는 그러한 현실성(actuality)이란 잠재적 혹은 내재적 장(소)의 되기(becomings) 가능성을 통해 만들어진다고 본다. 달리 표현하자면, “실제(real)” 인간이 있어서 이후에 인간이 되는 것이 아니라, 인간의 재현된 이미지에 영토화된 잠재성 혹은 가능성이 있다. 이는 현실태가 단지 잠재태의 결과(effect)라고 말하는 것이 아니라, 현실태가 잠재태의 가능성을 내포하고 있음을 제안하는 것이다. 달리 표현하자면 내재성이라는 영토화 장(소)으로서의 현실태는 불변하는 선험(a priori)이 아니다. 그보다 되기의 긍정 힘이다. 현실화(actualization)란 단순히 존재가 아니라 되기의 표현이다. 예를 들어, 인간은 영화 이미지, 사진, 우상, 괴물 혹은 채소가 될 수 있다. 인간은 인간 이상 혹은 인간 이하가 될 수 있다(Colebrook, 2009).

쿠레레의 반응적 이미지도 마찬가지일 것이다. 도구주의적 혹은 합리주의적 용어로 쿠레레를 개념화하면, "달리게 될 경로(course to be run)"의 이미지를 갖는다. 가르침과 배움을 그저 교환, 습관화, 순서의 과정으로 인식하는 교육과정 설계도 필요하다. 보드리야르(Baudrillard)의 부정적 시뮬라크르 개념은 기호로서의 실재 이미지이다. 이는 신체가 할 행동을 표준화시키면서 효과적으로 실재를 대체한다(Massumi, 1987a). 마수미(Massumi)는 다음과 같이 쓰고 있다. "신체가 하는 일은 정체성의 추상적 좌표판 어디에 안착하느냐에 달려 있다. 이 좌표판은 신의 기적으로 만들어진 것으로, 그 기능은 실제에서는 표준화와 재생산이다"(p. 4). 이러한 쿠레레의 반응적 이미지는 달리기 트랙의 이미지와 같이 형상화된다. 여기서 트랙은 스스로 돌아오는 부정적 피드백 순환 고리 안에 놓여 있다. 이 부정적 피드백 시스템은 실제에서는 해당 정체성(x=x=not y)을 확정한다. 즉, 잠재적 탈영토화 혹은 변이 탈주선을 중단시키는 특정 통제변수를 설정하여 정체성을 확정한다. 따라서 적극적 쿠레레의 선례로서 지도 혹은 이미지는 달리게 될 경로를 영토화시키는 기능을 한다. 여기서 달리게 될 경로는 근본적 현실성(actuality)에 해당한다. 이런 맥락에서 합리주의 혹은 도구주의적 교육과정 설계란 안정된 존재론적 영토로 스스로를 유지시키는 것이다. 그러나 들뢰즈(Deleuze)로 돌아가면 이러한 존재론적 영토는 많은 것 중의 하나일 뿐이다.

플라톤의 원본과 복제본이라는 측면에서 보면 들뢰즈(Deleuze, 1983)에게 실재(reality)란 완전히 현실적(actual)인 것도 잠재적(virtual)인 것도 아니다. 그보다 실재는 현실적이면서 동시에 잠재적인 것이다[현실-잠재태(actual-virtual)]. 즉, 안정된 영토를 구축하는 동시에 새로운 탈영토화의 탈주선을 가능하게 하는 것이다. 들뢰즈에게 잠재성의 힘이란 시뮬라크르의 생산적 혹은 긍정적 질(affirmative quality)에 해당한다. 보드리야르(Baudrillard, 1994)의 부정적 잠재성 개념과는 반대로, 들뢰즈는 차이를 사유하기 위한 창조적 힘으로 잠재성에 접근한다. 들뢰즈는 원본과 복제본의 이원성을 거부하면서 잠재성의 윤리로서 시뮬라크르에 다가간다. 이 윤리의 제안에 따르면, 시뮬라크르를 앞서서 존재하는 쿠레레의 선험적 이미지나 원본은 없다. 달리 표현하자면, 지극히 **당연하면서** 정치적으로나 이데올로기적으로 **중립적인 삶**의 경로는 없다. **즉**, 차이를 생성하고 변혁을 겪고 재개념화하는 그런 중립적 삶의 경로는 존재하지 않는다. 시뮬라크르는 삶**이다**(is). 더 나아가, 시뮬라크르는 우리 삶이 어떻게 될 수 있는지에 대한 이미지를 관련짓고 창조할 수 있는 잠재력이다. 이런 맥락에서 본다면, 쿠레레의 적극적 표현은 쿠레레의 잠재적 힘에 달려 있다. 즉, 쿠레레의 적극적 힘은 새로운 사유방식을 창조하는 내재적 차이의 표현인 것이다. 현실성과 잠재성의 결합은 이러한 방식으로 이루어진다. "현실적"인 것은 오직 되기를 위한 잠재적 가능성 때문에 그러한 것이다. 잠재적인 것은 다음을 제외하고는 지각할 수 없다. 즉, 새로운 사유, 행위의 잠재성을 발생시키는 새로운 사유, 행위 혹은 개념적 실험에서만 목격할 수 있을 뿐이다.

새로운 철학적 개념이나 예술적 감응을 사유한다는 것은 내재성 혹은 잠재성의 장(소)의 **표현적(expressive)** 힘을 끌어들이는 것이다. 그러한 개념이나 감응이 사유를 위한 새로운 층위나 영토를 생성하는데, 이때 현실계와 잠재계를 두 개로 나눠진 것으로 생각해서는 안 된다. 현실계와 잠재계는 오히려 상보적인 과정으로 쿠레레의 모종의 적극적 개념과 밀접하다. 즉, 들뢰즈가타리(Deleuzeguattrian)[7]의 철학적 과업(Deleuze & Guattari, 1987)은 "우리가 무엇을 알 수 있는가?"의 질문에서 출발한 것이 아니다. 하물며 우리의 이미지가 세상을 정확하게 반영하는가에 대한 정체성 탐구도 아니다. 달리 표현하자면, 들뢰즈(Deleuze, 2004)의 사유에 대한 도전은 모종의 현실을 재현하거나 인식하는 데 귀속되지 않는다. 반대로, 들뢰즈식

7) 역자 주: 들뢰즈와 가타리를 독자적으로 쓰기도 하지만, 그들의 협력적인 작업임을 표현하기 위해 저자는 들뢰즈가타리를 붙여서 표기하였다. 이 번역서에도 저자가 쓴 용어를 그대로 사용하였다.

사유에 대한 도전은 쿠레레의 잠재적 비(非)이미지의 생성에서 비롯된다. 즉, 차이의 내재적 펼침(unfoldment)을 유지해 주는 비재현적 쿠레레를 지향한다. 이러한 비이미지는 기호의 단순한 전달을 중단시킨다. 즉, 개념에 그 잠재적 힘을 돌려줌으로써 사유를 위한 잠재적 이행의 다양체를 창조한다.

블록(Block, 1998)은 자신의 **방랑자 페다고지**(vagabond pedagogy) 개념에서 쿠레레에 대한 이러한 접근방식을 취한다. 블록의 쿠레레에 대한 비재현적 표현에 따르면, 길이란 없으며, 미리 길을 정하는 "권력 행사"도 없다(p. 335). 사유의 새로운 층위나 영토는 개념이나 감응적인 힘을 통해 **구축될 수 있다.** 그러나 들뢰즈(Deleuze)의 일의성 존재론(ontology of univocity)에 따르면 그러한 현실화(actualization)는 결코 내재성의 장(소)으로부터 형식적으로 나눠질 수 없다. "[영토화는] 이겨 내야 하는 적이 아니니다 … 단지 우리가 탈영토화[의 잠재적 힘]를 보지 못하게 될 때에만 적이 되는 것이다"(May, 2005, p. 139). 영토가 되기의 잠재적 내재성이 가지는 힘을 잃을 때 반응적이고 독단적으로 된다. 쿠레레를 반응적 이미지로 실현시키면 수많은 잠재적 가능성은 **달리게 될** 특정한 **경로**의 영토화된 선택이 되어 버린다. "인식-에로의-의지(will-to-recognition)와 … 재현"으로 자리 잡는 영토화의 권력은 들뢰즈식 시뮬라크르가 가진 잠재적 힘을 감추어 버린다. 그리고 초월적 혹은 코드화된 원본의 존재를 가정한다(Roy, 2003, p. 9).

마수미(Massumi, 1987a)와 유사하게 보드리야르(Baudrillard)와 들뢰즈(Deleuze)는 두 가지 시뮬라크르 양식에 대하여 말한다. 두 사람 모두 신-플라톤식의 원본/복제본 이원론을 거부하면서 초월성의 폭군적 권력을 부정한다. 반면에 보드리야르의 부정적 시뮬라크르는 억압적이고 규칙화하는 매트릭스로 개념화된다. 마수미는 다음과 같이 말한다. 보드리야르의 시뮬라크르에서 "그것은 플라톤적 복제본의 문제가 아니라 복제인간의 문제이다"(Massumi, 1987a, p. 4). 이러한 개념화에서 쿠레레는 여전히 코드라는 규칙화 제한에 묶여 있다. 이러한 맥락에서 신체가 무엇을 할 수 있는가에 대한 스피노자(Spinoza, 1985)의 도전은 사유의 억압적 범주에 의해 과잉결정되어 버린다. 마수미는 두 번째 시뮬라크르 양식이 "유사성과 복제의 전체 시스템을 공격한다"고 본다(p. 5). 들뢰즈의 시뮬라크르는 대존재(Being)

의 오직 특정한 속성이나 양식만을 규제해서 선택하도록 제한하기보다는 가능한 한 되기(Becoming)의 잠재적 다양체를 선택한다. 들뢰즈(Deleuze, 1983)에게 있어서 차이가 없는 복제란 없다. 또 잠재성의 생동감 넘치는 개입 없이는 현실도 없다. 대존재는 복제화, 이미지화, 시뮬레이션의 잠재적 과정을 통해 출현한다. 그러한 대존재는 그저 대량 복제기구의 생산물이 아니며, 차이화(differentiation)의 잠재적 힘의 표현이다. 유전자는 한 세대에서 다음 세대로 복제되지만, 중요한 차이를 가지고서 펼쳐진다. 음악은 소리의 장소(venue)와 테크놀로지(테크네, techne)의 차별화된 질성으로 조합되어 독특한 차이를 생성한다. 마찬가지로 팝아트는 플라톤식 이원론과 결별한 것이며, 복제품이 독특하고 무질서도적(비엔트로피적, nonentropic)인 특이성을 출현시키는 중요한 차이를 어떻게 내포하고 있는지 보여준다. 마이클 크라이튼(Michael Crichton)의 〈쥬라기 공원〉에 나오는 공룡들처럼 복제는 새로운 변이의 방향성을 낳고 새로운 되기를 생성한다.

차이의 이행 지켜 내기

데뉼트(Diagnault, 1992)의 교육과정 이론에 따르면, 쿠레레는 실험적인 도전을 포기하는 "허무주의"나 실현이라는 "테러리스트"적 권력의 덫 모두에서 벗어나는 사유의 "이행(passage)"을 의미한다. 데뉼트는 "사유란 오직 자살과 살인 사이에서 일어난다."(p. 199)라고 하였다. 반응적인 사유의 살인과 허무주의적인 잠재성 윤리의 포기 사이에 차이가 존재한다는 것이다. 그러한 이행은 보드리야르(Baudrillard)의 부정적 시뮬라크르에 의해서는 유지될 수가 없다. 먼저, 보드리야르(Baudrillard, 1975)에 따르면 시뮬라크르는 자본을 도와주는 것으로 개념화된다. 모든 기호는 실재적이고 합리적이며 교환 가능한 순환이라는 자본의 논리로 흡수되어 자본의 의도대로 이용된다는 것이다. 따라서 부정적 시뮬라크르에서의 기호는 살인의 공범인 것이다. 기호는 실재(reality)를 몰아가는 선험적 현실성(actuality)으로 의미를 축소시키고 제한시킨다. 보드리야르의 시뮬라크르에서 실재란 가상적 힘이 모두 제거되어 버린 기호의 효과일 따름이다. 따라서 보드리야르에게 가상성(virtuality)은 "동일성의 영원한 반복"일 뿐만 아니라 이에 수반하여 완벽을 추구하는 부정적 욕망으로 "우리가 지금 애도의 과정을 거쳐야만 하는, 이 세상을 끝장내 버리는 … 완전 범죄"인 것이다(Baudrillard, 2002, p. 200).

시뮬라크르에 대한 들뢰즈(Deleuze)의 개념에서는 긍정(affirmation)에 의해 애도가 사라진다. 쿠레레의 독단적 이미지는 되기의 잠재력으로 변모한다. 플라톤의 원본/복제본 이원주의를 거부함으로써 가상이 가지는 잠재적 구성 능력을 인정하게 된다. 더 나아가, 신체가 할 수 있는 것을 명백하게 제한시키는 잠재성의 윤리를 통해 부정적 시뮬라크르는 새롭게 이미지화된다. 들뢰즈(Deleuze, 1991)는 "[현대] 생활은 가장 기계적이고 가장 전형적인 반복과 직면하게 되어 있어서, 우리는 끊임없이 차이, 변이, 수정을 추출해 내지 못한다."라고 하였다(p. xix). 보드리야르(Baudrillard)는 동일성의 반복을 통한 차이의 종결을 단정 짓는 반면, 들뢰즈는 니체(Nietzsche)의 **영원회귀**(eternal return)라는 개념을 통해 중요한 차이의 표현을 인식한다. 『**차라투스트라는 이렇게 말했다**』(Nietzsche, 1969)에서 영원회귀 개념은 시간이 지나도 동일한 것이 순환되어 돌아오기를 제안한다. 그렇지만 니체에게 있어서 영원회귀는 "동일성"이 아니라 "완전히 다른 사유"(Deleuze, 2006a, p. 46)이다. 들뢰즈는 "**회귀는 되어 가는 존재이다.**"(p. 24)라고 말한다. 미래의 다양체에 열려 있는 존재는 더 이상 그저 그 자체가 아니며, **되기**를 위한 차이화의 힘이다. 달리 표현하자면, 들뢰즈에게 있어서 영원회귀는 미래의 긍정적이고 구성적인 힘을 의미한다.

메이(May 2005)에 따르면, 미래는 "미리 주어진 정체성 [혹은] 지키고자 하는 제한 없이 우리를 만나러 오는" 과잉하게 흐르는 "아직 현실화되지 않은 차이"(p. 61)이다. 오늘날 교육실천에 있어 영원회귀의 도전이 그러하듯이, 미래의 긍정은 니체의 **차라투스트라**(Nietzsche, 1969)에게 가장 어려운 과제이다. 영원회귀의 도전은 다양체로서의 미래를 기꺼이 긍정하는 데 있다. 영원회귀를 긍정하는 것은 동일화시키는 사유의 이미지와 재현-에의-의지(will-to-representation)를 모두 거부하는 것이다. 이는 현실화된 세상의 이미지를 충실하게 재현하려는 시도를 포기하는 것이다. 그 대신에 영원회귀는 사유와 행위의 새로운 이행 생성에서 차이를 만들 수 있는 삶의 힘을 중시한다. 여기에서 교육학적으로 쿠레레의 능동적 개념을 받아들일 수 있다. 미래에 대해서 그저 "예."라고 긍정해야 하는 것이 아니라, 주사위가 어떻게 던져질지 모르는 채로 영원회귀의 차이가 가지는 위험을 감수하는 것이다.

영원회귀는 삶 그 자체가 가지는 독특한 양식의 출현을 선언한다. 이러한 맥락에서 들뢰즈(Deleuze)는 캐롤(Caroll)의 『이상한 나라의 앨리스』가 가지는 긍정적 힘에 대해서, 데뉼트(Daignault)는 조이스(Joyce)의 "강은달리나니(Riverrun)"[8]에 대해 언급한다. 두 작품 모두 특정하게 주어진 실재를 충실하게 재현하려는 시도를 하지 않는다. 각 작품에서는 세계의 반응적 이미지를 벗어나고자 하는 실재의 잠재적 힘이 발휘된다. 니체(Nietzsche)가 철학에 시, 격언 형식을 도입한 것도 마찬가지이다. 그의 스타일 혹은 말더듬기(stutter)는 "철학의 새로운 개념, 사유자와 사유의 새로운 이미지[를 제안하며]"(Deleuze, 2001, p. 65) 영토화된 선으로부터 벗어난다. 들뢰즈의 철학이나 니체의 대항문화적(countercultural) 제스처와 마찬가지로, 데뉼트의 페다고지는 한 삶, 즉 "실재에서 결핍이 … 아닌 … 잠재성 [그리고] 사건"(Deleuze, 2002, p. 31)으로 이루어진 삶이 가진 특이성을 긍정하고 있다. 달리 표현하자면, 이상한 나라나 강은달리나니에서의 가상성에 대한 긍정, 니체의 철학적 스타일은 실재의 표현적 잠재성을 증가시킨다. 그 각각은 미래의 다양체라는 가능성을 열어 줌으로써, 사유의 얼어붙은 영토에 무엇인가를 행하는 것이다. 이는 데뉼트가 앞서 경고했던 사유의 살인도 아니고, 미래를 아무것도 없는 진공 상태로 간주해 버리는 허무주의도 아니다. 오히려 영원회귀는 교육적 사유에서의 반응적인 현실 강화와 교육실천 과정의 도구적 조작, 그 사이의 이행을 의미한다. 달리 말하자면, 과잉부호화해 온 영토화의 힘들이 차이를 생성하는 반복을 통해 파괴되는 것이다. 마찬가지로, 쿠레레의 기술적인 통제는 영원회귀의 주사위 던지기를 통해 전복되고 만다. 달려야 할 경로라는 반응적 혹은 일원론적 이미지에 저항하며, 쿠레레의 능동적 표현은 반복에 내재된 차이를 긍정한다. 데뉼트의 차이 이행을 지켜

8) 역자 주: 데뉼트는 '사유로서의 교육과정(curriculum as thought)'을 제안하면서, 조이스의 소설을 빌려 들뢰즈의 유목민처럼 결코 정착하여 머물지 않고, 항상 움직이며 나뉘거나 다시 합쳐지는 강물의 흐름에 비유하고 있다(Pinar et al., 2008). "강은달리나니(Riverrun)"는 『피네간의 경야(Finnegan's Wake)』(1986)의 첫 번째 단어이다. "강은달리나니"는 역동적인 균형 속에서 정지와 흐름, 견고성과 움직임이 공존하는 소리 환경을 만든다. 항상 움직이지만 영원해 보이는 강의 비유이다.

내는 페다고지 프로젝트는 따라서 니체의 영원회귀 요구를 따르는 것, 즉 실재의 과잉결정주의 한 가운데에서 내재성을 긍정하는 것으로 볼 수 있다.

허구의 힘

니체(Nietzsche, 1967)의 용어로 영원회귀의 개념은 **힘-에의-의지**(will-to-power)이다. 이는 기쁨, 자유, 창조의 긍정적 힘이다. 들뢰즈(Deleuze, 2006a)는 "니체의 실천적 가르침의 차이는 행복한 것이다. 다양체, 되기, 우연은 그 자체로 기쁨의 적절한 대상이라는 것이다."(p. 190)라고 말한다. 들뢰즈는 니체의 힘-에의-의지를 "허구의 [힘]'으로 대체하여 묘사한다. 들뢰즈식 잠재적 내재성과 차이의 긍정적 시뮬라크르에서 허구의 힘은 대항현실(counteractualities)을 생성하는 것이다. 이러한 대항현실은 그 잠재적 힘으로부터 단절된 반응적 이미지와 전혀 다르다. 오히려 허구의 힘은 삶의 표현적 잠재성이 가지는 증식작용을 이미지화하기 위하여 실재의 가상적 힘을 긍정하는 것이다. 이러한 가상의 긍정은 다시 삶의 표현적 힘을 증가시킨다. 사실상 시뮬라크르가 **삶이라면**, 허위의 힘은 되기를 위한 삶의 잠재성과 함께 작용한다. 마수미(Massumi, 1987a)가 기술한 바와 같이, 허위의 힘은 사회로 주입되어 작동하는 시뮬라시옹으로 구성될 것이다. 보드리야르(Baudrillard, 1990)는 이러한 힘을 **유혹적**(seductive)이라 표현한다. 보드리야르가 상술한 바와 같이 모더니티는 실재에 내재된 초월적 진리를 지지하는 법칙성의 시대이다. 보드리야르는 법칙의 시대에 진리를 이해하기 위하여 누구든 끊임없이 생산적이어야 한다고 주장한다. 사람은 "실재"를 끊임없이 물질화시켜 이를 가시화하고 상품화시켜 순환되게 하여야 한다. 법칙의 시대에 의미의 단선적 진보와 "결연한 확정성"(p. 132)에 대항하며, **유혹**은 치명적 역할을 수행한다. 즉, 법칙에서는 실재가 "뒤집을 수 없는 것"이라는 관점을 지지하며 "관습적 절차의 순환반복"에 젖어 있는 반면, 유혹은 생산적 혹은 충실한 "실재"(p. 139)로부터 기호들이 벗어나도록 해 준다. 달리 표현하자면, 삶은 실재의 재현을 목적으로 하지 않으나 유희와 책략을 통해 실재 효과를 생산할 때 유혹을 입증할 수 있다. 오슨 웰스(Orson Welles)가 진두

지휘한 시뮬라시옹처럼, 현혹-에의-의지(will-to-deception)는 법칙/국가의 공식적 의미나 이미지를 거스르며 새로운 현실을 창조한다. 전통적으로 무대 마술사들은 새로운 진리 감응을 생성하기 위하여 긍정적 시뮬라크르의 가상적 잠재성을 가지고 놀면서 현혹-에의-의지, 허구의 **유혹적** 힘을 실천해 왔다. 이러한 맥락에서 예술가와 철학자들이 이미지화한 대항현실성은 결코 **덜**(less) 실재적인 것이 아니다. 같은 맥락을 따라 허구의 힘은 쿠레레의 능동적 표현을 개념화하는 새로운 방식을 창조할 수 있다.

영화, 음악, 미술, 비디오가 페다고지에 대하여 어떤 의미성을 가지는가의 문제는 들뢰즈(Deleuze)식의 현혹-에의-의지(will-to-deception), 허구의 힘과 연계된다. 보그(Bogue, 1999)가 주장한 바와 같이, 허구의 힘은 **소수주의자적**(minoritarian) 관점을 가동시킨다. 들뢰즈가타리(1987)의 소수자 개념은 인종, 민족 집단과 연대하는 반면, 이는 예술과 문화의 잠재성을 긍정하는 것으로 이 정의를 확장시킨 것이다. 승인되거나 제한된 국가 형태의 거대한 단일체에 반대하며, 소수자적 사유는 “매우 강력한 탈영토화의 요소를 담고 있어서 … 그 안의 모든 것은 정치적인 성격을 띤다”(p 115). 달리 표현하자면, 허구의 힘은 “**아직-오지-않은 사람들**(a people yet to come)”, 또 다른 가능한 공동체의 표현을 통해 기존에 높이 솟아 있던 전통의 형상을 전복시킨다. 여기에서 들뢰즈와 가타리(Deleuze & Guattari, 1987)는 **카프카**(Kafka)와 **조이스**(Joyce)를 언급한다. 두 작가 모두 더 이상 세계를 동질화시키는 혹은 재현하는 이미지에 묶이지 않은 소수 문학 혹은 소수 언어를 불쑥 던져 넣는다. 카프카는 프라하식 독일어의 어조를 동요시키고 감정을 불어넣고 과장함으로써, 조이스는 “모든 일련의 이질성[을 긍정하는] 힘”(Deleuze, 1990, p. 26)을 통해 글쓰기의 선험적 기준을 파괴함으로써 각각 언어의 예절을 탈영토화한다. 카프카와 조이스가 시작한 소수주의적 글은 아직 보이지 않는 사람, 혹은 되기의 과정에 있는 사람을 위한 공간을 열어 주며 미래의 미래에 대한 신념을 던져 준다. 이러한 방식에서 소수주의적 허위의 힘은 쿠레레의 능동적 개념화에 중요한 시사점을 가진다. 카프카와 조이스의 소수주의적 작품이 언어의 예절을 탈영토화하듯이, 쿠레레의 능동적 힘 역시 되기의 가상적 잠재성을 긍정하면서 그 소수의 힘을 발휘하여야 한다. 그러한 되기는 다시 아직 보이지 않는 사람을 위한 공간(들), **아직-오지-않은 사람들**을 위한 페다고지를 열어 준다.

동질화 사유 속으로 문제(학)를 집어넣으면서, 허구의 힘은 "잠재적 구조 혹은 다양체를 드러내는 … 특질을 추구하기 위해 그 단단한 상태로 시스템을 밀어 넣음으로써 [작동한다]"(Bonta & Protevi, 2004, p. 114). 이러한 방식으로 소수자 예술과 문화는 그저 부가적으로 첨가된 요소가 아닌, 예술이 할 수 있는 것에 대한 다층적 표현이 되는 것이다. 이러한 맥락에서 허구의 힘은 이질성과 변이를 통해 재현을 문제시함으로써 익숙함에 **낯섦**(foreignness)이 발생되었다. 예를 들어, 일본 만화산업에서는 최근에 예술가 개인 혹은 집단으로 저작권이 있는 캐릭터를 전용하여 새로운 창작을 하는 현상이 급증하는 모습이 관찰되었다. 일본의 **오타쿠**(문화 설계자)는 주류 만화의 내러티브와 캐릭터를 재창조하기 시작하였고, 이들을 낯선 장르로 변형하며, 지금까지 숨겨져 있거나 금기시되거나 현실화되지 않았던 스토리라인으로 재영토화하고 있다. 허구의 잠재적 힘은 새로운 내러티브 현실을 생성하면서 완전히 새로운 추종자들을 낳았으며, 주류 만화 내러티브의 인기를 빼앗고 있다. 더 나아가, 이들의 잠재적 힘은 오늘날의 일본 문화에서 문화 제작에 대한 생각을 명백하게 바꾸었다. 일본의 출판업체들은 이제 캐릭터에 대한 저작권 침해를 눈감아 주며, **오타쿠**들이 자신들의 창작물을 무수한 형태로 개작하도록 허용하고 있다. 허구의 힘은 개인이 정치에 바로 참여하라는 요구와 밀접하게 연결되어 있다고 볼 수 있다(Bogue, 1999). 즉, 소수자 예술과 문화를 통해 영토가 탈영토화되고 이에 따라 익숙하던 것들이 낯설어지고 끊임없는 되기가 미래와 **아직-오지-않은 사람**에게 열린다. 허구의 힘은 반복에 내재된 가장 급진적인 차이를 긍정함으로써 영원회귀를 실천하는 것이다.

쿠레레와 긍정적 시뮬라크르

들뢰즈(Deleuze, 1983)의 시뮬라크르가 가지는 힘은 쿠레레의 능동적 개념화에 중요한 의미를 가진다. 첫째, 들뢰즈가 개념화한 긍정적인 시뮬라크르는 우연과 실험의 필연성에 대한 윤리적 방향을 제시한다. 들뢰즈와 가타리(Deleuze & Guattari, 1987)에게 실험이란 신플라톤주의가 전개시켜 온 삶에 대한 선험적 이미지를 전복시키는 것이다. 그러나 실험은 단순히 안정성의 폐기가 아니라 그 이상이다. 여기가 바로 수많은 포스트모던 교육과정 담론이 자신들의 탐구를 종결시켜 버리는 지점이다. 순수한 흐름(pure flow)에 대한 이들의 호소에서 유지되는 것은 흐름에 대한 선험적 헌신이다. 그러나 이에 반하여 들뢰즈와 가타리식의 실험은 모든 선험적 · 반응적 요소를 버린다. 그렇게 할 때만이 우리는 "신체가 할 수 있는 것을 볼"(p. 251) 수 있다. 때로는 상황을 안정시키는 것이 더 필요할 때가 있다. 또 어떤 때에는 "과도하게 경직된 시스템을 흔들기 위해 약간 더 많은 흐름 … 혹은 벗어남이 … 필요하다"(Bonta & Protevi, 2004, p. 83). 들뢰즈(Deleuze, 1983)가 주장한 바와 같이 실재는 현실-잠재태이다. 따라서 현실태와 잠재태를 이원론적으로 사유하는 것은 플라톤식 **반응성**으로 잘못 되돌아가는 철학적 오류가 된다.

둘째, 들뢰즈(Deleuze)의 시뮬라크르가 가진 긍정적이고 창조적인 힘은 삶의 긍정을 지향한다. 현혹-에의-의지(will-to-deception), 허위의 힘, 소수주의자 생산은 각각 쿠레레의 반응적 이미지라는 닫힌 시스템을 탈출하게 해 준다. 들뢰즈를 따라 쿠레레를 무질서도(엔트로피)의 죽음-충동 혹은 "죽은 상태의" 동일성 복제로 이미지화하려는 교육과정 이론은 영원회귀의 잠재적 힘으로 사유하는 데 실패한 것이다. 달리 표현하자면 쿠레레의 무질서도(엔트로피) 이미지는 미래에 대한 권리를 상실하게 하는 "얼어붙은 미래주의(frozen-futurism)"에 사로잡히는 것이다. "죽은 상태의" 교육과정과 그 안에 죽어 있는 전달 대리인은 동질화시키는 사유로 다시 붕괴된다. 안셀 피어슨(Ansell Pearson, 1999)은 죽음-욕망은 "되돌아가야 할 죽음의 원본이 존재함을 가정하며 … 그리하여 죽음-충동은 정체성에 대한 욕망"(p. 118)이라고 적고 있다. 영원회귀의 힘에서 절단된 죽은 쿠레레의 이미지는 가장 정적이며 고정된 형상으로서의 대존재를 명료하게 보여 준다. 그러한 고정된 존재의 이미지는 반복에 대한 교육적 강박에서 비슷하게 찾아볼 수 있다. 되기가 없는 영토화의 습관적 반복에서 교육실천적 삶이 무엇을 할 수 있는가는 지나치게 결정론적이 되어 버린다. 그러한 강박적 반복은 폐쇄적 이미지의 쿠레레의 징후적 재생산에서 잘 드러난다. 따라서 쿠레레의 능동적 표현은 "동일성으로 축소시키려는 재현 형태"(Deleuze & Guattari, 1994, p. xix)에 등을 돌리는 바꿈이다. 예술가와 철학자에 의해 운동성을 갖게 된 허구의 힘을 통한 쿠레레의 능동적 개념화는 페다고지 사유에 차이의 힘을 넣으려는 시도이다(Roy, 2003, p. 21). 이러한 맥락에서 들뢰즈의 도전은 죽음 상태의 시뮬라크르의 수동성을 차이를 생성하는 쿠레레의 능동적 힘으로 바꾸는 것이다. 달리 말하자면, 들뢰즈는 **무엇인지**(대존재)에서 무엇이 **될 수** 있는지의 생성으로 강조점을 전환시킨다. 그러나 되기는 수동적 과정이 아니라는 사실을 재차 강조하는 것이 중요하다. 되기는 능동적인 창조이며 허구의 힘이며, 할당된 **정체성**(je)을 탈영토화하는 **놀이**(jeu)의 우연성의 창출이다. 따라서 페다고지에 있어 예술과 철학의 힘은 그러한 되기의 힘과 영원회귀의 실험적 윤리성에서 발아된다.

셋째, 긍정적 시뮬라크르는 새로운 감응과 영토를 창조한다. 교육과정과 관련지어, 허구의 힘은 따라 베끼기(tracing), 즉 지도나 미리 정해 둔 안내서를 따라가는 행위를 논박하는 것이다. 들뢰즈와 가타리(Deleuze & Guattari, 1987)는 "사실상의 상태를 기술하거나 간주관적 관계에서 균형을 유지하거나 처음부터 이미 거기 있던 무의식을 탐색하는 것"(p. 13)이 목적인 따라 베끼기 행위로 여겨지는 재생산의 논리를 피한다. 대조적으로 허구의 힘은 새로운 지형학적 지대에 대한 지도 제작을 강력하게 긍정한다. 따라서 쿠레레의 능동적 힘에서는 대존재가 오이디푸스 가족극처럼 선험적으로 정해진 틀의 이미지로 "무대에 서는" 연극은 아닌 것이다. 오히려 쿠레레의 능동적 개념은 내재성을 가지며 이에 따라 되기의 잠재성이라는 다양체를 끊임없이 펼쳐 나가는 공장, 생산 기계로 볼 수 있다(Lorraine, 1999). 이러한 방식의 들뢰즈식 허구의 힘은 교육실천에 있어서 오래된 길을 강박적으로 따라 베끼기보다는 새로운 지도를 창조하도록 도전한다.

제4장 유목민 되기

"서부영화(Western)는 미국영화의 자랑이자 기쁨이며 선 의지(good will)를 홍보하는 대사이다. '서부영화에 대한 반감(anti-Western)'이 폭발하는 시대에서조차 … 자무쉬(Jarmisch)의 격분이 담긴 시적 영화만큼이나 미국 존재 자체에 대해 노골적으로 경멸한 것은 없었다."

-Jones, 1996, p. 45.

작가이자 감독인 짐 자무쉬의 영화 〈데드맨(Dead Man)〉은 1995년 칸 영화제에서 경쟁 부문 후보로 선정된 이후 엇갈리고 당혹스러운 평을 받았다. 서부영화 장르의 전통적인 수사와 결별한 〈데드맨〉은 영화계의 이전 작품인 〈와일드 번치(The Wild bunch)〉(1962),[1] 〈작은 거인(Little Big Man)〉(1970),[2] 〈울자나의 습격(Ulzana's Raid)〉(1972)[3] 그리고 1973년 〈관계의 종말(Pat Garrett and Billy the Kid)〉[4] 등과 함께 **후기 서부영화**의 정치적 방향성을 명확히 제시하였다. 〈데드맨〉은 서부영화의 전통적 코드를 탈영토화하면서 1930년과 1960년 사이 일반적으로 장르에서 나타났던 식민지 대량학살, 환경파괴, 자본 상승, 기독교 도덕 확산 등의 악몽 같은 궤적을 다시 포착해 내었다(Jones, 1996; Levich, 1996; Rickman, 1999). 〈데드맨〉에

1) 역자 주: 샘 페킨파 감독의 영화로, 1960년대를 배경으로 하여 시대의 파도에 적응하지 못한 무법자들이 쓰러져 가는 최후의 서부극이라는 평과 함께 폭력의 미학을 아름답고 처절하게 묘사한 작품이라는 절찬을 받았다.

2) 역자 주: 아서 펜 감독의 서부영화로, 토마스 버거의 소설을 원작으로 하고 있다. 인디언의 습격으로 부모를 잃은 백인 아이 잭이 인디언 부족과 백인 사회를 오가며 겪는 이야기를 다루고 있다.

3) 역자 주: 로버트 알드리치 감독의 서부영화이다. 1880년대 애리조나 지역의 유럽 정착민에 대한 치리카 아메리카 아파치의 습격이 잔인하게 묘사된다.

4) 역자 주: 샘 페킨파 감독의 서부영화로, 오랜 친구였지만 서로의 입장으로 대립하게 된 보안관 팻 가렛과 무법자 빌리 더 키드의 충돌을 다룬 이야기이다.

서 진보에 대한 목적론적 이상, 유럽 남성의 존재론적 확실성, 서구 합리성의 특권적 지위는 "기이한"것으로 묘사하였다. 자무쉬는 자신의 영화에서 장르의 규제적 봉쇄를 "벗어나는" 전복(transgressive)의 탈주선으로 인해 무법자가 되었다. 영향력 있는 영화 비평가 로저 에버트(Roger Ebert)는 다음과 같이 혹평을 한다. "자무쉬는 여기서 무언가를 시도한다. 그러나 나는 그것이 무엇인지 모르겠다 … 〈데드맨〉은 이상하고, 느리고, 무익한 영화이다. 그리고 이 영화는 우리가 의미로 무엇을 생각하게 만들기보다는 그것 자체의 의미를 생각하는 데 더 많은 시간을 들이도록 한다"(http://rogerebert.suntimes.com).

교육적으로 볼 때 로저(Roger)의 혹평에는 뇌리를 떠나지 않게 만드는 무엇인가가 분명 있다. 로저는 〈데드맨〉에 대해 이상하고, 낯설고, 당황스럽다는 조롱 섞인 분석을 내놓았다. 여기서 그는 새로운 의미, 관계, 평가 양식이 생성될 질적 조건을 제시한다. 즉, 〈데드맨〉은 서부 영화 장르의 친숙한 좌표들을 **이상하게** 만든다. 즉, 되기(becoming)가 진행 중이다. 들뢰즈(Deleuze)는 다음과 같이 말하였다. "되기" 개념은 뒤얽힘(involution)이다. 즉, "할당 가능한 관계들 아래, 자신만의 선 '사이에서' … 움직이는" 개입이다(Deleuze & Guattari, 1987, pp. 238-239). 자무쉬의 〈데드맨〉은 서부영화의 거대 서사를 복잡하게 만듦으로써 새로운 서부영화의 경험을 창조한다. 이것은 단순히 장르의 목적론적 진화가 아니라 내재적 요소들의 새로운 배치라는 설명이다. 자무쉬 영화에 내재된 기이하지만 창조적인 궤도가 교육의 윤리적 실험이라는 것은 이런 관점에서이다. 〈데드맨〉의 교육은 서구 교육에게는 낯설다. 그러나 주류적 신화소(methemes)[5)]와는 비교 불가능한 방식으로 서부영화를 생산적으로 재포착해 내고 있다. 내가 다음에서 설명을 하겠지만, **〈데드맨〉은 단순히 교육의 윤리적 실험을 위한 은유가 아니다. 그보다 역사와 주체성의 새로운 관계를 여는 실험적 교육이다.** 자무쉬의 영화는 "다른 방식으로 같은 것을 보기-또는 같은 방식으로 다른 것을 보기"를 제안한다(Rosenbaum, 2000, p. 13). 〈데드맨〉은 들뢰즈의 용어(Deleuze, 1987)로 서부영화의 **소수자-되기**(becoming-minor)이다. 〈데드맨〉은 미메

5) 역자 주: 신화소(methemes)는 신화라는 거대한 담론 속에 포함되어 있는 구체적인 사건들의 관계를 가능하게 해 주는 최소한의 복합적인 문구를 말한다.

시스[6]에 저항하면서 다음을 분명히 밝힌다. 관계와 배치의 새로운 패턴은 예상 밖의 이종적(heterogenous) 환경을 가로질러, 또 다른 지도 그리기를 하면서 지배적인 문화지형을 바꿔 놓는다. 파이너(Pinar, 2004)에 따르면, 교육과정 이론의 과제는 "비시간적 개념을 생성하는 것이다 … 이 과제는 우리 시대에 반(反)하여 행동하면서 희망하기를 다가올 시대의 이익을 위해 우리 시대에 맞춰 행동하는 것이다"(p. 22). 이러한 맥락에서 자무쉬의 〈데드맨〉이 지닌 비시간적 특징은 교육과정 이론화의 중요한(기괴하기는 하지만) 교육적 특징에 해당한다.

"협상 결렬자": 〈데드맨〉에서 소수자-되기

〈데드맨〉은 서부영화의 원형과 과잉코드화된 장르 수사(trope, 修辭)의 무법자를 탈신화화(demythologization)시켜 "협상 결렬자(Deal Breaker)"라는 것을 만들어 낸다(Rosenbaum, 2000, p. 7). 자무쉬는 칸 영화제 시사회에서 〈데드맨〉을 상영함으로써, 그가 가진 정통적 예술 이야기꾼이라는 명성에 종말을 고하였다. 이와 함께 기업화된 영화산업의 수익-주도형 기계에 끝없이 도전하였다. 자무쉬는 주요 영화제작 스튜디오들에 대항하는 무법자로서 자신의 네거티브 필름[7] 소유권을 가진 몇 안 되는 독립영화감독 중 한 명이다. 선댄스(Sundance)[8] 등과 같은 영화제들은 주요 스튜디오들의 독립영화에 대한 합당한 구매와 지원으로 성공한 독립영화를 재평가하였다. 반면에 자무쉬는 영화 구상 시점부터 마지막 컷까지 영화 전개에 대한 관리를 스스로 창의적으로 하였다. 이런 독자적 관리는 현대 영화 제작의 전환적 환경에서 이례적이었다. 반면에 "독립"영화의 개념은 비즈니스 모델과 마케팅 의제에 의해 영토화되었다. 자무쉬는 기업의 영화 제작이라는 맹목적 이상을 깨부수며 자신의 일에 대한 윤리적 입장을 고수하였다.

---

6) 역자 주: 미메시스는 예술의 본질로서의 재현을 의미한다. 서양 철학의 개념 중 하나로 모방이라는 의미이다.

7) 역자 주: 일반적으로 음화 영상 또는 잠상을 포착하기 위해 제작된 생필름으로 촬영용 원본 필름이다. 보통 네거(nega)라고 줄여서 말한다.

8) 역자 주: 국제 영화제 이름 중 하나이다.

자무쉬의 〈데드맨〉은 뚜렷한 정치적 즉시성을 가진 영화로 떠오른다. 이 영화는 북미 원주민(a First Nations)을 관객으로 놓는다. 그뿐만 아니라 "미국 영화에서 발견되는 미국 백인 자본주의의 가장 추악한 묘사 중 하나"를 보여 주면서 서부 식민지 영향의 밑바닥을 그려 내고 있다(Rosenbaum, 2000, p. 18). 이 영화는 비규범, 즉 소수자 관점에서 전개된다. 〈데드맨〉은 "비주류" 영화로서 서부영화 장르에서 전통적으로 옹호되는 권력관계의 소멸을 뜻한다. 즉, 서부영화 장르에서 북미 원주민들은 오랫동안 쾌락적인 식인종이거나 고귀하고 신화적인 미개인으로 묘사되어 왔다. 〈데드맨〉은 "기관(제도), 코드, 메커니즘 그리고 실제의 변형"을 실험하였다. 여기서 "전통적인 부분들의 파멸을 보장하는 … '탈구(disarticulation)'를 통해, 주변부의 흐름을 탈코드"(Bogue, 2005, p. 116; Deleuze & Guattari, 1983, p. 232)로 나타내었다. 들뢰즈와 가타리는 이것을 탈영토화(deterritorialization)라고 불렀다. 〈데드맨〉은 이런 맥락에서 분명 주변적이다. 그리고 이 영화는 이런 주변적 또는 "비주류" 관점에서 볼 때 영토화된 서부영화의 거대 서사 코드에 개입된 인종주의, 자본주의, 식민주의의 전통적인 수사를 까발린다. 이런 탈영토화 과정은 단순히 무정부 상태가 아니다. 그보다 "담론적 실재의 다양한 패턴을 통해 현실화되는 존재하는 힘의 벡터"에 따른 창의적 실험과 정치적 행위의 새로운 궤적을 열어 준다(Bogue, 2004, p. 72).

"가혹한" 서부

사회언어와 개인언어로 이루어진 〈데드맨〉의 시적 신체(poetic body)는 표준화된 영화 문법에서 벗어나 있다. 따라서 서부영화의 언어를 탈영토화한다. 이런 탈영토화는 "관례, 코드, 라벨, 및 제작자를 명확하게 소개하면서 규칙적 격자 모양으로 된 영토에서 나온 전통적 영화 문법을 벗어던진다"(Bogue, 2005, pp. 111-112). 로젠바움(Rosenbaum, 2000)이 자무쉬의 〈데드맨〉에 대해 설명을 하면서 "가혹한 서부(acid western)"라는 수식어를 달았던 것도 이런 맥락에서이다. "가혹한" 혹은 "주변적" 서부극은 페요테[9] 환영(peyote vision) 및 환각 경험을 "받아들일 준비가 된" 내러티브 신체이다. 이 신체는 이질적 요소들과 공감각적 지각방식으로 배치한 것이다. 〈데드맨〉은 상상과 실재, 의식과 무의식, 자아와 타인 사이에 그려진 선들을 모호하게 만든다. 여기서 〈데드맨〉은 "유령처럼 타 버린 껍데기 서양", 즉 들뢰즈와 가타리(Deleuze & Guattari, 1987)의 기관 없는 신체(Body without Organs: BwO)[10]이다(Martin, 1996). 자무쉬의 〈데드맨〉에 나타난 초현실적 유목민의 여정은 횡단적 되기(transversal becoming)의 내러티브이다. 이는 단순히 상징적(metaphoric)이 아니라 변형적(metamorphic)이다. 〈데드맨〉은 구성요소의 관계를 바꿈으로써 서부의 역사성을 비대칭적 권력의 관계에 의해 고정된 메타내러티브보다는 가변적이고, 상호작용적이며, 협상 가능하고, 논쟁 가능한 되기의 이야기로 나타낸다(Bogue, 2005). 소수자는 서부/서부영화에 대한 현재의 정체성과 이미지를 넘어 주변부적 요소들을 동원할 때 언제나 개인적이고 정치적이다. 〈데드맨〉에서 이런 소수자-되기(becoming-minor) 과정은 정치적 차이와 미학적 차이로 윤리적으로 개입한다. 그런 차이는 내재적 교육 궤도로 가득한 끝없는 실행 또는 일련의 실행이다(Deleuze & Guattari, 1987).

창의적 행위 주체, 문법 실험, 규범의 탈영토화를 향한 자무쉬의 성향은 특이성(singularity)의 교육 윤리로 제시된다. 〈데드맨〉의 소수자-되기 또는 탈영토화의 힘은 정치적 행위이자 수행적 행위인 개인적 실험하기를 제안하고 있다. 〈데드맨〉은 서부영화의 해체와 집단학살이라는 악몽 같은 풍경을 반납하면서 영화코드를 조직하는 판단과 관계에 대한 전통적 시스템을 전복시킨다. "주류" 또는 지배적 텍스

9) 역자 주: 페요테 환영(peyote vision)은 페요테 선인장에서 추출한 환각 성분을 경험하는 시각적 환상이다.

10) 들뢰즈와 가타리는 기관 없는 신체를 알, 지구의 전신(full body)과 비슷하다고 주장한다. 예를 들어, 〈안티-오이디푸스〉(1983)에서 들뢰즈와 가타리는 다음과 같이 말했다. "기관 없는 신체는 … 축과 임계값, 위도와 경도, 측지선과 교차한다. 또한 변이와 되기를 표시하는 변화도(gradients)에 횡단하며, 그들의 특별한 벡터들을 기반으로 발전하는 주체의 목적지이다"(p. 19). 배아학(embrylogy)에서 주장되는 것처럼, 알은 형태상 움직임에 의해 특징지어진다. 이 움직임은 표면, 세포층의 확장, 질, 세포의 재배치를 가로지른 변화이다(Deleuze, 1994). 들뢰즈와 가타리가 기관 없는 신체를 탐구하는 동안 형태적 증강은 조직화된 재현으로 구분되고, 환원되는 신체의 생물역학 모델에 대항하여 배치된다. 그 알은 강도와 흐름이 조직되지 않은 영역이다. 이는 (그 결과물이 만들어지는 과정과 별개로) 확장 이전 내재성의 면이며, 유기체로서 발달적 계층화이다.

트 코드가 주변부 힘들의 배치를 통해 탈영토화될 때, 새로운 혁명선 또는 진동선(new lines of revolutionary or libratory flight)은 〈데드맨〉의 윤리적 교육실험을 통해 잠재적으로 실현된다. 바하마키와 비르타넨(Vahamaki & Virtanen, 2006)에 따르면 "사유는 의미의 [돌연변이(mutation)] 후에야만 이동하고, 확장하고 연결한다. 그런 후에야만 사유는 불균형을 일으킬 수 있다"(p. 209). 자무쉬의 영화 행위는 선험적 존재론 또는 목적적 이상과 무관한, 복잡한 관계 패턴들을 만들 경우에 한해서 교육적이라고 할 수 있다. 그런 탈영토화는 "세계를 재현하는 과업"에서 벗어나 고정된 현실성을 따르지 않고 새로운 유형의 실재를 배치한다(Deleuze & Guattrai, 1987, p. 343, 280). 그러나 〈데드맨〉에 동원된 마찰과 마모의 형태는 생산적인 갈등에서 나온다. 여기서 이 갈등은 담론의 "물질적 영토 및 감각적 영토"에 영향을 미친다(Vahamaki & Virtanen, 2006, p. 209). 〈데드맨〉은 경제적 폭력의 난해한 문제, **타자**의 부재, 서부 정착 시 발생한 폭력 등을 끄집어낸다. 이때 〈데드맨〉은 비대칭적이고/이접적인 미시정치적(분자적인) 행위를 통해 윤리를 세운다.

지도 제작의 선들

영화 〈데드맨〉의 주인공인 윌리엄 "빌" 블레이크(Willian Billl Blake)의 여정은 일련의 내재적 탈주선들을 여는 탈영토화로 나타난다. 그러나 탈주선은 위험한 것이다. 그리고 블레이크는 **두 곳 사이에**(along-two) 존재한다(Deleuze & Guattari, 1987). 첫째, "모든 것이 계산 가능하고 예견되는 것처럼 보이는" 영토의 영속성이 존재한다. 즉, "한 분절의 시작과 끝, 다시 말해 한 분절부터 다른 분절까지로의 통로가 존재한다"(Deleuze & Guattari, 1987, p. 195). 우리가 알기에 블레이크는 클리블랜드 출신의 회계사로서 교육을 잘 받은 교양 있는 사람이다. 그의 삶은 계층, 전문직, 매너, 지식 교양의 몰적 코드에 의해 분절된다. 블레이크의 여정은 2개의 점, 즉 시작점인 클리블랜드와 종착점인 서부개척지 변방 마을인 **머신**(Machine)으로 이해된다. 영화 초반부에서 블레이크의 여정은 그의 포켓시계의 시간 흐름에 따라 진행된다. 디킨슨(Dickinson)[11]이라 쓰인 서류는 금속공장에서의 그의 지위를 확인해 준다. 따라서 **머신 마을**로 가는 블레이크의 여정은 "되기(becoming)가 없는 미래"로 이해될 수 있다(p. 195). 블레이크의 생명선은 서부로 가는 몰적 선을 따라 베끼면서 증기엔진 바퀴의 반복적인 회전과 객차 천장에 달린 등유램프의 제한적-흔들림을 통해 기호적으로 구성된다. 자무쉬가 짠 몰적 선은 자체적으로 폐쇄된 고리 내에서 몰적 선을 반복한다. 이 반복 속에서는 어떤 것도 살 수도, 또 그렇다고 죽을 수도 없어 보인다. 블레이크의 상징적 입장도 마찬가지로 정의된다. 블레이크의 학력, 복장, 행동양식은 그에게 세상에서의 특권적 지위를 제공해 준다. 그러나 그의 삶은 선험적인 **몰적** 경로를 추적하면서 멈춰 버린다. 몰적 선이 상징적인 명령 내에서 그에게 삶을 부여하지만 그에게는 생기를 찾아볼 수가 없다.

두 번째 선 혹은 두 번째 유연한 분할은 도입부 장면에서 엄격하고 계산 가능한 분절의 **몰적** 순서를 벗어난다(Albercht-Crane, 2005). 이 두 번째 선은 자무쉬가 〈**데드맨**〉에 대해 도입부에 묘사한 어색한 스타일에서 특히 두드러진다. 몰적 분절의 불변성은 일련의 사그러짐(fade)[12]으로 파열되면서 "방향감각을 상실한 혹은 탈영토화된 비밀스러운 선들"에 의해 가로로 잘려 틈새에 자리 잡는다(Deleuze & Guattari, 1987, p. 196). 몰적 영토는 단순히 고정되거나 영구적이지 않다. 그보다 분자적 변화 또는 유연한 변화를 겪는다. 증기엔진의 익숙한 수사는 **머신** 마을에서 새로운 삶을 위한 블레이크의 포부와 관련이 있다. 그러나 〈**데드맨**〉 도입부의 유연한 선 혹은 분자적 선은 이런 번영의 여정을 방해한다. 엔진기차 기관사는 그의 고용계약서[말(the Word)]의 몰적 확실성에 반대하며 다음과 같이 경고한다. "당신은 당신의 무덤을 찾을 가능성이 높소." 그는 여행 도입부에서 객차 승객들에게 존경을 받는다. 그러나 덜덜거리는 비인격적 여행의 시간에서 깨어날 때마다 그의 특권적 지위와 계층적 지위는 탈코드화가 된다. 블레이크는 매번 그와 함께 있던 승객과 주변으로 새로운 일련의 관계로 일깨워질 때, 꼿꼿하고 냉담한 지식인에서

11) 자무쉬가 언급한 암울하고 죽음을 암시한 공장들은 찰스 디킨스(Charles Dickens)의 작품 전반에서 묘사된 것을 가리킨다.

12) 역자 주: fade는 영상 기법 중 하나로 화면히 서서히 밝아지거나(fade-in) 어두워지는 (fade-out) 효과를 말한다.

가죽가방 뒤에 웅크린 편집증을 앓는 나약한 사람으로 변모한다. 〈데드맨〉 도입부의 타이틀 샷(Shot)[13]처럼 블레이크 신체는 흩어지기 시작한다. 블레이크가 서부의 탈영토화된 야생적인 풍경들 속으로 여행하면서 그의 몰적 분할 요소들은 현격하게 돌연변이한다. 그의 새로운 세계는 블레이크의 신체조직에 그려지기 시작한다(Deleuze & Guattari, 1987).

〈데드맨〉의 어색한 도입부는 엄격한 **몰적** 분할 안에 있는 내재된 분자적 선이다.[14] 들뢰즈와 가타리(Deleuze & Guattari, 1987)는 다음과 같이 쓰고 있다. "두 선들이 끊임없이 간섭하고, 서로 반응하고, 유연한 흐름이건 견고한 점이건 간에 서로 안내한다는 점은 의심할 여지가 없다"(p. 196). 이런 교차하는 두 선의 교육적 도입은 분자적 분할 또는 유연한 분할에 존재한다. 들뢰즈와 가타리(Deleuze & Guattari, 1987)는 이런 선들이 어떻게 해결 불가능하게 묶이는지를 개념화함으로써 **몰적**/분자적, 견고/유연이라는 이분법적 개념화를 피하였다. **몰적** 선과 분자적 선의 배치는 우리가 블레이크의 서부 여정을 이해할 수 있는 길을 "열어 준다". 영토들은 선험적으로 세워지지 않을 뿐만 아니라 불변의 구조 또한 아니다. 오히려 영토/영토화는 **미세운동**(micromovements)의 분배로 통지되고 변형되고 형성된다(in/de/formed).

〈데드맨〉 도입부는 그런 감지할 수 없는 미세한 움직임의 맥박을 따라가며 탈영토화의 "덜덜거림"으로 여정의 단조로운 표면을 끊어 버린다. 블레이크 신체의 견고한 특성은 관계와 지각의 새로운 패턴에 대한 이런 미세운동을 통해 "개방"된다. 실제로 자무쉬 영화의 도입 장면 내내 블레이크는 한곳에 머무는 **타자-되기**(becoming-other)를 한다. 그러나 정작 우리는 블레이크가 무엇이 될 수 있는지를 아직 파악하지 못한다. 이는 정치적 사안일 뿐만 아니라 지각과 관련된 사안이다. 정치적으로 볼 때, 견고한 분할(**파괴 선**)은 유연한 분할(**쪼갬 선**)로 간섭 패턴을 만든

13) 역자 주: 타이틀 샷이란 영화의 제목을 화면에 표시하는 장면을 말한다. 이는 영화 분위기를 설정하고 관객에게 영화 주제를 암시하는 중요한 표현이다.

14) 역자 주: 이 책에서는 molar를 몰적으로, molecular는 분자적으로 해석한다. 몰적은 영어 그대로이고, 분자적은 한국어 번역이다. 본문상에서 매끄러운 번역을 위해 영어와 한국어를 혼재하여 사용한다. 일반적으로 molar는 그램분자적으로 번역된다.

다(Deleuze & Guattari, 1987). 다음과 같은 것이 과잉코드화된 담론 구조 내에 감추어져 있다. 즉, 분자성(상세한 세부사항)의 내재적 선, 널뛰는 가능성, 가장자리에 도달하지 않은 작은 움직임 그리고 갑작스런 움직임으로 이동하는 분절 등이 과잉코드화된 담론 구조 내에 감추어져 있다(Deleuze & Guattari, 1987, p. 201).

지도 제작에서 볼 때 교육적 삶은 이런 **몰적** 선과 분자적 선으로 횡단된다. 몰적 선은 정의할 수 있는 분절, 거대한 윤곽, 이분법적 구조로 사물을 자른다. 반면에 분자적 선은 개방된 **몰적** 분절을 금을 내어 새로운 패턴과 비이분법적 분포를 이끌어 낸다. 우리가 계획-으로서의-교육과정(curriculum-as-plan)으로 본 것은 고정된 영토가 아니다. 오히려 교육과정 계획의 지도 제작은 분자적 선들에 의해 횡단된다. 즉, 타협의 잠재적 경로는 지도 제작의 **지도-만들기**(map-making)라기보다는 몰적 **따라 베끼기**이며, 교육과정 실행이 가진 허상을 약화시켜 준다. 교육적 삶이 잠재력의 "상상적 지도 그리기(imaginative mapping)"라기보다는 이미 확립된 기능의 **효과**로 감환되는 것은 바로 이런 이미지에서이다(Gough, 2004, p. 254). 즉, 교육과정의 광범위한 몰적 분절은 반복적인 비틀림이 없는 것을 요구한다. 반면에 내재적 분자 선들은 반응적인 따라 베끼기-로서의-계획(plan-as-tracing)에 얽매이지 않은 특이한 통로를 생각해 낸다. 개별적으로 정치적인 이런 타협의 분자적 선은 생산적인 탈영토화를 향하여 교육 상황을 밀어붙이는 능력이 있다. 실제로 교실의 중요한 "사건"은 쐐기같이 행동하는 활발한 분자적 탈주선들에 의해 종종 끊어진다. 이 선들은 분열의 실마리가 되어 창조적인 "탈출"을 가능하게 한다(Aoki, 2005d). 분자적 선은 경로/뿌리 따라 베끼기보다는 교육과정 **지도들**의 내재적 지도 제작의 생성을 전제로 한다. 아오키는 다음과 같이 말한다. "[만약] … 교육에서 … 이기(being)와 되기(becoming)가 … 중요하다면, 우리는 [우리가 생각하는 방식] 학교생활의 방식들을 바꾸어서 **교육과정**이라는 말의 다양한 의미가 만연할 수 있도록 만들어야 한다"(p. 420).

탈주선: 몰적(수목형) 그리고 분자적(리좀적) 지도 제작

머신 마을, 그 선의 끝이다…. 너는 거기에서 무엇을 찾기를 기대하는가…. 저기 지옥에서?

디킨슨 금속공장에서 블래이크의 미래는 길 잃은 서부 여정의 분자적 "덜덜거림"으로 시달림을 당한다. 블레이크가 머신이라는 마을로 들어설 때 소름 끼치는 죽음의 전조가 배경에 깔린다. 동물의 두개골, 새롭게 짠 관, 디킨슨 금속공장에서 뿜어져 나오는 화학물질의 연기는 동네의 큰 거리로 내려가는 그의 쇠약한 걸음을 두 갈래로 가른다. 거리에서 오줌 누는 말을 보고 재미있어하고, 골목에서 구강 성행위를 하는 매춘부에 놀라는 모습에서 낯설고 세련되지 못한 그의 모습이 엿보인다. 블레이크는 디킨슨 금속공장 사무실에 들어서면서 또 다른 충격적인 몰적 파열을 겪는다. 약속된 그의 자리는 이미 다른 사람이 차지하고 있었다. 무일푼인 블레이크는 지배인[존 허트(John Hurt) 분]에게 디킨슨[로버트 미첨(Robert Mitchum) 분]과 직접 말하고 싶다고 알린다. 웃음을 터트리며 그를 조롱하는 지배인은 사장실에 다가가려는 블레이크의 요구를 불길하게 확인해 준다. 해골, 동물 뼈, 박제된 곰, 동전 더미는 디킨슨을 구성하는 기호들이다. 그는 그때까지 비어 있던 의자에 앉아 블레이크를 향해 장전된 이중 총렬 산탄총을 똑바로 겨누고 있었다. 디킨슨은 무표정하게 "네가 여기서 얻을 수 있는 일은 소나무 상자에서 꽃을 키우는 일뿐이야(죽음만이 기다리고 있을 뿐이야)."라고 말한다. 블레이크가 재빨리 금속공장을 떠나려 하지만, 미궁 같은 공장 통로에서 그는 길을 잃는다.

블레이크는 마지막 남은 몇 개의 동전을 갖고 머신 마을의 술집을 방문하게 되고 거기에서 델[밀리 아바탈(Mili Avatal) 분]을 만난다. 델은 종이꽃을 만들어 파는 사람으로, 블레이크는 그녀에게 한순간 사랑에 빠진다. 델의 호텔 객실로 돌아온 장면은 또 다른 비밀스러운 블랙 아웃[15]으로 잘린다. 호텔 객실 침대에 그녀와 블레

15) 역자 주: 블랙아웃 기법은 화면이 갑자기 완전히 검게 변하는 것을 말한다. 이는 장면의 끝이나 극적 전환을 표시하는 데 사용된다. 관객에게 강한 충격을 주거나 특정한 감정을 강조하는 데 효과적인 기법이다.

이크는 함께 누워 있다. 블레이크는 베개 밑에 손을 넣어 총을 꺼내면서, "왜 이걸 갖고 있지?"라고 묻는다. "왜냐하면, 여기는 미국이니까요." 델은 블레이크의 손에서 총을 빼내면서 대답한다. 갑자기 델의 옛 애인이었던 찰리[가브리엘 번(Gabriel Byrne) 분]가 객실 문에서 나타난다. 델의 사랑이 식어 버린 데 격분하여 찰리는 권총을 뽑아 블레이크를 향해 겨눈다. 찰리가 총을 쏘자, 델이 블레이크의 몸을 막고 그 자리에서 죽는다.[16] 충격을 받은 블레이크는 델의 총을 꺼내어 찰리의 목을 쏘려다 어설프게 호텔 벽을 향해 두 발을 잘못 발사한다. 거의 기절할 뻔한 블레이크는 찰리의 총알이 델을 관통하여 그의 가슴에 박혀 있음을 깨닫는다. 창문을 통해 호텔을 도망친 블레이크는 땅으로 세게 "떨어진다". 별이 점점 박혀 있는 밤하늘을 배경으로 미로에 빠진 유성이 갑자기 긴 꼬리를 그리며 하늘을 가로지른다. 이 유성은 블레이크이다. 밤하늘에서 목적지를 가리키지 않고 불타는 무법자이다. 블레이크는 마지막 남은 힘을 끌어모아 훔친 말을 타고 **머신** 마을을 벗어나서, 밤하늘에 대항하는 혼돈의 무법자가 된다.

영화 〈**데드맨**〉 도입부에서 기관사는 **머신** 마을이 철로 선의 끝이라고 경고하면서 블레이크의 어떤 내재적 탈출선을 제안한다. 블레이크는 대기의 임계점에 다다른 듯한 긴장감으로 활활 타오르면서, **머신** 마을이 가진 자본이 가진 힘의 내부성을 넘어선다. 블레이크는 **몰적** 선이 녹으면서 자본 장치가 촉발한 경직된 분절성 밖에서 삶이 아닌(unlife) 삶을 살기 시작한다. 그의 분자선 양자(量子)는 리좀적 · 다양체적 비조직(disorganization) 안에 흐르면서 새로운 파생물과 관계 패턴을 만들어 낸다. 그러나 죽음은 아직 **머신** 마을의 비생산적인 블랙홀, 즉 디킨슨을 중심으로 한 파괴적인 힘의 장소일 필요가 없다(Bradidotti. 2006). 또한 위계적(계층적)인 수목형 선[17]의 경직성이 부여한 "끝"이 될 필요도 없다(Deleuze & Guattari, 1987). 수목형

---

16) 영화 제작에서 〈데드맨〉의 폭력은 타란티노(Tarantino)와 우(Woo)와 같은 영화 제작자들과 관계를 끊는다는 점이 중요하다. 이들의 작품은 아서 펜(Arther Penn)과 새뮤얼 페킨파(Samuel Peckinpah)의 미학을 재배치하였다(Rosenbaum, 2000). 〈데드맨〉의 폭력성은 냉혹하고, 어색하고, 무감각적이다.

17) 들뢰즈와 가타리(Deleuze & Guattari, 1987)가 발전시킨 리좀은 진입점과 출구점이 있는 선들로 구성된다. 이는 항상 유동적이고, 더 나아가 비선형적 성장에 열려 있다. 이 선들은 수목형 발전 모델에 기인하는 혈통적인 선들과 혼동되어서는 안 된다. 이 같이 변화는 직선적인 축적의 결과가 아니다. 오히려 흩어지는 결과를 통해 나타나는 급격한 삶의 강화(intensification)이다.

모형은 추적하는 수직적 진보와 발달의 국가코드로 얽혀서 "과잉코드 구조와 지지축의 토대에서" 기능한다. 이런 구조와 지지축은 이미 만들어진 것이다(p. 12). 수목형 선은 단독으로 **한 삶**의 특이성을 과잉코드하는 위험한 힘이다. 즉, 이 힘은 공장-기계로서 자신의 구성요소를 조직된 고정 구조로 체계적으로 영토화한다. 삶은 수목형 선을 따라 생각한다. 사실, 우리는 정주한 채 근심으로 가득 찬 회계사 빌 블레이크를 떠올릴 수 있다. 들뢰즈와 가타리는 다음과 같이 말했다. "우리는 항상 상실을 두려워한다 … 즉, 우리를 [지탱해 주는] 거대한 **몰적** 조직들, 우리가 매달리는 수목형, 잘 정의된 지위를 제공하는 이분법적 기계 … 우리를 지배하는 과잉코딩 시스템을 잃어버릴까 두려워한다"(p. 227). 수목형 모형 내부성 밖에서 벌어지는 일은 불확실하다. 따라서 우리는 견고한 몰적 분절에 매달린다. 이 **몰적** 분절은 내재적 탈주선을 영토화시켜서 우리가 누구이며, 어디서 왔는지, 무엇을 하는지를 정확하게 다시금 알려 준다. 돌연변이로 불리지 않는 수목형 모형을 탈출할 수 있는 것은 없다. 그러나 〈**데드맨**〉이 주는 적극적인 교육적 가르침은 그런 돌연변이나 괴물 같은 흐름으로부터 나온다. 유기체의 육체에 새겨진 수목형 코드를 횡단하는 것은 종종 감지할 수 없는 선들이다. 이 선들은 중간에서(리좀적으로) 싹을 틔워서 몰적 문턱과 경계를 횡단한다. 우리는 이런 수평의 움직임을 통해 "하루를 견뎌 내기 위해 우리 자신을 감싸는 지루함과 예측 가능성의 방패"에 균열을 내면서 열린다(Braidotti, 2006, p. 215). 〈**데드맨**〉은 이런 균열 중에서 극단적이지만 교훈적 사례에 해당한다.

브라이도티(Braidotti, 2006)는 다음과 같이 제안하였다. 죽음은 "흐름, 에너지, 그리고 되기(becoming)의 창조적 합성 안에서 하나의 지점이 될 수 있다. 유한성의 형이상학으로부터 제거되었기 때문에, 이 지점은 중요한 폐쇄도 아니며 아울러 인간 존재를 규정하는 경계도 아니다"(p. 235). 수목형 모형은 죽음을 최종적인 것으로 받아들인다. 반면에 분자적 선 또는 리좀적 선은 아직 결정적인 한계점에 도달하지 않았다. 리좀선은 **간주곡**(intermezzo)으로 자라나 선형적 세상을 산산조각 낸다(Deleuze & Guattari, 1987). 〈**데드맨**〉의 도입부 장면에서 내러티브는 중간에서부터 본문 전체의 외부와 연결을 만들기 위해 확장한다. 시인 윌리엄 블레이크(William Blake)가 쓴 〈**델의 책**(book of Thel)〉[18](1789/2006)에 대해 자무쉬가 초기에 암시한 것이 영화의 독립적인(self-contained) 신체를 가로지른다(영화에 새로운 요소가 추가되었다). 블레이크의 여덟 개의 장으로 이루어진 책에서 "델"은 방황하는 유목민으로, 봄의 시듦과 만물의 종말에 대한 궁금증에 사로잡혀 있다. 죽음에 대한 물음에 시달린 델은 명쾌한 답을 얻기 위해 구름, 벌레, 진흙 덩어리와 의논한다. 그러나 여전히 위안을 얻지 못한다. 구름이 말하길, 사물들은 소실되는 것처럼 보이지만 눈에 띄지 않은 상태로 남아 있다. 진흙이 말하길, 자신을 위해서 사는 것이 아니라 타인에게 열려 있는 상태로 살아야 한다. 회계사 빌 블레이크의 생명선이 **타자**(otherness)에게 유목민처럼 열릴 때, 그의 탈주선은 **델**의 탈주선과 교차한다.

반응적 **몰적** 선 안에서 감지할 수 없는 수많은 가상 선이 자라난다. 이런 다양체(multiplicity)는 결국 철자를 바꾸어 단어를 만드는 순수한 증식(multiplication)과는 구별이 된다. 오히려 다양체는 유사성이 없고, 이종적이고, 돌연변이적 요소에 열린 수단으로 이해되어야 한다(Marks, 1999). 〈**데드맨**〉은 서부영화의 금욕적인 초남성적(hypermasculine) 영웅과 같은 수사를 만들기보다는, 서부영화/서부를 사유할 수 있는 새로운 통로를 열어 준다. 블레이크는 서부영화의 원형인 마초적 이방인(macho stranger)이 아니다. "주요" 본문[19]에 등장하는 거드름 피우는 주인공도 아니다. 그보다 블레이크는 어리바리하고, 어색해하며, 불안해하는 습관을 가진 사람이다. 그렇다고 블레이크가 전형적인 "보통 사람"이라는 말은 아니다. 서부로 향하는 여정 동안 이례적이 될 때 그의 평범성은 사라진다. 증식은 익숙한 수사, 윤곽선들 그리고 이분적 코드로 재영토화되는 것과 같이 자기-동일성의 의미를 축적시키는 반면, 다양체는 구조가 펼쳐지는 익숙한 작동 조건을 변경시키는 잠재력을 지닌다. 이런 맥락에서 특이성이 가진 내포된 질서가 유기체에 대한 교육의 **몰적** 과잉 결정을 탈영토화한다는 것이다. 여기서 내포된 질서란 부패와 사망 한가운데에서 솟아나는 생명력 있는 삶이다.

---

18) 역자 주: 윌리엄 블레이크가 1789년에 지은 시이다.

19) 〈**데드맨**〉 해설자들은 정확하게 누가 그 영화의 주인공인지에 대해 논쟁을 벌인다. 그러나 이 논쟁은 개인 실체보다 집단 실체로서 〈**데드맨**〉의 주인공을 이해할 가능성에 대해 고려하지 않는다.

교육적 삶은 비록 **몰적** 코드에 의해 정보를 제공받지만, 더 정확하게는 **특이성**으로 설명될 수 있다. 교육과정의 적극적 힘은 자무쉬 영화의 리좀적 접속처럼 자주 쇠퇴하는 교육과정의 허상을 탈영토화한다. 여기서 교육과정 허상이란 교육과정을 자체-봉인된 문서 혹은 따라 베끼기 경로/근본으로 생각하는 것이다. 교실의 생산적 욕망은 이런 따라 베끼기를 하면서 **몰적** 선에 투사된 이미지에 따라 영토화된다. 여기서 **몰적** 선은 목적적 종착역을 향해 하나의 지점에서 다른 지점으로 끊임없이 전진해 간다. 오늘날 교육과정이 필요로 하는 이미지는 차이를 사유하기 위한 새로운 개념이다. 아오키(Aoki, 2005d)는 다음과 같이 말하였다. "**교육과정**이란 단어는 … 숨막히고, 숨쉬기 어려운 … 화려한 도구주의의 … 풍경에 사로잡힌 느낌을 준다"(p. 423). 이런 빈약한 교육 모형에서 분자적 탈출선은 **몰적** 질서의 통일되지 않은 구조를 심각하게 상기시켜 준다. 즉, 통제한다는 것이 매우 과잉임을 의미한다. **〈데드맨〉**이 중요한 사례가 되는 것은 이런 점이다. 활력 있는 창의성과 정치적 활동으로 된 한 삶은 **몰적** 권력의 중앙집권화와 관계 없는 곳에서 만들어진다.

로고스의 가장자리에 있는 유목적[노모스(nomos)][20] "외부성(exteriority)은 … '법'과는 매우 다른 … 그 자체의 변형 속에 [존재한다]"(Deleuze & Guattari, 1987, p. 360). 교육적 삶은 그 자체의 외부에 있는 생산적 요소들로 배치하는 필연적으로 활기찬 선에 해당한다. 여기서 "또 다른 종, 또 다른 본성, 또 다른 기원"(p. 354)이 변종으로 돌연변이한다. 우리가 습관적으로 모형으로 삼거나 사유습관에 따라 취하는 반응적 교육과정의 **몰적** 선들 한 가운데에서, 분자적 **섬광**은 관계 혹은 배치를 광범위하게 연결하도록 열어 준다. 이 연결에는 교육과정 지도-만들기(map-making)에 방향을 맞춘 지도 제작법이 필요하다(p. 354). 그러나 **한 삶**의 지도 제작의 경계는 아직 그려지지 않았다. 왜냐하면 **몰적** 선[21]이 가진 파괴적인 절단의 힘 없이는 어떤 유클리드 모서리도 나타낼 수 없기 때문이다. 아마 가장 큰 파멸은 분

20) 역자 주: 노모스는 규칙 · 습관 · 법제의 의미로 사용되었으며 그 위에 넓은 의미로 인위적으로 만들어진 것 · 인습적인 것 · 단순히 상대적이고 본래적이 아닌 것 등의 의미로 사용한다.

21) 들뢰즈와 가타리(Deleuze & Guattari, 1987)는 도덕성의 '절단하는' 힘을 파괴적 광선 망원경 효과로 설명하고 있다. 이는 폭넓은 윤곽선이며, 이분법적 시스템이고, 빈 공간로부터 절대적인 한계로 정의한다.

자적 운동을 위한 기회가 습관화된 또는 모형화된 사유의 선을 따라 재분배될 때 발생한다. 이런 동일성의 재분배는 억압과 습관적 반복을 통해 죽음을 회피하는 비활력적 죽음의 충동으로 나타난다. 교육과정 문서가 교육실천을 위해 요구하는 바를 전제하는 것은 존재론적 오류이다. 들뢰즈와 가타리가 단언한 바와 같이, 몰적 선과 분자적 선은 얽혀 있다. 둘 중 하나의 선에 너무 많은 시간을 소요하게 되면 재앙이 된다.

유목민 재포획하기

블레이크는 머신 마을 변두리 어느 곳에서 어떤 인디언[게리 파머(Gary Farmer) 분][22]이 그의 가슴에 박힌 총알을 빼낼 때 의식을 되찾았다. 인디언은 "당신 심장 옆에 백인의 금속이 있었소."라고 힘들어하는 블레이크에게 알렸다. "내가 그것을 꺼내려고 했지만, 너무 깊은 내부에 박혀 있었소. 칼로 당신의 심장을 도려내어 그 안에 있는 바보 같은 백인 영혼도 해방시킬 수 있었소." 한편, 찰리의 아버지는 다름 아닌 가부장적인 모습을 가진 디킨슨으로 밝혀진다. 아들의 죽음으로 복수심에 불타는 디킨슨은 3명의 현상금 사냥꾼을 고용하여 무법자 블레이크를 쫓는다. 사냥꾼들이 머신 마을 주변의 아무도 없는 땅으로 도망갈 때, 블레이크[23]는 미래가 없는 모습으로 나타났다. 블레이크는 처음부터 패배한 국가 장치에 대항한 투쟁으로 유죄판결을 받았다(Deleuze & Guattari, 1987). 인디언이 "당신을 죽인 백인을 죽였소?"라고 묻는다. 인디언이 심각한 표정으로 블레이크를 쳐다보자 블레이크는 "나는 죽지 않았소."라고 부끄러워하며 대답한다. 잠시 침묵이 흐르고 인디언은 "태어날 때 지어진 이름이 무엇이오. 바보 같은 백인이여?"라고 묻는다. 블레이크는 자신의 상징적인 죽음이 무엇인지를 몰랐다. 즉, 그것은 통치자의 질서에 대항한 무

22) 나는 자무쉬의 대본에 있는 것처럼 인디언을 다툼이 있는(the contested) 용어로 사용하고 있다.

23) 영화 〈데드맨〉 전체에서 자무쉬가 왜곡을 통한 통합(하나)의 신호로 일반적인 해석을 약화시키지만, 수많은 지점에서 3개로 이루어진 기호론이 사용된다. 블레이크와 그의 인도인 동료는 3개로 이루어진 배치 속에서 사냥꾼과 현상금 사냥꾼들에게 끊임없이 괴롭힘을 당한다. 따라서 통일된 전체의 단절로 보일 수 있다.

법자였다. 통치자의 질서는 현재 그를 재포획해서 재영토화하고자 한다. 이것은 물론 변칙적 성장과 무법의 **탈주선**을 재포획하고 재코딩하려는 **몰적** 질서화의 경향이다.

자무쉬의 각본에서는 일관성 없는 블레이크가 인디언 친구에게 왜 자기를 돕는지 묻는 장면이 있다(Rosenbaum, 2000). 인디언은 "새가 나에게 말했소."라고 답한다. 원본 시나리오에서는 이 장면에서 유리무당새(indigo bunting)[24]가 언급된다. 이 새는 무지갯빛 깃털을 가진 희귀하고 환상적인 새이다. 인디언이 블레이크 신체와 처음 마주쳤을 때, 이 새가 블레이크 총상에서 흐르는 피를 빨아먹고 있다. 그 후 새는 서쪽 수평선을 향해 직선으로 날아간다. 이것은 아직 단순히 "기호"가 아니다. "다른 인간 집단과의 동맹"이 생성된 것은 유리무당새와의 연결 안에서이다(Deleuze & Guattari, 1987, p. 247). 서쪽 **몰적** 선에 따라 투영된 피 묻은 아름다운 새인 블레이크는 그의 인간적 특성을 거쳐 **동물이 된다**(becomes-animal). 블레이크와 유목민인 인디언은 유리무당새와의 상호적 친밀감을 통해 새로운 종족 배치로 묶인다. 서구 합리성의 확립된 규범을 부수면서 인간/동물 간 경계와 말(the Word)의 기득권적 명료성이 탈영토화된다. 여기서 가족 또는 국가도 아닌 새로운 동맹의 경계선이 창출된다(Deleuze & Guattari, 1987). 더 나아가, 들뢰즈와 가타리는 다음과 같이 말한다. 이 새로운 동맹은 소수파 집단의 표현이며, 이 집단은 "억압당하고 …금지된 … 또는 인정받는 기관들의 경계에 항상 있다 … 집단들은 외부적이라는 것 때문에 항상 비밀스럽고 … 스스로를 설립시켜 온 또는 설립을 도모하는 중앙 기관들과의 균열을 동반한다"(p. 247).

빌 블레이크가 외면화됨에 따라 그의 탈주선은 국가 장치와 제도적 기록들의 활동을 위험에 빠뜨린다. 그렇지만 〈**데드맨**〉의 유리무당새(indigo bunting)와 같은 기이한 중재의 힘을 거치면서 특이한 지도 제작이 만들어진다. 이런 거침은 단지 충격적인 것이 아니라 잠재적으로 형태발생적이다. 여기서 도구주의와 휴머니즘의 전통적 경계선들이 변형되어 몰적 교육과정 선에 코드화를 한다. 이런 변형은 교

24) 역자 주: 피리새의 일종으로, 특히 이 새는 평화로움, 희망 혹은 새로운 시작과 같은 주제를 암시하며 주로 영화에서 사용된다.

육적으로 산다는 것이 무엇인가에 대한 질문을 이끌어 낸다. 메이(May, 2005)가 다음과 같이 제안한 것도 이런 맥락에서이다. "만약 사는 것이 중요한 차이를 펼치는 문제라면, 사는 사람은 많을 수도 혹은 적을 수도 있고, 또는 사람보다 다른 것이 될 수 있다"(p. 24). 〈데드맨〉에서 실행된 바와 같이, 교육과정은 되기(becoming)의 과정으로서 개념화될 것이다. 달리 말하자면, 우리가 의지할 수 있는 초월적인 교육 처방은 없다. **따라서 가르쳐라**(May, 2005)!

니체(Nietzsche)의 "신의 죽음" 선언은 존재론적 도발이다. 이것은 우리가 초월적 권위에 연연하지 않고 삶에 종사하도록 명령한다. 사실 니체-들뢰즈(Nietzsche-Deleuzian)의 물음은 명확히 존재론적이며, 이것은 다음과 관련된 도전이다. "차이 개념의 창조이다 … 우리가 우리 자신에 대한 다양한 이해를 발견하는 것을 [통해서이다]. 그리고 이 이해의 다양성은 살아갈 미래의 다양성을 열어 준다"(May, 2005, p. 24). 이런 방식으로 교육과정은 기관 없는 신체(BwO), **내재적 장**(소)(plane of immanence) 또는 아직 실재화되지 않은 요소들에서 나온 잠재성(virtuality)으로 개념화될 것이다. 우리로 하여금 습관적 사유하기에서 벗어나 행동을 일으키게 할 때, 잠재적 장[(소), virtual plane]의 실현은 내재적으로 창의적이며 독특하다. 내재적 장(소)은 리좀처럼 미시정치적이며, 경향상 습관적인 몰적 따라 베끼기와 관점의 교조주의(**독사**, doxa)를 "벗어나고자" 한다. 이런 "탈출"은 자기중심적이기보다는 구성적이다. 그리고 새로운 무엇인가를 나오게 한다. 즉, 계피 잿더미에서 나온 불사조이다. 창의적 상상력의 놀이로 축소될 수 없는 기이한 교육과정 지도 제작의 노력은 다음 사항을 고려한다. 즉, "세상은 우리가 세상을 포착하려 할 때 사용하고자 하는 어떤 범주든 능가한다(아니면 세상의 개념이 너무 좁기 때문에 사물이나 존재 또는 존재하는 것은 우리가 사용하고자 하는 범주들을 능가한다)"(May, 2005, p. 81). 몰적 포착의 습관은 최신 학교생활 활동을 강조한다. 여기서는 교과과정 지도를 기존의 알고 있던 것이나 모든 이가 **이미** 아는 것을 따라 베끼는 것으로 인식적으로 영토화한다.

죽음-의지(willing-death)를 언급한 주라비츠빌리(Zourabichvili, 1996)는 교육적으로 다른 진행방식을 제안한다. 차이로 교육과정을 협상하고, 습관적 실천과 사고방식에 생기를 불어넣는 윤리적 입장을 추천한다. 스피노자(Spinoza) 입장에서 보면, 우리는 아직 교과과정이 무엇을 할 수 있는지를 깨닫지 못하고 있다. 들뢰즈(Deleuze)는 철학적 노력에 대해 다음과 같이 말한다. 교육은 "개념을 형성하고, 발명하고, 제조하는" 일이다(Deleuze & Guattari, 1994, p. 2). 이 일은 돌(Doll, 1993)이 경고했던 발견적 교육과정도 아니며, 또 교육과정 자체를 위한 인간중심의 닫힌 생성의 고리도 아니다. 사실, 가장 탐색적(exploratory)인 작업들은 이미 인정을 받은 관점(**독사**, doxa)과 재현의 범주에 깊이 순응할 때 나타난다. 이런 교육은 그저 교조적 사유 이미지에 근거해 정형적으로 의존하면서 "국가", "교회" 및 초월적 대상의 가치를 다시 발견한다. 들뢰즈(Deleuze, 1994)는 다음과 같이 말하였다. "모두가 알고 있는 것을 부인할 때 어떻게 [한 사람이] 고립되지 않을 수 있겠는가"(p. 130)? 이런 소수자-되기란 국가와 대중문화의 **관점**이 이미 소유한 재현 양식에 어느 정도 불순응하여 치르는 대가이다. 들뢰즈(Deleuze, 1994)는 계속해서 다음과 같이 말하였다. "이것은 모두가 [이미] 알고 있는 것을 어떻게 하든 알아내려 하지 않는 겸양을 지닌 사람의 문제(단 한 명일지라도)이다(p. 130).

정신분열: 윌리엄 "빌" 블레이크는 누구이며 어디에 있는가?

블레이크가 자신의 이름을 밝히자 인디언 은인은 벌컥 화를 낸다. 그는 "거짓말이지요? 아니면 백인의 속임수?"라며 자극한다. 인디언이 말하는 사람이 정말로 자신이라며 블레이크가 확신을 주자, 인디언은 "그럼 당신은 죽은 사람인 것이요." 라고 답한다. 블레이크는 인디언의 혼란에 수긍한다. "그러나 나는 이해하오. 윌리엄 블레이크." 이어서 인디언은 "당신은 시인이고, 화가요. 그리고 지금은 백인의 살인자요."라고 말한다. 서부영화의 관습이 파열된 곳은 이 대화에서이다. 블레이크와 인디언 사이의 대화는 무식한 야만인에 대해 불리한 점을 아는 사람의 불균형한 권력관계에서 벗어난다. 그 대신, 윌리엄 블레이크의 낭만적인 시에 정통한 인디언과 시의 의미를 망각한 블레이크 자신이 있다. 인디언은 "매일 밤, 그리고 매일 아침, 어떤 이는 불행 속에서 태어나는구나.", "매일 아침, 매일 밤, 어떤 이는 달콤한 기쁨 속에서 태어나고 … 어떤 이는 끝없는 어둠에서 태어나는구나."라며 기억을 떠올려 암송한다. 그러나 이렇게 블레이크의 〈**순수성의 전조**(Auguries of Innocence)〉(1975)를 암송한다고 해서 전통적 서부영화의 이분법적 권력관계가 단순히 뒤집히지는 않는다. 오히려 국가의 교육적 장치가 영구화시킨 서부의 식민지 영향의 오점을 드러낸다. 그러나 〈**데드맨**〉에서 취한 이런 영향력 구사방식은 단순히 억압적인 해석보다는 좀 더 충격이 클 것이다.

블레이크의 금언적 시인 〈**지옥의 격언**(Proverbs of Hell)〉은 인디언이 포착하여 자신의 것으로 만들었다. 초월적 신의 죽음 이후 작가의 말은 사용자들에게 항상 독특하면서 특이한 의미를 부여한다. 심지어 표면적으로 가장 영토화된 연설 양식조차도 독특해질 수 있다. 이것으로 인디언 이야기에 묻혀 있는 대량학살의 잔재가 부정되는 것은 아니지만, 국가 장치 내에 묻혀 있는 분자적 요소로 배치할 수 있는 역량을 보여 준다. 로젠바움(Rosenbaum, 2001)은 다음과 같이 썼다. "[인디언이] 인용한 블레이크의 경구 중 일부는 … [북아메리카 원주민들이] 블레이크와 우리에게 말하는 것처럼 들린다. 역으로 [인디언의] 말 중 일부는 블레이크의 시처럼 들린다"(p. 74). 〈**데드맨**〉의 역사적 맥락과 일치하기 때문에 블레이크의 시와 미술작품은 대체로 구약성서 예언자들의 환영과 대화에 기반한 광기의 작품이라고 여겨졌다. 기존의 교회에 대해 적대감을 가진 블레이크는 〈**델의 책**(The Book of Thel)〉(1789)과 〈**엘비언 딸들의 비전**(Visions of the Daughters of Albion)〉(1793)과 같은 예언서적 책에서 자신의 종교관을 펼쳤다. 블레이크가 살던 당시 파격적인 그의 작품들은 국가와 교회 장치의 **교리**를 탈피하여, 국가와 교회 장치의 범주에 속할 때 받는 인정평가를 거부하였다. 로젠바움(Rosenbaum, 2001)은 〈**데드맨**〉을 가혹한 서부영화(acid western)라고 평가하였다. 산(acid)으로 판을 부식시키는 "극악한 방법"으로 새겨진 블레이크의 예술 작품들은 이 같은 평가를 계속 받았다. 〈**천국과 지옥의 결혼**(The Marriage of Heaven and Hell)〉(1790)에서 블레이크가 언급했듯이, 이런 실행은 겉으로 드러난 표면을 녹여서 감춰진 "무한성"을 드러낸다. 블레이크의 "지옥 같은 방법"은 〈**데드맨**〉에서 뚜렷하게 나타났다. 여기서 회계사 빌 블레이크의 이상한 여행은 **기관 없는 신체**(BwO)의 생성 혹은 코드화가 되지 않은 기관 없는 신체의 생성이었다. 이런 내재성의 장(소)은 배포에 선행하는 한 "무한적"이라 할 수 있다.

신체-기계 탈영토화하기

인디언은 찰리를 쏘는 데 사용된 총을 만들면서, 블레이크가 무기 사용법을 알고 있는지를 물었다. 블레이크는 전통적 서부영화의 총 쏘는 영웅과는 대조적으로 "아니요."라며 체념하듯 말한다. 인디언은 다음과 같이 가르친다. "무기는 당신의 혀를 대신할 것이요.", "당신은 이것을 통해서 언어를 배울 것이요. 그리고 지금부터 당신의 시는 피로 쓰일 것이요." 새로운 배치가 창조되면서, 조직화되고 과잉코드화된 신체가 탈영토화된다. 총은 블레이크의 혀가 되었고, 그의 언어는 포착을 쫓는 행위자를 목표로 한 유목적인 개인언어가 되었다. 시가 통치권에 대항하는 혁명적인 권력, 즉 "전부를 배신하는 입장에서의" 전쟁 언어가 되는 것은 이런 코드화된 신체의 탈영토화에서이다(Deleuze & Guattari, 1987, p. 354). 클리블랜드 회계사 빌 브레이크는 이기(being)의 존재론적 변형을 통해 행동이 촉구되면서 더 이상 하나가 아니라 다양체가 된다. 즉, 블레이크는 자연 풍경의 요소들과 그의 이름을 딴 시와 전쟁 무기로 배치되면서 더 이상 통일된 대존재(being)로 생각될 수가 없다. 오히려 블레이크는 선형적이고 수목형 선 위에 있는 점들보다는 "보편화가 불가능한 특이성으로 작동하면서 외부의 순수한 환경(milieu)에서 주변부적으로 발달해 간다"(Deleuze & Guattari, 1987, p. 378).

블레이크의 되기(becoming)는 고립된 상태에서 일어나지 않는다. 그보다 그의 새로운 종족적 배치와 관련하여 일어난다. 블레이크는 창조적 교육의 오인식을 통해 자신의 정주적인 삶을 파열하는 되기를 추구하기 시작한다. 회계사로서 블레이크의 **양적** 프레임은 내재적인 **질적** 방향으로 열린다. 이런 맥락에서 그의 되기는 단순한 추가(n+1)가 아니라 질적인 탈바꿈이며, 행위자에게서의 생산적 증가로 활성화되는 방향으로 확대된다. 윌리엄 블레이크의 시뿐만 아니라 언어를 탈영토화한 총도 생산적인 비애감인 **파토스**[**안티로고스**(antilogos)와 **안티미토스**(antomythos)]를 전제로 한다. 〈데드맨〉은 언어에 의해 결정되는 빈사상태의 주체에 대항하여 새로운 말하기의 양식을 창출해 낸다. 첫째, 블레이크의 격언적 사유의 차이 나는 반복을 통해서, 둘째, 무기 대신에 언어의 탈영토화를 통해서이다. 아르토(Artaud)를 따르며 들뢰즈는 다음과 같이 물었다. "사상가도 아닌 그 누구에게도 해를 끼치지 않는 사유란 무엇인가"(Deleuze, 1994, p. 135)? 유목적인 말은 위험하며, 그 말로 된 시는 생기를 불어넣는 피라는 매개체로 적힌다. 그러나 반격의 형태는 블레이크 언어의 탈영토화와 자기언어의 창조에서 나타난다. 블레이크가 노마디즘[25] "소수자" 언어와 마주할 때 내재적 특이성이 동원된다. 블레이크의 "소수자적" 언어는 소외의 **몰적** 담론에서 벗어나 그의 되기(becoming)에로 열린다. 여기서 마비시키는 언어를 도입해서 박탈당한 삶을 위한 새로운 조건을 열어 준다. 블레이크의 탈영토화된 감응적 말은 **몰적** 질서가 요구한 명확성의 특혜받은 담론 좌표들을 보완한다. 블레이크의 시는 자기충족의 이성적인 텍스트 대신에 "어떠한 주관적 내재성도 남아 있지 않을 정도로 … 사람을 휩쓰는 감응이 된다…"(Deleuze & Guattari, 1987, p. 356). 들뢰즈와 가타리는 "감응은 화살처럼 신체를 관통하며, 전쟁의 무기이다."(p. 256) 라고 적고 있다.

블레이크의 인디언 은인은 도덕적 초월 가치와 디킨스의 가부장적인 아버지 인물(법)을 변형시킨다. 인디언은 사람들이 **기대했던** 위대한 교사도 혹은 거장도 아니다. 실제로 그들의 관계를 종합해 보면, 뚜렷한 계급이 없는 것으로 나타난다. 즉, 누가 누구를 가르친다고 말할 수가 없다. 인디언이 블레이크에게 특성이라 한 바로 그 공리를 블레이크가 깊이 숙고하는 것처럼 보인다. 여기서의 교육 관계는 현대적 교수학습 혹은 정신분석적 전이 모형과는 잘 일치하지 않는다. 그 대신 블레이크와 인디언은 위계적으로 얽혀 있지 않은 "사막의 부족들"을 합쳐 놓은 것이다(Deleuze & Guattari, 1987, p. 379). 위대한 교사는 배워야 할 정해진 수업을 갖고 나타나지 않는다. 블레이크가 듣는 것으로 보이는 만큼 배운 것은 아무것도 없다. 여기서 그는 전통적인 교육의 순간을 배신한다(Deleuze & Guattari, 1987).

〈데드맨〉이 영화의 '협상 결렬자'로 등장함에 따라 소수주의적 교과과정 사유는

25) 역자 주: 문맥에 따라 nomad는 유목민으로, nomadism은 유목민주의 대신에 노마디즘으로 번역하였다.

그 특징인 명확성, 통일성, 주관성 등의 정해진 **몰적** 좌표들을 깬다. 교육과정 이론은 활력에 찬 소수자의 선들을 계속 전개한다. 해당 분야는 "불분명한 집합체"로 탈주체화된 **정신분열증** 경향을 드러낸다. 즉, 담론적 지도 제작은 하나로 된 것이 아니라 분리된 것이고, 하나가 아니라 다중이다. 해당 분야는 모종의 구분된 한계를 벗어나 외부로 확장되면서 무수히 많은 학문의 방황하는 경향성으로 횡단된다. 내면화된 자명한 증거를 내세운 주장은 소수파적 주변부의 입장을 배치하면서 탈영토화된다. 〈**데드맨**〉에서 윌리엄 블레이크의 낯선 격언들과 언어의 탈영토화는 정주적인 삶에서 벗어나는 구성의 선을 가능하게 한다. 다른 사상가가 남긴 화살을 취하는 이런 실천은 교과과정 사상가와 지도 제작자들에게 교훈적이다. 그러나 이런 화살들이 이미 만들어진 궤적에 따라 진행될 필요는 없다. 사실, 우리가 들뢰즈의 관점을 진지하게 고려한다면 교육과정 이론화는 일종의 **항문성교**(enculage)를 행해야 하며, 이를 통해 다른 이들의 작업은 맹목적 순응 대신에 차이로 재생산된다. 이런 순응주의는 "항상 거기에서, 항상 우리에게 제시되는 세계 내에서 존재하는 차이에 따라 사유하고, 행동하고, 살기를 거부하는 것"으로 특징지어진다(p. 170). 〈**데드맨**〉이 보여 주는 차이의 실행은 **한** 교육적 삶을 사는 **한** 방식을 나타내며, "삶은 차이의 실현 문제이다"(May, 2005, p. 170).

식민지 유령

"당신 이름은 무엇이오?" 블레이크는 결국 그의 동반자에게 묻는다. "내 이름은 노바디(nobody)요."라며 인디언이 답한다. 노바디는 아버지와 어머니의 부족인 압사루크[Apsaalooke(크로족, Crow)]와 암스카피 피카니이[Amskaapi Pikanii(블랙풋족, Blackfoot)]의 혼혈아로 소외됨을 나타낸다. "혼혈은 존중받지 못하오." 노바디가 시인한다. 노바디는 허용된 부모의 계보 혈통 사이에서 블레이크와 함께 법 주변부에 존재한다. 노바디는 어린아이일 때 영국 군대에 잡혀 투옥되었고, 이후에 "미개인"에 대한 호기심 때문에 유럽 법정에 보내졌다. 노바디는 유럽 포획자들을 흉내 내는 것을 배워 버렸기 때문에 외부 **타자**로서 그에 대한 신기함은 금세 식어 버렸다. 노바디는 더 이상 재포획해야 할 범죄의 선이 없어 주류 영국 학교교육으로 통합되었다. 여기서 노바디는 윌리엄 블레이크의 시와 예술에 심취하였다. 제국주의적 포획자에게서 탈출한 노바디는 어린 시절 그를 추방했던 부족으로 돌아왔다. 자신의 위대한 모험 이야기가 종족들 사이에서 인정받을 것으로 믿었지만, 그와 반대로 그의 이야기는 악의적인 웃음과 거짓말로 무시되었다. 미국 인디언과 유럽 문화의 비참한 한계에 처한 노바디는 이름을 제베체(Xebeche)라고 개명하였다. "큰소리로 말하지만, 아무것도 말하지 않는 자"라는 뜻이다. "나는 노바디라고 불리는 게 좋소." 그는 블레이크에게 고백한다.

존재적 실험의 강조와 삶을 위한 새로운 조건의 창출은 표면적으로 역사와 역사적 힘의 영향을 교묘히 피해 간다. 그러나 역사는 되돌릴 수 없다. 〈데드맨〉의 기이한 여정은 관습적 정체성의 존재적 범주를 탈영토화하는 동안 역사적 과정들, 즉 "현재에 살고 있는 과거 가상 인물들"과 뒤엉키게 된다(May, 2005, p. 115). 노바디의 이야기는 식민지화의 역사적 인물, "미개인"에 대한 집착, 그리고 보편화한 식민지의 가치하에 있는 대안적 삶의 포섭하기의 사례를 보여 준다. 노바디가 선호한 이름은 그의 유목적 되기(nomadic becoming)뿐만 아니라 표면적으로 점잖은 진보, 자본 및 종교적 번영이라는 기치하에서의 북아메리카 원주민 삭제하기를 나타낸다. 〈데드맨〉에서 토착 인구는 서부 개척자들의 풍경에서 글자 그대로 삭제되었다. 그러나 노바디의 이야기는 전적으로 서부 식민지화라는 역사적 영향의 산물이 아니다. 이는 그의 생명선이 조직과 억압이라는 몰적 힘과 불가피하게 얽혀 있지 않다는 점을 말하려는 것이 아니다. 이런 몰적 선이 차이의 분야들로 채워져 있음을 말하려는 것이다. 전적으로 사회역사적 힘으로 이루어진 주체의 개념화는 그 자체로 중요한 차이를 거부하는 것이다. 또한 이미 구성된 [안정적] 정체성이 존재하는 교조적 사유 이미지에 대한 호소이기도 하다(p. 120). 메이(May, 2006)에 따르면, "[역사]는 특정한 관계에서 특정한 차이 무리들을 접고 펴는 것이다"(p. 115). 차이의 영역이 현재 우리 상황을 존재하게 만든다. 여기서 차이의 영역이란 몰성을 방해하고 횡단시키는 분자적 선들이다. 이것은 어떤 것이나 가능하다는 말이 아니라, 그보다 적절한 조건하에서 우리는 아직 무엇이 가능한지 알지 못한다는 말이다(May,

2005). 차이의 선들은 역사의 장에 존재한다. 〈데드맨〉은 억압적인 몰적 힘 사이에서 가능성의 공간으로서 개척자 삶을 만들면서 차이의 역사적 장(소)에서 출현한다. 따라서 가혹한 서부는 서부의 "공식적 역사"에서 분리된 생성이 아니라, 서부의 역사에 내재하는 차이의 배치이다.

노바디는 국가와 교회 장치의 확립된 선들을 따라 재발견을 추구하기보다 연결을 생성한다. 노바디는 스스로를 인식 가능한, 따라서 통치 가능한 주체로 만들 수 있는 폐쇄적인 정체성의 정치에서 탈출한다. 노바디는 어느 하나의(one) 신념의 도덕적 칙령 혹은 구조적 칙령에 얽매이지 않는다. 그리고 그의 선각자인 윌리엄 블레이크와 마찬가지로 정통 독단주의의 깊은 구조에 얽매이지 않은 새로운 종교적 탈주선과 정신적 탈주선을 생성한다. 어떤 초월적인 인물이나 도덕성도 노바디의 정체성에 전이되지 않는다. 노바디는 "심오한" 필요성을 추구하는 대신에, 연결을 생산하면서 독특한 독창성과 세계 지향을 발전시키는 것을 통해 되기(becoming) 중에 있다. 블레이크의 삶은 이후에 오이디푸스 삼각관계라는 이상한 견제를 행하는 3명의 덫 사냥꾼에 의해 위협을 받는다. 이때, 노바디는 번쩍이는 번개가 되어 순식간에 나타나 적의 목을 자른다. 노바디는 이후 장면에서 페요테(페요테 선인장에서 추출한 마약)를 섭취하고, 죽음-되기(becoming-death)인 블레이크의 신성한 통찰력을 갖는다. 유목민적인 노바디의 경우, "외부 또는 위로부터 특정 연결방식을 부과하는 조직화 매트릭스"는 없다(May, 2005, p. 126). 노바디는 오히려 어떻게 살 것인가에 대한 새로운 조건이 생기는 일종의 생산적 욕망을 실천한다.

거울 통과하기: 다이어그램[26] 구성요소들

〈데드맨〉 전반에 걸쳐 이중(doubling)의 활발한 정신분열이 진행된다. "시작"에서의 머신 마을의 공장과 "종착"에서의 마카 마을, 기차에서의 몰적 체류와 바다 카누 안에서의 혼돈 여행, 블레이크의 통일된 자아와 그의 다중-되기(becoming-

26) 다이어그램적 구성요소는 필름/텍스트 구조를 위해 이상한 끌리는 요소를 구성한다. 〈데드맨〉 전체에서 꼬기, 피루엣(발레에서 한쪽 발로 서서 빠르게 도는 것), 원형의 연극은 그 영화에서 읽힐 하나의 다이어그램의 구성요소를 구성한다.

multiple)의 정신분열이 이에 해당한다. 현실성은 "의식의 상실과 사라짐(fade-out)으로 중지되면서" 탈영토화하는 다양체적 잠재성에 의해 횡단된다(Rosenbaum, 2000, p. 76). 노바디와 블레이크의 유목적 운동은 확실한 시작과 끝, 관점, 도덕적 특권의 지위에 의해 고정되거나 귀속될 수 없다. 가혹한 서부의 이중의 결과는 관점 전환으로 일부 나타난다. 즉, "백인" 인간중심주의 관점에서 주변부의 비-백인(인디언, 동물들, 환경들) 관점으로의 전환이다. 마찬가지로 가혹한 서부는 주류적 포획 모형에서 구성적 탈출이라는 주변부의 소수주의적 실천으로 이동해 간다. 내가 주장했듯이, 〈데드맨〉은 수정주의적 서부영화의 제작에 있어서 수행적인 소수주의 작품에 해당한다. 즉, 종교적 · 산업적 · 식민지적 대량학살의 악몽적 역사를 숨기지 않는다. 그런 운동에는 허무주의적 냉소주의와 반대로, "빈약하지만 멋진 희망"이 나타난다. 즉, "우리 스스로가 만든 괴물 같은 전염 속에서 실제되기보다 더 실제적으로 되는 희망이다"(Massumi, 1987a).

실험적 탈영토화라는 들뢰즈적 도전은 우리 스스로 만드는 한 교육적 삶에 가깝다. 마수미(Massumi)가 언급했듯이, 이것은 빈약하지만 멋진 희망에 해당한다. 비록 성공은 보장할 수 없지만, 〈데드맨〉의 이야기와 비슷하게 우리를 전적으로 감싸면서 궁극에는 **아주 많은** 것을 증명해 낼 것이다. 물론, 분자적 선 위에서의 여행은 위험할 수 있다. 그러나 교육과정 이론은 자기-유사성과 재현의 거울을 빠져나오는 이런 실험적 탈주선을 계속 상정해야 한다. 뷰캐넌(Buchanan, 2004)의 제안에 따르면, "지층화는 부차적이다"(p. 14). 따라서 탈영토화를 선험적 통일화된 실체에서 뭔가가 제거되는 과정으로 보는 것은 오류이다(Buchanan, 2004, p. 14). 탈영토화를 중요하다고 이해하는 것은 교육실행에 기인한 한계가 침전의 효과라는 것을 시사한다. 따라서 우리는 해당 분야의 탈영토화에 다음의 관점에서 질문을 **던져야 한다. 탈영토화는 무엇을 하는가? 탈영토화는 욕망을 어떻게 포착하는가? 탈영토화는 삶의 한계의 이미지를 어떻게 형성하는가? "우리는** 항상 **임의적(quelconque)**이다. 우리는 "누군가(somebodies)"가 되기 전에 "아무나(anybodies)"로 머물러 있다"(Rajchman, 2001, p. 14). 이런 접근방식은 교수학습의 개념화를 위해 새로운 길을 열어 주는 방식으로 교육과정 이론 분야를 "낯설게 만들" 것을 제안하고 있다. 학생들의 "내부에-구조화된(in-structured)" 신체에 대해서 다르게 생각하기를 위한 기회는 교육과정 이론 낯설게 만들기에서 나타난다(Aoki, 2005d, p. 423). 우리는 발달적 이미지와 규제적 이미지에 따라 선조직된 신체의 조직-화(organi-nization)를 반대하며, "어떤 결정된 상태를 벗어난 신체, 그 보상으로 어떤 행동을 취할 신체 … 잠재력의 관점 혹은 가상성의 관점에서 바라본 신체로 보기를 시작할 것이다"(Massumi, 1992, p. 70). 기관 없는 신체에 대한 생성이 새로움의 출현을 위한 가상적 열림으로 인식되는 이유는 이런 맥락이다. 즉, "신체 그 자체 또는 신체의 이미지로 다룰 수 있는 그 어떤 것도 없다. 그것은 이미지 없는 신체이다"(Deleuze & Guattari, 1983, p. 8). 따라서 기관 없는 신체는 신체 이미지의 반대이다. 즉, 유전적으로 코드화되고, 생화학적으로 구성된, 혹은 국가-통제된 유기체로서의 신체의 재현이다.

마찬가지로 실험의 문제는 서구의 신화와 존재론을 떼어 내는 불분명한 목적을 위해서 분야를 탈취하려는 도발이다. 무언가를 덜 하는 것은 몰적 분절로 만족을 주장하고 묵인하는 것이다. 즉, **이미 존재하는 것 이상의 것은 없다**. 아마도 이런 실험은 욕망이 구성적이며(생산-욕망하기), 부정적이지 않다고 이해되는 한 불가피한 것이다. 들뢰즈와 가타리(Deleuze & Guattari, 1987)에 따르면, 먼저 되기(becoming)가 생성되어야 한다. 그러나 누군가 실험적으로 진행할 때, 상연(play)에 투척될 "경고의 기술"이 반드시 있어야 한다. 큰 망치로 하지 말고, 아주 섬세한 줄로 해야 한다(p. 160). 생산적인 협상-결렬은 엄청난 감염과 소수주의적 수행 행위가 만들어질 때 발생된다. 이것은 단순히 그 자체를 위해 문제를 야기하는 냉소적인 기술이 아니다. 오히려 세상에 대한 접근으로 진행하기를 위한 다른 방법을 제안한다. 이런 접근은 거대한 지적 영토, "심층적" 구조, 누적된 자기본위 이익에 대한 근본적인 배신을 요구할지도 모른다. 로젠바움(Rosenbaum)의 말로는 "같은 것을 다른 방식으로 보기, 또는 다른 것을 같은 방식으로 보기"의 실행이다(p. 13). 이런 이중의 운동은 이원화되지 않은 다양체와 특이성, 즉 한 삶의 다양한 잠재력의 실천을 동시에 나타낸다. 만약 사후에(post-humously)[27] 진행하는 새로운 방법을 창조

27) 자무쉬의 후속작인 〈고스트독〉(1999)은 〈데드맨〉에서 유발된 유목주의 이야기를 반복한다. 이는 쓰네모토(Tsunemoto)의 〈하가쿠레(Hagakure)〉를 통해 사무라이 문화에서 죽음의 역할을 크게 부각시킨 영화이다.

하는 것 이외에 아무것도 없을 경우, 우리는 다양한 되기(multiplicitous becoming)라는 실험적 노력으로 삶에 참여하기 위해서 상징적 죽음의 위험을 감수해야 한다. 이런 것은 신체의 유한한 죽음이 아니라 탐색적 선에 따르는 신체의 형태 변화이다.

제5장 음악-되기: 교육과정 이론에서의 즉흥연주와 도구주의

아오키(Aoki, 2005a)는 교육과정 세미나에서 재즈트럼펫 연주가인 바비 쇼(Bobby Shew)를 특집으로 다루면서, 교육과정 이론화에 음악을 도입하는 문제를 명확히 제기하였다. 두 개의 탐구 선(lines of inquiry)으로 이 문제를 다룬다. 첫째, "악기가 언제 도구가 되는 것을 멈추는가"? 둘째, 즉흥연주란 무엇인가? 탐구 선이란 교육과정 자체가 할 수 있는 일의 잠재성을 탐색하는 방법으로 현대적 교육과정 이론화 분야에서 여전히 중요하다. 아오키는 다음과 같이 말한다. 바비 쇼의 연주는 목적, 목표, 생산과 성취 등의 언어에 포획된 교육적 삶의 도구적 이미지를 횡단한다. "기술관료주의 합리성(technocratic[1] rationality)하에서 아오키는 바비 쇼에게 다음과 같이 말하였다. "어떤(a) 행함의 방법이 유일한(the) 행함의 방법이 되었다. 그런데 그 유일한 방법은 학생과 교사가 체험되는 세상에서의 차이에 대해 무관심하다"(p. 368). 쿠레레(currere)가 폐쇄되고 과잉-결정된 모형의 이미지에서 영토화될 때, 구성적 되기(constitutive becoming)의 역량과 분리된다.

아오키(Aoki)가 바비 쇼(Bobby Shew)와 함께 진행한 연구에서 도구적 사고로부터 "벗어날" 방법이 모색되었다(p. 368). 플라톤(Plato)의 "통일성의 형상(Form of Unity)" 외에 아오키의 사고에 대한 실험에서 탈출된 것은 무엇인가? 즉, 통합된 교육과정의 반응적 이미지가 영토화되는 통합된 총체성(totality) 외에 무엇이 탈출되었는가? 아오키에 따르면, 플라톤식 하모니의 이상이 제안하는 것은 "함께 맞춤, 화음 일치[con-c(h)ord] 및 음의 통합"(p. 370)이다. 이런 변증법적 종합이 지닌 이상적 이미지는 도덕적 선 및 진리와 하나로 합쳐져 왔다. 예를 들어, 로마의 유명한

1) 역자 주: 기술관료주의(technocratic)는 기술자나 과학자와 같은 전문가들이 정부나 조직의 정책을 결정하고 운영하는 방식을 의미한다.

연설가인 퀸틸리아누스(Quintilianus)는 가상의 법률 사례를 강의했다. 여기서 신에게 재물을 바치는 동안 잘못된 방식으로 연주를 한 음악가가 죽음으로 책임을 진 내용이 다뤄진다. 퀸틸리아누스에 따르면, 프리기아 선법(phrygian mode)[2]으로 연주한 백파이프 연주자 때문에 집전 중이던 성직자가 갑자기 미쳐서 스스로 절벽 너머로 돌진했다(Walser, 1993). 독특한 화음구조를 가진 프리기아 선법은 음계가 불안정하고 불길한 음조를 만들어 어둡고 묘한 효과나 괴기스러운 2도 음색을 낸다. 퀸틸리아누스의 수사적 사례는 통일된 음조가 표시된 환경에서 다양성의 표현으로 대항하지 말라는 경고이다. 아마도 더 중요하게는 퀸틸리아누스의 강력한 감응의 힘인 음악변조, 즉 신체로 배치되어 법의 권력과 투쟁하는 방식에 주는 충고이다.

아오키(Aoki)는 음악학이 지닌 힘을 탐구하면서 특권화된 하모니와 통합이라는 수사에 대해 경고를 보낸다. 아오키는 하모니가 지닌 **일반적** 가치에서 떨어져 나와 선불교 학자인 다이세츠 스즈키(Daisetz Suzuki)의 사상을 주장한다. "하모니를 추구하는 것은 본성을 죽이고, 본성이 내는 파동을 중지하는 것이며, 뒤에 남겨진 죽은 시체를 껴안는 것과 같다"(p. 371). 스즈키의 혜안에 따르면, 하모니와 통합을 주장하는 사람들은 죽음의 주창자들이다. 즉, 과잉결정된 쿠레레 본체에 매달리는 무질서도(엔트로피, entrophies)[3]의 대변자들이다. 아오키는 차이를 반응적으로 영토화하는 데 저항하면서 쿠레레의 적극적인 변형의 잠재력에 의지하여 탈출한다. 아오키는 **소나르**(sonare)[4]의 즉흥적 힘을 통해 **다성음**(polyphohic)[5]의 교육과정 개념을 실험한다. **이미지가 없는**(nonimage) 쿠레레는 플라톤에 의해 추앙된 하모니와 변증법적 충실성이라는 초월적 이상을 파괴시킨다. 더 나아가, **한** 교육적 삶이 차이의 **정도**보다 차이의 **종류**로 펼쳐지는 다양체적 방법을 동원한다. 아오키가 친숙한 방식으로 새로운 구성에 도달하는 방식을 그저 옹호하는 것이 아니다. 그런 움

---

2) 역자 주: 정통 교회 선법의 하나로, 피아노의 흰 건반 위에서는 마음(音)에서 마음까지의 상행(上行) 음계로서 나타낸다.

3) 역자 주: 무질서도(엔트로피, entrophy)란 열역학에서는 내부운동의 복잡성을 나타내는 말이다.

4) 역자 주: 악기로 소리를 내는 것이다.

5) 역자 주: 다성음으로 한 번에 다양한 소리를 내는 것을 뜻한다.

직임은 단순히 선험적으로 주어진 세상 이미지에 호소를 하거나 다양체 개념을 오히려 **다수의 정체성 개념**으로 축소시킨다(Aoki, 2005b).[6)]

아오키(Aoki)가 들뢰즈(Deleuze)에 대해 주장하는 바와 같이, 다양체를 다수의 정체성으로 축소시키는 것은 정체성이 비롯되는 상위 존재론적 물질이 있음을 전제로 할 위험이 있다. "정체성[은] 이미 존재하는 **무엇**이 아니다. 우리가 차이를 대신하여 살아갈 때 필사적으로 노력하여 구성되는 산물이다"(p. 205). 그런 차이는 아오키의 용어로 "계획-으로서-교육과정(curriculum-as-plan)"(쿠레레의 반응적 이미지)과 체험된 것-으로서의-교육과정(curriculum-as-lived) 사이에 있는 체험된 공간 혹은 내재적 공간에 본래 있는 것이다. 쿠레레의 적극적 힘이 재현적 사고의 독단적 이미지 혹은 "잘 다듬어진 문양"을 탈영토화하는 것은 이 중간부터이다. 즉, 들뢰즈적 차이의 "불안정한 위치(fussy locus)"에서 탈영토화한다(p. 204). **소나르**의 변형적 정신이 **표현양식**(mode)을 바꿔 전개하는 것도 이런 맥락이다. 여기서 익숙한 교육과정 영역을 차이로 반복한다. 다시 말해, 교육과정 영역들로 하여금 스스로를 낯설게 만든다. 사유를 위한 새로운 **종류**의 통로는 소나르의 다양한 변조와 변이 안에서 만들어진다. 들뢰즈와 가타리(Deleuze & Guattari, 1987)가 수천 개가 있다고 기술한 이런 통로들은 비재현적이다. 이 통로는 오히려 적극적이고 구성적인 쿠레레의 창조적 힘으로 재현에 대한 주장을 무너뜨린다. 아오키(Aoki)의 탈출이 초월적으로 다양한 것이 아니라, 오히려 **한** 교육적 삶의 체험된 산물에 다가서는 반대의 행위라는 것도 이런 맥락이다. 이런 긴장은 교육과정 이론화 분야에서 직면한 문제들을 말해 준다. 우리가 적극적인 쿠레레에서 태

6) 교육과정 정체성주의 특권을 비판한 아오키(Aoki, 2005b)의 주장은 베르그송(Bergson, 2004)이 발표한 것과 유사하다. 다중 정체성, 다중 선택 또는 다중 의미의 개념은 양적 또는 위치적 확장의 대상이 되는 현존하는 **객체나 사물을** 암시한다. 이런 이미지에서 교육과정 풍경은 동일성 모델에서 변이 정도를 인식할 수 있는 객체 또는 사물이 된다. 즉, **실제** 정체성, 의미 및 공간적 위치에서 변이 정도를 인식할 수 있는 객체 또는 사물이 된다. 그러나 교육과정 풍경이 광범위한 정체성, 의미 또는 선택의 숫자에 의해 채워질 수 있지만, 이는 아직 **유형의** 차이를 마주치지 않았다. 베르그송이 발전시킨 것처럼, 수적으로 혹은 측정 가능한 차이로 환원할 수 없는 또 다른 유형의 다양성이 있다. 교육과정 이론에서 의미와 정체성 증식(multiplication)을 위한 현대적인 호소 가운데 들뢰즈는 다음과 같이 경고한다. "정도의 차이는 가장 낮은 수준의 차이이다." 이는 오늘날 교육과정 분야에서 **가능성**의 수사학으로 지현되는 가장 낮은 수준의 차이이다.

어난 탈주선을 "음의 통일성으로 통합해야 하는가? … [혹은] 음성 가닥을 다성음적으로 소리나게 해서 내부에서부터 밝은 백열의 빛이 나도록 바라야 하는가" (p. 371)? 쿠레레의 생산적 욕망이 신플라톤주의 통일성에 대한 이미지 속에서 영토화되는가? 아니면 차이를 생각하기 위한 내재적인 교육적 힘으로 여겨지는가?

교육적 사고에 영토화된 지위 혹은 탈영토화된 지위를 부여하는 것은 들뢰즈와 가타리(Deleuze & Guattari, 1987)가 분석한 내재성의 장(소)을 무시하는 것이다. 영토화, 탈영토화 및 들뢰즈가타리의 제3개념인 재영토화는 연속적인 진화 운동이 아니다. 오히려 "[그]것들은 동일한 것의 세 가지 측면이다"(Deleuze & Guattari, 1987, p. 312). 아오키(Aoki)의 개념을 비효과적으로 오독하면 이분법의 이미지가 떠오른다. 그러나 아오키가 상정한 제3의 공간은 계획-으로서의-교육과정(curriculum-as-plan)과 체험된 것-으로서의-교육과정(curriculum-as-lived)이 그물망처럼 서로 가로지르는 곳이다. 이 "사이 영역(zone of between)"은 "두 수평선", 즉 계획-으로서-교육과정과 체험된 것-으로서의-교육과정의 그물망이다(Aoki, 2005b, p. 161). 아오키는 교육적 사고를 "계획된" 혹은 "체험된" 것 둘 중 하나만으로 이미지화하는 것에 반대하면서, 서로 상호작용하고 조정하고 간섭하는 두 가지 힘을 상정하였다. 쿠레레의 반응적 힘과 적극적 힘이 단순히 2개로 된 한 쌍이 아니라, 흐름의 변이 혹은 표현이라는 것도 이런 맥락이다. 쿠레레의 반응적 힘이 흐름을 억제하는 반면, 쿠레레의 적극적 **장의 힘**(forcefield)은 새로운 관계 패턴 속으로 흐름을 풀어 준다. 마찬가지로 세상은 반응적이고 적극적이거나 혹은 둘 사이의 탈주선을 타는 것이 아니라, 이 모든 세 가지 측면 사이에서의 지속적인 조정이다. 따라서 들뢰즈와 가타리에게 영토화, 탈영토화, 재영토화 측면은 존재론적으로 구분된 개체가 아니다. 이 세 가지 측면은 **후렴구**(refrain, 리토르넬로) 개념 각각의 측면에 해당한다.

들뢰즈(Deleuze)와 가타리(Guattari)는 영토의 형성에서 노래 부르기가 방향을 바꾸는 역할을 한다고 적고 있다. 즉, 노래는 소란 속에서 안정감을 만들어 낼 수 있다. 들뢰즈와 가타리(Deleuze & Guattari, 1987)는 어둠 속에서 집을 향해 걷고 있는 한 아이의 이미지를 예로 든다. 두려움에 싸인 아이는 작은 소리로 노래를 부르며 미지의 한가운데에서 안식처를 만들며 스스로를 위안한다. 들뢰즈와 가타리는 다음과 같이 말했다. "노래는 밑그림과 같다. 노래는 차분하고 안정적으로 만들며, 차분하고 안정적인, 혼돈 중심에 있는 축이다"(p. 311). 노래는 언제라도 무너질 위협 가운데 혼돈에서 질서로의 "건너뛰기"이다. 들뢰즈와 가타리는 다음과 같이 기술한다. 아이의 노래는 집을 만든다. 그러나 "집은 미리 존재하지 않는다. 불확실하고 취약한 그 중심 주위로 원을 그려야 한정된 공간을 조직할 수 있다"(p. 311). 대중교통에서 영역을 표시하는 요란한 헤드폰처럼, 노동자는 업무를 경감시키려고 콧노래를 부르며, "주부는 자신이 하는 일을 정돈하는(antichoas)[7] 힘을 결집하는 등 각각은 이런 식으로 위험 세력을 막아 낸다"(p. 311). 반향을 일으키는 표현은 걱정, 불안, 압박으로부터 보호하는 영토를 만든다. 이 영토가 단순히 그것들을 없애 버리지는 않지만, 탈영토화의 내재적 힘에 대항하는 보호막을 만드는 다른 형태를 제공해 준다(Buchanan, 2004).

들뢰즈와 가타리(Deleuze & Guattari, 1987)가 말한 것처럼, 음악의 내용과 표현은 죽음과 관련된다. "[한] 아이가 죽는다, 한 아이가 놀이를 한다, 한 여성이 태어난다, 한 여성이 죽는다, 한 마리 새가 도착한다, 한 마리 새가 날아간다 … 이들은 우연한 음악 주제가 아니다. 이들은 필수적인 것이다"(p. 299). 들뢰즈와 가타리는 영토나 반복되는 후렴구에 반대하며, 탈주선과 탈영토화에 "위험"이 있다고 말한다. 이 위험은 다음과 같은 가능성에서 시작된다. 즉, 탈영토화의 창조적 선이 세상에서 사고나 행위의 새로운 방식을 만들 수 있지만, 동시에 파괴와 폐지 쪽으로 이끌 수도 있다. 뷰캐넌(Buchanan, 2004)은 다음과 같이 말하였다. "그렇기 때문에 후렴구는 음악에 적합한 내용이다. 후렴구는 난처한 상황에서 우리를 안전하게 해 줄 이동식 영토를 세우는 우리의 수단이다"(p. 16). 따라서 음악에 "적합한" 후렴구 혹은 반복되는 구간은 잠재적인 재앙의 힘에 자신을 내어 주지 않고서 죽음에 직면하는 방법이다. 탈영토화의 실험적 탈주선과 신체가 무엇을 할지에 대한 물음을 막는 것이 영토화이다. 후렴구에서의 영토화 양상은 변형의 힘을 막아 대존재(Being)를

7) 역자 주: 무질서한 시스템이 자발적으로 높은 수준의 질서로 결정화될 수 있는 현상이다.

안정화시키는 기능을 한다.

쿠레레를 오케스트라하기[8]와 지휘하기

오늘날 도처에서 볼 수 있는 교육과정의 편성(orchestration)과 구성(composition)은 쿠레레와 음악학 사이 전치(轉置)적 관계를 나타낸다. 후렴구의 영토화 힘이 교육적 삶에 귀속되는 사고의 이미지에 대해 중요한 것을 말해 주는 것도 이런 의미이다. 후렴구는 영토화된 환경(milieu, 코드가 없는 공간)으로, 마일스 데이비스(Miles Davis)나 존 콜트레인(John Coltrane)과 같은 재즈 음악가의 즉흥연주의 유목적 선과는 다르다. 따라서 상반되고 "오케스트라화"된 쿠레레의 표현은 그리스어 **폴리스**(polis)와 **로고스**(logos)와 관련이 있다. 홀랜드(Holland, 2004)는 다음과 같이 썼다. **폴리스**는 도시 벽 뒤의 내부공간을 뜻하고, **로고스**는 국가의 법을 뜻한다. 각각은 영토화에 대한 충실성을 표현한 용어이다. **폴리스**는 폐쇄되고 규정된 공간을 지정한다. 반면에 **로고스**는 합리적인 중심축을 나타내며, 이 중심축을 둘러싸고 국가의 사고가 영토화된다. **폴리스**와 **로고스**의 영토화 의미는 **유목적인** "외부"나 탈주선과는 정반대이며, 음악적으로 클래식 교향곡 편성의 지층화된 이미지와 유사하다.

오케스트라 콘서트는 계획-으로서-교육과정(curriculum-as-plan)을 뜻하는 경마장 이미지와 유사하며 다음과 같이 조직된다. "오케스트라 콘서트는 모든 파트의 에너지를 조절하고, 모인 욕망-생산을 하모니적으로 지층화하고 단선율적인 오케스트라 멜로디선으로 전환시켜 조직된다"(Gilbert, 2004, p. 128). 이런 반응적 방식으로 교향곡의 욕망은 "달리게 될 경로"의 선험적 이미지로 영토화된다. 달리 말하자면, 음악적 표현을 위한 다양체의 잠재성은 오케스트라 악보가 지휘자의 모습으로 구현된 초월적 이상에 따라 하나로 통일된다. 따라서 지휘자가 구현한 악보의 동시성과 계열성은 악보 차이가 없이 재생되는 법칙이 된다. 카네티(Canetti, 1962)는 다음과 같이 말했다. "지휘자가 이끌어 내는 음악만이 중요한 것으로 생각된다

8) 역자 주: orchestrating은 일반적으로 오케스트라용으로 편곡하기로 번역되지만, 여기서는 원뜻을 살리기 위해 원어 그대로 오케스트라하기로 주로 번역하였다. 또한 드문 경우, 편성하기로 번역하기도 하였다.

… 지휘자는 악기 소리에 대해 생사의 힘을 쥐고 있다"(pp. 394-395). 따라서 오케스트라 악보 코드와 부르주아적 지휘자 모습은 탈영토화의 탈주선에 불리하게 작용한다. 사실 오케스트라 구성에서 변절된 탈주선은 치명적인 폐지를 불러온다.

계획-으로서-교육과정(curriculum-as-plan)이나 반응적 이미지의 쿠레레는 클래식 오케스트라 공연과 비슷하다. 작곡 악보 혹은 계획-으로서-교육과정은 잠재적 파괴의 탈주선 위협에 대항하여 밤의 노래가 된다. 그리고 구성 과정을 선험적으로 정리하면서 차이를 적극적으로 막아 내는 영토를 만든다. 홀랜드(Holland, 2004)의 설명에 따르면, 클래식 오케스트라 악보의 논리는 **재생산적**이다. 즉, 따라 베끼기와 재현의 논리 안에서 차이를 포획한다. 오케스트라는 유목적이거나 즉흥적인 무엇을 만드는 노력을 하지 않는다. 그보다는 법-으로서-지휘자(conductor-as-law)에 충실하는 코드-로서-악보(score-as-code)를 재생산한다. 오케스트라는 쿠레레의 반응적 힘 아래에서 교육적 삶을 석회화하는 것과 같으며, 달리게 될 선험적 경로의 초월적 이미지를 재현하도록 강요받는다. 클래식 오케스트라와 쿠레레의 반응적 이미지 모두에서 이런 선험적 경로는 체험된 것-으로서-교육과정(curriculum-as-lived)이라는 내재적 표현의 훨씬 위에 존재하는 초월적 이상이다.

쿠레레의 반응적인 힘은 바흐나 모차르트의 클래식 편성과 마찬가지로 후렴구를 만들어 낸다. 후렴구란 단순히 사회관계를 **반영**하지 않으며, 오히려 그것을 **창조**하는 반혼란의 코드화된 구간이다(Attali, 1985). 홀랜드(Holland, 2004)가 아탈리(Attali)에 대해 주장한 바와 같이, 클래식 오케스트라는 사회적 환경의 비음악적 구분을 만든다. 달리 말하자면, 오케스트라 악보와 쿠레레의 반응적 이미지 각각은 계층적이고 위계적이며 제한적인 국가 권력을 통해 공간 관계(**폴리스**)를 영토화한다. 예를 들어, 클래식 오케스트라 편성을 할 때 작곡가와 오케스트라 사이에 정치적-공간 위계가 수립된다. 카네티(Canetti, 1962)에 따르면, 지휘자와 악보는 교향곡의 "목소리들"에 대해 생사의 힘을 행사한다. 지휘자와 악보의 조화는 (음악적) 신체가 무엇을 할 수 있는지에 대한 선험적 이미지에 오케스트라가 동의한 대가로 보장이 된다. 연주가들은 이런 일의 사회적 분리 속에서 초월적 권위 인물인 작곡가에게 복종하게 된다. 들뢰즈가타리식 용어로 표현하자면 연주자들은 오이디푸스화된다. 즉, 국가의 재현논리에 의해 과잉코드화된다. 오케스트라 단원들이 작곡자의 지시에 수동적으로 따른다. 사실 오케스트라 연주자의 가치는 이런 일을 하는 데 달려 있다.

아탈리(Attali)에 따르면, 클래식 교향곡 오케스트라 편성으로 진전된 사회적 관계의 이미지는 부르주아 하모니의 이상과 닮아 있다. 이것은 아오키(Aoki, 2005a)가 삶의 생동적 힘의 죽음과 연결 지은 바로 그 개념이다. 사실, 클래식 오케스트라가 선도한 사회정치적 영역의 하모니 이미지는 혼돈된 소음의 가상적 다양체 속에서 안정된 삶의 이미지 생성을 지향한다. 그러나 그런 사회 분야의 구조적 조직은 작곡자 아래에 있는 연주자의 위계적 종속으로만 끝나지 않는다. 카네티(Canetti, 1962)는 다음과 같이 주장한다. 클래식 교향곡은 작곡가와 관객 사이에 위계를 추가적으로 도입한다. 여기서 신체적 복종이 연주가 진행되는 동안 요구된다. 청중은 가만히 있어야 한다. 카네티(Canetti, 1962)는 다음과 같이 말했다. 청중들은 "가만히 앉아 있어야 하며, [지휘자] 공연이 끝나자마자 [청중은] 박수를 쳐야 한다"(p. 395). 오케스트라 연주자와 청중 위에 있는 작곡가와 악보의 사회적 조직은 수많은 현대적 학교교실의 위계조직과 닮아 있다.

교육과정 글자와 이것을 구현하는 교사 곁에서 학생들은 달려야 할 그 경로를 "따라 베끼도록" 강요받는다. 코드-로서-교육과정(curriculum-as-code)과 법-으로서-교사(teacher-as-law)에 의해 정해진 트랙을 따른 수업은 동질의 "통일성"을 보장받는다. 그러나 이런 통일성은 독단적인 사회 노동의 분리에 입각한 것이다. 교사는 학생이 수동적으로 혹은 상호작용적으로 반복하는 코드-로서-교육과정(curriculum-as-code)을 구현한다. 다시 말해, 오케스트라 연주자는 기호로 된 악보를 보며 연주에 참여하지만, 이런 참여는 능동적이지 않다. 오히려 연주자는 악보를 엄수하여 따라 하라고 요구받는다. 사실, 연주가의 신체적 에너지가 표면상 참여한 것으로 보이지만, 이런 참여는 미리 확립된 의미체계 내에 들어 있다. 달리 말하면, 학생은 자신의 일과의 상호작용 관계에 잘 참여할 수는 있을 것이다. 그러나 그런 상호작용은 항상 단순히 독단적인 사고 이미지를 재현할 위험이 있다. 교육적 삶은 이런 재현의 논리에 자리 잡아 학생들의 욕망을 무리 떼의 변화 없는 감수성에 속박시키면서 반응적이 된다.

쿠레레의 수목형 이미지

들뢰즈가타리식 용어에서 반응적 경로는 지층화되어 있다. 즉, 위계적이며 수목형이다. 아오키(Aoki, 2005b)가 명료하게 설명했듯이, 수목형 이미지는 우리가 교육과정에 대해 생각하고 이야기하는 방식 속에 내재되어 있다. 그는 다음과 같이 썼다. "**교육과정**은 그 본질적 불확실성에도 불구하고 우리 대다수[에게는] 확고부동했다. 그렇기 때문에 우리는 그 교육과정을 쉽게 이야기한다 … 그리고 우리가 그렇게 말할 때 특권화된 수직의 숲에서 나무가 행하는 교육과정의 풍경으로, 즉 단일 교육과정으로 우리가 이끌려 가는 방식에 주의를 기울이지 않는 것 같다" (p. 204). 아오키가 많은 교육과정 담론의 중심에서 파악한 교육과정의 수목형 이미지는 들뢰즈와 가타리에게는 동질성 모형에 해당한다. 여기서 동질성 모형은 서양 철학의 사유에 고유한 것이다. 수목형 "나무-뿌리" 세상 이미지는 서양식 대존재(Being)의 선형적이고 통일된 구성을 나타낸다.

계획-으로서-교육과정(curriculum-as-plan)은 클래식 교향곡 오케스트라 편성과 마찬가지로, 악기를 써서 선형적이거나 전개상 계열화된 삶의 이미지를 만들어 낸다. 이런 이미지는 하나의 "고정된" 지점에서 다른 지점으로 나아간다. 이 경우에 "나무-뿌리"는 사회 분야의 구분을 표현하거나 혹은 국가 조직의 위계적인 힘에 대한 복종을 의미한다. 누적된 수직적 진보와 남근적 힘의 국가코드와 얽힌 수목형 모델은 "과잉코드화 구조나 지지하는 축, 이미 만들어진 것을 기초로 작용한다"(Deleuze & Guattari, 1987, p. 12). 수목형 선이 **한** 삶의 특이성을 과잉코드화하는 죽음을 암시하는 힘, 즉 공장-기계란 것은 이런 의미이다. 여기서 공장-기계는 자신의 구성요소를 조직되고 위계적인 고정된 구조로 체계적으로 영토화시킨다. 지층화된 계획-으로서-교육과정은 방법을 써서 처음에서 끝으로, 즉 씨앗에서 성숙한 형상의 목적적 이미지로 이동한다. 계획-으로서-교육과정이 **할 수 있거나/생산할 수 있는 것**은 선험적으로 알려져 있다. 예상되지 않은 이질적 배치나 질적 연결을 위한 잠재성이 제외된다는 것은 이런 맥락이다. 여기서 교육과정 되기의 다양체는 그 교육과정의 단일한 이미지로 축소된다. 아오키(Aoki, 2005b)에게 수목형 풍경이란 교육과정과 교수법 분야에서 채택된 **근원적** 사유 이미지를 나타낸다(p. 204). 그러나 아오키가 기술한 풍경은 교육과정 지도 제작의 능동적인 힘을 통해 생산되지 않는다. 그보다 따라 베끼기와 재현의 논리를 통해 지도가 그려진다.

재현, 반복 그리고 작곡 쿠레레

아탈리(Attali, 1985)의 경우, 클래식 오케스트라 편성에서 행해진 재현적 따라 베끼기 방식은 초기 현대사회에서 친숙하게 볼 수 있던 음악 제작 단계의 특징이다. 아탈리는 **재현의 시대**(age of representation)에서 음악은 지도자와 계획의 보호하에 사회적 조화의 신념을 고취시킨다고 하였다. 이 힘은 사람들로 하여금 사회적 통일성이 사회질서의 지층화와 국가 권력에 대한 개인 욕망의 금지에 필요한 것이라고 믿게 만든다. 마찬가지로, 계획-으로서-교육과정(curriculum-as-plan)은 통일되고 조화로우며 선형적인 교육적 존재 이미지를 향해 개인의 생산적 힘을 지층화한다.

아탈리(Attali)의 재현의 시대가 사람들로 하여금 자비로운 지도자의 사회적 기능을 믿도록 만들었다면, 자본주의적 **반복의 시대**(age of repetition)는 소비자 입맛을 혼란스럽게 하고, 포획하고, 만족하도록 설계한 음악을 통해 대중을 침묵하도록 만들었다. 홀랜드(Holland, 2004)가 말하기를, 반복의 시대는 보통 상품화된 "엘리베이터와 식료품 가게 … 무자크(Muzak),[9] 음악 차트에서 40위 안에 든 히트곡과 음반 산업"(p. 28)을 특징으로 한다. 소비자들은 국가 권력하에서 광범위한 사회적 응집력 이미지에 반대하며, 끊김 없이 조용히 청취하는 자기중심적 행동을 하도록 독려받는다(Holland, 2004). 그런 실행은 조직의 미시적 수준에서 사회적 공간을 영토화시키면서 정치적 색채가 없는 공간을 만든다. 여기서 수동적이고 소외되었으며

9) 역자 주: 상점 · 식당 · 공항 등에서 배경 음악처럼 내보내는 녹음된 음악이다.

과도하게 영토화된 외국인 배척자가 배출된다.

계획-으로서-교육과정(curriculum-as-plan)이 재현의 시대에 등장했다. 그러나 이 교육과정은 다르긴 하지만 자본주의식 반복의 국면에서 지속되었다고 추측된다. 반복의 국면에서 교육과정과 교수법의 풍경은 더 이상 통일된 사회의 창출을 지향하지 않는다. 그보다 오히려 요구, 욕망 그리고 만족이라는 소비자 수사의 모방을 지향한다. 반복의 국면에서 코드-로서-교육과정(curriculum-as-code)은 기성 상품에 해당한다. 교사-배제(teacher-proof)된 교육과정은 가장 반응적인 교육과정으로 이미지화되어서 교육적 사건을 누군가의 우편 배달을 위한 장치 정도로 축소시킨다. 식료품 가게의 무자크처럼 반복의 시대 교육과정은 마비되고, 이미 정해진 **그** 쿠레레 경로 내에서 소비자를 사로잡아 영토화하도록 설계된다. 아탈리가 말한 것처럼, 반복의 시대는 건망증을 유도하는 작용을 한다. 우리는 반복을 통해 유도되는 모방 습관에서 그 교육과정이 **한** 교육과정이라는 사실을 망각하도록 지향된다. 더 나아가, 점점 더 교육적 삶의 특정 이미지가 지향될 경우, 교육과정의 능동적 탐색 힘은 불가피하게 내용의 범람과 제도적 삶의 과잉활동적인 요청으로 묻혀 버린다. 쿠레레의 반복적 기능은 자본주의의 자명한 결과로 인해 사회적 공간과 정신적 공간의 소외시키는 분할을 부추긴다. 여기서 제도적 삶을 점차 어렵고 재미없는 별개의 것으로 만든다.

아탈리(Attali, 1985)에게 반복의 시대를 이은 마지막 단계는 **작곡의 시대**(age of composition)이다. 재현의 시대가 CD-ROM, MP3 같은 새로운 재생산 기술로 나온 “인쇄(음악 악보) 기술”과 반복의 기술로부터 나왔다. 반면에 작곡의 시대는 새로운 음악 악기, 코드와 장르의 발명으로 특징지어진다(Holland, 2004, p. 29). 따라서 아탈리의 작곡의 시대는 선험적 코드의 재생산이나 누군가의 영토에 제한된 자기중심적 청취의 재생산에 사로잡히지 않는다. 오히려 이접(disjunction)을 통해 새로운 지형도(topographies)를 능동적으로 제작해 나가며 탈영토화한다. **연결적** 합성은 쿠레레의 반응적인 이미지에 교육적 삶을 잇는 **회로**를 만든다. 반면에 이접적 합성은 이 과정에서 배제된 표현을 조사하고 “기록한다”. 예를 들어, 클래식 교향곡의 연결적 합성은 코드-로서-악보(score-as-code) 재현에 대한 오케스트라 연주자들의 본능적 충동을 정리하는 회로를 만든다. 반면에 클래식 교향곡의 이접적 합성은 음악경로의 표현을 위해 다양체 경로를 주름잡아 감싼다. 들뢰즈와 가타리(Deleuze & Guattari, 1983)의 용어로 이접된 합성이란 가상적이다. 따라서 영토나 후렴구로서 코드화되지 않는다. 연결적 합성은 교육에서도 유사하게 작용한다. 여기서 교육과정 개발자와 정책 개발자의 충동은 교육에서 도구적 이미지나 반응적 이미지로 회로화된다. 이런 회로화는 아오키(Aoki, 2005b)의 비평 전체에서 눈에 띄게 나타난다. 여기서 교육과정 표현의 이접적 다양체는 유일한 **하나의**(one) 교육과정만이 존재한다는 반응적 환상에 얽매이게 된다.

작곡의 시대는 이접적 합성, 즉 새로운 음악학의 지형을 지도 그리는 회로-파괴자로 간주된다. 작곡의 시대는 음악의 힘이 사회적 조건과 노동 분할의 **전령**이기 때문에 차이를 생각하기 위한 새로운 권력관계와 통로를 만드는 특징이 있다. 아탈리의 "작곡"은 현대적 재현과 자본주의 반복 후렴구를 탈영토화하는 기능을 한다. 아탈리의 "작곡" 개념이 재즈 즉흥연주의 힘에서 예를 찾는 것도 이런 점에서이다. 여기서 교육과정과 교수법 분야에서의 즉흥연주의 중요성에 대해 질문한 아오키(Aoki, 2005a)에게 되돌아가 보자. 달리 말하자면, 교육에서 지배적인 회로가 어떻게 즉흥연주의 이접적 힘을 통해 탈영토화되는가? 이어서 교육학은 어떤 새로운 개념을 통해 생각될 수 있는가?

재즈와 즉흥연주적 쿠레레

홀랜드(Holland, 2004)가 발전시켰듯이, 즉흥적인 재즈 연주는 재현도 반복도 하지 않는다. 악보를 재생산하는 것이 아니라 악보를 창조한다. 이런 창조적 힘은 의도적이다. 재즈 앙상블은 새로운 영역을 지도 그릴 때 선험적 경로(악보) 개념에서 적극적으로 벗어난다. 즉흥적 재즈 연주는 **반복하는**(iterative) 것이 아니라 **떠돌아다니다**(itnerative). 재즈는 따라 베끼기를 하지 않고, 다수의 박자, 음조와 스타일을 사용하여 이동한다. 즉흥적 재즈 연주는 동시에 템포, 고음, 스타일을 많이 사용하는 특징이 있다. 재즈 작곡이 통일적이지 않고, 정신분열적이라는 것은 이런 맥락이다. 여기서 재현의 힘이나 반복의 힘에 의한 포획을 피하면서 교환 회로를 산산이 부숴 버린다. 이것은 들뢰즈가타리(1987)의 용어로 유목적이다.

즉흥적 재즈 연주는 들뢰즈가타리 후렴구의 세 가지 측면을 횡단하여 연주한다. 즉흥적 재즈 연주는 "내용 블록"뿐만 아니라 반복된 리프[10]를 만들어 낸다. 또한 후렴구를 소음으로 변질시켜 연주한다. 이런 소음에서 구분되게 들리는 리프는 다시 한번 새롭고 재영토화된 후렴구을 만들기 위해 배치한다. 재즈는 이런 방식으로 후렴구를 구조화하고 해체하는 힘을 보여 준다. 따라서 식별 가능한 세상은 결코 선험적 세상이 아니다. 오히려 탈영토화의 내재적 힘을 포함하는 일시적인 후렴구이거나 고원이다. 또한 퀸틸리아누스(Quintilianus)의 수사적 예시에서 음악과 가까운 탈영토화 힘은 국가의 규칙에게는 위험한 것이다. 단순하게 보자면, 영토가 창의적 실행을 통해 언제든지 바뀔 수 있다. 결과적으로 그런 실행은 정치적이 된다.

들뢰즈와 가타리(Deleuze & Guattari, 1987)가 말한 후렴구의 세 가지 측면은 즉흥적 재즈 연주에서 사회적 관계 창출에도 적용된다. 재즈 앙상블은 형식적 리더가 거의 없는 것이 특징이다. 대신 각각의 전문 연주자가 초월적 이상이나 권위와는 별개로 음악학 지형의 창조에 영향력을 행사한다. 재즈 작곡이 집단의 욕망하는 즉흥연주에 내재해 있다는 것은 이런 방식 때문이다. 클래식 오케스트라 편성에서 연주자의 충동은 악보의 재생산으로 회로 지어진다. 반면에 즉흥적 재즈 연주는 내부에서 나오는 이접의 탈주선에 열린다. "동질성의 허구"는 계획-으로서-교육과정(curriculum-as-plan)을 규정하고, 교육적 동력을 구성한다. 또, 쿠레레의 적극적 힘들에 의해 마찬가지로 개방된다(Aoki, 2005c, p. 161). 우리가 즉흥연주 양식에서 계획-으로서-교육과정을 마주하게 될 경우, 교실 삶의 내재적 흐름은 단일한 방법들로 변형되고 확장되며 뒤틀린다. 즉흥적 재즈 연주의 사례에서 보듯이, 쿠레레의 적극적 경로들은 유연하며, 유클리드 형태가 없는 형태를 가정할 수 있다. 이러한 내재적 지형학은 초월적 이상으로 회전되는 인위적인 삶의 지형들이 아니라, 되기 과정에 있는 한 삶의 지형이다. 재즈 즉흥연주와 마찬가지로, 쿠레레의 적극적 힘

10) 역자 주: 재즈의 반복악절이다.

은 반복하며 따라가도록 준비되는 것이 아니라, 돌아다니며 따라가도록 준비된다. 질서가 사물들 한가운데서 생성된다는 것은 이런 쿠레레의 적극적 의미에서이다. 즉, 유일한 **그** 교육과정의 반응적 이미지와 교육적 삶의 이미지가 배제하는 이접적 기록하기 사이에서 만들어진다.

이러한 교육학의 적극적 이미지는 즉흥적 재즈 연주에 가까운 또 다른 탈영토화를 필요로 한다. 즉흥연주란 동일자의 반복을 필요로 하지 않는다. 오히려 **차이**가 나는 반복 표현이다. 즉흥적 재즈 연주는 자본주의에서 음악 형태의 기술적 반복을 반대하며, 각각의 표현 사례인 유일성 안에 존재한다. 재즈가 **라이브** 음악적 표현으로 유명한 것은 이런 내재적 의미에서이다(Holland, 2004). 아오키(Aoki)는 앞서 경고한 조화와 통일성의 생명을 뺏는 힘에 대항하며, 즉흥연주는 이접적 **사건**을 만들어 낸다. 활력이 넘치고 능동적인 창조로 쿠레레를 북돋으며 달리게 될 경로에 대해 무엇인가를 **행한다**. 이 활력감은 라이브 재즈 공연에서 작동된다. 여기서 각 연주자의 메시지와 코드는 더 이상 각각이 독립적이지 않으며, 오히려 생산적 상호작용의 그물망으로서 작용한다. 아탈리(Attali)의 반복의 시대는 혼자 고독하게 음악을 듣는 것이 특징인 반면에, 즉흥적 재즈 연주는 코드-로서-악보(score-as-code)나 법(conductor-as-law)으로서-지휘자에 의해 구속되지 않는 집합성을 특징으로 갖는다. 즉흥연주의 제작은 별개로 된 개인들을 생산적 협력으로 이끌어 가면서 "분리를 끊어 낸다". 들뢰즈와 가타리(Deleuze & Guattari, 1987)는 이것을 작곡법에 의해 강요되는 반생산적 활동과 대조한다. 즉흥연주에서 작곡 과정에 영향을 미치는 것은 개인뿐만이 아니라 즉흥연주 **집단**의 상호작용하는 힘과 흐름이다. 들뢰즈와 가타리에게 이 협업이란 **분할**의 예시, 즉 집합성(collectivity)이다. "이 집합성은 연주 단원의 개별성으로 축소될 수 없다. 혹은 하나의 완벽한 통일성에 모두를 포함하는 거대한 메타-주체로도 축소될 수 없다"(Gilbert, 2004, pp. 124-125). 들뢰즈가타리식 **분할**은 주체의 통일된 이미지를 부숴 버린다. 이런 **분할**의 의미는 외부적으로 조직된 작곡자 중심의 교향곡과 대조적으로 즉흥 재즈 연주에서 명확하게 드러난다. 여기서 집합적 기능이 별개로 된 자기-조직적 힘으로 작용한다.

즉흥 재즈 연주가 동원한 표현의 힘은 쿠레레에 대해 매우 다르게 생각하는 방법을 소개해 준다. 들뢰즈와 가타리(Deleuze & Guattari, 1987)는 교육과정과 교수법 분야를 특징지어 왔던 **수목형** 이미지와 대조되는 **리좀**이라는 적극적 개념을 내놓았다. "음악은 수많은 '변형적 다양체'처럼 항상 탈주선들을 내보낸다. 심지어 그것을 구조화시키고 수목화시키는 바로 그 코드를 전복시킨다. 그렇기 때문에 음악의 형태는 파괴와 번성까지 잡초인 리좀과 유사하다"(pp. 11-12). 리좀은 수목형 모형의 질서정연한 관점과 다르게 이질적이며, **그 자체가 자기와는-다른-것**(other-than-itself)과 연결을 만들 수 있다. 예를 들어, 재즈 연주는 연주자가 반드시 따라야 하는 코드에 의해 과잉결정되지 않는다. 오히려 즉흥적 표현은 연주자의 다양한 이질적 "목소리" 사이에서 만들어지는 감응적 연결에서 나타난다. 게다가 재즈와 가까운 **순회적** 따르기(itinerative following)라는 즉흥연주 방식은 다수의 선을 만들어 낸다. 이 선들은 반응적인 족쇄를 탈출하는 선이다. 들뢰즈와 가타리(Deleuze & Guattari, 1987)는 다음과 같이 말했다. "리좀 혹은 다양체는 결코 그 스스로 과잉코드되는 것을 허용하지 않는다. 그리고 자기 선의 개수 이상에서 사용 가능한 보충 차원을 갖고 있지 않다"(p. 9). 달리 말하자면, 즉흥 재즈 연주 위에 접목된 기본적 코드란 없다. 즉흥 재즈 연주의 기능은 반복적 따라 베끼기라기보다 생산적 탈출이다. 들뢰즈와 가타리(Deleuze & Guattari, 1987)에게 이런 운동은 불변하는 대존재(Being)의 이미지를 깨고, 타자-되기(becoming-other)의 잠재적 선들을 동원시킨다.

즉흥적 사건은 리좀과 마찬가지로 차이로 후렴구를 창조하고, 파괴하고, 재구성하는 흐름을 특징으로 한다. 즉흥연주가 다양한 힘을 단순히 연주하는 것이 아니라 능동적으로 창조한다는 말은 이런 의미에서이다. 쿠레레의 적극적 표현은 유사한 탈출 상황들을 만든다고 여겨진다. 여기서 이 상황들은 교육과정(악보)과 학생(연주자) 그리고 학생과 교사(작곡가) 사이의 권력관계를 변형시킨다. 리좀은 활기차고 창조적인 특이성으로서 쿠레레의 이미지를 발전시킨다. 따라서 교육과정 "참여"는 단순히 제도적 삶(그 교육과정)의 수목형 코드들에 따르는 것이 아니라, 하나의 (교육과정) 신체가 할 수 있는 것이 무엇인지 적극적으로 조사하는 것이다. 이런 임무는 쿠레레의 적극적 개념을 통해 접근할 수 있다. 여기서는 달리게 될 선험적인 경로로 유일한 **그** 교육과정을 취하지 않는다. 수목형 이미지의 교육 기본을 전복시키기 위해서는 이런 방식으로 쿠레레를 생각하는 것이 필요하다. 더군다나 쿠레레의 리좀적 표현은 차이를 생각하기 위해서 이질적인 권력 구조, (음악과 같은) 교과목, 그리고 개념을 횡단하여 배치하는 위험을 무릅써야 한다. 대존재(Being, 폴리스와 로고스)의 존재론이 되기(노모스)라는 비록 위험한 운동에도 열리는 것은 이런 운동에서이다. 그러나 이런 되기(becoming)는 국가적 사고가 가진 위험에도 불구하고, 수동성의 치명적인 회로에서, 또 순회적 따르기를 통해 발생되는 자기중심적 허무주의에서 벗어나게 될 것이다.

리좀적 되기(rhizomatic becoming)는 사물의 중간에서 나타나며, 반응과 혼돈 사이의 "경계가 희미한" 공간에서 나타난다. 또 코드-로서-악보(score-as-code)와 소음으로서 음악의 절대적 탈영토화 사이에서 나타난다. 아오키(Aoki, 2005c)에 따르면, 한 활기찬 삶을 생성하기 위해서 계획-으로서-교육과정(curriculum-as-plan)과 체험된 것으로서(curriculum-as-lived)-교육과정이 맞물리는 곳은 유사한 공간 사이이다. 한 교육적 삶은 들뢰즈가타리의 후렴과 마찬가지로 유일한 그 교육과정의 영토화에 반대로 탄생하는 것이 아니며, 또 절대적인 탈영토화의 혼란 속에서 탄생하는 것도 아니다. 쿠레레의 적극적 개념은 사유와 탐구를 위한 새로운 통로를 여는 혼란을 필요로 한다. 이것은 즉흥 재즈 연주에서 악기의 "소리"가 음조, 박자 혹은 스타일의 조절을 통해 탈출될 때 분명히 나타난다. 음악은 단지 후렴구, 즉 반복된 내용의 영토화된 구획를 깨는 것만으로도 자신의 되기 힘을 향해 열리게 된다. 들뢰즈와 가타리(Deleuze & Guattari, 1987)는 다음과 같이 말했다. "즉흥적으로 하기는 세상과 함께 참여하기거나 세상과 함께 녹는 것이다"(p. 311). 즉, 즉흥적으로 하기는 우리로 하여금 차이의 흐름으로 연결 짓는다. 여기서 차이의 흐름은 끊임없이 구성되고 해체된다. 즉흥연주에 대한 이런 활기찬 접근법의 제안은 다음과 같다. 한 교육적 삶은 달리는 과정에서 교육과정을 구성하고 또 해체한다. 한 교육과정 영토는 초월적 이미지와 가상적 다양체 "공간 사이"에서 창조된다. 그러나 이 창조는 반응적 의미에서 쿠레레를 탈영토화한다. 아탈리(Attali, 1985)는 다음과 같이 말했다. "따라서 즉흥적으로 연주하기, 작곡하기는 차이의 전제와 관련 있다. 신체 발견하기와 꽃 피우기 전제와 관련 있다 … 그것은 … 위험을 싣고 있으며, 불안을 조성한다. 불안정한 도전이며, 무정부적인 불길한 축제이다. 마치 예상하기 힘든 결과가 있는 축제와 같다"(p. 143). 쿠레레의 적극적인 힘이 달려갈 **유일한 그** 경로를 해체하여 새로운 지형의 지도를 그리는 것도 이런 맥락이다. 아탈리(Attali)가 주장하듯이 이것은 위험한 임무로, 우리로 하여금 그 장에서 나오게 하고 또 우리의 영토화된 공간들과 사유의 습관이라는 피난처에서 벗어나게 한다. 그것은 교육자들에게 다음과 같은 질문을 던진다. 즉, 어떻게 하면 [영토화]를 다시 되기(rebeoming)로 바꿀 수 있는 비정형적 표현(영토화)을 할 수 있을까(Massumi, 2002, p. xxvi). 즉흥연주의 능동적 힘은 사회적 공간(**폴리스**)과 사유의 이미지(**로고스**) 모두의 재영토화를 불러일으키는 쿠레레에 대한 하나의 사유방식이다. 길버트(Gilbert, 2004)는 우리가 즉흥연주를 진지하게 생각하는 방식을 배워야 한다고 하였다. "음악에서 즉흥연주는 … [오케스트라의 위계성과 20세기 음반 산업이] 재생산해 온 전체 체계의 의미들과 감응을 거부하는 몸짓이다"(pp. 127-128). **한** 교육적 삶의 경로를 즉흥적인 것으로 생각하게 될 경우, **유일한 그** 교육과정 후렴구의 과잉결정에 대항하는 회로 파괴자가 주어진다. 여기서 과잉결정이란 달려야 할 **유일한 그** 경로의 재생산과 반복이다. 들뢰즈와 가타리(Deleuze & Guattari, 1987)는 즉흥연주의 실행과 관련된 위험과 마찬가지로 후렴구의 영토적 측면 경고를 문제 삼으며, "후렴구는 음악을 방해하고, 막고, 그만두게 만드는 수단"이라고 하였다(p. 300). 클래식 교향곡 지휘자가 요구하는 조화와 통일성처럼 쿠레레의 반응적인 후렴구는 그 활발한 잠재성을 말소시킨다. 아오키(Aoki, 2005a)의 말처럼 조화와 통일성은 죽음에 이르게 한다.

쿠레레의 적극적인 표현은 즉흥연주와 같이 이중적 조합(articulation)으로 완전히 영토적이지도 탈영토적이지도 않다. 쿠레레의 적극적 표현이 이분법적인 창조 회로 **혹은** 파괴를 부수는 것도 이런 맥락이다. 쉽게 말하자면, 쿠레레의 적극적 힘은 즉흥연주처럼 그것이 창조하는 **순간** 파괴한다. 즉흥연주는 클래식 음악 지휘자의 "반생산적" 요구에 저항하여 자신만의 코드를 생산하여 집합성의 욕망-생산에 참여한다. 그와 같은 집합성은 **유일한 그** 교육과정과 이접적 합성 사이 "경계가 희미한" 공간 안에 내재해 있다. 활기찬 교실 삶의 그물망은 즉흥연주 개념을 순회적으로 따르면서 마찬가지로 자신의 작곡을 만들어 낸다. 그리고 이러한 욕망-생산 속에서 쿠레레를 재생산이나 반복의 통일된 "행위"로 축소시키고자 하는 사회적 조건을 변형시킨다.

제6장 불확실한 게임

앨런 블록(Block, 1998)은 교육과정 이론화를 통해 쿠레레를 하나의 동일한 경로로부터 이탈시키는 교육과정 접근법을 제시한다. 그러나 블록에게 이런 이탈은 현대 교육에서 **규칙**이라기보다는 예외에 해당한다. 블록의 주장에 따르면, 교육은 홈커밍(homecoming)이라는 개념에 "중심을" 두고 있다. 여기서 홈커밍이란 습관적인 사유와 행동의 지속적인 재생산이다. 그림(Grimm) 형제의 동화에서 헨젤이 남긴 반짝이는 조약돌 길처럼, 교육은 "학습자와 교사가 트랙 위에, 그 자리에 계속 머물도록 한다. 그리고 끊임없는 … 지식과 방법으로 관찰을 한다"(p. 325). 헨젤이 남긴 조약돌은 아오키(Aoki, 2005b)가 비판한 수목형 모형과 마찬가지로, 가장자리 운동들을 안정된 중앙에 묶어 놓는다. 따라서 이런 교육의 이미지는 쿠레레의 반응적 이미지에서 벗어나지 못한다. 오히려 모든 교육적 운동은 파놉티콘 핵(panoptic nucleus)의 통제 메커니즘에 일치해야 한다는 견해를 재생산한다(Foucault, 1979). 이런 반응적 이미지 안에서 "외부로 나간 모든 선"은 중앙의 영토화 권력에 의해 지배된다. 이런 **재현적** 혹은 수목형 논리 내에서는 쿠레레의 반응적 이미지는 모든 변칙과 차이에 투영되어 삶을 잘 평가하는 초월적인 지점이라는 허상을 재생산한다.

파놉티콘

푸코(Foucault, 1979)가 분석한 파놉티콘의 구조는 수목형 모형의 홈이 파인 이미지와 같이 기록, 평가, 감독을 통해 공간을 분할하고 개인의 위치를 고정시키는 방식으로 작동한다. 푸코는 17세기에 처벌기제로서 전염병이 들끓는 도시의 사회적 공간을 분할하기 위해 국가 감시 권력이 어떻게 기능하는지를 분석하였다. 전염병이 들끓는 지역들은 경계초소와 감시탑의 감독하에 있었다. 따라서 민간인의 움직임은 도처에 놓인 국가 권력의 주시하에 전적으로 관찰 가능한 방식으로 관리되었다. 푸코에 따르면, “감시는 그 행위가 불연속적이더라도 효과는 영구적이다”(p. 201). 즉, 누군가가 지켜볼지도 모르는, 바로 그 가능성이 주체로 하여금 국가규정에 따라 움직이고, 행동하고, 또 다른 사람과 관계를 맺게 한다. 푸코에 따르면, “이러한 처벌의 중심에는 엄밀한 구분[이라는] … 정치적 목표가 놓여 있다 … 일상생활의 가장 사소한 세부까지 침투된 규제 … 모세혈관 같은, 권력의 기능을 보장하는 완벽한 계층 구조 … 각각 개인의 ‘진짜’ 이름, ‘진짜’ 위치, ‘진짜’ 신체, ‘진짜’ 질병을 지정하는 것”이다(p. 198). 파놉티시즘(panopticism)의 정치적 목표는 이런 의미에서 반응적이며, 신체가 할 수 있는 것에 대해 과잉결정하기를 지향한다. 다음으로, 파놉티콘의 처벌 권력은 국가가 발전시킨 이미지에서 대존재(Being)를 경화(硬化)시켜서 주체가 지닌 되기(becoming)의 힘을 끊어 버린다. 주체는 파놉티콘적으로 평가될 때 선험적인 평가와 정체성 식별의 범주에 따라 코드화된다.

파놉티콘은 지하감옥의 어둠과는 대조적으로 투명함으로 작동한다. 주체는 파놉티콘 권력의 통제를 행사하기 위해서 공간과 정체성 모두에서 반드시 가시적이어야 한다. 즉, 주체는 반드시 지도 그려져야 하며, 따라서 대존재의 선험적 이미지에 따라 식별이 가능해야 한다. 국가 사상과 맞지 않는 이례적이고 비정형적인 표현은 제도의 감시체제하에서 길들여진다. 푸코(Foucault, 1979)가 쓴 바와 같이, 파놉티콘은 “정상”의 경우에서 편차를 분리하여 많은 이항대립의 분할들을 만든다. 그리고 사회 분야를 구분 짓는 기능을 하는 차이를 개체화한다. 지속적인 감시작업을 통해 기록된 사회 분야의 범주적 구분을 통해 아픈 사람에게서 건강한 사람을, 미친 사람에게서 정상적인 사람을, 위험한 사람에게서 해를 끼치지 않는 사람을 분리한다. 삶에서 차이가 가진 생명력은 파놉티콘 감시 처벌의 권력 아래에서 정상 모형에 따라 코드화된다. 이 모형에서 편차, 변형, 변이는 반응적으로 범주화되고 규제된다. 그리고 달리게 될 그 경로에 “맞춰져” 도입된다. 아닌 것에 의해 삶이 정의 지어지는 바는 바로 이런 반응적 모형에서이다. 여기서는 삶이 엄격한 처벌 권력에 굴복함으로써 다름이 제한을 받는다. 소로(Thoreau)는 다음과 같이 썼다. "교육은 무엇을 하는가? 제멋대로 구불구불하게 생긴 개울을 곧게 뻗은 배수로로 만드는 것 말고는"(Block, 1998, p. 326에서 재인용). 쿠레레는 이런 반응적 의미로 적응과 규제의 메커니즘으로 작용하여 그 주체들이 제도적 규범에 점차 근접하고 이를 재현하도록 이끈다.

"집으로 가는 길을 따르는" 가르침과 배움은 적응과 규제 메커니즘으로 쿠레레 이미지를 **재생산**하면서, 결국 아무것도 **못 하거나** 아무 해도 끼치지 못하게 된다(Block, 1998, p. 335). 들뢰즈(Deleuze, 2000)가 프로스트(Proust)에 관하여 진술한 바와 같이, "생각은 생각을 강요하거나 생각에 폭력을 행사하는 무엇인가가 없으면 아무것도 아니다"(p. 95). 이런 파놉티콘 구조에서 차이의 힘, 변형의 힘 그리고 혼돈의 힘은 공간(**폴리스**, polis)과 사유(**로고스**, logos)의 영토화를 통해서 미연에 금지된다. 따라서 〈**헨젤과 그레텔**〉에서 아이들을 집으로 돌아오도록 훈련시키는 사람이 국가 권력의 상징인 아버지라는 점은 놀라운 일이 아니다. 블록(Block)에 따르면, 아이들이 집으로 돌아오지 않으면 아버지는 지배할 대상이 없게 된다. 들뢰즈와 가타리(Deleuze & Guattari, 1983)의 용어를 표현하자면, 탄압은 항상 배정될 수 있는 주체를 필요로 한다. 파놉티콘은 국가의 감시로 평가되기 때문에 종속된 개인을 만들어 낸다. 그보다 오히려 "영구 등록 시스템"(Foucault, 1979, p. 196)에서 태어난 주체를 생산한다. 마찬가지로 교육적으로 되돌아갈 수목형의 안정성이 우리에게 없다면 우리는 주변부가 주는 위험을 감수해야 한다. 이것이 그림 형제의 〈**헨젤과 그레텔**〉이 주는 중요한 교훈이다.

블록(Block)은 다음과 같이 주장한다. 현대 교육에서 파놉티콘은 마찬가지로 학생을 **가시적**으로 만들 뿐 아니라 장치 내에서 개별 학생이 자신의 "진짜" 위치를 부여받도록 작동한다. 블록은 다음과 같이 관찰하였다. "우리는 잘 운행된, 환하게 밝혀진, 또 선명히 새겨진 교육과정 경로 위에 있기 때문에 항상 발견이 잘 된다"(p. 327). 교육은 개인을 선험적인 사회관계 제도 내에 고정시킬 때 반응적이 된다. 여기서는 **재현**의 논리와 초월적 권위의 지시에 구속된다. 이런 맥락에서 파놉티콘 권력의 행사에는 제도의 감시체제에 개인은 종속되어야 한다. 즉, 동시에 주체는 "자기 복종의 주인공이 되는 권력관계에 … 자신을 새겨 넣는다"(Foucault, 1979, p. 203). 즉, 주체는 제도 내에서의 자기 정체성을 강화하기 위한 수단으로 국가의 처벌 권력을 내면화한다. 권력이 **단순히** 억압적인 것이 아니라 참여를 **유도한다는** 것은 이런 의미이다. 개인은 파놉티콘의 처벌 권력 안에 자신을 새겨 넣어 사회적이고 주관적인 단일성으로 인도된다. 이것이 바로 블록이 주장한 홈커밍이며, 현대 교육의 삶에서 영향을 주고 있다. 그러나 이런 정치적 의제는 전혀 새로운 것이 아니다. 예를 들어, 17세기 교육의 목적은 "…'강화시키기', 신체 '발달시키기', '직업기술에서 아동 미래 준비시키기', '주의력 있는 눈과 정확한 손 그리고 시간 엄수의 습관'을 길러 주는 것"이었다(Foucault, 1979, p. 211). 제도적 교육의 시작은 "유순한 신체"로부터 "기능적인" 주체를 이끌어 내는 규율 권력에 근거를 두고 있다. 즉, 개인은 규제의 교육과정에 적응함으로써 국가-정의된 존재에 대한 자신의 최대 잠재력과 일치하게 된다. 제도적 교육의 토대가 반응적이라는 것은 이런 이미지 때문이다. 여기서 국가 권력과 쿠레레의 선험적 이미지에 종속되어 "이상적"인 자아 혹은 "이상적" 사회가 창안된다는 개념이 도출된다.

국가 게임

쿠레레의 잠재력을 게임 이론으로 분석해 볼 경우, 우리는 블록(Block)이 그려낸 교육적 삶의 이미지는 들뢰즈와 가타리의 국가 게임인 **체스**와 일치한다고 가정할 수 있다. 체스 말은 개인이 쿠레레에 반응적으로 예속되는 것과 마찬가지로 미리 코드화된다. 체스 말은 자신의 이동에 기인하는 본질적 특성과 내적 특성을 부여받는다. 예를 들어, "나이트(knight)"는 잠재적 상황과 대결이 진행되는 본질적 코드에 따라 이뤄진다. 체스 말의 본질적 자질은 말의 움직임을 결정하며, 더 나아가 다른 말들의 움직임에 대항하여 자신의 이동을 차별화시킨다. 즉, 나이트는 나이트이고, 룩(rook)은 룩이고, 폰(pawn)은 폰이다. 신체가 무엇을 할 수 있을지 우리는 **아직** 알지 못한다는 스피노자(Spinoza, 1985)의 주장과는 반대로, 체스 게임에서 각각의 말은 자신이 할 수 있는 것이 미리 정의된 **확실한** 정체성을 갖는다. 들뢰즈와 가타리가 체스 말의 기능은 구조적이며, "같은 편 말들 서로 간에 또, 상대편 말들과 이중단일(biunivocal)[1] 관계를 [즐긴다]."라고 한 것은 이런 맥락에서이다(p. 353).

체스 말의 이중단일(biunivoca) 관계는 힘들이 상호작용하고 연결하는 다양한 방법을 깨뜨리고 범주적 구분을 강제한다. 체스에서 이런 연결 관계는 대립하게 되며 부정된다. 체스 말은 언제나 다른 체스 말을 연결이나 단절보다는 파기로 연결하며 지배한다. 점잖은 체스 게임이 내놓은 삶의 반응적 이미지는 교육과정과 교수방법 분야에서도 마찬가지로 나타난다. 블록(Block, 1998)은 다음과 같이 썼다. 현대 분야에서 통제는 경로의 특성 및 경로 이탈의 불가능성(감히 생각할 수 없음)으로 유지된다. 게임 이론에서 블록이 제시한 쿠레레의 반응적 이미지는 체스 말의 고정된 정체성 구조로 표현된다. 들뢰즈(Deleuze, 2001)에 의하면, "상대방을 제한하는 경향성이 반응적 힘들의 특징이다. 힘 안에서는 **부정**이 우선이다 … 예에 대한 아니요의 승리를, 행동보다 반응의 승리를 우리는 도처에서 보게 된다"(pp. 74-75). 체스 게임은 적극적인 탈주선을 **거부**하는 쿠레레의 반응적 이미지처럼 잠재성의 **부정**을 전제로 한다. 궁극적으로는 줄무늬 체스판 위의 무질서도(엔트로피)를 전제로 한다. 달리 말하자면, 게임 말들의 코드화된 속성이 특정한 이탈을 **생각하지 못하게** 만든다. 교육적 삶이 어떻게 진행될 것인지 미리 설계한 쿠레레의 반응적 이미지과 마찬가지로, 타자성(otherness)은 부정된다. 따라서 교육은 "아니요."라는 단언에 따라 반응적으로 진행된다. 즉, 동질적인 이미지의 **유일한 그** 교육과정은 다양한 경로를 덮으면서 반응적으로 진행된다.

블록(Block, 2003)이 설명하듯이, 쿠레레의 반응적 이미지는 기관의 처벌 권력과 함께 붕괴했다. 학생들은 더 이상 "교육과정을 이해하려는 노력은 하지 않는다. 그러나 교육과정을 다루는 기법에 관여한다. 학생들은 결코 **그것**(그 교육과정)이 무엇인지, 또 그것이 달라질 수 있는지 물을 필요가 없다 … 우리 학생들은 무엇을 해야 하는지만을 듣고 싶어 하도록 가르침을 받아 왔다"(p. 37). 블록의 비평에 묘사된

---

1) 역자 주: 이중단일(biunivocal)은 이분법의 이항논리 대체하는 개념으로, 『천 개의 고원』 1장에서 언급되었다. 김재인의 번역에서는 일대일 대응관계라고 번역되고 있다.

지적 부정과 반응성의 승리는 니체(Nietzsche, 1968)의 허무주의 승리를 의미한다. 한 교육적 삶의 불명확하고 특이한 특성이 쿠레레의 안정적이고 통제 가능한 이미지에 비해서 혼란스러운 것은 이런 맥락이다. 이런 반응적 이미지에서는 한 삶과 불균형 및 기회가 가지는 잠재력에 대한 믿음은 상실된다(Rajchman, 2001).

들뢰즈와 가타리(Deleuze & Guattari, 1987)에 따르면, 체스는 "닫힌 공간을 [배열한다]"(p. 353). 그것은 전쟁이다. 하지만 제도화되며 코드화되는 규제된 전쟁이다. 체스 말은 한 지점에서 다른 지점으로 이동하여 "최소 개수의 말로 최대 수의 정사각형 칸을 점령한다"(p. 353). 체스 국가 게임은 수목형 이미지의 유일한 그 교육과정과 마찬가지로 전열(戰列)이 명확하게 표시되는 "홈이 파인" 공간을 만든다. 이런 반응적 이미지에서 체스의 목표는 깨지지 않는 닫힌 공간의 영토화이다. 아울러 각 구성요소의 절대적 가치를 결정하고 선험적인 출입 지점을 설정하는 것이다. 쿠레레의 반응적 이미지는 권력, 제도적 정체성, 이동 코드의 관계가 과잉결정되는 유사한 "홈이 파인" 공간을 만들어 낸다. 이 이미지에서 이동과 정체성은 차이를 통해 능동적으로 구성되는 것이 아니라, 오히려 집으로 돌아가는 경로를 반응적으로 뒤쫓으면서 영토화된 벽(폴리스, polis)과 도구적이고 합리주의적인 사고(로고스, logos) 뒤에서 자신을 강화한다. 이들 각각의 홈커밍(homecoming)은 비시간적인(untimely), 집이 아닌(unhomely) "외부"의 위험으로부터 보호된다.

유목민적 게임

푸코는 파놉티콘적 또는 중앙집중적 체제의 처벌 권력을 분석하였다. 그는 여기서 쿠레레의 반응적 이미지와 체스 국가 게임 간에 유사점을 발견한다. 정체성, 이동, 그리고 사회관계의 이미지는 교화라는 제한적 사례에 해당한다. 그러나 들뢰즈와 가타리(Deleuze & Guattari, 1987)의 표현처럼, 사회 분야에서의 파놉티콘적 구분은 차이의 지하 흐름에 의해 횡단된다. 이런 유목민의 탈주선은 경계선의 퇴적물층과 사유와 움직임의 가능성이 실현되는 선험적 코드를 뒤엎는다. 즉, 유목주의는 부정보다는 개방적이고 이질적이며 구성적인 긍정의 힘을 만들어 통제용의 분노를 저버린다. 우리는 신체가 무엇을 할 것인지 아직 모른다. 들뢰즈와 가타리가 격식을 차리는 체스 게임을 바둑과 대비시킨 것은 이런 맥락에서이다.

최근 바둑은 게임을 이야기의 중심으로 다루는 『**히카루의 바둑**(Hikaru no go)』[2)]이라는 일본만화의 결과로 인기가 급상승하고 있다. 한편, 바둑에 대한 젊은 층의 관심 증가는 단순한 유행이기보다는 오늘날 젊은이들이 사회적 지형과 제도적 구조를 탐구하고 대처하는 방식으로 이해될 수 있다. 파이너와 그루멧(Pinar & Grumet, 1976)이 옹호하듯이, 교육과정 이론 분야는 그 관심을 학생들이 [제도적 양식](p. 2)을 통해 사용하고 … 이동하는 방법으로 돌려야 한다. 아탈리(Attali, 1985)의 음악 관련 논문에 따르면 **게임**은, 추측하건대 단순히 이데올로기에 대한 대답이 아닌, 세상을 사유하는 방식을 발전시킨다. 이런 맥락에서 바둑과 체스 간 차이는 쿠레레를 매우 다르게 개념화하는 방식으로 나타난다. 체스는 공간(**폴리스**, polis)과 사유(**로고스**, logos)를 파놉티콘적으로 영토화하는 것을 따른다. 반면에, 바둑은 달리게 될 경로를 재영토화할 때 차이의 힘(**노모스**, nomos)을 발휘한다.

체스 말은 선험적 이동의 속성과 구분을 따르는 반면에, 바둑알은 "익명의, 집합적인 혹은 3인칭적 기능"만을 가진다(Deleuze & Guattari, 1987, p. 352). 들뢰즈와 가타리에 따르면, 바둑알은 선험적 속성을 갖고 있지 않다. 그 대신, 바둑알은 상황적으로 기능한다. 체스 말의 잠재적 이동과 대결이 체스 말의 내부 정체성에 적합한 자질로 코드화되는 반면에, 바둑알은 외부성 환경 내에서 기능한다. 즉, 바둑알은 관계의 "별자리" 또는 "성운"을 생성하는 방식으로 기능한다. 그런 관계를 통해 경계선 만들기, 포위하기 혹은 부수기의 기능은 **상황에 따라 보편적이지** 않게 실현된다. 따라서 바둑알이 어떻게 배치되거나 되는지는 바둑알의 초월적 내부속성에 의해 명령되지 않는다. 오히려 바둑알이 외부 "별자리"와 관계하는 방식은 내재적이다. 따라서 바둑은 그 대신에 정주시키고 표현하며 변형하는 다양한 정체성과 방법을 확인하면서 반응적 사고와의 관계를 끊어 낸다. 바둑이 선험적 정체성이나

---

2) 역자 주: 국내에서는 『고스트 바둑왕』이라는 제목으로 번역 · 출간된 일본의 바둑 만화로, 헤이안시대의 바둑 기사 후지와라노 사이가 아득한 세월을 뛰어넘어 신의 한 수를 터득하기 위해서 주인공 신도 히카루의 마음속에 부활하여 바둑을 배워 간다는 줄거리이다.

이동의 속성을 갖지 않은 쿠레레의 이미지를 상정하는 것은 이런 급진적 의미에서이다. 바둑은 쿠레레의 적극적 혹은 체험된 의미와 마찬가지로 상황적으로 전개되며, 그 말들이 광범위하고 상호 연결된 그물망의 네트워크 속으로 배치되는 방식에 내재해 있다. 이런 의미에서 들뢰즈와 가타리(Deleuze & Guattari, 1987)는 다음과 같이 주장한다. 체스는 공간에 "홈을 파서" 계층적으로 공간을 순서화하지만, 바둑은 변형과 되기의 "매끈한" 혹은 역동적인 공간을 창조한다.

블록(Block, 1998)은 교육적 홈커밍을 거부하면서, 바둑과 유사한 쿠레레의 이미지를 확장한다. "사전에 정의되고 표시된 경로"에서 자유로운 쿠레레는 바둑판처럼 외적 관계를 통해 펼쳐지는 **경로화하기**(coursing)의 내재된 별자리 혹은 성운의 역할을 한다(p. 339). 이런 점에서 쿠레레는 접속하기, 연결하기 그리고 통합하기의 개념적 힘을 통해 적극적이게 된다. 쿠레레의 적극적 힘은 파놉티콘의 초월적이고 중앙적 권력에 대항하여, 내재성의 면에 거주하는 개념들의 별자리에서 펼쳐진다(Deleuze & Guattari, 1987). 달리 표현하자면, 쿠레레의 창조적 행동은 놀이 속으로 던져진 상호작용적 개념인 "성운"과 관련하여 조직된다. 들뢰즈와 가타리(Deleuze & Guattari, 1994)는 다음과 같이 쓰고 있다. "새의 개념은 생물분류상의 속(屬)이나 종(種)으로 발견되는 것이 아니라, 새의 자세, 색깔, 노랫소리의 조합에서 찾을 수 있다 … 개념은 이종 발생적이다. 즉, 이웃 구역에 따른 구성요소의 순서짓기이다"(p. 20).

개념의 수행적 표현, 초월적 이상의 전복, 그리고 시뮬라크르의 긍정적 힘은 쿠레레의 적극적 힘의 "별자리"를 형성하는 세 가지 개념에 불과하다. 따라서 쿠레레의 적극적 표현이란 세상에 대해 파놉티콘적으로 조사된 "이미 만들어진" 투영이 아니다. 오히려 차이를 사유하는 문제와 관련된 이웃하는 개념들의 공명을 통해 내재적으로 태어난 개념적 접근이다. 쿠레레의 적극적인 힘은 세상과의 참여를 그저 나타내는 것이 아니다. 왜냐하면 그런 개념화는 반응성의 파놉티콘적 혹은 초월적인 힘을 단순히 재생산하기 때문이다. 그보다 쿠레레의 적극적 힘은 자신의 무수히 많은 개념적 힘의 공명을 통하여 세상을 내재적으로 태어나게 만든다. 우리는 체스 게임에서 체스 말의 선험적 정체성을 부여받고, 체스 말은 체스 판의 홈이 파인 공간과의 관계를 차례로 구조화한다. 따라서 체스 말의 정체성이 가장 중요해진다. 대조적으로 쿠레레의 적극적 힘은 쿠레레의 환경적 속성과 관련하여 전개된다. 개인은 **분할**(dividual)이 된다.

바둑알의 관계는 위계적으로 구성되지 않는다. 그래서 신체가 **할지도 모를** 일의 경계를 짓지 않는다. 오히려 바둑은 내재화된 탈영토화인 것만큼이나 영토화의 게임에 해당한다. 들뢰즈와 가타리(Deleuze & Guattari, 1987)는 다음과 같이 썼다. 바둑은 "전열도 없고 대결이나 후퇴도 없고 심지어 전투도 없는" 전쟁이다. 바둑이 "온전한 전략인 반면 체스 게임은 기호학이다"(p. 353). 바둑에서의 공간 조직이 닫힌 공간이나 코드화된 영역의 체스에서 크게 벗어난다는 것은 이런 맥락이다. 바둑에서는 바둑알이 개방 공간에 배열되어 있기 때문에 **내부**(within)로부터 내재적 탈영토화의 가능성이 유지된다. 체스 게임은 전진, 후퇴 그리고 분절된 경계선의 선형적 선을 그려 내는 닫힌 공간을 만든다. 반면에 바둑은 개방된 공간에서 게임을 진행하면서 탈영토화와 재영토화를 통해 유목적으로 확장해 간다. 따라서 바둑은 다음과 같은 이유로 쿠레레의 적극적 표현과 유사하다. 즉, 바둑은 **유일한 그** 교육과정의 반응적 이미지를 계승하는 정체성, 선형 그리고 코드화된 권력관계를 포기하는 사유방식을 발전시킨다.

체스가 "외부" 힘(**노모스**, nomos)에 적대적인 내부성(**폴리스**, polis)을 확립하는 반면, 바둑은 내재적 변형 잠재성을 상정함으로써 이런 이항대립을 철저하게 변형시킨다. 이와 유사한 움직임이 "교육적 사건"의 탈영토화 힘을 다룬 자딘(Jardine, 1996)의 관심에서 명확하게 나타난다. 탈영토화란 자신에게 낯선 교육 지형을 만들 때 초월적으로 발휘되는 힘이 아니다. 오히려 탈영토화는 교육공간의 "휘젓기" 혹은 침전물 속에서 펼쳐지면서 **예외적이고, 소수자적이며, 순환을 차단하는** 무언가를 탄생시켜서 제도적 의미의 전열을 변형시킨다. 쿠레레의 반응적 힘은 달리게 될 **유일한 그** 경로의 이미지를 위계적으로 표명한다. 반면, 쿠레레의 적극적 표현은 주변 환경의 힘과 수직적으로(리좀적으로) 연결하고, 지형 모양을 계속 횡단하고 재정비하여 공간의 이원성을 탈영토화한다. 쿠레레의 적극적 힘은 바둑알처럼 개방 공간에서 작동하며, 되기의 펼침 과정에서 이질적 요소와 패턴과 연결한다. 블록

(Block, 1998)이 경고한 무효화하는 "집(home)"의 특성이 탈중심화된다는 것은 이런 의미이다. 바둑이 그려 내는 것처럼 개방 공간에서의 배치는 영토의 확실한 경계선을 배제한다. 집은 항상 스스로를 다르게 해체하고 재구성하는 과정에 있다. 라이프니츠(Leibniz)는 다음과 같이 말했다. "나는 항구에 도착했다고 생각했다. 하지만 … 나는 망망대해로 다시 던져진 것 같았다"(Deleuze & Guattari, 1994, p. 22).

바둑에서 집(home)은 쿠레레의 적극적 표현처럼 식별이 불가능하며, 다양한 발현적 힘과 연결하여 항상 움직인다. 들뢰즈와 가타리(Deleuze & Guattari, 1994)가 단언한 것처럼, 그런 토대의 식별 불가능성은 철학자들의 작업에서 명백하게 드러난다. 철학자들은 세부사항을 추가하고, 구성요소들을 취소하고, 결론을 지우면서 자신의 개념들을 재정리해 바꾼다. 그런 변형은 단지 이상적이기만 한 것은 아니며, 한 삶을 창조하는 새로운 방식들을 동원한다. 블록(Block)은 소로(Thoreau)의 『월든(Walden)』[3]에서의 삶에 대해 다음과 같이 관찰하였다. "그가 아침 목욕을 위해 연못으로 가는 유일한 길이 그의 길을 감독하고 결정하였다 … 그러고 나서 [그가] 다른 삶을 살 수 있기 때문에 … [그는 떠날 때가 되었음을 알게 되었다]"(p. 330). 따라서 소로가 만든 유목적 선은 한 개의 말이 정해진 한 지점에서 다른 지점으로 이동하는 체스의 움직임과는 다르다. 대신, 이런 유목민의 탈주선들은 바둑과 마찬가지로 끊임없이 계속된다. 사람들은 자신의 영토 외의 다른 곳에 감으로써 자신의 영토를 재영토화할 것이다. 그리고 여기서 국가 사유의 처벌 권력에서 해방되는 탈주선을 만들 것이다(Deleuze & Guattari, 1987, p. 353).

시놉티콘

바둑의 유목민적 특성과 쿠레레의 적극적 표현은 파놉티콘의 중앙화 권력과 단절한다. 그러나 그것들은 지금부터 내가 제기할 현대사회의 문제를 야기하고 있다. 들뢰즈(Deleuze, 1992)의 주장에 따르면 **통제사회**는 처벌사회를 대체한 것이다.

3) 역자 주: 『월든』은 헨리 데이비드 소로의 대표적 수필집이다. 그는 1845년부터 1847년까지 음욕·인습의 사회와 인연을 끊고 월든 숲속에서 홀로 살면서 청빈하고 간소한 생활을 영위하며 자연과 인생을 직시하였다.

사회 통제의 새로운 권력은 더 이상 하나의 폐쇄된 혹은 할당 가능한 공간에서 다른 공간으로 개인의 이동을 규제하지 않는다. 오히려 주체는 신자유주의적 자본주의에 따른 결과로 "자유롭게" 순환하고 소비하도록 장려된다. 그 결과, 이런 순환은 "자유"에 대한 허상을 만든다. 즉, 주체의 동선은 관리사회에서 지속적으로 감시되고 점검되며 기록된다(Deleuze, 1982). 블록(Block, 1998)이 말한 "홈커밍"에 대한 경고가 점차 복잡하게 된 것은 이러한 맥락에서이다. 즉, 신자유주의 사회가 주체의 차이 나는 이동을 **필요로 할** 경우, "방랑하기"와 "길 잃기(lostness)"는 새로운 통제체제에 의해 도용될 위협에 처하게 된다(p. 323). 처벌사회가 공간이나 정체성의 **주형**(mold) 안에 개체들을 담도록 작동하는 반면, 통제사회는 조절(modulation)을 통해 작동한다. 즉, 사회 분야에서 비전형적 이동을 지속적으로 기록하여 변형시킨다. 달리 말하자면, 파놉티콘적 처벌하에서 주체는 불연속적이지만 중심화된 권위의 주시에 의해 고정된다. 반대로, 통제사회에서 주체의 이미지는 인터넷, 은행 기록, 신용 등급, 학교 성적표와 같은 정보의 관문을 통해 만들어진다. 결국 주체의 사회적 움직임은 디지털 대역(digital double)[4]의 형태로 구성된다.

미리 정해진 답이나 순서 같은 처벌의 **암호**(watchword)는 통제사회에서 **패스워드**로 대체된다. 들뢰즈가 말한 대로 그런 패스워드는 정보에 접근하거나 거절하게 한다. 폐쇄적인 공간의 처벌사회는 주체를 **수용**하는 반면, 통제사회는 침투 가능한 문턱의 그물망으로 설계된다. 이런 문턱은 결국 패스워드, 여권, 학위, 핀 번호 등으로 통제된다. 알튀세르(Althusser, 2001)가 내린 처벌 권력의 개념화가 경찰의 호명[5]이라는 참견적 권력을 근거로 하는 반면, 마수미(Massumi, 2002b)는 오늘날 자본주의 권력은 "문지기(gatekeeping)" 기능에 달려 있다고 한다. 마수미는 "모든 것은 검문소(checkpoint)에 관한 것"이라고 설명한다. 식료품점 계산대에서 가게를 나가기 전 구입하려는 물건의 바코드를 체크한다. 자동화된 은행 창구에서 카드의 핀 번호가 당신의 은행 계좌를 체크한다(p. 9). 이런 검문소는 주체의 이동성을 제한하지도, 주체의 활동에 참견하지도 않는다. 이런 검문소는 "위로부터의 통제"라

4) 역자 주: 영화의 위험한 장면에서 인간 배우의 이미지를 따서 액션을 대신 시키는 CG 대역을 말한다.
5) 역자 주: "어이, 거기 당신!"

는 의미에서 억압하는 것은 아니지만, 마수미가 제안한 것처럼 **그들에게** 다가가는 우리에 의해 작동된다.

파놉티콘식 게임에서 시놉티콘식 게임으로

1980년대에 보다 기계적이면서 규칙을 따르는 게임에서 나온 현대적 게임 설계의 출발에 통제사회의 특징이 잘 드러나 있다. 악평이 자자할 정도로 과잉코드화된 〈**동키 콩**(Donkey Kong)〉[6](1981) 및 〈**팩맨**(Pac-Man)〉[7](1982)과 같은 초기 아케이드 게임의 성공은 스크린 공간의 엄격한 경계 구분으로 좌우되었다. 이들의 인터페이스(interface)[8]는 명확하게 구분된 아바타 정체성과 목표에 의해 주도되었다. 초기 게임들은 아바타가 봉쇄된 레벨에서 다른 레벨로 분절되어 이어지면서 작동하였다. 여기서는 출발지점과 도착지점이 명확하게 정해져 있다. 초창기 비디오 게임들은 파놉티콘적으로 설계되어서 게임 플레이어는 행동 영역을 정찰할 수 있었다. 게임 공간이 드러나 있어서 나아갈 방향은 쉽게 알 수 있고, 전반적으로 고정되어 있었다. 아바타 신체가 **할 수** 있는 것 또한 엄격하게 코드화되어 있어서, 게임 플레이어와 아바타 사이 상호작용 회로는 처벌적이고 구조적 관계로 한정이 되었다. 이러한 처벌 회로에서 게임 플레이어의 욕망은 달리게 될 선험적 경로에 집중된다. 따라서 이런 처벌 관계는 **상호능동적**(interactive)인 것이 아니라 **상호수동적**(interpassive)이었다(Pfaller cited in jagodzinski, 2008). 게임이 단순히 알고 있는 이야기 수준에서 사용자를 플레이하게 하는 것이 아니라는 것은 이런 맥락에서이다. 보다 중요하게 말하자면, 게임은 사용자를 공간, 지형, 반응습관의 특정한 모습에 따라 신체를 코드화하는 감응의 관계로 **플레이**하게 한다. 들뢰즈와 가타리(Deleuze & Guattari, 1987) 용어로 표현하자면, 초창기 비디오 게임들은 "홈이 파여" 있었다.

---

6) 역자 주: 〈동키 콩(Donkey Kong)〉은 닌텐도의 비디오 게임 시리즈이다.

7) 역자 주: 〈팩맨(Pac-Man)〉은 1980년대 일본 게임 개발사 남코(Namco)에서 개발한 대표적인 아케이드 비디오 게임이다. 팩맨이 미로 안에서 작은 점들을 먹으며 유령을 피하는 것이 게임의 목적이다.

8) 역자 주: 사용자와 기계를 연결해 주는 키보드 등의 장치이다.

즉, 게임들은 레벨, 절대 목표, 출발점 및 도착점으로 설계되어 위계적으로 구성되어 있었다. 해당 공간은 제한되고 국한되어 있으며, 명확하게 경계가 나뉘어 가려지는 것이 불가능해 보였다.

대조적으로, 〈**그랜드 테프트 오토: 산 안드레아스**(Grand Theft Auto: San Andreas)〉[9](2006)와 〈**엘더스크롤 IV: 오블리비언**(Elder Scrolls IV : Oblivion)〉[10](2006)과 같은 현대 게임은 영상화된 공간을 다시 생각하게 만든다. 이런 "프리 로밍(free roaming)"[11] 게임에서 게임 플레이어의 아바타는 달려야 할 경로로부터 해방된다. 〈**오블리비언**(Oblivion)〉 같은 게임은 비교할 수 없을 만큼 복잡해서 아바타가 게임을 완성하거나 연기하는 데 있어서 수많은 역할이나 경로를 생각하게 한다. 현대적 콘솔 기반(console-based) 게임(비디오 게임)[12]은 1980년대 아케이드 게임과는 반대로, 아바타가 움직이기 위한 잠재력을 얽매는 것이 아니라 확장시킨다. 이런 영상화된 공간을 동시에 개방할 때, 출발 및 도착 지점이 모호해지면서 다양한 경로가 가능해진다. 똑같은 전환 관계가 게임 플레이어의 아바타 생성에 내재해 있다. 〈**엘더스크롤**〉, 〈**네버윈터 나이츠**(Neverwinter Nights)〉(2002)나 〈**워크래프트**(Warcraft)〉(1994) 같은 게임에서 아바타는 더 이상 선험적으로 지정되지 않은 채 탄력적이며 가변적으로 생성된다. 다음으로, 최근의 아바타 게임하기는 플레이어의 게임하기 경험을 차별화한 설계방식으로 개별화되어 있다.

이전 세대의 "홈이 파인" 설계와 달리, 최근 게임하기의 표면적 자유는 다른 통제 시스템으로 작동한다. 파놉티콘의 처벌 권력이 가시성 및 공간과 정체성의 엄격한 분리에 집중되는 반면, 통제사회에서는 코드의 비가시성을 통해 기능한다. 비디오 게임하기에서 아바타는 더 이상 위계적으로 한 레벨에서 다른 레벨로 올라가지 않는다. 그보다 즉각적인 만남과 환경을 만들어 내면서 게임 플레이어의 진행 상황

---

9) 역자 주: 록스타 노스가 개발한 샌드박스형 액션 어드벤처 게임이다. 자동차 경주 게임과 3인칭 슈팅 게임, 그리고 '열린 세계' 형태의 플레이를 결합한 게임 플레이를 보여 준다.

10) 역자 주: 2006년에 출시한 엘더스크롤 시리즈의 네 번째 작품이다. 탐리엘 대륙의 중심부인 시로딜과 오블리비언을 주로 다루고 있다.

11) 역자 주: 자유롭게 이동하는 형식의 게임을 말한다.

12) 역자 주: 비디오 게임 콘솔에서 생성된 이미지와 사운드로 구성된 비디오 게임 유형으로, 텔레비전이나 유사한 오디오-비디오 시스템에 표시되고 플레이어가 조작할 수 있다.

은 기록하는 보이지 않는 문턱을 통해 올라간다. 최근 게임은 신자유주의적 자본주의 욕망을 드러내면서 플레이어의 "자유 선택"에 기반한다. 그러나 가장 복잡한 게임 시나리오 중에 "선택"은 미리 만들어진 코드에 의해 계속 결정된다. 즉, 게임 엔진이 얼마나 복잡한지와 상관없이, 이동과 정체성은 프로그램의 매개변수에 제약을 받는다. 시놉티컬적으로 아바타는 자유롭게 돌아다니고 자신의 욕망에 빠져서 스스로 게임 세상에서 자신의 경험을 만드는 것이 장려된다. 그럼에도 불구하고 신체가 할 수 있는 바는 미리 예측된다. 플레이어는 초기 구조적 제약에서 벗어나지만 그럼에도 계속해서 상호수동적(interpassive)이게 된다. 따라서 들뢰즈가타리의 의미로 볼 때 공간은 게임 경험에서 결코 탈영토화되지 않는다. 플레이어가 필드 밖에서 돌아다니는 것은 허용되지 않는다. 오히려 이동은 디코딩하기와 재코딩하기의 순환에서 발견된다. 따라서 아바타 행동은 게임하기 공간을 근본적으로 변화시키지 않는다. 오히려 기존에 존재하는 수많은 회로를 통해 겉으로 보기에만 독특한 경로를 만들어 낸다.

들뢰즈(Deleuze, 1992)가 말하기를, 사회의 성격은 사회가 만들어 낸 기계를 통해 표현된다. 주권사회에서는 지렛대와 같은 단순한 기계에 의해 지배당했지만, 처벌사회는 에너지를 사용하는 기계를 만들었다. 대조적으로, 통제사회는 사회적 이동을 기록하고 예측하는 패스워드를 통해 기능하는 장치인 컴퓨터에서 파악된다. 그러나 들뢰즈가 주장하듯이, 컴퓨터는 통제하는 힘만큼이나 수동적 위험과 능동적인 위험으로 구분된다. 들뢰즈의 주장에 따르면, 컴퓨터의 수동적 위험은 컴퓨터가 먹통이 되는 것이지만, 능동적 위험은 저작권 침해, 바이러스 감염, 해킹 가능성으로 표현된다. 이런 컴퓨터의 능동적 위험 내에서 통제사회의 코드화된 한계의 탈영토화하기가 시작되었다(Daignault, 2005).

(불)확실한 게임을 해킹하기

알렉스 갤러웨이(Alex Galloway)와 코리 아크엔젤(Cory Arcangel)과 같은 예술가는 코드화된 예술의 한계를 탈영토화하기 위해 컴퓨터의 능동적 위험과 놀이를 한다. 놀라운 결과를 가져온 1세대 비디오 게임을 해킹한 아크엔젤과 갤러웨이는 게임 경험을 그 자체로 이례적으로 만들었다. 이들의 실행은 단순히 기존 게임 경로를 달리는 것에 관심이 있는 것이 아니라, 게임의 코드화된 경로를 와해시킴으로써 새롭고 예상치 못했던 무언가를 만들어 내는 데 주된 관심이 있다. 즉, 갤러웨이와 아크엔젤은 게임의 능동적 탈영토화와 재영토화에서 달리게 될 경로를 급진적으로 변경시킨다. 갤러웨이와 아크엔젤은 초창기 게임의 "홈이 파인" 특성에 반대하면서 비디오를 "매끄러운" 공간으로 여겼다. 들뢰즈와 가타리(Deleuze & Guattari, 1987)에게 "매끄러운" 공간이란 리좀적 사유와 동의어에 해당한다. 갤러웨이와 아크엔젤은 선형적이고, 목표지향적이며, 위계적인 〈**슈퍼 마리오 브라더스**(Super Mario Bros)〉(1985) 게임을 해킹하여 비의미적이고 기이한 부호화 체제를 만들어 냈다. 이들 체제는 더 이상 기존 비디오 게임의 프로토콜을 대표하지 않는다. 게임 공간은 급진적으로 탈영토화되어서 돌연변이 아바타가 거주하고, 또 원래 프로그래머가 의도하지 않은 환경이 된다. 이런 낯선(unhomely) 게임 공간에서는 목표나 목적은 없다. 그보다 색깔의 정서적 표현, 프레임 속도, 음악과 글이 있다. 게임의 선형적 알고리즘이 파괴될 때 게임의 정서적 특성이 드러난다. 즉, 게임 공간을 채우는 정서는 **해킹된** 게임의 순환되지 않는 소리, 색깔 및 움직임을 통해 드러난다. 이 시나리오에서 플레이어와 아바타 모두 새롭지만 평범하지 않은 관계에 들어선다. 이 관계는 더 이상 미리 조직되거나 선험적인 목표나 할당된 성향을 지향하는 것이 아니다. 갤러웨이와 아크엔젤은 이 프로그램 코드 한가운데에서 공간, 영토 그리고 차이의 내재적인 힘을 이해하는 다른 방법을 제시한다.

갤러웨이(Galloway, 2006)의 주장에 의하면 기술은 정치적이다. 아크엔젤과 갤러웨이가 옹호하는 **윤리적 해킹**은 오늘날 과잉결정된 국가 미디어에 대해 파괴보다는 프락시올로지(praxology)[13]적 개입을 지향한다. 즉, 해크(hack)는 국가의 사유에 개입하여 디지털 콘텐츠를 미술로 저-기술(low-tech) 변형시켜서 고-기술(high-

13) 역자 주: Praxology는 경제학자 루드비히 폰 미제스(Ludwig von Mises)에 의해 제안된 개념으로, 'praxis'와 'logy'의 합성어이며 실천에 대한 연구로 정의된다. 이것은 인간은 의도와 선택에 의해 행위한다는 원리를 탐구한다.

tech)이 지닌 소유권을 흐리게 만든다. 쿠레레의 적극적 의미에서 보면, 해킹은 **모든** 영토에 내재되어 있는 탈영토화의 가능성을 드러낸다(Hwu, 2004). 갤러웨이와 아크엔젤은 미디어에 대한 접근법을 동원한다. 이 접근법은 단순히 반응적이거나 재생산적 혹은 반복적인 것이 아니다. 그보다 갤러웨이와 아크엔젤은 사전에 확립된 코드가 생동적인 차이로 재생산되는 특이한 조건을 만들어서, 모든 습관과 집중된 욕망으로부터 벗어나는 완전히 새로운 게임지형을 창출한다.

갤러웨이(Galloway)와 아크엔젤(Arcangel)은 컴퓨터 코드로 자신의 욕망을 배치하면서 블록(Block)이 옹호한 리좀식의 산만한 뿌리 같은 특이한 교육 파생물을 생산한다. 갤러웨이와 아크엔젤은 과잉결정된 공간 가운데에서 **한** 삶을 창조(해크, hack)하여 내부와 외부라는 양자택일의 차별화를 일그러뜨린다. 로이(Roy, 2005)가 말한 것처럼, **한** 삶의 창조는 그 자체를 "윤곽선이나 경계선, 그리고 사물이나 대상의 재인식, 재현 또는 복구로 제한시키지 않는다"(p. 33). 월든의 소로 오두막도 비슷한 방식으로 생각할 수 있다. 아르시크(Arsic, 2005)가 쓴 것처럼, "그는 안과 밖 간의 분명한 차이가 없는, 안정적인 형태가 없는 집을 … 짓고자 했다"(p. 131). 소로의 건축 실행에서와 마찬가지로, 갤러웨이와 아크엔젤의 해킹에서는 분열되고 새로운 무엇인가로 합쳐지는 영토의 내재적인 탈영토화 잠재력이 활성화된다.

해킹의 적극적 표현은 아직은 기록되거나 코드화되지 않은 힘의 생산을 통해 국가 사유의 함정 수사망을 벗어난다. 결국 갤러웨이(Galloway)와 아크엔젤(Arcangel)이 옹호했던 윤리적 해킹은 새로운 사유방식과 살아 있는 쿠레레를 만들어 낸다. 해킹을 통해 교육적으로 생산된 적극적 힘은 홈커밍의 초월적 이상을 중심에서 벗어나게 한다. 좀 더 구체적으로 보자면, **해크**(hack)는 다음과 같이 내재적으로 묘사한다. **집**은 불확정적 회로일 뿐이며, 다양한 잠재적 가능성에 의한 횡단된 2차 현실화(actualization) 과정이다. 컴퓨터 코드와 마찬가지로, 계획으로서의 적극적 교육과정의 접근은 해킹의 개념을 통해 유사하게 표현될 수 있다. 이러한 맥락에서 해킹이란 **내재적으로** 상황 지어진 변형의 긍정적 실천이 된다. 교육적 **사건** 개념과 마찬가지로, **해크**는 제도적 사유와 행동의 상식적 회로를 방해한다. 따라서 탈주선들은 초월적인 것이 아니라 "… 환경(milieu)과 연결되는 중요한 지점"과 관련이 있다(Deleuze & Guattari, 1994, p. 100). 시뮬라크르의 긍정적 힘을 동원하는 해킹의 개념은 이질적인 측면을 지배적인 코드에 비시간적이고 예기치 않은 결과와 함께 불쑥 끼워 넣는다. 그런 비시간성은 쿠레레가 **아직-오지-않은 사람들**을 위한 공간을 개방해 줄 경우 의미가 있다. 달리 말하자면, 해킹에 의해 실행되는 코드의 탈영토화는 삶의 경로를 다시 생각하면서 실제적으로 참여할 수 있는 통로를 만든다. "… 사유가 다른 관계로 구성되는 정도까지 … 그것은 항상 새로운 공간을 설명한다"(Arsic, 2005, p. 127). 이런 맥락에서 쿠레레는 "홈이 파인" 혹은 공간에 대한 반응적인 지각에서부터 리좀의 "매끈한" 혹은 적극적인 공간으로 이동한다. 쿠레레 개념이 **광학적**(optic)에서 **촉각적**(haptic)으로 변하는 것은 이런 변형에서이다. 즉, 파놉티콘적 거리에서 촉감적이고 강렬한 공간적 경험으로 변한다(Deleuze & Guattari, 1987). 쿠레레가 무엇을 할 수 있는지를 묻는 마지막 "게임"에 내가 주목하는 것은 이런 공간에 대한 **촉각적**이거나 강렬한 관계 내에서이다.

쿠레레 탈영토화하기: 파쿠르

파쿠르(Parkour)는 정통적 "스포츠"라기보다는 예술적 움직임의 한 형태이다. 여기서는 신체가 창의적이고 발현적 방식으로 환경과 관계를 맺고, 또 그 환경을 횡단한다. 파쿠르로부터 영감을 받은 이동의 종류로는 다양한 환경적 "장애물" 위에, 다양한 환경적 "장애물" 아래에, 다양한 환경적 "장애물"을 통해서, 또 다양한 환경적 "장애물" 주변에 있는 신체의 중단 없는 흐름을 들 수 있다. 파쿠르는 이런 방식으로 다양한 형태와 도전 때문에 도시 환경에서 자주 진행된다. 이 형태와 도전은 벽, 레일, 빌딩, 틈 그리고 도시 공간을 채우는 수많은 다른 종류의 장애물과의 상호작용에서 나타난다. 그러나 파쿠르를 신체예술 형태로 여길 시에 "장애물"은 아주 적절한 용어는 아니다. 파쿠르 실행자들(**트레이서**, a traceur)[14]은 도시 공간을 다양한 잠재성과 강렬함, 그리고 움직임의 선이 채우는 공간으로 생각한다. 파쿠르

14) 파쿠르(parkour)에서 추적자(traceur) 개념은 '추적하기(to trace)'를 문자 그대로 번역한 것보다 '빨리 가다(going fast)'라는 의미로 알려졌다. 이는 움직임에서 강도, 흐름, 힘의 역할을 암시한다.

의 창시자인 다비드 벨(David Belle)은 다음과 같이 단언한다. "우리는 수년 동안 같은 길을 걸어왔기에 땅 위를 걷는다는 것이 무엇인지 알고 있다. 그러나 아무도 이 경로를 택한 적은 없다"(p. 1). 따라서 파쿠르에 포함된 "장애물"은 생산적인 재코딩을 거쳐서, 장애물들을 과잉결정된 기능성과 관계에서 신체에게로 넘겨준다. 대신에 파쿠르의 도시 "장애물"은 **차이**가 함께하는 이동을 위한 통로가 된다. 영토화된 "장애물"은 가상의 이동 혹은 더 나아가 이동이 **무엇일 수 있는가**에 대한 생성(genetic)의 언급이 된다. 즉, 이와 관련하여 파쿠르는 영토화된 공간을 상상력의 구사로 타협함으로써 도시 환경과 관습적인 이동의 선들을 탈영토화하라고 제안한다. 파쿠르는 이런 신체의 탈영토화 이동 안에서 이동의 새로운 선과 흐름이 탐색되고 생성되는 것을 통해 신체예술의 형태가 된다. 트레이서와 도시환경 간 관계가 발현적 춤으로 이해될 수 있는 것은 이런 맥락이다. 이 발현적 춤에서는 트레이서 혹은 환경은 전혀 혜택을 받지 않으며, 오히려 이동은 가상적이고 다중적인 기록(춤, khoreia)[15]이 된다. 이동은 파쿠르 환경에 대한 트레이서의 가상적 · **잠재적** 관계를 통해 실현된다. 이런 실현은 춤과 마찬가지로 강도, 속도, 비율 및 궤도의 "흐름"인 되기로 나타난다. 세바스찬 푸캉(Sébastian Foucan)과 같은 트레이서가 이 개념을 설명하였다. 그의 제안에 따르면, 파쿠르에서 신체는 물의 흐름처럼 된다. 트레이서의 움직임을 통해 물리적 공간이 탈영토화되는 것뿐만 아니라, 물리적 공간의 가상적 통로를 통해 변환코딩(transcoding)된다. 파쿠르는 신체 개념을 이미 만들어진 도시통로의 횡단하기로 영토화하는 것에 반대하면서, 차이생성의 잠재적 통로로 "달리게 될 경로"를 사유하는 방식을 제안한다. 신체는 트레이서의 도시공간 탈영토화에서 타자-되기(becoming-other)의 과정을 마찬가지로 겪는다. 관습적이고 구조적인 움직임의 신체는 뻣뻣하고 직선적이며, 둔감하게 축 처져 있다. 반면에 트레이서의 신체는 눈에 띌 정도로 탈구조적이고 상상력에 풍부하게 각성되어 있다.

15) 그리스어 코레이아(khoreia)는 춤을 의미한다. 이 특별한 안무의 전개는 크리스테바(Kristeva)의 기호학적 코라(고대 그리스어로 황무지와 도시 사이에 존재하는 '모호한 경계')로서 개념과 신체의 추출을 암시한다. 이 신체의 추출은 "동질적인 껍질로부터 나왔고, 외부와 연결된 공간으로 바꾸는 것"이다.

파쿠르는 친숙한 도시 환경에 거주하지만 그런 공간을 매우 창의적이고 특이한 방식으로 구현되도록 협상할 방법을 고민한다. 파쿠르라는 이름은 불어의 "파쿠르(parcour)"에서 왔으며, 직역하면 "경로(course)"로 번역된다. 아직 이 "경로"는 구조주의 사유의 코드화된 개념 형태가 아니다. 아울러 이동의 전개를 조직하고 결정하는 신체 관계의 규칙과 경계로 구분되는 트랙의 이미지도 아니다. 파쿠르에서 신체 이동은 사전에 조직되는 것이 아니다. 또한 실현된 이동이 따르는 선험적 혹은 합목적적 이미지를 가진 "경로"도 아니다. 파쿠르의 예술적 아름다움은 공간 사이로 상상적이고 이접적이며 실현된 신체의 이동을 통해 나타난다. 즉, 트레이서는 모든 잠재적 탈주선 중 하나를 실현하면서 이접적인 조합방식으로 특이한 궤도를 만들어 낸다. 이런 이동은 이접적인 실현화이기 때문에 매우 독창적이다. 각 트레이서는 특이한 기술이나 운동 경기에 기반하지 않는다. 그보다 신체 이동을 위한 다양한 잠재력의 실현을 기반으로 공간과 자신들의 관계를 다르게 협상한다.

트레이서와 파쿠르 환경의 관계는 주체/대상이라는 이분법적 구분으로 축소 불가능하기 때문에 "흐름"에 더 가깝다. 여기서 흐름은 앞서 춤으로 묘사된 것으로서, 신체와 환경이 변환코딩(transcoding)이나 타자-되기의 적극적 과정을 통해 탈영토화된 춤이다. 파쿠르는 자신/타자 모두가 **자신이 아닌 것**이 됨으로써 권력을 탈영토화하는 과정을 통해 자신/타자의 안정적인 구별을 없앤다. 이런 면에서 창립자인 다비드 벨(David Belle)은 "탈출(escape)"과 "도달(reach)" 개념이 파쿠르에 대한 철학적이고 실제적 접근에서 가장 중요하다고 말한다. 여기서 탈출은 물리적 · 개념적 조직화로부터 자유로워진 이동에 대한 탈영토화의 이해가 필요함을 암시해 준다. 그것은 신체의 과잉결정된 이미지, 이동의 잠재성을 짜는 표면상 불변하는 규칙, 파쿠르가 창의적이고 예술성 있는 탈출을 행하는 "경로"의 개념적 중요성에 반하는 것이다. 그런 탈출은 무정부적 상태의 힘을 수반한다. 여기서 이 힘은 영토화된 신체의 경계가 설정된 **확장**(reach)의 한계에 차이가 나게 "도달하는" 욕망이다. 아오키(Aoki, 2005b)가 이런 "경로"에 대한 통찰을 제시하였다. 그의 제안에 따르면, 교육적 **확장**하기(pedagogical reaching)는 마찬가지로 되기의 양식이나 "중간에서 자라는 다양체"(p. 211)로 이해될 수 있다. 교육적 **확장하기**에서 쿠레레는 이동과 관계에 대한 즉흥적인 접근에서 볼 때 파쿠르 춤에 더 가깝다. 아오키는 "달리게 될 경로"의 실행보다는 탈영토화인 "교육과정 즉흥연주"라는 개념을 내놓았다(Aoki, 2005a, p. 396). 여기서 탈영토화는 "우리 몸 전체가 새롭고 다른 리듬에 박자를 맞추는 [한] 가능성을 활성화시킨다". 아오키의 "교육과정 즉흥연주"라는 다성적 개념은 차이가 함께한 임박함(iminence)과 움직임 모두의 중요성을 제안한다. 이 역시 파쿠르 생명의 힘(엘랑비탈, élanvital)이다. 즉, 파쿠르는 그 경로가 따라야 할 선험적 이미지가 없는 즉흥연주적 "경로"이다. 그런 즉흥연주적 움직임에서 구현된 교육적 도달함이나 탈영토화의 실험적 탈-위치 지음(dis-position)은 영토를 투과성 있고, 변형되게 그리고 다시 한번 더 생명력 있게 만든다.

파쿠르에서 **확장하기**(reaching)는 욕망의 힘을 되기의 양식에서 결정적인 것이라고 암시해 준다. 들뢰즈(Deleuze, 1983)가 생각하기에, 욕망은 다른 것(an other)으로 끼워진 부족함의 언급[16)]이라기보다는 **상식**과 일상생활의 조직-화(organizations)를 불안정하게 만드는 생산적이고 창조적인 힘이다(Colebrook, 2002). 욕망을 생산적 힘으로 보는 개념은 트레이서의 "달리게 될 경로"와의 다양체적 관계를 통해 파쿠르에서 실행된다. 트레이서의 탈주선은 이동을 알려진 땅(terra cognita)을 변형시키고 동시에 안정적인 존재론적 조직을 변형시키는 식으로 생각하는 욕망으로 나타난다. 마찬가지로, 들뢰즈와 가타리(Deleuze & Guattari, 1987)는 신체의 탈영토화가 파쿠르와 같은 실험적 실행을 통해 편성된다고 말한다. 여기서 욕망은 감응적 강도의 코드화되지 않고 제한되지 않은 흐름으로 이해된다. 따라서 파쿠르의 "경로"는 사전에 설치된 상상의 트랙이 아니라 **잠재적 탈주선이 생산적으로 실현되는 욕망의 흐름을 통해서이다**. 이런 방식으로 욕망은 신체와 "달리게 될 경로" 사이에서 창조적으로 새로운 관계를 타협하는 적극적 발판이 된다. 사유는 새로운 관계의 전개를 통해 불변하는 "실제" 이미지, 명확한 삶의 이론, 혹은 합목적적 목표를 지향하는 첨가물 이상이 된다. 반대로, 들뢰즈와 가타리(Deleuze & Guattari, 1987)

16) "독창적인 자기 파괴"를 통해 계층화된 유기체를 해체하는 것은 실험과 욕망의 생산적 능력을 향한 독특한 버릇이 요구된다. 여기에서는 욕망이 정신분석적 개념의 결핍으로 환원될 수 없지만, 내재성의 해독과 탈영권화의 힘으로 대신할 수 있다(Deleuze & Guattari, 1987, p. 160).

에 따르면, 사유의 새로운 통로 개발은 "삶의 경로"를 변형시키는 것이나 다름없다.

떠나기를 사유하기

월든에서 소로(Thoreau)의 글은 떠나기(leaving)를 생각할 가능성을 만들어 낸다(Block, 1998). 소로가 생각하는 것처럼, 그는 떠나기와 보통 관련되어 있는 감상성(sentimentality)을 탈피한다. 나아가, 소로는 "더 나은" 세상이라는 신화로 만드는 상상의 함정을 피한다(Arsic, 2005). 그러나 소로는 떠나기를 생각하면서 우리에게 교육적 역설을 남겼다. "담을 쌓고 담을 쌓아 보호받으려는 인간의 욕망을 … 강요한 사람이 바로 소로가 아니었을까"(Arsic, 2005, p. 128)? 즉, 소로는 도피, 고립, 일기 쓰기를 통한 자기-정체성의 증식을 통해 자신을 영토화하고자 하는 상식적 욕망을 전형적으로 보여 주지 않는가? 그러나 아르시크(Arsic)가 카벨(Cavell)에게 제안한 것처럼, "집을 지은 후에 떠나기 위해서만이라면" 도대체 누가 월든에서 소로처럼 집을 짓고자 한다는 말인가? 월든에서 소로의 일상생활 중에 왜 그는 갑자기 숲으로, 그리고 감지할 수 없는 곳으로 떠나간다는 말인가(p. 129)? 아르시크에 따르면, 그 대답은 죽음에서 찾을 수 있는 것이 아니라, 되기 위해 어떻게 떠나는가의 가르침에 있다.

월든에 있는 소로의 집[17]은 단지 교육적 출발의 필요성에 대한 블록(Block) 이론의 포장지인 정적 구조물이 아니다. 소로는 해킹 및 파쿠르의 실험적 과정과 마찬가지로 월든에서 한 그의 과정을 "심사숙고의 건축물"이라고 말했다. 그러나 그가 진행한 어떤 집의 적극적 창조는 계획이나 계산과는 맞지 않았다. 아르시크(Arsic)가 쓴 것처럼, "건축물은 새로운 방식으로 하는 … [사유]의 과정이 된다"(p. 134). 예를 들어, 월든에 있는 소로의 오두막집 설계도에는 지하도 없고 하부 구조도 없다. 즉, 그것은 건축되는 형식적인 토대가 없었다. 더 나아가, 소로의 오두막은 자기 감시와 파놉티콘적 권력의 장소인 상부층 없이 설계되었다. 앞서 언급한 바와

17) 역자 주: 헨리 데이비드 소로(Henry David Thoreau)의 월든 연못가 집은 자연 속 자급자족과 단순한 삶의 본질을 실현하기 위해 그가 당시 28달러로 직접 지은 소박한 오두막이다.

같이, 소로의 오두막은 외부에 개방적이고 침투가 가능하도록 설계되었다. 따라서 월든의 오두막집은 내리막/오르막, 높음/낮음, 안/밖 등 **사이**의 공간에 대한 사유방식에 비해서 덜 "구조적"이다. 소로(Thoreau, 1962)가 쓴 바와 같이, 집(house)은 그 곳에 거주하는 사물들과 사람들의 이동에 반응한다. 소로는 다음과 같이 난해하게 적고 있다. 집은 고정적이며 정적이기보다, 구름처럼 가벼우며 무수한 탈영토화 선에 의해 횡단되는 영토이다.

해킹과 파쿠르에 의해 전개된 국가 사유에 대한 교육적 개입들은 노마디즘 윤리와 관련이 있다. 즉, 이들 개입은 죽음의 힘 위에 고착하지 않는다. 오히려 출발, 분기(分岐), 그리고 실험에서 오는 삶의 홍겨운 긍정이다. 아르시크(Arsic)는 다음과 같이 썼다. 소로(Thoreau)의 떠나기 실험은 "즐겁게 떠날 수 있는 집 짓기의 가능성을 … 유일한 목표로 삼았다"(p. 131). 블록(Block)은 자신의 교육적 **방랑** 철학에서 다음에 대해 마찬가지로 동의한다. 우리는 반응적 경로를 떠남으로써 차이의 창조적 힘을 즐겁게 긍정한다. 즐거운 출발은 잃어버린 물건들에 대한 우울한 한탄에 대항하여 소로처럼 우리가 지각 불가능해져서 타자-되기로 자기 정체성 사유의 한계를 바꾸는 것이 필요하다. 달리 말하자면, 들뢰즈와 가타리(Deleuze & Guattari, 1987)의 **지각 불가능하게-되기**(becoming-imperceptible) 개념은 "잠재적인 것이 무엇을 도출해 낼지 모른 채 [탐구하면서]" **놀이**(jeu: 놀이, 도박, 니체가 말하는 주사위 던지기)를 위해 **나**(je: 정체성 사상)를 혼란에 빠뜨리는 것이다(May, 2005, p. 172). 그런 되기에서 새로운 공간이 창조되며, 거기서 우리는 "새로운 몸짓, 감정, 사유, 언어를 발명하는 방법과 (단 하루 동안일지라도) 새로운 집 짓는 방법을 반드시 알아야 한다"(Arsic, 2005, p. 130). 이것이 쿠레레의 능동적 힘의 활동이며, 영토화된 공간과 사유 가운데서 새로운 사유하는 방식과 행동 조치를 만들어 낸다. 이런 방식으로 오래된 사유 습관, 마음에 품어 온 욕망, 그리고 행동 패턴은 **아직-오지-않은 사람들**(people yet to come)을 위한 새로운 사회적 공간을 능동적으로 창조하여 탈영토화된다. 해킹 및 파쿠르와 같은 젊은이들의 실행이 차이의 가상적 힘을 능동적으로 활용하는 새로운 사유방식의 조짐인 것은 이런 맥락이다.

제7장 나는 거기에 없다: 영화의 시간-이미지, 문화 교육과정 연구, 그리고 비시간성 주체의 정치 예술

들뢰즈와 가타리의 책 『안티-오이디푸스(Anti-Oedipus)』(Deleuze & Guattari, 1983)의 소개글에서 푸코는 이 책이 "하나의 '예술'로 가장 잘 이해될 수 있다."라고 쓰고 있다(p. xii). 푸코는 『안티-오이디푸스』의 "예술"을 3개의 전이(transitive) 형태로 전개하였다. **에로티카 예술**(ars erotica: 에로틱-아트), **이론 예술**(ars theoretica: 예술-이론), **정치 예술**(ars politica: 정치적-예술). 푸코는 들뢰즈가타리의 **욕망-생산**(desiring-production)[1] 개념을 동원해서 『안티 오이디푸스』의 "예술적" 문제를 다음과 같이 제시한다. "욕망을 어떻게 생각으로, 담론으로, 행동으로 소개할 수 있을까? … 욕망은 정치영역 안에서 그 힘을 어떻게 배치할 수 있으며, 또 배치해야 하는가? 아울러 욕망은 확립된 질서를 뒤엎는 과정에서 어떻게 보다 더 강렬해질 수 있으며, 또 강렬해져야만 하는가"(p. xii)? 들뢰즈가타리 용어로 표현하자면, 욕망은 결핍에 부과된 수동적인 혹은 기생적인 힘이 아니다. 그보다 오히려 욕망은 흐름을 형성하고(재영토화) 끊는(탈영토화), 연결과 재연결의 신체적 · 사회적 과정이다. 욕망-생산의 "예술"은 이런 방식으로 **오이디푸스화**(Oedipalization)에 대항하는 무기로 동원되어 "인류에서 너무나 인간적인 것(what is all-too human in mankind)"을 공격한다(Seem, 1983, p. xvi).

인간, 너무나 인간적임(the human, all-too human)은 분노의 인간으로 요약된다.

---

1) 욕망과 결핍이 혼합된 오이디푸스와는 달리 들뢰즈가타리적 욕망은 세 가지 생산적 측면과 연결된다. 첫째, 들뢰즈가타리적 욕망은 연결적이고 물질과 에너지의 흐름을 끊는다. 둘째, 들뢰즈가타리적 욕망 생산은 독특성을 생산하고, 인식 가능한 강도 또는 조립 지점을 등록한다(Bonta & Protevi, 2004). 셋째, 욕망은 비생산적이고, 유틸리티의 에너지 소비를 구속받지 않을 수 있다.

이 인간은 매 순간 욕망을 파시즘으로 만들려 하고, 가족과 교회, 학교, 국가, 정당 같은 오이디푸스적 영역에 복종시키려 한다(Foucault, 1983). 더 나아가, 푸코는 **안티-오이디푸스** 반대자인 3명의 오이디푸스화된 특사들을 정교화하게 설명한다. 푸코가 붙인 별칭은, 첫째, "정치적인 것[금욕주의자], 슬픈 것[군사], [그리고] 이론의 테러리스트"이다. 이들은 진리의 총체화된 이미지에서 차이를 재영토화한다(p. xii). 둘째, 푸코는 "욕망에 서툰 기술자(poor technicians of desire)", 즉 욕망의 다양성을 "구조와 결핍이라는 이중 법칙하에 종속시키려는" 구조적이며 정신분석적인 담론들과 대비시키면서 **안티-오이디푸스** "예술"과 나란히 놓는다(pp. xii-xiii). 마지막으로, 푸코는 욕망-생산에 대한 최대의 적으로 파시스트 인물을 내세웠다. 여기서 푸코는 히틀러와 무솔리니가 저지른 욕망의 역사 구성과 함께, 심지어 기존의 사회 생산 네트워크에 **적응되어** 경직된 초월적 정체성에 매달리는 보통의 일상적 의지 모두를 비난한다.

안티-오이디푸스가 진단하려는 질병은 다름 아닌 오이디푸스적 치유법으로, **정체주의적**이고 **개체화**된 너무나도 인간적인 신체이다. 니체(Nietzsche, 2000) 용어로 표현하면, 우리 역사의 궤적과 현대의 질병 모두를 구성하는 것은 신체의 반응적 되기이다. 즉, 적극적 잠재성에서 단절된 신체의 이미지, 혹은 그보다 (여자) 인간에게 있는 **비인간적**이고 **돌연변이적**이며 **변형적**인 것에서 단절된 신체의 이미지이다. 이런 오이디푸스 **반응성** 모형에서 "낯설고, 무리에서 떨어진 … 배치들"은 조직화라는 무수한 초월적 권력에 의해 포획되고 조직된다(Bonta & Protevi, 2004, p. 147).

욕망-생산은 "정치적 금욕주의자", "욕망의 가난한 기술자" 그리고 정체성의 파시스트 옹호자들의 총체적인 담론에 억눌려서 과잉코딩의 잔혹함에 굴복한다(Foucault, 1983, pp. xii-xii). 이런 의미에서 "사회적 분야와 욕망의 동시확장"이란 차이의 생산적 힘을 억누르는 기능을 하는 반응적 이미지하의 복종에 해당한다(Alliez, 2006, p. 158). 예를 들어, **이성적 인간**의 이미지는 오이디푸스 증상을 나타내는 신체적 욕구의 영토화이다. "현대적 자아에 대한 우리의 경험은 이성의 머리에 의해 지배되고 영혼의 눈과 얼굴의 표정을 통해 표현되며 개인의 생식기관을 통해 성별이 지어지는데" 이는 유기-체(organ-ism)의 폭력적인 과잉결정에 의해 나타난다(Colebrook, 2006, p. 145). 그러나 이런 조직-화(organ-ization)는 "**전쟁은 신체 자체를 시행하는 것이라는** 교활한 파시즘의 **요구**"를 거짓으로 속여 말하는 것이다(Alliez가 인용한 Guattari, 2006, p. 159). 과잉코드화된 이미지는 신체가 완전히 정치화되기 위해 **내면화**를 필요로 한다. 내면화는 고전적 정신분석에서 일어난다. 그리고 내면화는 우리가 기존의 해석 회로에 반응적으로 집중되는 것으로, 욕망(오이디푸스적 드라마, 가족, 결핍 등)을 취급하도록 "학습할" 때 발생한다. 의식이 더 이상 무의식적 욕망에 의해 압박되거나 기생되어 보이지 않는 것은 이런 의미에서이다. 들뢰즈와 가타리의 말로 표현하면(Deleuze & Guattari, 1983), 의식이 오히려 무의식을 억압해서 **정상화된** 삶의 이미지에 따르도록 강요한다. 마찬가지로 폭력은 니체(Nietzsche, 1968)에 의해 비판받는다. 니체는 기독교의 초월적 도덕관에 의한 욕망의 과잉결정을 비난한다. 더 나아가, 유사한 폭력인 서구 생체의학 모델로 널리 알려진 아르토(Artaud, 1976)의 **병 걸린** 신체 검사도 비난한다. 신체는 오이디푸스적 구조의 기존 회로로 진전된 이미지에 포획되어 침전되며, 미리 측정된 시간, 공간, 실제에 종속된다. 신체의 잠재성은 정신분석학, 기독교 도덕성, 생체의학 증상학이라는 자동 해석 기계에 종속되어서, 정체주의적 재현의 기표작용적 폭력에 의해 구속된다(Artaud, 1976).

『**안티-오이디푸스**』(Deleuze & Guattari, 1983)는 신체를 현대의 중요한 문제로 인식한다. 들뢰즈와 가타리는 이 문제를 설명하기 위해서 신체의 반응적 이미지를 신체가 적극적 또는 실험적 잠재성을 생각하지 못한 것으로 본다. 들뢰즈(Deleuze, 1988)는 **우리는 신체가 무엇을 할 수 있는지 아직 모른다**고 말한 스피노자의 말에 동의한다. 들뢰즈(Deleuze, 2003a)는 신체를 영토화된(오이디푸스화된) 개인과 대조시키면서 신체를 사유로 되돌려야 한다고 생각한다. 이런 의미에서 **안티-오이디푸스**의 에로티카 예술, 이론 예술, 정치 예술은 **자아**(ego, 나)에 대항하여 계속 투쟁한다. 나아가, 국가의 자동 해석 기계에 의해 포착되고 과잉코드화된 삶의 이미지와 싸움을 계속한다. 들뢰즈와 가타리는 이 방향으로 나아가면서 "정체성들의 침전물 제거하기를 멈추지 않는" **되기의 존재론**(Ontology of Becoming)을 주장한다(Alliez, 2006, p. 156). 따라서 들뢰즈가타리의 과정 존재론(process ontology)은 신체를 잠재성으로 여긴다. 그보다 **개별화**(individualization)[2]의 반응적 과정에 **앞서는** 다양체로 생각한다. 달리 표현하자면, 들뢰즈와 가타리는 **차후**에 변화하는 초월적인 주체를 가정하지 않을 뿐만 아니라, 삶이 **자연스럽게** 펼쳐지는 타고난 **인간**의 조건도 가정하지 않는다. 대신에 들뢰즈가타리의 과정 존재론은 **기관 없는 신체**(Body without Organ: BwO)[3]라고 불리는 아르토(Artaud)의 **감각의 정치**(politics of sensation)를 주장한다(Alliez, 2006).

아르토(Artaud)의 기관 없는 신체는 오이디푸스화(신체의 기관적 이미지)의 "강력하게 패턴화된 신체"에 반대하는, "**이미지 없는 신체**(Body without Image)"(Alliez, 2006, p. 158)의 구성적 배치를 실험하기 위한 자극이다. 달리 말하자면, 기관 없는 신체는 탈영토화된 혹은 **비유기체적**(non-organismic) 신체로서 기존의 습관과 회로에서 벗어나 탈습관화되어 있다. 따라서 이미지 없는 신체는 감응을 만드는 실천이며, 신체가 **할 수 있고 겪을 수 있는** 잠재성으로 실험하는 것이다. 기관 없는 신체는 감응하고 감응되는, 흐름을 연결하고 끊는 신체의 잠재성으로 하는 실험으로서 이미지라기보다 **사건**에 해당한다. 즉, 기관 없는 신체는 "예술과 삶 사이의 … 과정적 재출범을 위한 지렛대로 기능함으로써" 현대적 사유의 오이디푸스적 영토를 초월할 수 있다(Alliez, 2006, p. 158). 『안티-오이디푸스』 "예술"을 "**자아의 예술**(art of the self)"로 생각할 수 있는 것은 이런 방식에서이다. 여기서 신체는 개인이 애초에 어떻게 구성되었는지에 대한 물음으로 되돌아간다(p. 156). 이 물음은 교육과정의 문제에 특별한 의미를 지닌다. 즉, **한** 삶이 어떻게 **될** 것인지에 대한 물음이기 때문이다.

주체의 뿌리는 습관이다(Buchanan, 2008b). 기관 없는 신체에 내재된 지각의 가상적 다양체는 습관을 통해서 확실한 연결로 안정된 패턴으로 실현된다. 이런 패턴과 확실한 연결은 들뢰즈와 가타리(Deleuze & Guattari, 1987)가 언급한 몰

2) 여기서 개별화(individualization)의 개념은 개인이 어떻게 되는지 과정을 암시한다.

3) 들뢰즈가타리(Deleuze & Guattari, 1987) 용어에서 기관 없는 신체는 가상으로 생각될 수 있다. 즉, 신체의 흐름이나 회로가 연결적이고 선택적인 실험을 거치는 영역으로 생각될 수 있다. 항상성의 회로이며, 과도하게 조절된 습관에서 욕망을 뺀 기관 없는 신체는 결국 신체의 새로운 지도를 생성하는 배치와 내재적 관계의 생성이다(Bonta & Protevi, 2006). 탈중앙화되고 비거주화된 신체를 만드는 것으로 기관 없는 신체는 균형 잡힌 상태에서 몸을 움직인다. 이는 "유기체를 방해한다 … 유기체 패턴을 유지하는 [습관적] 항상성적 피드백 고리 생성을 방해한다"(p. 63).

적 집합체(molar aggregates)로 신체의 흐름을 조직한다. 즉, 사회적 힘의 몰적화하기[4]는 측정될 편차에서 나온 통계적 표준 이미지로 신체를 조직한다. 들뢰즈와 가타리(Deleuze & Guattari, 1987)는 두 종류의 운동을 몰적 힘과 그 대응인 분자적 힘(molecular)으로 구분한다. 몰적 힘은 점점 균일하며, 평형을 이루고, 정상화된 상태로 시스템을 구성한다. 반면에 분자적 힘은 개연성이 적고, 비정상적이며, 빗나간 기준점을 향해 움직인다. 신체가 바로 정치적이라는 말은 이런 의미이다. 왜냐하면 국가 장치는 성별, 젠더, 민족성, 인종, 연령과 같은 몰적 집합체에 따라 재현되고, 기록되고, 조사 가능한 주체를 필요로 하기 때문이다. 습관적 신체 혹은 몰적 신체는 이런 측면에서 이상적인 바이오 정치적 실체이며, 국가 사고의 주체화된(subjectivized) 입장을 따른다.

뷰캐넌(Buchanan, 1999)에 따르면, 몰적 사유의 위험성은 주체를 이미 주어진 것으로 가정하는 것과 직결된다. 즉, 주체가 단순히 몰적 이미지의 발산 혹은 재현이라면, 사회 질서에 감응을 주거나 받을 수 있는 잠재성은 억압된다. 달리 말하자면, 우리가 몰적이며 평형화되고 총체화된 정체성이라는 가정으로 시작할 경우, 우리는 이미 사회적 생산의 동시확장으로 욕망-생산을 생각할 잠재성을 억압한다. 욕망의 몰적 목표는 재현적이며 비창조적이다. 몰적 주체는 아르토(Artaud)의 기관 없는 신체의 내재적 힘과 달리, 주체의 외부에 존재하는 구성의 힘을 지향한다. 몰적화된 주체의 욕망은 정상인, 이성적 동물 또는 인간 존재의 이미지 안에서 선험적 정체성을 재현하는 데 집중된다. 신체가 과잉코드화되면서 그 잠재성을 새로운 삶의 방식들을 예시하는 것으로 축소시키는 것은 이런 존재론적 빈곤의 이미지 안에서이다.

4) 푸코(Foucault, 1979)가 한 규율 정상화(disciplinary normalization) 분석처럼, 사회적 힘의 몰적화는 공간 속에서 신체를 분산시킨다. 따라서 이는 점점 더 평형화되고, 동질적이며 개연성이 있는 것(몰)의 이미지에서 그들의 더 적은 가능한 상태(분자)로 포착한다. 예를 들어, 푸코는 현대 교육기구가 순위로 구성되어 있다고 언급한다. 이 단위는 고정된 위치에 의해 신체를 구성하는 것이 아니라, 더 은밀하게 "관계의 네트워크에서 그들을 분배하고 순환시킨다"(p. 146). 1762년 이후 푸코는 교실의 공간이 분배적이고 몰적인 전략으로 점점 더 "순위"로 분류하게 된다고 썼다. 푸코는 교육기관의 순위로 다음에 의해 조직된다고 하였다. 즉, 주어진 수업에서의 학생들, 각 과제와 시험의 최고점에서의 순위 결과, 시간에 따른 순위의 기록과 경제성, 연령에 따른 학생들의 순위, 교과목 공부의 어려움, 행동 및 성과 등의 순위로 조직된다. 푸코는 다음과 같이 썼다. "직렬 공간의 조직은 … 교육의 … 위대한 기술적 돌연변이 중 하나로 … 그것은 교육공간을 학습 기계처럼 기능하게 만들었을 뿐만 아니라 감독하고, 계층화하고, 보상을 위한 기계로 만들었다"(p. 147).

그러므로 오늘날 요구되는 바는 주체성을 사회적 메커니즘의 산물(**몰적** 힘)과 한 삶의 창조에서 그런 사회적 메커니즘을 다룰 수 있는 힘(**분자적** 힘) 둘 모두를 생각하는 방식이다. 들뢰즈(Deleuze , 2001b)가 이의를 제기하듯이, "실천적 주체만이 존재할 뿐이다"(p. 104). 신체가 조직화의 **몰적 힘**을 통해 주체화되지만, 반면에 신체는 되기 혹은 재창조되기를 통해서 **분자적 힘**에 내재하여 머문다. 우리는 성별, 젠더, 인종 등 거대한 통계적 범주에 의해 이미지화된 삶의 부패에 대항하여, 정체성 조건을 넘어서는 다른 삶의 방식을 그려 나가야 한다. 안티-오이디푸스 정치적 예술(ars politica)의 긍정과 더 나아가 이미지 없는 신체의 실험적 창조에 몰두한 **자아의 예술**(art of the self)이 필요하다.

교육과정 이론에서 타란티노[5]적 사유하기

레이놀즈(Reynolds)는 그의 책 『**문화적 교육과정 연구, 다양성, 그리고 영화-기계**(Cultural Curriculum Studies, Multiplicity, and Cinematic-Machines)』(2006)에서 이미지 없는 **한 교육과정**의 신체 사유하기 방법을 발전시킨다. 레이놀즈는 현대 영화에서 교육과정 분야에서의 홈 파임과 몰적 집합화를 저지하기 위한 잠재적 공간을 모색하였다. 레이놀즈는 이에 대해 타란티노(Tarantino)의 영화 〈**킬 빌 1**〉과 〈**킬 빌 2**〉에 나오는 '복잡한 대화'로 설명한다(p. 42). 레이놀즈는 〈**킬 빌 1**〉의 사건들을 인용하며 다음과 같이 간략하게 말한다. "일본 애니메이션, 흑백 장면, 초현실적 선혈, 절단된 신체 부위, 일본의 록밴드가 영화에 점철된 것은 교육과정의 신체를 다르게 다시 생각하기를 시작하게 해 주는 독창적인 다양체이다"(p. 49). 즉, 레이놀즈는 이질적 힘인 리좀적 배치를 통해 침전되지 않은 교육과정 신체를 구상한다. "학교와 시트콤, 패스트푸드와 교사, 과학 소설과 과학 교육과정, 수학과 영화, 책임

---

5) 역자 주: 쿠엔틴 타란티노는 1963년생의 미국 영화감독, 작가, 프로듀서 및 배우로 〈펄프픽션〉으로 칸 영화제에서 황금종려상을 받았다. 그의 영화 특징은 과거 영화에 대한 오마주, 극단적 성향의 인물 대립, 비정형적 대사 및 비선형적 서사 구조를 들 수 있다. 예시로, 2019년 레오나르도 디카프리오와 브래드 피트 주연의 〈원스 어폰 어 타임 … 인 할리우드〉를 들 수 있다.

과 AC/DC, 공예와 생물학, 불어와 퓨전 식당 … 그리고 … 그리고 … 그리고 … 그리고 …이다"(p. 47). 레이놀즈는 구획화된 주제 영역과 도구적 방법론으로 무리 짓기한 교육과정 분야에 반대하며, 교육과정 분야를 재현보다는 생성의 문제로, 따라 베끼기(운반, cartes)보다는 지도 제작(어의차용어, calques)으로 접근하였다. 레이놀즈가 주장하기를, 〈킬 빌〉의 구성적 다양체는 이 탈주선을 따라 육체적 또는 사회적 신체의 가상적 요소가 재고될 수 있는 생산적 탈주선을 만들어 낸다. 달리 말하자면, 레이놀즈에게 〈킬 빌〉 스타일의 다양체는 몰적 사유습관에 속박되지 않는 한 삶을 사유하는 독창적 방식이다. 그가 이질적 배치의 의도적인 생성을 중요시하는 일종의 문화적 교육과정 이론화(cultural curriculum theorizing)를 옹호한다는 것은 이런 맥락이다. 레이놀즈는 다음과 같이 이론화하였다. 교육과정 분야 연구는 배치를 통해 정체성주의나 오이디푸스화의 몰적 힘에서 분자적 힘을 빼기 시작할 수 있다. 레이놀즈는 "우리의 현재 역사적 순간은 통제의 순간이다."라고 주장하면서, "차이보다 동질성을, 간학문보다 학문을 [강조한다]"(p. 52).

빌 죽이기와 정체성주의 사유의 지속

영화의 정치적 예술 동원을 사회적이고 육체적인 삶의 변형으로 동원하기 위해, 먼저 우리는 그 정체성이 어떻게 유지되는가를 질문해야 할 것이다. 타란티노의 〈킬 빌〉(2004a/2004b)은 이 노선을 따라 쿵푸, 흑인 왜곡, 스파게티 웨스턴, 만화영화를 연결하는 비정통적 양식과 독특한 배치들로 구성되어 있다. 하지만 이들 배치는 여전히 오이디푸스 이미지 안에서 과잉코드화되어 있는 것이 아닌가? 즉, 〈킬 빌〉은 한 현대의 문화적 교육과정 연구가 침전되지 않고자 하는 바로 그 오이디푸스 이미지에서 재영토화하는 것이 아닌가? 이질적인 문화참고자료로 가득 찬 동안 〈킬 빌〉의 바로 그 전제가 너무나 인간적인 사유의 이미지 안에서 그 같은 다채로운 영향의 파괴적 잠재력을 과코드화한 것은 아닌가?

내가 보기에 타란티노의 〈킬 빌〉은 오이디푸스의 이미지로 시달리고 있다. 먼저,

타란티노는 아버지 빌(Bill)[6][데이비드 캐러딘(David Carradine) 분]을 중심으로 이야기를 구성한다. 그는 타란티노의 복수극에서 **대상이자 원인**(object-cause)으로 작용한다. 즉, 고압적인 아버지(빌)가 아이를 밴 베아트릭스 키도(Beatrix Kiddo)[우마 서먼(Uma Thurman) 분] 몸에 끈질기게 접근하지 않으려 하는 것으로 〈**킬 빌**〉은 전개된다. 영화의 각 분기점마다 빌과 그의 가신들은 키도의 욕망을 포착하여 침전시키려 시도한다. 타란티노 감독의 여주인공의 욕망은 이와 반대로 목적에 부합하기 위해 이 승화력의 파괴에 집중한다. 이런 의미에서 타란티노 감독의 영화는 **죽음의 소망**이나, 오히려 영화 제목 자체에 그려진 오이디푸스의 **소망**이나 다름없는 것이 아닐까? 빌은 여주인공인 엄마가 다른 사람을 사랑할 수 있도록 반드시 죽어야 한다. 이 오이디푸스적 시나리오는 영화 〈**킬 빌 1**〉 내내 동원된다. 여기서 빌의 욕망 대상(임신한 베아트릭스 키도)은 빌의 암살단 **데들리 바이퍼**(The Deadly Vipers)[7]에 의해 결혼이 무산된다. 데들리 바이퍼는 타란티노식 스타일로 키도의 결혼식을 만화 같은 선혈과 느린 동작의 죽음으로 아름답게 만든다. 빌은 이 장면의 정점에서 키도의 머리에 총을 쏘고, 그녀를 향한 사랑의 독점으로 영화가 마무리된다. 아버지인 빌의 오이디푸스적 관점에서 보자면, **내가 그녀를 소유할 수 없다면 아무도 소유할 수 없다.**

〈**킬 빌 2**〉에서 타란티노의 오이디푸스적 복수 시나리오는 더욱 진전된다. 그때까지 신 같던 인물인 빌은 인간다워지고 나약해진다.[8] 빌의 초자아적 인물은 실수가 잦게 되면서, 빌에게 없는[9] 비법 기술을 키도에게 가르친 잔인한 쿵푸 거장 페이-메이(Pei-Mei)[고든 류(Gordon Liu) 분]로 교체가 된다. 중요한 것은 이 시점에서 빌

---

6) 빌(Bill)은 **데들리 바이퍼 암살단**(Deadly Viper Assassin Squad)의 '아버지'이자 문자 그대로 베아트릭스 키도(Beatrix Kiddo)라는 아이의 아버지이다.

7) 역자 주: 빌이 이끄는, 현재는 해체된 암살자 그룹의 이름이다.

8) 지금까지 대체로 캐러딘(Carradine)의 목소리 연기를 통해 그려졌던 **빌**의 모습은 2편에서 좀 더 두드러지게 나타났다. 여기서 우리는 포주인 그의 아버지가 매춘부의 시체를 자르는 것을 즐겼다는 것을 알게 된다. 고전적 오이디푸스 방식으로 타란티노(Tarantino)는 그의 **아버지** 이미지인 **빌**의 되기로 속박하였다. 아버지의 기쁨과 고통은 그가 반복할 운명이다.

9) 페이메이(Pei Mei)가 빌에게 치명적인 **오지심장파열술**(five-pointed-palm exploding heart technique) 가르치기를 거부하지만, 이 지식은 키도에게 수여된다. 키도는 결국 그를 죽이기 위해 (빌에게 부족한 바로 그것)을 이용한다.

도 결국 죽을 수 있다는 것이다. 그러나 타란티노는 복수극 〈킬 빌〉의 절정에 앞서 오이디푸스 3인조(엄마-아빠-그리고 나)의 이상화된 이미지를 멜로드라마처럼 펼치면서, 병원에서 혼수상태에 빠져 있는 키도를 빌이 납치한 딸과 재회시켜 준다. 그러나 타란티노식 핵가족의 향수 어린 재회는 잠시이며, 〈킬 빌〉의 목적에 부합하려는 과정은 오이디푸스 콤플렉스의 선험적 죽음의 소망 안에서 막히게 된다. 타란티노의 복수 이야기에서 아버지라는 인물은 반드시 죽어야 한다. 이것은 영화의 제목이 약속으로 보장한 목적에 부합하려는 과정이다.

오이디푸스 이미지가 〈킬 빌〉에서 정체성과 개인사에 대한 방향성만큼 명백하게 드러난 곳은 아마 없을 것이다. 즉, 베아트릭스 키도는 아버지 빌과 후에 페이-메이를 통해 자신의 진정한 잠재성을 발견한다. 그러나 키도의 정체성과 욕망은 이미 타란티노 영화의 목적에 부합하는 죽음의 소망에 속박되어 있다. 빌은 반드시 죽어야 한다. 키도의 되기가 창조가 아닌 것은 이런 의미에서이다. 욕망-생산은 이미 원한과 복수의 패턴 안에 침전되어 있다. 키도가 빌의 암살단 데들리 바이퍼 회원을 찾아내 체계적으로 해치울 때 키도의 욕망이 궤도를 그리며 도는 곳은 이런 복수의 패턴 안이다. 혼수상태의 무의식과 마비, 탈진을 포함한 키도의 신체에 영향을 준 특이한 지각과 신체 상태는 극복하는 되기로 취급된다. 즉, 신체가 감응을 주기도 받기도 하는 다양체의 방식은 사전에 결정된[10] 타란티노 영화의 시작부터 있었다. 키도의 욕망은 과거 자신과 동일하게 만드는 데 사로잡혀 있다. 키도는 복수와 분노의 패턴 속에 사로잡혀서 그녀의 이전 데들리 바이퍼인 다른 자아(alter-ego) 블랙 맘바(Black Mamba)의 이미지에서 동일시를 한다. 키도가 재영토화되는 곳은 과거 이미지 혹은 반응적 기억 안에서이다. 키도가 빌에게 전사 이미지를 제외하고는 다른 이미지로 동일시할 수 없으며, 아마도 엄마라는 몰적 정체성을 기대할 수 있다고 털어놓았을 때, 이 오이디푸스적 혹은 정체주의적 전환은 〈킬 빌 2〉의 결말에서 또 다른 전환을 맞이한다.

10) 키도의 신체는 대체로 거부의 수단으로 작동한다. 즉, 그것의 욕망은 삶의 종점 주위를 조직화한다. 이 욕망은 그들의 파괴를 통해 타인의 신체를 과도하게 결정한다.

〈킬 빌〉에 내포된 정체성주의 사유의 마지막 사례는 빌의 최종 독백에서 찾아볼 수 있다. 빌은 여기서 키도가 자신의 **진정한 본성**을 깨닫게 하기 위해 대중적인 문화 비유를 끌어온다. "알다시피, 나는 만화에 관심이 많고, 특히 슈퍼히어로에 대한 이야기를 아주 좋아해 … 나는 슈퍼히어로를 둘러싼 전체 신화가 매혹적이라는 것을 알게 되었어."라고 빌이 말한다(Bender & Tarantino, 2004b). 이어서 빌은 슈퍼히어로 같은 페르소나와 그녀/그의 **다른-자아**(alter-ego)를 구분한다. "배트맨은 실제로 브루스 웨인(Bruce Wayne)이고, 스파이더맨은 피터 파커(Peter Parker)야."라고 그는 주장한다. 그러나 빌에게 슈퍼맨은 강력한 예외이다. 크립톤(Krypton) 행성의 외계인인 슈퍼맨은 **언제나 슈퍼맨**[11]이다. 즉, 배트맨과 스파이더맨은 의상을 착용함으로써 슈퍼히어로 같은 페르소나가 되지만, 슈퍼맨의 의상은 사실상 또 다른-자아-페르소나(alter-egotic-persona)인 **클라크 켄트**(Clark Kent)라고 빌은 주장한다. "그 안경, 그 비즈니스 정장 … 그것은 슈퍼맨이 우리와 어울리려고 착용하는 의상이야"(Bender & Tarantino, 2004b). 빌의 주장에 따르면, 클라크 켄트가 불안정하고 비겁하며 나약한[12] 특징을 가진 인간이라고 슈퍼맨이 비난하는 것도 이런 의미이다. 빌의 비유는 키도 인물의 중심 갈등과 비슷하다. 즉, 빌의 주장에 따르면 키도는 **타고난 살인자**이며, 그녀의 상반된 욕망은 사실상 이 피할 수 없는 진실에 대한 배신이다. "너는 베아트릭스 키도로 태어났어 … 그리고 매일 아침 일어났을 때 너는 여전히 베아트릭스 키도 … 타고난 살인자 … 너는 늘 그랬고, 늘 그럴 것이야." 키도가 살인자가 아닌 다른 것이 되기 위해 그녀는 빌이 강요한 정체주의적 역할을 억지로 해야만 했다. 달리 말하자면, 타란티노적 아버지 인물인 빌은 키도의 욕구를 과잉코드하면서, 그녀에게 미리 제공된 불변의 안정적인 **진정한 자아** 이미지로 동일화할 것을 강요한다. 우리가 보기에 슈퍼맨의 주체성은 분열되고 불명확하며

11) 빌이 슈퍼맨을 다중성으로 이해할 수 없다는 것은 중요하나, 이것은 결국 베아트릭스 키도를 위한 탈주선을 만들 것이기 때문이다. 예를 들어, 슈퍼맨은 태어날 때 초능력을 가지고 있지 않았지만 우리 태양계의 노란 태양에 한 번 노출되면서 초능력을 발달시킨다.

12) 다른-자아(alter-ego)인 **클라크 켄트**(Clark Kent)는 아마도 좀 더 정체주의적 사유의 증상이거나 아니며, 오히려 어떻게 인간이 될 수 있는가에 대한 이국인 질문에 대한 대답이다. 의미심장하게 이 복잡한 질문에 대한 초인의 대답은 **정상화된 생물정치적 실체**가 되는 것이다(클라크 켄트).

복잡하다. 반면에, 키도의 주체성은 외부적으로 습관에 종속되어 "피의 복수"라는 끔찍한 오이디푸스 이야기를 풀어낸다(Bender & Tarantino, 2004b).

레이놀즈(Reynolds, 2004/2006)는 이질적 문화 요소의 독특한 배치를 통한 교육과정 이론의 개념화를 촉구한다. 그러나 이 전략은 사회 분야에서 작동하는 몰적 혹은 오이디푸스적 경향을 반드시 완화시키지는 않는다. 달리 말해서, 복잡한 참조용 배치의 생성이 필연적으로 창의적 저항의 사회정치적 장소를 만들어 낼 것이라고는 그 누구도 추정할 수 없다. 〈킬 빌〉이 대표적 사례이다. 두 편의 〈킬 빌〉은 의심할 여지 없이 무수히 많은 대중문화참조로 이루어져 있다. 그러나 이들 요소는 오이디푸스 이미지로 작용한다. 즉, 이는 침전, 정체주의적인 혹은 모두 너무나 인간적인(all-too-human) 사고이기보다는 영토화를 하는 오이디푸스적 이미지로 동원된다. 〈킬 빌〉이 동원하는 다양체가 한 삶이 진행할 방법의 초월적 이미지에 이미 과잉코드화-되어 있기 때문에, 타란티노의 〈킬 빌〉이 아직 사유를 위한 새로운 이미지를 창조하지 못한다는 것은 이런 의미에서이다. 들뢰즈 용어로 타란티노가 생산하는 것은 확실히 다양성이다. 그러나 내가 보기에 타란티노적 다양체의 특성은 주로 양적이며, 단지 수준에 따라서 차이가 날 뿐 가장 낮은 수준의 차이라고 할 수 있다(Deleuze, 1991).

〈킬 빌〉을 구성하는 무수한 참조는 우리 사유방식 속에서 몸에 밴 진부한 운동의 반응적 변화로 영토화된다. 〈킬 빌〉은 일시적 불연속성, 포스트모더니즘 모방, 소비주의 문제를 다룬 영화의 생성으로 볼 수 있지만, 이 궤적은 정체성, 목적론, 원한에의 집착을 주장한다. 달리 말하면, 〈킬 빌〉에서 사용된 독창적인 타란티노식 장치는 이미지 없는 정치적 신체의 생성을 지향하지 않는다. 오히려 이야기의 통합 혹은 신체 이미지를 통해 정체성을 강화하는 기능을 한다. 이 신체 이미지를 참조하여 훅스(hooks, 1994)는 타란티노식 영화의 "쿨한 냉소주의"를 언급한다. 훅스에게 타란티노 영화는 어떤 것도 변하지 않을 것이라고 은연중에 주장한다. "진짜 중요한 사실은 지배가 계속될 것이라는 것이다"(p. 47). 타란티노에서 훅스가 비판한 지배는 〈킬 빌〉이 몰적 결정(하나의 목표, 하나의 계보, 하나의 욕망, 하나의 진정한 정체성)의 복합체에 붙잡힌 방식에서 보인다. 이 이미지는 이미지 없는 신체와, 더 나아가 하나의 정치문화적 교육과정 연구를 생성하기 위한 문제를 제기한다.

레이놀즈(Reynolds, 2006)가 주장하듯, 한 문화적 교육과정연구의 만듦은 실제로 다양체를 만드는 문제일 수 있다. 그러나 이 다양체는 어떤 하나의 모형과 관련하여 측정될 수는 없다. 그 모형 안에서 복수성(plurality)은 사유의 선험적 이미지에 의해 조직된 변이로 인식된다. 차이의 이런 개념화는 〈킬 빌〉에서 입증된다. 여기서 타란티노의 멋진 이야기는 정체성과 욕망에 대한 보수적이고 궁극적인 순응주의 이미지에 의해 과잉코드화된다는 것이다. 양적 다양체는 탈지층화된 주체의 생성을 실험하기보다는, 이전 속성에 따라 지층화된 신체의 지도를 그려서 그 특성을 재생산한다. 다수의 주체 지위, 다수의 장르, 다수의 대중문화 참조문이 구성적 필요에서 볼 때 혁신적이라고 볼 수 없는 것은 이러한 의미에서이다. 다양체들은 "초월적 조직화[모형(metrics)]"에 의해 아마도 지나치게 기생당할 수 있다(Bonta & Protevi, 2006, p. 117).

다양체는 이질적이지만 여전히 통합될 수 있으며, 정체성과 욕망 또는 합목적론의 특정 조직화 안에서 과잉코드화하여 이접적 탈주선을 멈추게 한다. 그러한 다양화(variegation)는 독창적인 이질성의 구성에도 불구하고, 초월적 과잉코드화에 의해 쉽게 포획된다. 후크(hooks, 1994)가 타란티노 영화의 성격을 다음과 같이 논평하는 것은 이런 의미에서이다. "전복의 가능성으로 자극한다 … 모든 것이 곧바로 정상으로 되돌아온다"(p. 48). 아마도 이런 정상으로의 귀환은 들뢰즈와 가타리식(Deleuze & Guattari, 1983) 욕망의 편집증적-파시스트의 극단(pole)에서 나타난다. 주체는 이를 통해 코드화된(진실하고 자연스러운) 정체성에 집착하여 온전해진다. 이런 욕망의 정체주의적 극단은 실험적 반-육체(anti-flesh)의 생성과는 달리, 자기-반영의 습관을 아직 부숴 버리지 못한다. 차이는 이 이미지 안에서 이전의 사물과의 차이 또는 변형으로 축소된다.

이것이 모든 다양체가 과잉코드화의 대상이 된다는 말은 아니다. 사실, 다발(package)[13]과 유목민, 돌연변이, 리좀, 공생체와 같은 다양체들은 몰적 코드화를 벗어

13) 역자 주: pack 혹은 package는 들뢰즈 이론에서 위계성을 가진 동일성의 mass 혹은 people과 대조되는 용어로서, 다양성과 다양체로 특징지을 수 있다.

나게 해 줄 탈주선을 생성한다. 여기서 탈주선들은 질적 변화나 되기(becoming)를 만들어 균형 잡힌 시스템을 생산적인 탈영토화의 한계점까지 밀어붙인다(Deleuze & Guattari, 1987). 이런 의미에서 **한** 교육과정 연구에서 다양체의 개념화는 신체적 환경과 사회적 환경 모두에서 변형을 동원하는 데 중점을 둔 정치적 예술로 구성하는 접근법으로 지속되어야 한다. 달리 말하자면, **한** 문화적 교육과정 연구는 재현보다는 **창조** 작업[예술 정치(an ars politica)]이 되어야만 정치적으로 중요한 의미를 갖는다. 우리는 이를 위해 현대의 문화생산에 작용하는 **몰적** 경향성, 즉 **분자적** 힘을 이용해 이전 정체성을 재생산하도록 이 힘을 작동시키는 기능을 하는 경향성을 알아차리기 시작해야 한다(Bogue, 1996). 이는 **한** 문화적 교육과정 이론화가 초월적 이미지나 이전의 정체성에 더 이상 얽매이지 않은 다양체 생성의 실험을 시작했다는 것을 함의한다. 대신에 새로운 사회적이고 신체적인 삶을 창출하는 데 중점을 둔 **한** 문화적 교육과정 연구는 이전의 회로와 조직화된 패턴으로부터 강도를 풀어 줄 것이다. 이런 정치적 전략이 어느 정도 예상하는 바는 다음과 같다. "다양한 형태로 …" 삶을 구성하는 것은 … "항상 그렇지 않을 수도 있었다"(Lorraine, 1999, p. 168).

들뢰즈와 가타리(Deleuze & Guattari, 1983)는 다음과 같이 주장한다. **한** 삶의 잠재적 되기 실험에는 "자아 및 자아의 전제를 분리시키고 … '자아가 포위하고 억누르고 있는 특이성을' … 해방시키는 것"(p. 362)이 필요하다. 문화적 교육과정 연구는 **몰적** 혹은 **국가** 사고에 의해 과잉코드화되지 않는 신체를 생성할 때, 반드시 종류적 차이, 즉 이전의 삶 모형에 들어 있지 않은 내재적 차이로 생각하기 시작해야 한다. **이 장이 들뢰즈적 시간-이미지의 정치적 예술에 초점을 맞춘 것은 이런 차이의 개념화를 향해서이다.** 하나의 문화적 교육과정 연구는 들뢰즈의 시간-이미지를 통해 욕망-생산의 정치 예술이 요구하는 육체적 및 사회적 조직 내의 변화에 대해 고려하기 시작한다.

들뢰즈의 시간-이미지 개념을 통해 **한** 문화적 교육과정 연구의 이미지 개발에 앞서서, 우리는 먼저 교육과정 이론 분야가 어떻게 가장 진보적인 표현들 내에서도 정체주의적 사고에, 더 구체적으로는 들뢰즈적 **운동-이미지**[14)](이 운동-이미지 개념은 후에 더 충분히 설명하겠다.) 개념에 사로잡혀 있는지 파악할 필요가 있다. 운동-이미지는 교육과정 이론의 함축적 개념으로서 자기-성찰 개념과 그것이 영토화하는 기억 이미지에 가까운 것으로 이해 가능하다. 삶이 통합에 대한 열망과 자기-기억의 변증법적 활동으로 조직된다는 것은 이런 자기-성찰 맥락 내에서이다. 레이놀즈(Reynolds, 2002)에 따르면, "통일성, 정체성, 안전성, [그리고] 대중성" 이미지에서의 삶의 재영토화는 국가 사고의 조직화된 회로 내에 있는 욕망적 흐름 혹은 분자적 흐름을 침전시키는 시도로 나타난다(p. 46). 이런 **포획** 이미지는 쿠레레를 이해하는 데 중요하다. 왜냐하면 반응적 힘이 **한** 삶이 어떻게 **될 것인가**에 대해 기생적으로 과잉결정하는 기능을 한다고 시사해 주기 때문이다. 레이놀즈의 주장에 따르면, 이런 과잉코딩의 한 예는 삶이 **보편적 자아** 이미지 안에 포획되는 과정에서 명료히 드러난다.

인간 형성의 시계 장치

교육과정 분야에서 전기와 자서전 학풍의 폭발적 증가는 변형적이고 정치적인 프로젝트로 예고되었다(Pinar, Reynolds, Slattery, & Taubman, 2000). 그러나 많은 자서전 연구는 존재론적 통일성이라는 초월적 이미지에 집중한 채 머물고 있다. 달리 말하자면, 많은 자서전 연구는 과잉코드화된 총체적 통계의 범주로부터 주체적 경험을 차별화하는 방향으로 자주 목표한다. 그러나 역설적으로 이들 연구는 정체성의 통일, 주관성의 변증법, 주체와 상황의 통합 등과 관련하여 기존의 존재론적 가정으로 조직된 채 머물고 있다. 이에 비추어 자서전의 변형 가능성은 차이의 정도에 따라 자주 진행된다. 즉, 자서전 연구방식은 그들의 정치적 · 경제적 · 윤

---

14) 들뢰즈식(Deleuze, 2003a) 용어에서 운동-이미지는 제2차 세계대전 이전의 고전 영화 제작 스타일을 말한다. 움직임과 액션에 의존한 운동-이미지는 "할리우드 장르 영화에서 그 원형을 찾는다"(Totaro, 1999). 더 나아가, 운동-이미지 특성은 내러티브적 사건과 관련하여 반응적으로 위치한다. 즉, 운동-이미지 특성은 전개되는 줄거리와 관련하여 무덤덤하게, 때로는 습관적으로 인식하고, 반응하고, 행동을 취한다. 운동-이미지에서 현실은 일반적으로 하나의 관점에서, 그리고 주인공이 들어간 공간적 사건에 따라 인식된다.

리적 · 젠더화된 조직화의 **몰적** 분석을 통해 주체를 재구성하고자 모색한다. 그러나 이런 재구성은 마찬가지로 해로운 정체성 정치 안에서 주체를 빈번하게 재영토화한다. 니체(Nietzsche, 1986)에 따르면, 재영토화는 가장 인종차별적인 특성, 즉 **인간 존재, 인간 본성, 인간 경험**의 인간중심주의적 이미지에 생명 에너지를 공급하는 한 해로운 것이다. 메이(May, 2005)는 다음과 같이 썼다. "[삶이 갈 수 있는] 오직 한 가지 길이 있었고, 그것은 인간의 길이었다."(p. 24)라고 주장하는 생각은 우리의 실패이다. 자서전은 그 주체의 정치적이고 사회적인 변형을 지향한다. 그러나 종종 삶이 어떻게 **가야** 하고, 어떻게 나눌 것인지, 그리고 어떤 이미지로 인식 가능하게 보이는지를 미리 전제하는 본질적 독재의 재생산에 계속 참여하게 된다. 예를 들어, 인간 본성에 대한 호소에서 이미 다수의 자서전 연구는 우리가 순수한 종으로 나뉘며, 또 이 구분이 존재론적 **사실**이라고 가정한다. 그러나 브라이언트(Bryant, 2008)는 "주체는 존재론적으로 근원적이지 않다."(p. 178)라고 주장한다. 만약 우리가 인간의 초월적 이미지와 그것이 함유한 일관된 정체성을 주장한다면, 우리는 어떤 새로운 것도 생산하지 못하고 결국 급진적되기를 위한 삶의 잠재력을 부패시킨다는 것은 이런 의미에서이다. 니체(Nietzsche, 1986)는 다음과 같이 썼다. 창조적 행위의 물음은 "[그] 인간-형성하기, 인간-발명하기의 욕구 … 시계 장치를 잠시 동안이라도 정지하는 것이 가능한지에 대한 질문이다"(p. 219).

재생산의 경향은 정체성을 다양화하려는 현대적 추세를 포함한다. 불변하는 자아에 대한 혁신이 근대사회 전반에 걸쳐 널리 공포되는 동안, 정체성은 다양한 변형이 오직 정도의 차에 의해서만 가능하도록 함으로써 초월적 이미지하에서 지속적으로 증식되었다. 즉, 정체성의 다양화는 가장 극단적 형태에서조차도 수목형 이미지 내에서 재영토화하는 것이다. 이런 다원화는 비록 정체성이 증식되고 다양해짐에도 불구하고, 정체성을 존재의 중심으로 계속해서 상정한다. 정체성이 차이에 앞서서 초월적 이미지로 등장하는 것은 이런 맥락에서이다. "그래서 그동안 모색된 해결책은 개인 기준에서의 해결책이 될 것이다"(Deleuze & Guattari, 1983, p. 189). 차이는 항상 정체성이 우선한다는 점과 관련 있으며, 따라서 2차 운동이나 격하된 후발효과 정도로 축소되는 것은 이런 사유의 이미지 내에서이다.

교육과정 연구가 다수의 정체성과 주체의 위치를 생성해 낼 수 있다. 하지만 이런 다수성은 그 변형이 식별 가능한, 길들여진, 종국에는 몰화되는 정체주의적 존재라는 초월적 범주에 속박이 될 경우 단일 중심적으로 머물게 된다. 초월적 운동에 의해 옹호되는 착각에 따르면, 주체는 개별화된 세계의 **궁극적 토대**이다(Bryant, 2008). 이런 정체성은 차이를 방해하는 초월적 이미지로 취급되는 한, 우리가 다양한 정체성 관점에서 생각하더라도 오이디푸스화 궤도, 특히 신체가 습관적으로 정체성으로 재영토화되는 욕망의 파시스트적-편집증 극단의 궤도에 남게 된다. 개인을 구성하는 **몰적** 힘이 추궁을 당할 수 있지만, "본질은 변하지 않았다"(Deleuze, 2001, p. 71). 이성적 개인의 영역은 온전하게 남아 있다. 메이(May, 2005)는 다음과 같이 썼다. 이 이미지가 관여하는 휴머니즘의 오류는 "믿음의 오류로, 세상을 이해하기 위한 올바른 관점이 인간 주체의 관점에 있다고 보는 것이다"(p. 24). 그런 인간중심주의는 비록 자서전과 같은 정치 프로젝트의 빈번한 관점임에도 불구하고, 삶이 나아갈 단 **하나의** 방법으로 이해되어야 한다. 많은 자서전 연구가 시작부터 정체성의 통합에 특권을 주는 것은 종류에서의 차이라는 개념에 반하는 것이다(Widder, 2006). 자아는 부정의 과정을 통해 구성된다는 것은 이런 헤겔식 의미에서이다. 달리 말하자면, 주체의 변증적 통합은 그렇지 않은 모든 것에 대항하여 그것을 개념화하는 것으로 만들어진다. 이런 의미에서 인간 주체의 변증적 통합이란 삶이 어떻게 **가야 하는지**, 어떻게 구분해야 하는지, 그리고 그것의 기억 흐름은 어떻게 조직되는지에 대한 선험적 이미지를 반영하는 한에서 가능하다.

확인 가능한 실체의 발견에 집중하는 자서전 교육과정 연구는 차이의 토대로서 지속하는 **본질**을 존재론적으로 표현하는 데 계속 관여하고 있다. 이런 의미에서 (자아, 목소리, 정체성) **찾기**(finding)라는 빈번히 알려진 은유는 **어떻게** 우리가 그 자체에 본질적인 어떤 **것을 찾는지** 혹은 발견하는지에 대해 반드시 먼저 답을 해야 한다. 즉, 수백만 인구의 **본질적** 특성이 먼저 설명되어야 한다. 이를 위해서 메이(May, 2005)는 "어떤 것이 그 정체성을 갖기 위해서는 시간이 지남에 따라 **식별할** 수 있는 특성을 가져야 한다."(p. 18)라고 썼다. 메이의 주장에 의하면, 그러한 특성은 정체성의 안정감을 전제로 하지 않는다. 반면에 안정감은 정체성이 지도 그리기 개념에 내재한다. 연대순적 통일성인 인간 본성, 변증적으로 통합된 자아, 그리고 삶의 전제는 본질적인 존재론의 토대를 만들어 정체성을 안정시킨다. 이것은 사유의 이러한 기존 이미지들을 전(前)주관성(the presubjective) 혹은 기관 없는 신체에 대한 기존의 사유 이미지로 지도를 그려서 삶의 선험적 가능성으로 순환한다. 오이디푸스 콤플렉스는 마찬가지로 인간 발달의 본성이 개인의 형성적 관계와 현재 관계 사이에 있는 긴장에 위치될 수 있다고 주장함으로써 기능한다. 메이는 "이러한 긴장을 해결하는 … 특별한 방법은 없다는 데 동의한다. 반면에, 그럼에도 불구하고 인간 정체성을 드러내는 데 있어" 인간에게 필수적인 것이 그런 긴장들의 조직-하기(organ-izing) 매트릭스에서 포착된다(p. 18). 이런 경우에서 정체성은 불안정할 수 있지만, 이런 불안정성은 차이가 묶여 있는 이미지에서 안정적인 존재론적 토대에 묶인 채로 남아 있다. 식별 가능한 실체에 대한 추측은 기존의 색인, 코드 또는 기호로부터 범위에서의[15] 차이로만 진행될 수 있다. 이것은 다음을 가정한다. 차이는 무의식의 "가마솥"처럼 인간 존재, 정체성 통합, 변증적 자아와 같은 이전의 존재론적 실재에 내재해 있다. 미래[16]를 급진적으로 사유하는 잠재력은 이런 정체주의적 순응 이미지 속에서 **무정치적이게**(apolitical) 되면서, 삶이 어떻게 **가야만** 하는지에 대한 진부한 이미지로 축소된다. 랜드(Land, 2006)가 경고하듯이, "우리는 … 인간의 가치들이 변화와 발달을 막고서 아버지란 이름으로 명목적이고 파시즘적인 과잉코드하기로 되돌아가려는 유혹을 반드시 경계해야 한다"(p. 126). 욕망이 정상적인 인간이 무엇을 의미하는지에 대한 특정한 규범, 경향, 조직-화로 묶일 때, 비정상성은 **온전히** 인간되기에 실패한 것으로 이해될 수밖에 없다(May, 2005). 만약 사유가 "**삶의 새로운 가능성 발견하기, 발명하기**"일 경우, 비정상성으로 강등된

---

15) 베르그송은 하나의 물체가 무한한 방법으로 분할될 수 있다는 것에 반대하지만, 그는 다음과 같이 말한다. 그러한 계량화 가능한 다양성이나 정도의 차이는 "이미 그 물체의 이미지에서 보인다"(Deleuze, 1991, p. 41). 정도에 따른 차이는 정체성의 가정에서 시작된다. 혹은 오히려 차이 이전의 근본적인 현실의 존재론적 편향에서 시작된다. 이 이미지에서 차이는 **실제**(actual)와 **객관성**(objective)을 지향한다. 베르그송(Bergson, 2004)은 이러한 생각을 설명하기 위해 양떼의 이미지를 불러온다. 이 무리는 양적으로 광범위하고 공간적으로 조직화되어 있다. 각각의 양은 다른 양들로부터 불연속적인 공간을 차지한다. 더 나아가, 무리는 공간적 "집합"을 구성할 수 있는 특정한 동질성이 존재하는 한 셀 수 있다. 베르그송의 경우, 정량적 다양성은 이러한 동질적이고 공간적으로 불연속적인 각각의 요인에 의존한다.

16) 나는 여기서 스미스(Smith, 2007)의 미래 개념화를 따른다. 이는 과거가 아닌 시간의 근본적 차원이다.

신분은 사유의 본질적인 실패를 나타낸다(Deleuze, 2006a, p. 101). 이러한 맥락에서 자서전의 욕망은 이미지가 없는 신체를 실험적으로 생성하는 것과는 반대로, 신체의 이미지를 재생산하는 데 이미 집중되어 있다.

시간이 탈구되다: 들뢰즈적 시간-이미지와 이미지 없는 신체

레이놀즈(Reynolds, 2006)는 한 문화적 교육과정 연구의 개념화와 관련하여 들뢰즈적 시간-이미지의 중요성을 간략하게 논평하고 있다. 교육 영역이 존재론적 차이를 생각하기 시작할 수 있는 것은 이 개념 안에서이다. 더 나아가, 들뢰즈적 시간-이미지 속에서 이 개념은 근본적 차이에 앞서는 운동-이미지 혹은 신체의 이미지를 정체주의적으로 혹은 자기-모방적으로 추정하는 것에 대항하는 무기로 동원될 수 있다. 달리 말하자면, 들뢰즈적 시간-이미지는 욕망-생산과 사회 분야의 동시 확장을 지지하는 정치적 예술로 사용될 수 있다.

들뢰즈적 시간-이미지는 자아-인식에서 철학적 전환으로 나타난다. 칸트의 책 『순수이성비판』(1998/1781)에서 운동과 시간의 뒤바뀜이 시작되었다. "시간은 더 이상 시간이 측정하는 운동과 관련이 없다. 하지만 운동은 시간을 좌우하는 시간과 관련이 있다"(Deleuze, 1984, p. viii). 들뢰즈(Deleuze, 2003a, 2003b)는 『시네마1: 운동이미지』와 『시네마2: 시간-이미지』에서 이런 인식의 전환을 폭넓게 설명한다. 들뢰즈는 다음과 같이 말한다. "시간은 자아를 구성한다. 그러나 시간은 이접방식으로 자아를 구성한다. 왜냐하면 시간이 내면성 형태이기 때문에, 우리 자신에게서 우리를 끊임없이 구분한다. 우리를 둘로 나눈다. 시간은 끝이 없기 때문이다. 그 과정을 절대 달리지 않을 둘로 분할하기이다"(p. ix). 이 특정의 철학적 접근은 쿠레레 문제에 대해 근본적으로 다른 방향을 제시한다.

운동-이미지에서 영토화된 교육적 삶은 시간이 지남에 따라 정체성의 재현에 묶여 머무르고, 따라서 과거현재(past present)[17]의 이미지에서 미래를 재영토화한다.

17) 흄(Hume, 2006)은 우리의 "관습"이자 습관 모두는 허상에 불과한 유사성, 연속성, 인과성의 약정에서 불연속적 느낌을 조직하는 것이라고 말한다. 이러한 편견은 심오한 지속적인 분리와 신체를 가로지르는 무수한 많은 느낌

우리는 이런 방식으로 차이들의 "다양성을 도외시하는데", "자아, 실체, 통일성, 정체성"의 대상을 위장한 탓이다(Olkowski, 1999, p. 108). 달리 말하자면, 시간이 운동-이미지(신체 이미지)에 종속되어 있는 한 사유는 개별화의 **정상화** 과정에 포획되어 머물면서, 결국 국가[18]가 요구하는 생물정치학적 실체를 생산한다. 크로켓(Crockett, 2005)이 발전시킨 것처럼, 운동-이미지는 **포텐시아스**(potentias, 삶을 포함한 내재적 잠재력)를 **포테스타스**(potestas, 국가 장치의 실제적 힘)에 속박시켜 잠재적 차이를 과잉코드화한다. 크로켓은 다음과 같이 주장하였다. "시간-이미지와 운동-이미지 간의 들뢰즈식 구별에 대해 생각해 볼 한 가지 방법은" 포텐시아스를 직접적으로 참조하여 시간-이미지를 읽는 것이다(p. 188). 그런 반면, 들뢰즈의 운동-이미지는 포텐시아와 포테스타스의 회로에 개입하면서 **감각**, 인식 및 행동의 반응적 패턴으로부터 신체를 풀어 준다. 알리에즈(Alliez, 2006)의 주장에 따르면, 이런 회로-차단의 힘에는 재현보다는 창조에 중점을 둔 예술적 개입이 필요하다.

운동-이미지는 "영화의 첫 번째 신호이다"(Crockett, 2005, p. 179). 이 기능은 오직 이미지 속도에만 기반하면서, 연대기적 인과관계의 느낌을 설명하는 운동-결합을 만든다. 크로켓은 다음과 같이 말하였다. 현대 영화의 대부분은 운동-이미지의 지배를 계속 받아서, "종국에는 진부한 수준까지 악화시키는" 습관적 감각-운동 결합을 만들어 낸다(p. 179). 또한 운동-이미지에는 "언어처럼 구조화된 서사코드"로서의 영화 개념화가 포함되어 있다(Rajchman, 2000, p. 123). 라이흐만(Rajchman)의 주장에 따르면, 서사로 영화를 편성하는 것은 운동-이미지의 승리 조성으로 나타난다. 들뢰즈가 운동에 시간을 굴복시키는 것에서 풀려난 사유를 위한 기술로서

에 영향을 받음에도 불구하고 "자아"의 이미지를 생성한다고 주장한다. 이런 맥락에서 정체성은 다양성에 자리 잡는다.

18) 들뢰즈(Deleuze, 2003a/2003b)는 긍정적이지도 않고, 부정적이지 않은 특성을 전통적 운동-이미지나 패러다임적으로 구별되는 시간-이미지의 탓으로 돌린다. 들뢰즈는 두 가지 사유방식이 공존하며, 더 나아가 각각은 **물질**(운동-이미지)과 **기억**(시간-이미지)의 문제에 대한 개념적 "해답"을 제시한다고 주장한다. 이 장에서, 나는 운동-이미지와 시간-이미지를 정치화한 위더(Widder, 2005)의 일반적인 주장을 따른다. 이 이미지들은 그들이 가능한 사회적 잠재력과 신체적 잠재력과 연관된다. 나는 사유의 두 가지 사고방식이 공존한다고 주장하지만, 이 사고들은 문화교육과정 연구를 위해 어떤 사고방식을 만들 것인지에 대한 선을 따라 질적인 차별화를 필요로 한다.

시간-이미지를 동원하는 것은 이러한 사유 이미지와 패러다임적으로 대조를 이룬다. 영화는 운동-이미지의 습관적 감각 동작의 결합고리로부터 자유로워서, 신체적이며 사회적인 조직화로 하는 실험의 도구가 된다. 라이흐만은 다음과 같이 썼다. "서사와의 단절은 … 새로운 종류의 영화적 '이미지'의 출현이라는 관점으로 이해되어야 한다"(p. 123).

들뢰즈(Deleuze, 2001b)는 『시네마2: 시간-이미지』 책에서 크리스탈[19] 개념을 사용하여 비연대적인 탈구된 시간을 설명한다. "크리스탈은 … 펼쳐질 때 시간이 쪼개지는 것을 말한다"(p. 81). 더 이상 운동이나 감각 동작 습관을 측정하는 것에 얽매이지 않을 때, "간극(interval)은 자유롭게 설정되고, 틈새는 … 저절로 생긴다"(p. 277). 이 철학적 전환은 영화의 시간-이미지에 의해 널리 퍼져 나감으로써 더 이상 습관적 운동 재생산에 속박되지 않는 간극을 만들어 낸다. 크로켓(Crockett, 2005)은 다음과 같이 쓴다. "이 간극은 이젠 더 이상 이성적인 절개가 아니다. 비이성적으로 보이거나 적어도 이성적 기준의 특정 제약으로부터 자유롭다. 여기서 이런 이성적 기준은 통치자나 경전과 같은 운동의 관점으로 정의된 것이다"(p. 180). 영화에서 시간-이미지에는 사유나 행동의 진부한 움직임에서 벗어난 유목민의 생각이 들어 있다.

시간-이미지의 한 특정 사례를 살펴보면, 간극은 청각적으로 인지된 것과 화면에서 보이는 것 사이의 괴리를 만든다. 즉, 청각정보와 시각정보는 동시에 감지되지만, 이들은 괴리를 만드는 간극에 의해 분리된다. 로도윅(Rodowick, 1997)은 크리스 마커(Chris Marker)의 〈라 제테(La Jetee)〉[20]에서 또 다른 시간-이미지의 예를 들어 설명한다. 감방 바닥에 꼼짝 않고 누워 있는 죄수가 다른 시간과 연결된다. 여기서 그는 "과거, 현재, 그리고 미래가 하나의 연속체로 정렬되어 있는 연대

19) 역자 주: 들뢰즈의 크리스탈(the crystal) 개념은 들뢰즈의 저서 『주름: 라이프니츠와 바로크』에서 언급된 것으로, 크리스탈처럼 우리 실제는 단순한 빌딩 구조를 가지지만 그 안은 복잡한 방법으로 반복되고 결합되어 있다.

20) 역자 주: 8분짜리 프랑스 단편 영화로, 정지 사진과 보이스오버 내레이션으로 구성된 독특한 에세이 영화이다. 그 내용은 제3차 세계대전이 끝나고 방사능에 뒤덮인 파리를 배경으로, 생존자들은 땅 밑으로 내려가고 과학자들은 세상을 구하려고 그들을 과거로 보낸다는 이야기다. 세계대전에 의해 문명이 파괴된 미래의 파리를 배경으로 현대사회의 문제를 서정적으로 그리고 있다.

기의 줄"(p. 4)로부터 자신을 해방시킨다. 로도윅의 예에서, 시간은 더 이상 감각운동의 메커니즘에 얽매이지 않고서 한 삶이 어떻게 진행될지를 인식하는 또 다른 인식 방법을 만들어 낸다. 파월의 작품(Powell, 2005)은 운동을 초월하는 초개인적(transpersonal) · 초시간적(transtemporal) · 비연대기적(nonchronological) 사유방식으로 채워진 공포영화 장르를 명확하게 표현하였다. 1963년 파월은 공포영화 〈헌팅(The Haunting)〉의 지형적 배경에서 한 예를 들었다. 파월의 주장에 따르면, 〈헌팅〉의 힐 하우스(Hill House) 공간 제시는 지속시간에 종속되어 있다. "그 집은 거주 지속기간에 있어서, 등장인물들에게 그곳에 거주할 것을 강요한다"(p. 166). 힐 하우스 자체는 기이한 현상을 조사하는 연구원에 의해 실현된 가상의 기억을 갖고 있다. 이 영화는 목표를 향한 연구자들의 공간 움직임이나 행동을 통해 전개되지 않는다. 그보다 힐 하우스의 **비인간적**(inhuman) 시간을 통해 전개된다. 탈구된 시간 이미지 속에서 연구원들의 삶은 지속적 일관성 혹은 연대적 일관성의 성취가 가로막혀 있다. 즉, 연구팀은 지속해서 힐 하우스의 **뒤틀린 시간**(demented time) 속으로 끌려들어 간다. 그리고 특별한 경우에는 현재와 연결된 탈구된 가상의 기억 속으로 끌려들어 간다.

영화적 시간-이미지는 우리가 또 다른 종류의 시간을 생각하고 경험할 방법을 만들어 낸다. 즉, 투명한 크리스탈 같은 시간-이미지 구조는 지속기간의 질적 다양체를 전제한다. 이 다양체는 정체주의적 일관성이나 서사적 통일성의 허상을 더 이상 품지 않는다. 시간-이미지가 본래부터 미래 지향적이라는 것은 이러한 의미이다. 그러나 이 미래는 과거의 이미지 안에서 재영토화되지 않는다. 미래가 되풀이되는 동안 동일성이 반복되는 것이 아니라 오히려 차이가 반복한다. 베르그송(Bergson, 2007)에 따르면, 시간은 단일 과정으로 전개되지 않고, 오히려 결합과 재결합과 **창조적** 진화의 **다양한** 궤적을 따라 폭발한다. "시간은 두 개의 비대칭의 분출구로 나뉘는데, 그중 하나는 현재를 전달하고 다른 하나는 모든 과거를 보존한다. [우리는] 크리스탈 속에서 시간의 영원한 토대를 본다"(Deleuze, 2003b, p. 81). 들뢰즈는 크리스탈 개념을 통해, 시간은 탈구되었고 과거 속으로 빠지는 동안 미래를 향해 출발한다고 주장한다. 자아는 시간 속에서 구성되었지만 아직 시간의 척도가 아니며, 자아 또한 탈구되어 있다. 와이더(Widder, 2006)가 주장하듯이, "나"는 "동일하지만 통일된 존재가 아닌 차이나는 일시성(temporalities)을 살고 있는 다양체의 주체"가 된다(Widder, 2006, p. 411). 들뢰즈의 시간-이미지는 지속기간의 연속성을 위한 반응적 철학 경향성을 거부하는, 되기를 긍정하는 긍정으로 볼 수 있다.

비시간적 쿠레레: 문화적 교육과정 연구에 들어올 신체

시간-이미지의 창조적 간극은 영화의 정치적 도입과 밀접하게 관련되어 있다(Crockett, 2005). 크로켓(Crockett)에 따르면, "영화의 정치적 과제는 인간의 창조 기여에 있고, 시간-이미지는 이것을 가능하게 해 준다. 왜냐하면 시간-이미지는 아이디어와 이미지, 신체 사이의 연결과 재연결을 허용하기 때문이다. 여기서는 단순히 움직임이나 영토를 위해서가 아니라, 인간을 생성하려는 … 목적을 위해서이다"(p. 187). 들뢰즈(Deleuze, 2003b)의 용어로, 사람들이 **사라지고 있다.**[21] 즉, 우리는 앞으로 도래할 사람의 **복잡한 시간**이나 질적 차이를 생각하지 못했다. 삶이 어떻게 **나가야** 하는지에 대한 정체성주의-연대기적 이미지로 과잉코드화되어서, 존재의 실체적 · 통계적 범주에 규제받지 않는 삶의 사유를 위한 우리의 자원은 축소가 된다. 시간-이미지가 차이에 대한 긍정적 정치력으로 동원될 수 있는 것은 이런 맥락이다. 우리는 시간-이미지를 통해 인간, **비인간**, **트랜스휴먼**의 다른 지속기간을 그리기 시작할 수 있다. 들뢰즈(Deleuze, 2006a)에 따르면, 이러한 인식의 확대가 예술의 궁극적 목적이다. 들뢰즈의 시간-이미지는 감각운동 습관이나 미래 실현에 더 이상 속박되지 않는 사고방식을 과거현재(past present) 이미지 안에서 창조한다. 그러면서 "화려한 이미지와 생물정치적 통제의 분해 전략으로 우리 인식 및 국가의 속력-신체(speed-body)에 순응하려는 기반을 해체시킨다"(Widder, 2005, p.

21) 역자 주: 'The people are missing'은 '사라지는 사람들' 혹은 '사람들이 사라지고 있다.'로 주로 번역된다. 들뢰즈와 가타리의 저서 『천 개의 고원』을 비롯하여 『시네마』 1, 2에서 자주 등장하는 상징적인 문장으로, 전통적인 재현과 동일성이 사회를 구성하는 다양체와 다양을 포착하지 못함을 나타낸다.

186). 들뢰즈가 말한 "매끄럽거나 맥박이 뛰지 않는(non-pulsed)[22] 공간-시간"은 홈이 파인 혹은 조직-화된 공간-시간에서 분리된다. 그러면서 "변화의 식별 또는 정체성 없는 개별화"(pp. 296-297)를 허용한다.

들뢰즈의 시간-이미지는 문화적 교육과정 연구의 개념화에 중요하다. 왜냐하면 더 이상 정체주의적 사유의 습관적 결합 궤도를 돌지 않는 이질적 접근을 동원하기 때문이다. 들뢰즈의 시간-이미지는 교육적 삶의 과정(currere)을 생각하기 위한 통로를 만들어 내며, 운동-이미지에서 떨어져 나와 과잉코드화된 신체를 탈영토화하는 방식을 구성한다. 현대 교육 모형은 통계적 범주와 미리 정해진 사회적 지위와 관련지어 개인을 정의한다. 반면에 시간-이미지는 개별화의 가장자리에서 "자아(self)"를 다시 생각할 것을 요구한다. 즉, 시간-이미지는 지속기간적 차이(durational difference), [종류에서 차이(difference in kind)]를 생각하기 위한 통로를 만든다. 그곳에서 주체는 질적 변형되기, 즉 "다양체 세계 속에서 갈라진 자아"가 된다(Widder, 2005, p. 413).

이런 이유로 시간-이미지는 내포된 운동-이미지로 개입하여 쿠레레 개념을 보강한다. 고대 그리스 경주트랙 이미지에서 비롯된 쿠레레(달리게 될 경로)는 회로 정해진 운동에 이미 종속된 시간 이미지를 가정한다. 운동의 강도와 속도가 회로 정해진 경로에 따라 다를 수 있지만, 운동은 시간의 측정에 따라 계속된다. 달리 말하자면, 경주로와 결합된 이미지는 연대순으로 시간을 구성한다. 그 시간 안에서 기존 경로로부터, 이 경우에는 원형 경로에서 오직 정도로만 차이가 발생한다. 쿠레레의 운동-이미지가 교육과정 이론화에 있어서 정체주의적 사유를 위한 개념적 근거를 제공한다는 것은 이런 의미이다. 이 정체주의적 의제는 생물정치적 통제라는 국가 임무에 연루되어 있다. 즉, 시간이 운동에 종속되어 머무르는 한, 교육과정적 사유는 진부한 재현적 사유 아래에서 계속 소임을 하며, 기존의 기억-습관을 갖고서는 탈구된 시간의 복잡한 개념화를 생산해 낼 수가 없다. 쿠레레가 운동-이미지

22) 역자 주: 'pulsed'라는 용어는 할리우드 영화에서 원인과 결과라는 선형적 서사 구조의 리듬을 의미한다. 따라서 'non-pulsed image'의 뜻은 '순수한 인식'을 의미하며 서사 구조에 얽매이지 않은 시각적 혹은 청각적 인상을 가리킨다.

에 고정될 경우, 시간의 분리적 이미지가 아니라 변증적 이미지로 계속 재영토화된다. 결국 이런 존재론적 경향성은 종류가 아닌 정도의 문제로 정체주의적 사유, 자기-반영 그리고 차이의 구체화를 위한 조건들을 유지시킨다. 교육과정은 이런 방식으로 파이너(Pinar, 2004)가 제안한, 오늘날에 절실하게 필요한 일종의 **비시간적** 사유 보여 주기를 하지 못하게 된다.

파이너(Pinar, 2004)는 들뢰즈식 시간-이미지를 환기시키면서 다음과 같이 주장한다. 현대의 교육과정 이론은 "우리 시대"(p. 22)가 만든 사유 이미지와 결합되지 않는 중재자를 필요로 한다. 이런 정치적 과제는 단순히 "새로움"의 예시 보여 주기에 집중하지 않는다. 오히려 파이너가 옹호한 비시간성은 운동-이미지의 정체주의적 정치를 반박하는 데 동원된다. 교육과정 분야가 운동-이미지의 우선성을 전복할 때만이 과거현재(past present)에 속박되지 않은 **다가올 시간**을 생각할 수 있다. 더 이상 운동-이미지에 종속되지 않는 쿠레레에 대한 사유는 교육과정 이론가로 하여금 전략을 세우게 한다. 이 전략은 **계획으로서 교육과정**(Aoki, 2005a)과 같은 개념화에 나타난 교육적 삶의 과잉결정화에 반대되는 것이다. 나아가, 시간-이미지의 창조적 차이는 도구주의를 동반한 정치적 개입과 **다른 사람**이 "배울 가치가 있다고 [선언]한 이미지에서 교육이 재영토화하는 표면상의 불가피함으로 나타난다"(Pinar, 2004, p. 209). 이러한 의미에서 시간-이미지의 비시간적 개입은 단순히 **현재**를 부인하는 것이 아니다. 오히려 시간-이미지는 현재를 넘어선 차이의 긍정이며, 재현적 정치의 운동-이미지에 가까운 생물정치적 통제 전략에서 탈구된 탈주선을 만들어 낸다.

되기의 긍정의 긍정인 시간-이미지는 교육적 삶의 **완전한** 정체성을 부인하는 새로운 시간선을 생성한다. 시간-이미지가 욕망-생산에 부과된 적극적이거나 **창조적** 임무로서 쿠레레를 생각하기 위한 창조적 수단이라는 것은 이런 방식에서이다. 시간-이미지는 운동-이미지에 의해 강요된 정체주의적 습관에서 탈구된 이미지와 기호의 원래 체제를 요구하면서 기존 이미지가 없는 **한** 교육과정을 만드는 데 기여한다. 즉, 교육과정 이론은 운동-이미지의 우선성을 전복시켜, 시간에 얽매인 신체 이미지로 더 이상 조건화되지 않는 방식으로 사유해야만 한다. 파이너(Pinar, 1994)

의 주장에 의하면, 이런 전략은 "국가에 무비판적으로 봉사하는 철학자들"이 "만연한 반지성주의" 시대에서 특히 중요하다(p. 22). 교육과정의 복잡한 대화에게는 운동-이미지로 도금된 위장전술적 통제에 대항할 새로운 무기의 모색이 우선 필요하다. 이런 맥락에서 시간-이미지의 비시간적 중재자는 그런 무기들 중 하나에 해당한다.

시간-이미지는 탈구된 문화를 생각하는 이질적인 통로이다. 즉, 영화적 시간-이미지의 정치적 중요성은 아직-오지-않은 사람들의 구성에 맞춰져 있다. 즉, 우리 앞에 있으며 우리로 하여금 다른 사람으로 우리 자신을 창조하기를 명하는 "새롭고 특이한 것의 출현"에 맞춰져 있다(Rajchman, 2000, pp. 122-123). 들뢰즈가 시간-이미지를 통해 제기한 물음은 시간 이미지가 국가에 의해 주도된 통계적이고 정체주의적인 삶의 이미지와 다른 존재론적 사유방식을 조작하는 범위 내에서 대중을 재현하는 문제와 밀접한 관련이 있다. 라이흐만(Rajchman)의 설명에 따르면, 시간-이미지의 주체는 "아직 결정되지 않은 혹은 미완성의 '다수(multitude)'로서 사회 '구성' 이전의, 단일의, 형성되지 않은, 신화 혹은 '주류'가 없는 일종의 모델이나 역사들이며 아직 창조되지 않았다"(p. 29).

탈구된 문화의 복잡한 시간은 문화적 교육과정 연구의 정치적 개념화에 있어서 매우 중요하다. 문화적 교육과정 연구는 오이디푸스화된 쿠레레 이미지에 규제받지 않으면서 사유를 방해하는 것으로서 더 이상 미리 형상화되지 않는 신체를 창조하는 것으로 시작된다. 달리 말하자면, 하나의 창조 프로젝트로 문화적 교육과정 연구에 접근할 경우, 그 과업은 이미지 없는 신체의 창조에 집중되어야 한다. 즉, 한 삶은 오이디푸스적 정체성이나 오이디푸스화 권력의 이미지 안에서 아직 과잉 결정되지 않았다. 신체는 생각되지 않은 것을 미리 형상화하여 "우리로 하여금 생각하도록 [강요하며], 사유[와] 삶에서 숨겨진 것이 무엇인지 생각하도록 [강요한다]"(Deleuze, 2003b, p. 189). 이는 레이놀즈(Reynolds, 2006)가 문화적 교육과정 연구의 과업을 이론화한 복잡하고 창조적인 신체의 생성을 향한다. 레이놀즈에 따르면, 문화적 교육과정 연구는 철학, 미술, 영화, 과학 분야 "창조 활동"과 같은 분야와 공유한다(p. 47). 레이놀즈가 "창조할 새로운 무엇, 창조적인 무엇을 생각[하기]

(think[ing])"(p. 47)에 초점을 맞춘 문화적 교육과정 연구를 명료하게 표현한 것은 이런 이미지에서이다.

정체주의적 사유의 해체를 새로움의 조건으로 한 작업으로서, 문화적 교육과정 연구의 중요성은 개념 참조점으로 운동-이미지에만 의존해서는 안 된다. 스미스(Smith, 2007)는 "만약 정체성(A는 A다.)이 기본 원칙이라면, 원칙상 새로움의 [새로운 차이 없음(no new difference)] 생산은 없을 것"이라고 간명하게 주장하였다(p. 1). 대신 **아직-오지-않은 사람들**을 위한 복잡한 시간 생성을 목표로 **한** 문화적 교육과정 연구는 기존 사유 이미지로 축소될 수 없는 **한** 신체를 생각하는 도구로서 시간-이미지를 보다 적절하게 활용할 수 있을 것이다. 이 운동은 정도의 차이에서 종류의 지속기간적 차이로의 개념적 전환이 필요하다. 즉, 이미지 없는 신체의 생성에 초점을 맞춘 문화적 교육과정 연구는 더 이상 운동-이미지의 기술(방법)에만 종속될 수 없다. 대신 우리는 **다른 시간대**, 그래서 여러 종류의 삶을 다이어그램[23]하는 과업으로 쿠레레(**한** 삶이 **가야 할** 코스)를 생각하기 시작해야 한다. 이러한 방식으로 문화적 교육과정 연구는 반응적 패턴으로부터 신체를 해방시키기 시작하면서, 초월적인 전용의 범주와 탈구된 새로운 시간선을 생성한다.

이런 철학적 자극은 영화라는 비철학적 예술에 의해 최고조에 이른다. 즉, 전후 시대 실험예술인 영화는 안티-오이디푸스적 폴리티카(politica, 정치예술)로 생각하는 방법을 창안해 낸다. 이런 정치예술에는 오늘날 관료적 과잉결정의 부담으로 신체를 다시 생각하는 노력이 필요하다. 우리는 노력의 결과로 쿠레레(**한** 삶이 가야 **할** 코스)를 **비재현적 예술**로 생각하기 시작할 수 있다. 즉, 이 예술은 정체주의적 포획방식에서 생기를 빼 버리는 것을 목표로 삼는다. 따라서 영화적 시간-이미지는 정체주의적 운동과 그 통제의 힘을 넘어서 **한** 삶을 생각하는 하나의 도구이다. 시간-이미지는 쿠레레를 **다수결주의** 구조의 침강을 목표로 삼는 정치활동으로 보는

---

23) 역자 주: 다이어그램(diagram)은 『천 개의 고원』에서 나오는 들뢰즈와 가타리의 대표적 개념으로, 특정한 메시지나 아이디어를 전달하기 위한 것이 아니라 사고와 행위를 위한 잠재력의 공간을 만들기 위한 시각적 혹은 그래프적 표현을 의미한다. 구체적으로, 다이어그램은 기계적 배치물과 언표행위라는 집단적 배치물(언어, 명령어) 사이에 있으면서 모든 종류의 몸체를 서로 변용시키며 우리의 모든 삶에 작동하는 힘들의 관계를 나타낸다.

개념적 도구를 만들어서, 정체주의적 정치에 의해 억압되어 온 사유의 잠재력을 방출시킨다. 이어서 "예술과 삶의 절차적 재탄생"을 동원한다(Alliez, 2006, p. 158). 이 운동은 교육과정 이론에 중요한 문제 제기를 하면서, 자기-반영적(self-reflective) 운동-이미지에 대한 정치적 반박으로서 자기-성찰(self-refleXion, 운동-이미지를 동반한 탈구된 새로운 시간의 창조)의 필요성을 제안한다(jagodzinski, 2008). 이런 전략은 문화적 교육과정 연구가 정체성을 차이에게 되돌려주는, 더 나아가 이미지 없는 실험적 신체를 만드는 한 방법이 될 것이다. 문화적 교육과정 연구는 이런 실험적 생산을 통해 도래할 사람들을 위한 **규정되지 않은 삶**을 생성하는 데 적합해질 것이다. 규정되지 않은 삶을 생각하는 한 예시로 제작된 토드 헤인즈(Todd Haynes)의 밥 딜런(Bob Dylan) 반(反)전기 영화(anti-biopic), 〈**나는 거기에 없다**(I'm not there)〉(2007)를 들 수 있다.

나는 거기에 없다: 비시간적 주체의 복잡한 시간

영화 〈**나는 거기에 없다**(I'm not there)〉는 시간-이미지의 크리스탈 구조로 이루어져 있으며, "굉장히 집합적이고, 무-연대적(a-chronological)이며, 비-심리적인" 삶을 생성한다. 이런 삶은 재현의 정치나 운동-이미지의 지속적인 안정성으로 환원될 수 없다(Gross, 2007). "밥 딜런"의 〈**나는 거기에 없다**〉는 전기 영화의 연대기적 비유에서 벗어나 6명의 배우가 연기한다. 이런 맥락에서 헤인즈의 밥 딜런은 변증적 주체 혹은 통합된 주체가 아니다. 그 대신 6명의 개념적 페르소나를 거쳐 집합적으로 구성된 "밥 딜런"의 〈**나는 거기에 없다**〉는 복잡하고 복합된 다양체로 생성된다. 영화 시작을 알리는 음성이 제거되면서, 딜런은 "시인, 선지자, 범법자, 가짜, 열광의 스타, 심지어 한 명 이상의 유령"으로 되돌아간다(Haynes, 2007). 이 전략적인 정치미학적 접근방식으로 과잉결정의 폭군에게서 한 삶을 해방시키는 과업으로 쿠레레를 사유하기 위한 통로가 주장된다.

〈**나는 거기에 없다**〉의 진행에서 밥 딜런의 신체는 생성의 실질적 문제로 접근된다. 헤인즈가 전기 영화의 전통적 스타일을 비난하는 것은 이런 맥락에서이다. 즉,

헤인즈의 영화는 한 삶의 재현보다는 생성적 창조 과업을 스스로에게 내맡긴다. 그로스(Gross)가 저술한 바와 같이, "헤인즈는 딜런 삶에서의 사건들을 설득력 있게 재현하는 데 관심이 없으며, 또한 이 사건에 대한 결론적이고 일관적이며 감정적으로 가치 있는 해석을 제공하는 것에도 전혀 관심이 없다." 아울러, 헤인즈의 〈나는 거기에 없다〉에 대한 접근방식은 "일화 [혹은] 연민 중심의 서사 구조" 비판이나 해체에도 관심이 없다(Gross, 2007). 헤인즈는 한 삶을 창조하기 위한 정치미학적 개념으로 시간-이미지로부터 끌어오면서, 유쾌하게 구조 중심의 운동에서 나온 영화적 사고방식을 따르지 않는다. 이런 식으로, 헤인즈는 탈구된 삶을 생각하기 위한 통로, 즉 정체성, 통합 혹은 단일성의 획일적인 몰적 범주에 더 이상 종속되지 않는다. 달리 말하자면, 헤인즈의 밥 딜런 창조로 인해 페르소나의 과거 혹은 습관적 기억-이미지에서 벗어난 다양체로서 정체성을 생각하는 방식이 생성된다. 이 전략은 기존 사유 이미지에 의해 아직 사로잡히지 않은 한 삶의 창조와 밀접한 관련이 있다. 나아가, 밥 딜런의 개념적 페르소나가 오이디푸스의 국가 권력에 대한 저항의 형태로 동원하는 것이 바로 이 전략이다.

헤인즈의 밥 딜런을 변증적 사유나 초월적 몰적 조직 관점에서 이론화하는 것은 적절하지 않다. 대신 〈나는 거기에 없다〉는 하나의 사건으로 딜런을 그려 내는 것을 목표로 한 영화이다(Gross, 2007). 즉, 이 영화는 딜런을 다음과 같은 개념적 페르소나와 함께 생산적인 연결과 재연결의 과정으로 구성한다. 우디 거스리(Woody Guthrie), 아서 랭보(Arthur Rimbaud), 빌리-더-키드(Billy-the-Kid), 그리고 영화 속의 영화에서 밥 딜런 역할을 한 스타 출연진이다. 헤인즈 영화의 구조는 명확히 리좀적이며, 탈중심화된 다양체로서 이미지 없는 신체를 구성하는 실험이다. 이 실험은 영화의 정치적 힘과 관련이 있다. 영화는 오이디푸스화 힘이 딜런을 진부하게 만들고 포획하려고 하강할 때 탈구되어 움직이면서 정체주의적 사유보다 유목적 사유를 긍정하는 복잡한 배치물을 만들어 낸다.

한 삶을 구성하는 헤인즈의 창의적인 접근방식은 정신분열분석적(schizoaualytic)이라고 부를 수 있다. 즉, 배치, 리좀 그리고 서사적 통합과 자아 주장에서 탈구된 시간과 함께하는 실험이다. 〈나는 거기에 없다〉는 한 삶을 심리적 경험으로 축소하기보다 **체험되지 않은 삶**의 가상성으로 딜런의 삶을 해방시켜 준다. 딜런은 영화 진행에서 이미지가 없는 **결정되지 않은** 신체로서 정신분열분석적으로 묘사된다. 좀 더 구체적으로 볼 때, 헤인즈가 구성하는 딜런의 삶은 10살 아프리카계 미국인 마커스 프랭클린(Marcus Franklin)을 통해 **딜런-거스리**(Dylan-Guthrie)의 개념적 배치를 표현하고, 리차드 기어(Richard Gere)를 통해 **딜런-빌리-더-키드**(Dylan-Billy-the-Kid)의 배치를 표현한다. 벤 위쇼(Ben Wishaw)는 딜런의 랭보(Rimbaud)되기를 표현하며, 히스 레저(Heath Ledger)는 영화에서 딜런을 연기한 경험을 통해 탈중심화된 배우이다. 딜런의 초기 모습으로 크리스찬 베일(Christian Bale)이, 케이트 블란쳇(Cate Blanchett)은 〈**금발에 금발**(Blonde on Blonde)〉(1996) 동안의 딜런을, 펜네베이커(Pennebaker)의 다큐멘터리, 〈**뒤돌아보지 마**(Don't Look Back)〉(1968)에서 나온다. 벤 위쇼의 개념적인 **랭보-딜런**(Rimbaud-Dylan) 페르소나는 영화 앞부분에서 "**나는 다른 사람이다**(je est un autre)."라고 말한다. 나는 다른 사람이다(I is an other). "개인은 그 자신을 위해 … 탈인격화의 혹독한 연습을 통해서, 그들 안에 있는 어느 곳이든 흐르는 다양체로 그들 자신을 개방하고, 그들을 관통하는 강렬함으로 진짜 이름을 찾는다"(Gross가 인용한 Deleuze & Guattari, 2007). 사람들은 6명의 개념적 되기를 가로지르는 딜런의 탈인격화를 통해 헤인즈의 **딜런-사건**(Dylan-event)을 채우고 있는 접속, 탈출 및 재접속의 다양체를 이해하기 시작한다. 딜런-사건은 딜런이 글자 그대로 **거기에 없는** 사건이다. 즉, 딜런의 이름은 영화 진행에서 빠졌을 뿐만 아니라, 그의 "진짜" 이미지는 반(反) 전기 영화의 마지막 순간에만 나타난다. 그때, 그의 이미지는 영화의 실제 종료와 함께 **포착**된다.

헤인즈는 '그의"[24] 이름을 말하지 않고, 밥 딜런을 생각하기 위한 통로를 만들어서, 관계라는 것이 얼마나 그 용어들 바깥에 있는지를 입증한다. 딜런-**랭보**-되기(Dylan-becoming-Rimbaud)는 영화 초반부에서 "노래는 혼자 걸어 다니는 것"이라고 주장한다. 헤인즈의 딜런과 마찬가지로 노래는 다른 힘들로 분리하고, 연결하며

24) 밥 딜런(Bob Dylan)에 대한 케이트 블란쳇(Cate Blanchett)의 묘사는 성이나 젠더의 결정적인 **몰적** 범주에서 말할 가능성을 배제한다. 헤인스(Haynes)의 딜런 묘사는 "모든 사람은 [적어도] 두 개의 다른 성별을 가지고 있다."라는 들뢰즈가타리안(Deleuze & Guattari, 1983)의 개념을 발전시킨다.

또 재연결한다. 〈나는 거기에 없다〉에서 딜런은 일반적 논리가 요구하는 것와 같이, 개별화된 정체성은 이미지에서가 발견되는 것이 아니라 배치에서 발견된다. 〈나는 거기에 없다〉의 정치적 힘은 어느 정도 이 전략을 통해 만들어진다. 헤인즈는 존재와 되기의 양식을 기존 재현적 사유하기에로 축소하지 않으면서 한 삶을 말할 수 있는 방법을 암시적으로 주장한다. 헤인즈는 오히려 다른 아이디어, 이미지, 신체와 연결하고 재연결하는 기계적 경향을 가진 불완전한 대상으로서 "자아"를 다룬다. 〈나는 거기에 없다〉는 시간-이미지라는 개념적 도구를 통해 운동-이미지의 정체주의적 정치에 더 이상 얽매이지 않은 방식으로 우리의 정신, 즉 우리 존재방식을 어떻게 생각할 것인가에 대한 탈주선을 생성한다.

헤인즈가 종류의 차이를 사유하기 위한 통로를 만드는 것은 리좀적 영감 구성을 통해서이다. 〈나는 거기에 없다〉는 몽타주, 근접편집 같은 운동-이미지 장치에 의해 더 이상 과잉결정되지 않는 시간-이미지와 주관성으로 실험을 한다. 또한 배우와 줄거리의 지속되는 일관성을 근본적인 기준점[25]으로 삼지 않는다. 오히려 〈나는 거기에 없다〉의 평가 기준은 차이 그 자체로 더 잘 이해된다. 즉, 〈나는 거기에 없다〉에서 딜런은 과잉결정의 힘으로 운동-이미지가 개입하기 시작하는 바로 그 시점에서 새로운 시간의 선과 계보적 혈통을 만들어 내는 한계 없는 삶을 그렇게 고집하지 않는다. 딜런-랭보는 빌리-더-키드-딜런(Billy-the-Kid-Dylan)이 리들 카운티(Riddle County) 마을 사람들과는 상이한 인사를 하는 장면에서 다음과 같이 해설을 덧붙인다, "절대 네 이름을 밝히지 말라 … 네 자신을 바라보라고 해도 … 절대 바라보지[26] 말라." 자기-반영(self-reflection)에 대한 딜런-랭보의 경고는 헤인즈(Haynes,

25) 밥 딜런의 영화 〈나는 거기에 없다(I'm not there)〉는 개념적 페르소나로 채워져 있다. 각 페르소나를 "문자 그대로의 근원으로부터 [차이와] 거리를 두고 … 딜런이 아닌 것처럼 구현한다"(Gross, 2007). 그로스(Gross)는 문자 그대로의 근원인 딜런과의 정도에 따른 차이와 거리를 제한한다. 반면에, 〈나는 거기에 없다(I'm not there)〉를 구성하는 개념적 페르소나는 딜런과 종류가 다르다는 것을 더 적절하게 이론화할 수 있다. 즉, 헤인즈의 영화에 등장하는 여섯 개의 개념적 페르소나들은 지속적으로 일관된 성격으로부터 자유롭게 "밥 딜런"을 생각할 수 있는 통로를 만든다. 대신, 각각의 페르소나는 "밥 딜런"이 그 자신과 다른 지속적인 차이로 표시된다.

26) 이러한 발언들은 2개의 딜런-랭보(Dylan-Rimbaud)의 "숨은 삶을 위한 일곱 가지 간단한 규칙(seven simple rules for life in hiding)"을 구성하고 있다. 이 영화에서 이러한 규칙들은 포획이 내재적으로 나타날 때 유아론(Solipsism, 唯我論)에 대한 해설이기보다는 창조적으로 감지할 수 없는-되기(becoming-imperceptible)로 표현된다.

2007)가 딜런의 삶에 대해 생각하고 싶어 했던 방식에 가깝다. 헤인즈는 다음과 같이 쓰고 있다. "딜런을 붙잡으려 하는 [그] 순간, 그는 더 이상 그가 있던 곳에 존재하지 않는다. 그는 불꽃과 같다. 그를 손으로 잡으려고 한다면, 당신은 분명 화상을 입게 될 것이다 … [그는] 난해하고, 신비롭고, 종잡을 수 없으며, 실망스럽다. 이로 인해 그가 정체성을 숨길수록 당신은 그의 정체성을 더욱 더 동일시하려 한다." 그러나 헤인즈가 주목하는 정체성 동일시 과정은 운동-이미지 과정의 그것이 아니다. 사람들은 〈나는 거기에 없다〉의 딜런을 자기 고집과 지속기간의 일관성이라는 이미지로 동일시하지 않는다. 그 대신, 딜런에게서 확인할 것은 누군가가 "자신을" 위해 하게 될 복잡한 가상성이라고 헤인즈가 암암리에 전해 준다.

〈나는 거기에 없다〉의 딜런은 자기-반영의 결과물이 아니라, 그보다는 크리스탈적 시간-이미지의 발명이다. 달리 말하자면, 헤인즈의 딜런이라는 창조적 발명에는 운동-이미지와 가까운 포획의 정치문화적 권력에서 탈구된 시간을 필요로 한다. 〈나는 거기에 없다〉는 할리우드 영화 제작의 연대기적 생각을 깨 버리는 이접적 더듬기(disjunctive stuttering)[27]로 맞춰져 있다. 더 나아가 습관, 기억, 일상 그리고 개인이 자주 사로잡히는 동일시 과정의 결정과는 다르게 움직이는 한 삶의 이미지를 발명한다. 헤인즈는 이러한 의미에서 종류에서의 차이를 사유하기 위한 영화적 사고방식을 생성할 뿐만 아니라 복잡하고 창조적인 신체까지 생성한다. 여기서 생성된 신체는 더 이상 실체적이거나 과잉코드화된 정체성 이미지에 기반하지 않는다. 〈나는 거기에 없다〉는 새로운 시대와 상호관계의 공간 속에서 가져온 "독창적" 삶의 창조로 나타난다. 따라서 헤인즈는 관객에게 정체성에 얽매이지 않는 존재론을 생각하는 방법을 제공해 준다. 또한 헤인즈는 이미지 없는 신체에 대해 사유하기 위한 개념적 도구로서 시간-이미지를 동원하면서, 미래에 아직-오지-않은 사람들을 위한 통로를 만들어 영화의 정치적 과업에 참여한다.

〈나는 거기에 없다〉를 통해 만들어진 이미지 없는 신체는 국가와 여론(독사, doxa) 모두에 기생하는 욕망에 대항하기 위해 동원된다. 들뢰즈 말대로, 〈나는 거기에 없

27) 역자 주: 들뢰즈는 말더듬을 두 가지 수준으로 말한다.

다〉는 딜런의 과잉조직화된 이미지에 들어 있는 가상적 잠재력을 해방시켜 **몰적** 기준점[28]을 두 개로 나눠 횡단해서 새로운 끌어당김으로 재영토화하는 분자적 주체를 창조해 낸다. 달리 말하자면, 〈**나는 거기에 없다**〉의 딜런은 시간-이미지의 개념적 힘을 통해 국가의 몰적 힘을 탈구시킬 수 있어서, 결과적으로 **한** 삶의 정치적 구성을 실험한다. 그로스(Gross, 2007)는 다음과 같이 썼다. "영화의 어느 시점[에서든], [딜런]은 유명인사, 저널리즘 분석 또는 영화적 표현 그 자체를 … 뛰어넘기 위해 끊임없이 노력하고 있다. 그리고 우상화, 모방 및 해석이라는 끊임 없는 과정에 의해 해체될 위험에 항상 놓여 있다." 이러한 긴장은 1960년대 초 딜런의 개념적 페르소나인 잭 롤린스(Jack Rollins)[크리스찬 베일(Christian Bale) 분]를 통해 잘 표현된다. 잭의 **소수주의적** 노래들은 음악 산업과 이전 시대의 자유주의적인 정치적 향수에 의해 포착되고 평범해진다(Gross, 2007).

이 시점에서 영화 자체가 두 개로 분리되고, 시간-이미지를 통해 딜런 마커스 프랭클린이 연기한 딜런-우디 거스리-되기(Dylan-becoming-Woody Guthrie)[29]를 통해 다시 연결된다. 밤에 철도 차량으로 여행하는 딜런-거스리는 그의 기타를 훔치려는 3명의 유랑인에 의해 잠에서 깨게 된다. 딜런-거스리는 간신히 그들의 공격을 피해 열차에서 뛰어내려 아래 강으로 추락한다. 그 후 뒤이은 시간-이미지에서 딜런의 1960년대 후반 개념적 페르소나인 주드 그리핀(Jude Griffin)[케이트 블란쳇(Cate Blanchett) 분]은 독특한 사운드와 스타일로 팬과 지지자를 배반한다. 딜런-랭보는 이 변신에 대해 다음과 같이 내레이션을 한다. "나는 … 나를 도랑에 빠뜨렸고, 벼랑 위로 올라섰고, 발이 맞지 않았고, 그만둘 준비를 하고 있었다. 나는 당신이 살 곳이 없고 소방 펌프에 싸여 있을 때 그런 글을 썼고 … 그리고 또 썼다. 그것은 용암 안에서 수영하는 것 같았다 … 뛰어다니고, 걷어차고, 발로 못을 잡고 있는 것 같았다"(Haynes, 2007). 이러한 변형은 주드와 "그의" 밴드가 기타 케이스로 기

28) 아프리카계 미국인 마커스 프랭클린(Marcus Franklin)과 여성 케이트 블란쳇(Cate Blanchett)이 그린 딜런의 묘사는 〈**나는 거기에 없다**(I'm not there)〉를 관통하는 가장 극단적인 재현적 차별화와 한계의 사례를 만든다.

29) 마커스 프랭클린의 딜런-거스리(Dylan-Guthrie)는 영화 초반에서 카니발 사이드쇼의 "괴짜"로 묘사된다. 그곳에서 그는 "꼬마 트루바도르(The Tiny Troubadour)"로 묘사된다.

관총을 만들어 뉴잉글랜드 재즈와 포크 페스티발에서 군중을 공격하면서 몽환적으로 표현된다. 주드의 음악적 변형은 딜런-거스리의 기타 가방[30]에 적힌 묘비명처럼 파시스트를 **죽인다**. 즉, 주드 그리핀이 생성한 새로운 시간선은 정체성 및 욕망-생산 침전의 과잉결정에 대항하는 독창적인 **배치를** 설계한다. 주드는 급진적 음악과 정치적 분열의 생성을 통한 롤린스(Rollins)의 정체주의적 이미지 경계를 벗어나면서 팬과 기자들에게 괴롭힘을 당한다. 이들은 이 미끄러짐을 내러티브의 연속성으로 조화시키고, 나아가 딜런의 욕구를 기존 정체주의적 형식 안에서 재포획하려 한다. 시간-이미지는 대중과 미디어 열기 한가운데서 주드와 빌리-더-키드-딜런 사이의 연결, 유목민 무법자를 만들어 낸다. 우리가 이후에 알게 되는 유목민 무법자는 "20세기 자본주의 세력의 불가피한 침식으로부터 달아나고 있다"(Gross, 2007).

〈**나는 거기에 없다**〉의 딜런이 "그의" 되기를 정체주의적 이미지에 **묶으려는** 심리화, 해석, 우상숭배라는 오이디푸스화 권력으로부터 창조적으로 도망칠 수 있는 것은 시간 이미지의 리좀적 시간논리를 통해서이다. 딜런의 빌리-더-키드는 나중에 영화에서 다음과 같이 경고한다. "사람들은 항상 자유에 관해 이야기한다. 쫓겨나지 않고, 일정한 방식으로 살 자유, 당연히 당신이 일정한 방식으로 더 많이 살수록 자유로운 느낌은 적다"(Haynes, 2007). 헤인즈의 실험적 시간-이미지가 삶을 **하나의** 특정한 경로로부터 벗어나게 해서, 체험되지 않은 시간과 삶의 가상성에 내재된 적극적인 두레레를 생성한다는 것은 이런 의미에서이다. 〈나는 거기에 없다〉는 시간-이미지라는 개념적 도구를 통해, 운동-이미지의 식민화 권력에서 벗어나 복종 회로로부터 욕망-생산을 해방시켜 준다.

그로스(Gross, 2007)에 따르면, 〈**나는 거기에 없다**〉를 구로사와(Kurosawa)의 〈**라쇼몽**(Rashomon)〉이나 웰스(Welles)의 〈**시민 케인**(Citizen Kane)〉과 유사한 영화 구조와 차별화하는 것이 중요하다. 〈**라쇼몽**〉이나 〈**시민 케인**〉과 달리, 〈**나는 거기에 없다**〉는 다양한 관점을 가진 모더니즘 주제 혹은 "자아 재현의 불안"(Gross, 2007)의 변형

30) 그가 연주하는 내내, 우디 거스리(Woody Guthrie)의 기타는 다음의 슬로건으로 새겨져 있다. "이 기계는 파시스트들을 죽인다."

이 아니다. 오히려 〈나는 거기에 없다〉는 탈인격화(depersonalization) 속에서의 즐거운 실험이라고 생각하는 것이 더 적절하다. 그러나 〈나는 거기에 없다〉는 다양한 행위 주체자의 고집스런 수많은 위상을 깨부수며, 정체성의 비시간적 창조를 먼저 긍정한다. 이런 의미에서 딜런의 다양체가 복수의 관점으로 축소될 수 없다는 것이다. 왜냐하면 "그의" 되기는 태생적으로 비인격적 결합으로 끊임없이 위치적 · 공간적 · 지각적 시점에서 떨어져 나가기 때문이다. 이것이 바로 〈나는 거기에 없다〉에서 카메라를 탈인격화하는 데 사용된 논리이다. 오히려 〈나는 거기에 없다〉의 영화적 영감은 개인적 시점에서 다른 시점으로 이동하기보다는, 인물을 줄거리 액션에 묶어 두는 독특한 구성이다. 즉, 이접적 절개와 리좀적 연결을 통해 카메라는 구성 과정 안에서 배치를 기록한다. 〈나는 거기에 없다〉는 운동-이미지에서 벗어나 다양한 관점의 모더니즘적 주제를 건너뛰면서, 시간-이미지를 사용하여 관점들의 그물을 만든다. 이 그물은 행위 당사자의 양적 다양체 혹은 일관된 사색의 대상-사건으로 축소될 수 없다. 대신, 헤인즈는 "예술의 비인격적 자유를 축복하는"(Gross, 2007) 질적 다양체를 동원한다. 그는 이를 통해서 원근법적 돌파구, 흐름, 정신분열을 만들어서 운동-이미지를 뛰어넘는다. 딜런-랭보의 배치라는 개념적 생성은 랭보의 시적 욕망으로 하여금 "모든 감각을 … 무질서하게 만들어" "해석과 조직의 과잉결정된 회로로부터 감응을 해방시켜 줄 경우" 의미가 있다(Marks, 1999, p. 75). 마르크스(Marks, 1999)는 랭보에 관하여 다음과 같이 말하고 있다. "주어인 나의 형식으로 말하기 위해서 우리는 시간을 합성해야 한다. 그러나 자아는 시간을 통틀어 끊임없이 변한다. 주어는 '틀이 아닌 무한한 변조'가 된다"(p. 74). "무한한 변조"의 표현으로 〈나는 거기에 없다〉는 정도의 차이라는 역할로 축소될 수 없다. 헤인즈의 영화에서 모든 것은 더듬거리고 깨지려고 만들어지며, "어느 [한] 시간이나 어떤 환경이나 학파에도 더 이상 [속하지] 않는다"(Deleuze & Guattari, 1983, p. 69).

〈나는 거기에 없다〉가 욕망-생산의 작품으로 의미가 있다는 말은 이런 의미에서이다. 로비(Robbie)[히스 레저(Heath Ledger) 분]와 클레어(Claire)[샬롯 게인즈버러(Charlotte Gainsborough) 분]가 잭 롤린스(Jack Rollins)[로비(Robbie)가 주연]의 삶의 전기를 보고 있는 어느 주요 장면에서 헤인즈는 장 뤽 고다르(Jean-Luc Godard)의

〈남성적-여성적(Masculine-Feminine)〉의 한 구절을 차용했다. "이것은 우리가 꿈꿔왔던 마음속에 간직하고 있던 영화, 우리가 만들고 싶었고 은밀하게 살고 싶었던 영화가 아니다." 페렉(Perec, 1990/1965)의 소설 『사물: 60년대 이야기(Things: A Story of the Sixties)』에서 가져온 고다르(Godard)의 인용은 주류 영화 산업이 포착된 롤린스의 삶 이미지와 대조로서 사용된다. 최고의 상태로, 〈나는 거기에 없다〉는 이런 대조를 나타내 보이면서 욕망-생산이라는 정치적 예술을 통해 한 삶을 구성한다. 달리 말하자면, 〈나는 거기에 없다〉는 기존 이미지의 신체에 의해 과잉결정되지 않은 한 삶을 생각할 때 필요한 전략적 저항 형태이다. 대신, 딜런은 불분명한 삶으로 구성된다. 헤인즈 "딜런-효과"는 그 자체로 타인의 비시간적 삶과 같은 개념적 자원의 가상성에 내재되어 고다르가 규탄한 삶의 침전 이미지에 대항하는 전략을 갖고 있다.

〈나는 거기에 없다〉는 단순히 정통한 참고물, 모방 그리고 암시로 구성된 작품이 아니라, 영화적 영감과 쿠레레의 새로운 이미지 창조를 위한 개념을 담고 있다. 헤인즈는 이런 측면에서 시간-이미지의 창조적 동원을 통해 삶이 **어떻게 진행될 수 있는지**에 대한 이미지를 구성한다. 운동과 연대 권력에서 탈구된 헤인즈의 **한** 삶에 대한 이미지는 파시즘, 원망 그리고 정체주의적 정치와 유사한 우울증의 병적인 힘을 교정해 준다. 〈나는 거기에 없다〉는 할리우드 영화와 국가의 기생적 권력에 대한 고다르의 경고로 개입해서 우리에게 아직 **살기**를 원하는가, 그렇다면 어떻게 **살 것**인가에 대한 질문을 던진다.

〈나는 거기에 없다〉는 **아직-오지-않은 사람들**을 위한 복잡한 시간을 생성하면서, 문화적 교육과정 연구의 개념적 도구로 아직 동원되지 않은 쿠레레를 만들어 준다(Pinar, 2006). 영화적 시간-이미지는 우리가 존재론, 기억, 다양체, 저항을 생각하는 방식을 연관시킬 때, 그 자체로 정치예술(ars politica)에 해당한다. 시간-이미지는 실험적 실행의 한 가지 방법으로서, 문화적 교육과정 연구가 생각이나 습관의 기존 회로를 위해 더 이상 작동하지 않는 삶을 구성하기 시작하는 하나의 방법이 된다. 복잡한 시간의 생산을 목표로 한 문화적 교육과정 연구는 어떤 지식이 가장 가치 있는지 묻기보다는 재현이 더 이상 사람의 생성에 적합하지 않게 될 때 **한**

삶이 어떻게 **될지**를 먼저 질문해야 한다. 이런 의미에서 창조를 목표로 한 문화적 교육과정 연구는 소통보다 발명, 재현보다 생성의 실질적인 문제에 집중하기 시작한다. 문화적 교육과정 연구는 이런 목표 안에서 새로운 시간선과 개념적 사건(영화적 시간-이미지의 실험적 활용과 같은)을 생성할 수 있는 능력으로 여겨진다. 여기서는 새로운 시간선과 개념적 사건에서 삶의 가상적 자원들의 독특한 실현이 허용된다. 따라서 문화적 교육과정 연구 작업은 학교 안팎의 교육에 대한 우리의 이해를 알려 주기 때문에 대중문화에 대한 분석 이상의 의미를 갖는다. 나아가 문화적 교육과정 연구를 사고의 질적 차이를 생각하기 위한 가상 잠재력을 동원하여 이미 진행 중인 사회적 탈영토화를 만들고 연결시키는 작업으로 개념화하기 시작한다(Buchanan, 1999). 이 과업에서 문화적 교육과정 연구는 이미 침전되어서 지형을 가로질러 탈코드화된 흐름을 "**누수**(en fuite)"시키는 사회에 더 적합할 것이다. 그러나 실험주의를 지향하는 문화적 교육과정 연구는 대중문화(doxa)의 반응적 힘에 대항하여, 이러한 **누출**(fuites, 누수)의 강화와 지도 제작에 필요한 바로 그 무기일 수 있다. 여기서 총 통계 범주, 자동 해석 기계, 오이디푸스화의 슬픈 열정에 대위법적으로 사는 다른 시간대를 다이어그램한다.

"어느 예술 작품이든 삶을 통해 한 방법을 시사하고, 균열을 통해 한 방법을 찾는다"(Deleuze, 1997, p. 143). 문화적 교육과정 연구가 영화를 정치적 작업으로 생각할 경우, 그것은 저항과 생산적 탈출의 통로를 생산하고 강화하는 창의적 전략으로 영화적 예술을 동원하기 시작할 것이다. 시간-이미지의 영화적 구성은 교육적이라는 것은 이런 의미에서이다. 들뢰즈적(Deleuze, 2003b) 시간-이미지는 합목적적이며 계보적인 결정에서 벗어날 수 있는 새로운 시간선을 예시할 뿐 아니라, 아마도 유목민적 마음과 이미지 없는 신체의 잠재적 창조를 보다 의미 있게 다이어그램할 것이다. 달리 말하자면, 시간-이미지는 잠재적 삶의 과정의 가상성에 내재하는 **과정 존재론**(process ontology)을 생각하기 위한 궤도를 생성한다. 시간-이미지가 쿠레레를 생각하기 위한 활력 있는 개념적 도구가 된다는 것은 이런 의미이다. 이 쿠레레는 더 이상 우리가 누구**인지**, 또는 누구**여야 하는지**의 이미지에 노예가 되지 않는다. 영화는 이 탈주선을 따라서 단순한 해석이나 재현의 장치가 아니라, 보다 중요하게는 한 삶이 어떻게 갈지를 실험하기 위한 수단이다. 예술은 세상을 있는 그대로 닮지 않고, 세상이 어떻게 될 것인지를 닮았다(Pisters, 2003). 이런 과업은 문화적 교육과정 연구가 비판 이상이 되는 것을 요구한다. 더 나아가, 라이흐만(Rajchman, 2000)이 주장하듯이 우리는 생성의 긍정적이고 혁명적인 면을 보기 시작해야만 한다.

제 8 장 구멍 뚫린 교육과정 만들기: 비시간성, 낯설음 그리고 변이의 정신분열적 잠재성

"당신이 발견한 바를 이해하는 수준에서 머물지 말고, '이것은 충분하지 않아.'라고 단순하게 생각하라"

—Tsunetomo, 1979, p. 37.

니체(Nietzche)의 말에 따르면, 철학자는 영원하지도, 그렇다고 전적으로 역사적이지도 않다. 오히려 철학자는 항상 **비시간적**이다(untimely)[1](Deleuze, 1983). 사상가는 과녁에 발사된 화살이나 특정 궤도에서 움직이는 화살처럼 특정 시간과 장소에서 발생한 문제와 도전을 향해 움직인다. 화살이 떨어진 곳에서 화살을 집어 들어 새로운 방향이나 다른 과녁으로 화살을 발사하고, 새로운 탈주선을 따라간다. 가타리(Guattari, 1995)는 "다른 사람이 주워 또 다른 용도로 쓸지, 아니면 어떤 갈림길로 이끌려 갈지 누가 알겠는가!"(p. 126)라고 하였다. 이처럼 **비시간성**(untimeliness)은 새로운 사건 혹은 되기의 생성으로 사유의 재배치를 가능하게 만든다. 비시간성은 어떤 측면에서 역사를 넘어선 사건 혹은 역사적 현실화를 넘은 사유의 잠재적 힘(virtual power)으로 가시화된다(Deleuze & Guattari, 1994). 비시간성(the untimely)은 이런 방식으로 역사적 기정사실에 의해 세워진 행위와 일반 상식을 위한 조건과는 다른 새로운 문제와 실험 기회를 촉발시킨다(Vahamaki & Virtanen, 2006). 달리 말하면, 사상가의 힘은 역사와 합병하지 않은 역사에서 나온다.

1) 역자 주: 저자는 untimeliness, the untimely를 구별해서 썼지만, 이 책을 번역하는 과정에서 비시간성, 비시간적, 비시간으로 맥락에 맞게 번역하였다.

그리고 그 힘은 "역사를 벗어날 때만" 생겨날 수 있다(Deleuze & Guattari, 1994, p. 112).

비시간성(the untimely)은 우리의 현재 상태이면서 또 소멸하고 있는 상태에 해당하는 현재의 한순간이 아니다. 그보다 우리의 타자-되기를 위한 사건이다. 사상가는 다른 사람이 남긴 아이디어를 채택하고 전개하면서 현재 이미지에서 재영토화할 예측치와는 반대되는 실험 전략을 구상한다(Mengue, 2006). 역사가 없는 실험이 "확정되지 않고 조건 지어지지 않은 반면에 … 실험은 역사적이지 않다"(Deleuze & Guattari, 1994, p. 111). 오히려 실험에는 미래의 이익을 위한 철학적 개념 준비가 필요하다. 여기서 미래는 역사적이지도 않고 유토피아적이지도 않다. 그보다 미래는 현재와 "우리가 되는 과정" 사이에 있는 차이에 해당한다(p. 112). 철학자의 개념들이 특정 정치-역사적 환경에 딱 들어맞을 수 있다. 그렇다고 해서 그 개념들이 그 환경으로 완벽하게 되돌아갈 수는 결코 없다. 달리 말하면, 한 아이디어가 제때 발견될 수는 있지만, 동시에 시간에 반해서 효과를 낼 수 있다. 비시간성은 이런 방식으로 현재와 과거의 현재 순간 둘 다를 불완전하게 만들면서, 현재를 풍요롭게 하는 반복으로 여겨진다(Baross, 2006).

비시간성(the untimely)은 새로운 연결과 상호작용의 생성을 통해 과거 사상가들의 개념을 심화시킴으로써, 현재 조건에 대한 충실한 재현에서 벗어난다. 그리고 "과거(철학들)를 탐구하여 현재 조건들에 아직 남아 있는 새로운 것을 발견한다"(Rajchman, 2000, p. 39). 이것이 진행되는 과정에서 들뢰즈(Deleuze, 1988/1983)의 활화산 같은 사유자들의 비시간적(the untimely) 철학 혈통은 삶의 한계에 대항하는 데 활용된다. 그 과정에서 역사적 과잉결정으로부터 사유를 빼낸다. 들뢰즈(Deleuze, 1995)의 용어를 쓰자면, 교육적 항문성교가 "숨겨진 배출물"을 미끄러뜨리고 탈구시켜 풀어내는 과정에서 철학자의 괴물 자손이 태어난다. 달리 말하면, 비시간성은 차이화(differentiation)가 가지는 가상의 잠재력에 몰(molar)적 정체성을 되돌림으로써 이뤄지는 교육적 기형(pedagogical teratology)으로 볼 수 있다. 타인이 제시한 질문과 대답을 따르면서 만족을 얻는 곳에 비시간성을 도입할 경우, 이는 한 교육적 삶을 위한 또 다른 과정을 상정하는 것이 된다(Vahamaki & Virtanen, 2006). 예를 들면, 들뢰즈(Deleuze, 1995)는 비평가 미셸 크레솔(Michele Cressole)에게 보낸 편지에서, 니체 철학을 만나면서 역사 철학에 부합하는 글쓰기 양식을 버리게 되었다고 하였다. 들뢰즈가 만난 니체 철학의 비시간성은 새로운 글쓰기 양식을 요구했다. 그리고 이 양식은 코드라기보다 흐름에 의해 조직된다. 이런 방식에서 비시간성은 하나의 사건이라고 할 수 있다. 혹은 대존재(Being)의 존재론을 교체할 수 있는 마주침이다. 여기서 마주침은 "이다(to be)"라는 동사를 되기(becoming)를 위한 잠재력으로 대체시키는 회로 차단기에 해당한다.

사무라이-되기: 사유에-대한-비시간적 충격으로서 하가쿠레[2)]

짐 자무쉬(Jim Jarmusch, 1999)의 영화 〈**고스트독: 사무라이의 길**(Ghost Dog: The Way of the Samurai)〉[3)]은 비시간성(the untimely)의 다양한 영향력으로 대중화된 영화 작품이다. 아마 이러한 영향력들 중에 최고는 쓰네모토(Tsunemoto)의 『**하가쿠레**(Hagakure)』일 것이다. 이 텍스트는 사유에 대한 비시간성의 충격을 다룬 것으로, 자무쉬의 〈**고스트독**〉 전반에 걸쳐 반복해서 나온다. 〈**고스트독**〉에서 작품명과 작품의 주인공은 동일하다. 이미 결정된 역사에서 벗어난 **고스트독**[포레스트 휘태커(Forest Whitaker) 분]은 18세기 **부시도**(Bushido)[4)]와 20세기 도시경관이 배치된 한 삶을 살고 있다. 〈**고스트독: 사무라이의 길**〉은 쿠로사와(Kurosawa), 미조구치(Mizoguchi), 고바야시(Kobayashi), 멜빌(Melville)의 영화 작품과 그 출발점에서 유사하다. 그렇지만 이 영화는 **괴물의 탄생**으로 가장 잘 알려져 있다. 란자고르타(Lanzagorta, 2002)와 오토모(Otomo, 2000)에 따르면, 〈**고스트독**〉은 사무라이 영화

---

2) 역자 주: 1716년 에도시대의 가신 야마모토 쓰네토모(1659~1719)가 구술한 것을 후배 무사 쓰라모토가 받아 적은 것이다. 책 제목인 『하가쿠레』는 "나뭇잎 그늘 초가집에서 이야기를 하고 쓴 구술서"라는 의미이다.

3) 역자 주: 짐 자무쉬(Jim Jarmusch, 1999)가 만든 영화이다. 뉴욕의 폐허에 사는 암살자 고스트독은 "자신의 보스에게 목숨 바쳐 충성을 다하고 죽음을 두려워하지 않는다."라는 〈사무라이의 길(하가쿠레)〉을 자신의 신념이자 생활방식으로 삼아 살아가고 있다. 우연히 자신의 목숨을 구해 준 삼류 마피아 루이에게 일평생 충성할 것을 맹세한다. 그러나 고스트독이 루이의 동료 마피아 프랭크를 죽이고, 이로 인해 루이가 고스트독을 죽이게 되는 상황이 된다. 마지막에 고스트독은 자신의 총에 총알이 없는 것을 알지만, 총알 없는 총을 겨눠서 루이에게 죽임을 당한다.

4) 역자 주: 사무라이의 도덕체계를 말한다.

각색으로는 실패한 작품이다. 좀 더 극단적으로 표현하면, 비시간성 자체의 잠재적 소멸에 대해 강조했기 때문에 〈고스트독: 사무라이의 길〉의 영화 각색은 갑절로 실패한 것이다. 즉, 고스트독이 충성을 다짐하는 "고대 부족"은 "자신의" 잘못을 시인함으로 사라진다. 그러나 〈고스트독〉이 제기한 문제는 단순히 적응(adaptation) 수준에서의 실패로만 끝나지 않는다.

적응(adaption)은 비시간성(the untimely)의 개념적 힘에는 부적합하다. 적응은 삶의 판별을 위한 최적의 모델인 변증법을 전제로 한다. 달리 말하면, 적응 개념은 예시 사례로 반생산적 합성 이미지를 취한다. 여기서 삶이 어떻게 될 것인가에 대한 선험 조건에 따라 차이를 영토화한다. 이러한 적응은 "어떤(a) 미래의 … 이득을 위한" 되기(becoiming)의 이론화에는 적합하지 않다(Deleuze & Guattari, 1994, p. 112). 즉, 이 적응 개념은 예측 불가능성 또는 비시간성의 생성에는 부적합하다. 잠재적 존재(being)를 대존재(Being)의 선험적 상태에로 굴복시키는 것을 전제로 하기 때문이다. 반응주의(reactivism)의 일환으로 제도 학교교육에 만연한 적응 개념은 반응주의의 당연한 결과이다. 왜냐하면 교육적 삶이 어떻게 전개될 것인지 미리 추정하고 있기 때문이다. 데이비스(Davies, 2005)의 주장대로, 최근 신자유주의 정부는 고도의 적응 가능한 주체를 요구한다. 그렇지만 "우리가 멈출 수 없음을 깨달을 때"(p. 9), 이런 적응 가능성은 끔찍하게 변모한다. 학생들은 이러한 교육적 삶의 반응적 이미지 안에서 자신의 욕망을 학습을 통해 기존 학교의 욕망에 적응시킨다. 그리고 결국 자신들을 위해 이미 만들어진 제도의 욕망-기계를 선택하게 된다.

자무쉬의 〈고스트독: 사무라이의 길〉이 던진 문제는 단순히 부시도를 따르는 20세기 아프리카계 미국인이 현대 문화의 조건에서 적응에 실패한 비시간적 인물을 그려 내고자 함이 아니다. 사실, 주인공 고스트독은 도시 생존에 완벽하게 적응한 탄력적이고 창의적인 개념의 페르소나이다. 더 나아가, 〈고스트독: 사무라이의 길〉은 적응에서의 실패가 어떻게 사유의 선험적 순환에서 벗어나 동시에 창의적으로 수정될 수 있는지에 대한 물음을 던진다. 괴물의 탄생처럼 자무쉬의 〈고스트독〉은 적응에서 실패했을지 모른다. 그러나 이 실패는 단지 새로운 교육적 도입의 시작일 뿐이다. 〈고스트독〉이 사무라이 장르로 각색을 실패한 것은 곧 적응 논리로 되돌릴 수 없는 비시간성적 삶의 출발을 의미한다. 즉, 자무쉬가 비록 사무라이 영화의 정치-역사적 의미를 예시로 삼았지만, 〈**고스트독**〉은 역사 속으로 되돌아가지 않는다. 자무쉬는 사무라이 영화를 화살인 것처럼 활시위[5]에 매고서 새로운 궤적을 따라 일련의 새로운 당혹감 속으로 발사한다. 이런 의미에서 자무쉬는 "죽은 시간" 혹은 특이성을 현재에 소개하는 비시간(the untimely)의 삶을 창조하는 실험을 한다. 이러한 삶은 중심파괴를 거치고 지엽적으로 전개되면서 잠재적인 **전쟁-기계**(war-machine)의 출현을 그리기 시작한다. 이 전쟁-기계는 국가적 사고와 신자유경제에 특유한 제한 전략에 맞서는 것을 목표로 삼는다(Deleuze & Guattari, 1986).

사적 사상가와 공적 사상가

비시간성(the untimely)은 탐욕스러운 반(反)지성주의 시대에서는 정치적 힘의 양상을 띨 수 있다. 파이너(Pinar, 2004)가 예상하듯이, 비시간성은 오늘날 교육과정 이론 분야에서 요구되는 학자의 특성이다. 파이너는 **더 잘 안다**는 지적 선구자의 자부심을 버린 채 국가에 무비판적으로 충성하는 사상가들을 매도하면서, **한 명의** 사적 사상가(a private thinker)로 들뢰즈와 가타리의 교육과정 철학자를 떠올렸다. 국가의 욕망-기계에 의심 없이 적응하고 생각하기를 멈춘 **공적 교수**(the public professor)에 대항하여 **사적 사상가**(the private thinker)를 대치시킨다. 사적 사상가는 반(反)사고(counterthought)를 갖고 사유하는데, 반사고는 거칠게 행동하며 지속적으로 나타나지 않는다. 그리고 역사 속에서 작동한다(Deleuze & Guattari, 1984, p. 44). 그러나 들뢰즈와 가타리가 시인했듯이 사적 사상가라는 표현은 뭔가 부족하다. 즉, 사적이라는 생각은 보통 고독을 의미한다. 그러나 들뢰즈와 가타리가 떠올리는 고독의 양상은 주변에 사람이 많으며, "**아직-오지-않은 사람과 엮여 있다**"(p. 44). 온전히 내성적 모습의 철학자의 이미지와는 다르다. 따라서 사적 사상가가 제

---

5) 이 과정은 활줄 위에서 화살의 배치물을 말한다. 혹은 두 개(a+b)의 '기계 가공(machining)'으로 그들의 잠재력을 변경하는 관계를 말한다.

기한 질문은 **외부의 사유**(outside thought)이다. 나아가 외부[6]의 힘과 관련하여 사유를 배치하는 질문이다. 사적 사상가는 이 작업에서 **있는 그대로**의 세계에 적응하는 것을 원하지 않는다. 오히려 그의 임무는 삶이 어떻게 **될 것인가** 라는 질문을 허락하는 외부의 실험적 사고를 동원하는 것이다. 사적 사상가는 이런 차원에서 전쟁기계(회로 차단기)를 동원한다(Deleuze & Guattari, 1986). 그리고 이 전쟁 기계는 **우리를 위하여** 사유한다고 하는 바로 그 모형과 이미지를 반대한다. 들뢰즈의 작업은 이런 맥락에서 중요하다. 왜냐하면 들뢰즈 방식이 "학파"와 학파의 "방법론"이 만들어지는 것을 **막기 때문**이다. 들뢰즈는 작업 전반에 걸쳐 어떤 특정 학파에 속하거나 그것을 모색하려 하지 않았다. 그 대신 백과사전식 사고 외부에 있는 자로서 주장을 피력하였다.

짐 자무쉬(Jim Jarmusch)는 공식적 의미에서 보면 교육과정 학자가 아니다. 그러나 그의 작품은 사적 사상가[7]로서 현대 교육과정 이론을 생각해 볼 비시간성의 양식을 제공해 준다. 이러한 비시간성 양식은 〈**고스트독: 사무라이의 길**〉에서 죽음의 질문으로 시작한다. 나아가 재현주의 논리가 날조되거나 우화가 되어 버린, 새로운 사회적 힘 때문에 부적절하게 되어 버린 장소에서 인간이 어떻게 살아갈 것인가에 대한 물음으로 시작한다. 자무쉬는 〈**고스트독**〉을 통해서 들뢰즈가타리(Deleuzeguattarian: Deleuze & Guattari, 1987)의 **특이성**(singularity)으로 재현을 대체하는 해답을 제공한다. 즉, 자무쉬의 〈**고스트독**〉은 **한** 삶을 구성함에 있어서 더 이상 재현의 거울 이미지에 의존하지 않는다. 나아가, 그가 한 18세기 일본의 봉건제도와 20세기 미국의 도시 삶이라는 비시간성의 구성 배치는 **검사용 거울 속의 모습이나 세상을 반사하는 얼굴을 따르는 인물**에는 맞지 않다. 특이성 개념은 거울을 대신하여 이전에는 생각할 수 없었던 지도 기록 양식을 떠올리게 한다. 콘리(Conley, 2005)가 말한 바와 같이, 유럽 탐험가들이 세계에 대한 이전의 재현을 무시했기 때

6) 이러한 생각하는 사람은 스피노자(Spinoza)의 삶에서 친구와 학생과 친한 관계 속에서 일하는 대신에 공공 교수직의 제안을 거절한 사람이라 생각된다.

7) 자무쉬(Jarmusch)는 그의 흑백 영화의 유일한 소유자로서 그의 영화를 독점적이고 창조적으로 통제하는 것을 유지하였다. 악명 높은 이례적인 영화는 닐 영(Neil Young)이 제작하고 소유한 영화인 자무쉬(Jarmusch)의 〈**말의 해**(The year of the horse)〉이다.

문에 15세기 인도 제도와 카리브의 해양 탐험이 가능하였다. 이전에 갖고 있던 이미지로 공간의 다양성을 생각할 수 없었던 우주지리학자들은 "다른 것과 차이라는 새로운 형상"(p. 252)을 기록하고 설명하는 작업으로 옮겨 갔다. 이런 면에서 독특한 변이의 지점으로 섬들을 지도에 기록한 것은 사유를 다시 시작하기 위한 필연적 귀결이다. 자무쉬의 〈고스트독: 사무라이의 길〉은 하나의 이런 섬이라고 볼 수 있다.

재현의 시대가 막을 내리는 시점에서 자무쉬의 영화 지도 제작법은 쿠레레(삶의 과정)의 개념화를 하기 위한 하나의 기법으로 교육과정 이론 분야에서 의미가 있다. 교육과정 분야에서 대학교수의 인식체계 분류, 교육과정 범주, 교육철학자의 특정방식(교육과정 기초)에 따른 지속적인 책읽기가 성행 중이다. 이런 관계로 교육과정 분야는 철저하게 따라 베끼는(tracing) 지층화된 장이 되어 버렸다(Gregoriou, 2008). 즉, 교육과정 분야는 이것만으로도 가장 피폐한 이미지를 갖게 되었다. 즉, 잠재적 지도 제작 연결의 가상성에서 추출된 습관의 이미지이다. 따라 베끼기는 지도 그리기와는 반대로 선택과 고립, 폐쇄만의 재생산, 구조화의 지점, 지도 자체의 과잉으로 작동한다(Deleuze & Guattari, 1987). 교육계에서 우리는 더 이상 우리 고유의 문제에 부합하지 않는 운동과 조직 회로를 기반으로 계속해서 우리 자신을 생산하고 있다(Deleuze, 1988). 나아가, 계획인 교육과정의 선험적 문제들을 계속 취급 중인 우리 자신을 마주할 수 있다. 그러나 〈고스트독: 사무라이의 길〉에서 자무쉬는 지도에서 따라 베끼며 재배치하기를 할 수 있다. 즉, 삶에 영향을 미치는 잠재력, 독특한 지점 그리고 폐쇄를 분석하기 위해 평면을 만들 수 있다.

이런 기법은 현대 교육과정 이론에서 중요하다. 왜냐하면 우리로 하여금 지형과 누출의 관계를 생각하게 할 뿐만 아니라, 더 나아가 더 이상 습관으로 축소되지 않는 새로운 관계 형식을 맺을 따라 베끼기(tracing)를 할 수 있게 해 주기 때문이다. 들뢰즈와 가타리(Deleuze & Guattari, 1987)는 다음과 같이 주장한다. "리좀으로 지탱될 뿌리나 나무를 연결하는 것이 과제이다. 막다른 골목들은 지도 위에서 다시 놓여야 하고, 가능한 탈주선을 그것들에게 열어 주어야 한다"(p. 14). 정반대의 수목형(따라 베끼기)과 리좀형(능동적 지도 그리기)에 대항하여, 이 둘은 기술적 배치 안으로 들여야 한다. 이런 배치는 따라 베끼기가 천천히 움직이거나 오히려 차이와 함께 반복하는 것이다. 그러한 기술은 표면상으로 음반 제작자가 작품 구성하는 장면과 유사하다. 음반 제작자는 원곡의 후렴구를 만들 때 비닐로 된 레코드판 특유의 홈 위에 지도 그리기의 변화를 준다.

구멍 뚫린 공간의 낯섦

"더듬거리"는(stuttering) 지도 그리기의 장(소)을 따라가다 보면 〈**고스트독**〉을 소개하는 장면이 나온다. 이 영화는 전달자인 비둘기의 비인간적인 관점을 통해 도시경관의 전반적인 모습을 전개한다. 조선소, 발전소, 지하철, 고속도로 분기점을 떠다니는 〈**고스트독**〉의 시작 장면은 도시경관을 수목형(따라 베끼기)과 리좀형(지도 그리기)으로 제시한다. 달리 말하면, 도시공간은 전달자인 비둘기의 비인간적 관점을 통해 도시 움직임의 순환 경로를 기록한다. 습관적으로 따라가는 그 경로를 지도 자체로 대신한다. 그러나 카메라의 눈인 **비둘기-되기**는 또 다른 종류의 기록을 한다. 〈**고스트독**〉의 전반부 장면은 도시 이동의 추적 가능한 경로와 지도의 내재적 잠재력을 배치하는 구성의 한 국면을 만들면서, 들뢰즈와 가타리(Deleuze & Guattari, 1987)의 **구멍 뚫린 공간**이 무엇인지 보여 주기 시작한다. 이 공간은 홈이 파인(조직된) 공간과, 매끈한(탈영토화된/유목민의) 공간을 가로질러 소통한다.

비둘기-되기인 카메라가 판잣집 지붕 위에서 쉬고 있을 때, 이것이 자무쉬의 〈**고스트독**〉의 구멍 뚫린 공간임을 우리는 알게 된다. **고스트독**은 도시경관의 홈 파인 복도 내에 거주하고 있다. 그러나 이 공간은 동시에 **공공설비를 사용하지 않는 지상에 있는** 구멍 혹은 틈새이며 코드화된 공간과는 (거리가) 벌어진 곳이다. **고스트독**의 구멍 뚫린 공간 조성은 그늘진 거리의 보호막 아래에서 감지 불가능한 "그의" 움직임, 버려진 주택, 유기된 골목길을 통해 더 적나라하게 묘사된다. 중요한 시작 한 장면에서 두건을 쓴 **고스트독**은 이 구멍 뚫린 공간을 활용해 경찰 검색을 피한다. 자무쉬의 반영웅(antihero)은 이후 어느 장면에서 이탈리아 마피아[8]의 팔을 공격하기

8) **고스트독**은 마피아 두목 레이 바르고(헨리 실바)의 딸에 의해 관찰된 후 죽음을 위한 표시가 되었다. 이때, 그녀의 남자친구(프랭크)가 암살을 계약한다. 조직 내부에서 프랭크의 계약서 발급을 의심할 것을 우려한 바르고는 루

위한 발판으로 숲의 덮개를 활용한다. 고스트독은 이런 맥락에서 게릴라 군과 사이버공간 해커들이 특히 이용하는 구멍 뚫린 공간의 배치 속으로 들어간다. 이 지하운동은 국가의 감시와 군사 전략을 피하기 위해 틈새, 허공, 보호 덮개를 동원한다. 이때, 숲과 인터넷이라는 구멍 뚫린 공간이 각각 활용된다. 같은 맥락에서 중퇴한 학생들은 교육기관의 불안한 존재가 되어 왔다. 왜냐하면 중퇴는 학생들의 신체 주관성에 대해 조사해서 예측하는 감시 매커니즘과 정규 등록을 어느 정도 비껴가기 때문이다.

여기서 구멍 뚫린 공간은 두 가지 연결방식에서 생각해 볼 수 있다. 하나는 지하 통로와 틈새, 열린 부분이 있는 리좀적인 것이고, 다른 하나는 코드화되고 따라 베끼고 막힌 것이다(Swiboda, 2004). 즉, 구멍 뚫린 공간은 본래 코드화된 공간에 들어 있지만, 동시에 그 지하조직 되기(underground becoming)를 유지하기 위해 온갖 종류의 리좀적 출구들을 이용한다. 이러한 지하조직 되기를 "국가는 완전히 통제하지 못한다"(Bonta & Protevi, 2004, p. 96). 버려진 창고, 지하철 터널, 은밀한 라디오, 인터넷 사이트 같은 구멍 뚫린 공간과 함께 연결된 청소년들의 무용, 음악(광란의 파티), 낙서(폭탄) 운동은 전혀 놀라운 것이 아니다. 청소년의 다양한 지하운동의 공간 배치는 국가에게는 위협에 해당한다. 그러나 이는 사회적 누출(탈주)을 따라가며 잡으려는 감시망에서 벗어나고자 하는 욕망의 당연한 결과라고 할 수 있다.

구멍 뚫린 공간은 형이상학이 유독 서양 로고스에 존재하는 것과 반대로, 고대 로고스 중심주의의 쌍둥이인 로소스(loxos, 매복의 장소)에 가깝다. 하늘[우라노스(Ouranos)의 초월적 힘]에서 보이지 않던 로소스는 왕국을 제거하기 위해 생겨난 "새로운 종족인 야만인"이 모습을 드러내는 등장점이다(Hardt & Negri, 2000, p. 217). 로소스는 헤시오도스(Hesiod)의 창조 신화인 『신들의 계보(Theogeny)』에 나온다. 하늘의 신 우라노스가 땅 가이아(Gaia)를 더럽힌 결과로 인해 매복장소(loxos)에서 크로노스(Kronos)가 태어난다. 그리고 환영받지 못한 구혼자를 거세한 후, 땅의 몸으로부터 하늘을 분리시킨다(Lambert, 2005). 로소스는 이런 의미에서 위로부터 과잉

이(Louie)가 꺼려 함에도 불구하고 부시도와의 전쟁을 선포해서 고스트독을 희생양으로 삼는다.

코드화를 막아 내는 땅의 음모이다. 사람들이 "세계화라는 비대한 형상에서 새로운 하늘을 생각하고 있을 때, 램버트(Lambert)는 현대의 절박한 문제를 드러내 준다 … 비대한 형상은 땅 위에 아주 육중하게 누워서, 계속 팽창하는 몸 안에서 모든 욕망-생산을 내면화한다"(p. 224).

푸코(Foucault, 1979)의 국가 감시에 관한 계보학이 징계 감시를 위한 파놉티콘적 장(소)과 공공성과 가까운 지하감옥을 포기하는 것에서 **시작한다**는 점은 어쩌면 놀랄 일이 아니다. 푸코는 이렇게 쓰고 있다. "파놉티콘의 메커니즘은 … 지하감옥의 원칙을 뒤집는다. 빛을 감싸고 빼앗고 숨기기 위해서 … [가]시성([v]isibility)은 하나의 함정이다"(p. 200). 감시 계보학은 사회적 기계(social machine)를 만드는 것에서 출발한다. 즉, 신체들을 빛과 소극장으로 가져와 구멍 뚫린 공간(**로소스**)을 메꾸는 사회적 기계를 만드는 것에서 출발한다. "이 소극장에서는 모든 배우를 … 계속 볼 수 있으며, 또 곧바로 식별할 수 있다"(p. 200). 푸코(Foucault, 1979)의 기록에 따르면, 17세기는 문제의 역병 출현으로 계속된 조사와 영구 등록이라는 새로운 사회적 장치(social apparatus)와 맞닥뜨렸다. 이 장치는 결국 감옥, 병원, 공장, 학교의 징계 기계로 확대되었다. 이렇게 일반화가 가능해진 파놉티콘의 징계 기계는 수감자, 인턴, 근로자, 학생들의 행동, 이동, 분포를 **한눈으로 확인할 수 있게 해 준다**. "자신이 가시권에 놓여 있다는 것을 아는 사람은 자기 복종의 원칙이 된다"(p. 203). 이런 의미에서 구멍 뚫린 공간은 학교라는 지정학적으로 홈이 파인 공간, 즉 평가 감시, 기록 과정을 통해 주로 기능하는 공간과 합쳐진다. 따라서 **일반적으로** 교육에서 빼내진 교육적 삶은 구멍 뚫린 공간의 마련이 필요하다. 이 공간이 만들어질 경우, 예상되지 않은 **신체(나 되기에)-있는-신체**를(bodies-in-becoming) 위한 안티 하우스(안티 오이디푸스)가 생성된다. 이런 공간의 생성은 기관 없는 신체(Body without Organ: BwO)의 음모이며, 이는 파놉티콘적 힘이 개입하는 것에 저항한다.

달리 말하자면, 교육적 **한** 삶을 창조하는 과업이란 이미 만들어진 장(소)을 점유하는 것 혹은 누구의 이름으로 새로운 공간을 영토화하는 것이 아니다. 오히려 **한** 삶을 창조하는 과업은 **아직 오지 않은 사람들**이 출현할 기반을 마련하면서, 장이 구멍지도록 장(소)을 점령하는 법을 배우는 것이다. 즉, 홈이 파인 형태의 장(소)에 형상이 확정적이지 않은 도형 모양을 도입하는 것이다. 이는 프랙탈(fractal)[9]의 사회적 공간을 만듦으로써 이뤄진다. 예를 들면, 자무쉬의 〈고스트독〉에서 삶은 생산적으로 볼 때 비정상적인 주관성으로 나타난다. 즉, 이미 확립된 패턴의 의미를 따라 셈하는 것이 더 이상 불가능한(denumberable) 주체이다. 불가산성의 문제, 즉 〈고스트독〉의 반기표작용적(countersygnifying) 체제의 생성은 자무쉬 영화 표현 전반에서 그 힘을 받고 있다. 어느 한 장면에서 고스트독의 살해 임무를 맡은 한 마피아 단원이 그때까지 감지할 수 없던 고스트독의 모습을 추측한다. 그러나 불운하게도 자신들의 표시에 따라 작성된 몰적 식별 범주(크고 흑인이다.)에 따라 그 모습을 추측한다. 그 마피아 단원은 뒤따라가면서 고스트독일 수도 혹은 아닐 수도 있는 남자의 신원을 파악하려고 애쓴다. "이봐, 도대체 너 뭐야?" 한 깡패가 총을 들고 묻는다. "카유가(Cayuga)."라고 그 남자[게리 파머(Gary Farmer)]가 응수한다. 마피아 폭력배는 "카유가가 뭐야?"라며 당황해서 내뱉는다. 의미심장하게도 고스트독으로 소개된 불가산성(nondenumberability)의 문제는 마피아로 하여금 일련의 폭력적 행동을 하도록 유도한다. 자무쉬는 이를 통해 폭력적인 몰적(통계적) 사고의 구조를 드러내어 한 개별자의 삶을 생성하거나 설명하는 데 있어 그 사고 구조가 부적절하다는 것을 보여 준다. 달리 말하자면, 〈고스트독: 사무라이의 길〉은 차이를 생각하지 않는 정체성주의 정치를 나타낸다. 더 나아가, 차이를 생각하지 않음이 곧 차이 자체의 살해라는 것을 정체성주의 체제가 알지 못함을 보여 준다. 두 명의 곰 밀렵꾼이 "희귀"한 동물을 죽이며 기쁨을 드러내는 것을 고스트독이 마주한 장면에서 자무쉬는 이를 잘 전달해 준다. 자무쉬 작품의 필연적 결과는 제도권의 폭력 형태로 지속되는 여러 교육과정 연구에서 볼 수 있다. 이 제도권의 폭력 형태에서는 변형이나 변칙들(ANOMALies)을 존재하거나 반드시 존재해야 한다고 우리가 믿는 것으로 바꾸려고 애쓴다(Hwu, 1993).

9) 프랙탈의 중요성은 유클리드 재현의 통합에서의 '복잡화'에 있다. 특히 프랙탈은 전체-하나의 수치로 환원할 수 없는 '불규칙성'을 도입한다. 프랙탈은 항상 1보다 크거나 작다. 더 나아가, 프랙탈은 더 이상 이전 형태의 기하학적 사고로부터 그것의 재현 모델을 끌어내지 않는다. 일부 프랙탈 패턴은 반복되지만, 프랙탈 자체는 매우 '독창적'이거나 오히려 비표현적이다.

〈**고스트독**〉의 지형정치학은 형태가 정해지지 않은 프랙탈(fractal) 공간에서 나타난다. 즉, 이 공간은 감시받는(홈이 파인) 도시 공간과 버려진(매끈한) 도시 공간, 코드화된 공간(거리, 문이 있는 집들)과 열린 공간(공원, 하늘), 정체성을 중시하는 공간(마피아의 폐쇄된 민족적 공간)과 정체성을 중시하지 않는 공간(**고스트독**의 혼종 민족성을 통해 나타남.)을 횡단하며 소통한다. 또 구멍 뚫린 공간은 **프랙탈**적인 **고스트독**의 기억에서 그 모습을 드러낸다. 여기서 **고스트독**은 하가쿠레(Hagakure)의 비시간성 글쓰기를 통해 사무라이-되기(becoming-samurai)를 한다. 이런 가운데 그는 18세기 **부시도**의 **코드화된** 격언과 더불어 힙합 문화의 **프리스타일**로 배치된 프랙탈적 실재를 감응적으로 만들어 낸다. 프랙탈적 기억은 구로사와(Kurosawa)의 영화에서 **라쇼몽**(Rashomon) 사건들[10]을 구성하는 여러 가지 다른 인식들에 대한 암시를 통해 개략적으로 볼 수 있다. 관객들은 **고스트독**이 마피아 단원 루이(Louie)[존 터미(John Tormey) 분]에게 충성을 맹세하는 시간-이미지에서 두 가지 다른 기억-이미지로 이끌린다. **고스트독**은 유년시절 겪은 잔인한 신체적 폭행을 떠올리면서 루이의 때맞춘 개입을 회상한다. 여기서 **고스트독**은 자신을 살해하려는 백인 가해자들보다 앞서 그들에게 총을 쏜다. 그러나 루이의 회상 속에서는 가해자들이 무기를 폭도들에게 겨누고, 이 폭도들은 자기방어 개념으로 백인 살해자들에게 총을 쏴 쓰러뜨린다.

〈**고스트독**〉에서 구멍 뚫린 공간의 생성은 **있는 그대로**의 세계 안에 균열을 일으킨다. 마수미(Massumi, 1992)는 이를 '미래의 파편들(shreds of futurity)'이라고 부른다(p. 105). 즉, 구멍 뚫린 공간은 모든 종류의 되기에-있는-신체(bodies-in-becoming)를 위한 준비 구역이다. 홈이 파인 공간을 스위스 치즈조각으로 만들어 **뚫어 버리**는 가운데, "구멍 뚫린 공간은 들뢰즈가 '… 한 삶(a life)'이라 부르는 것을" 회피하지 않고 환대하는 방법을 약속해 준다(Frichot, 2007, p. 170). 프리숏(Frichot)은 **한** 삶 창조하기의 어려움에 대해 다음과 같이 묻는다. 즉, 지배적 질서가 절대적으로 억압을 하지 못하는 가운데, 폐기된 혹은 구멍 뚫린 공간을 동시에 유지하면서 우리가

10) 역자 주: 구로사와 감독의 영화 〈라쇼몽〉에서는 살인 사건에 대한 등장인물의 각자 다른 여러 가지 인식이 나타난다.

어떻게 "홈 파인 몰적 조직의 일부로서 내부를 통과할 수 있을 것이라는 물음이다"(p. 176). 아감벤(Agamben, 1998/1999)을 따른 이 물음은 삶 전반에서 창조적 힘들이 바이오파워(biopower)의 영향력 행사 완화에 어떻게 동원되는지에 대한 것이다. 이것은 현대 교육과정 이론이 직면한 중요한 물음이다. 왜냐하면 이것이 사적 교육과정 사상가들의 과제가 홈 파기(hollowing out)나 "탈출 지역" 마련하기의 창조적 실천을 지향하고 있음을 시사하기 때문이다(Frichot, 2007, p. 175).

이러한 실천은 가짜 문제를 극복하고 새로운 문제를 안내하기 위해 다른 연구 분야를 우회하는 후기-상황주의 연구소(post-Situationalist Institute)에서 진행하는 교육 실험에서 찾아볼 수 있다. 이 연구소는 응용 자율성(Applied Autonomy), 비판적 예술 앙상블(Critical Arts Ensemble), 사이버네틱 문화 연구단체(Cybernetic Culture Research Unit)를 위한 곳이다. 즉, 각각은 전통적인 규율적 사유의 장(소)에 구멍을 뚫어 게릴라식 예술 실행을 위한 이동식 작업장을 만든다. 예를 들어, 응용자율성 기관의 아이씨 프로젝트(iSee project)는 뉴욕 전역에 폐쇄 회로 텔레비전 카메라(CCTC)를 설치하여 "최소한의 도시 감시(least urban surveillance)"라는 구멍 뚫린 공간을 그린다. 이런 맥락에서 되기에 있는 신체(bodies-in-becoming)는 반드시 **태만한 지도 그리기**(derelict cartographies)의 생성을 욕망해야 한다. 이 태만한 지도 그리기는 공간의 홈이 파임 혹은 완전한 매끈함도 갈망하지 않는다. 결국에는 사막과 바다의 가장 매끄러운 공간조차도 국가의 인공위성과 정찰기에 의해 실시간으로 지도를 그릴 수 있다. 대신에 한 교육적 삶은 들뢰즈가타리(Deleuzeguattarian)의 구멍 뚫린 공간 개념에 명한 방식으로 여겨진다. 여기서 구멍 뚫린 공간은 뜨내기 공연자가 임시 쉼터를 만드는 것을 생각하는 개념적 힘이다.

매끈한(코드화되지 않은) 공간의 잠재적 위험에 대한 경고

구멍 뚫린 공간의 생성이 더 이상 습관적인 따라 그리기를 하지 않는 한, 블록(Block, 1998)의 **방랑자 교육(vagabond pedagogy)**은 새로움을 시도하는 경계에 위치해 있다. **방랑자 교육**은 홈이 파인 공간을 차지한다. "그것의" 사용은 도망갈 공간을 만들거나 오히려 탈출을 위한 매끈한 공간을 생성하는 경향이 있다. 그러나 탈영토화의 절대적 한계를 가진 **방랑자 교육과정** 참여에 대한 경고가 **반드시 제시되어야 한**다. 현대 지정학적 질서 안에서 방황과 실종 행위를 통한 저항은 국가 통제 메커니즘과 결합된다. 들뢰즈(Deleuze, 1992)가 발전시킨 것처럼 **폐쇄 회로 카메라, 은행카드, 인터넷 추적 소프트웨어, 인공위성지도 제작** 같은 개요적(synoptic) 감시 형태는 **사회적 방황(social wandering)을 포착한다.** "통제 메커니즘(control mechanism)의 개념은 개방된 환경 안 어떤 요소에 위치하는지 주어진 순간을 (보호구역 안의 동물이나 회사 내의 인간이 찬 전자 목걸이처럼) 알려 준다. 이는 공상과학 소설 개념들 중 꼭 필요하지는 않다"(p. 7).

이러한 전환은 교육기관까지 확대되었다. 교육기관은 더 이상 엄격하게 분할된 현장이나 실습으로 예측되지 않는다. 오늘날 교육 장치는 경제성 도입으로 **매끈해**지고 있다. 이는 **편입학점이나 편입학 학위** 그리고 고등학교 수준의 대학 입학이 생겨나기 때문이다. 사회 통제를 위한 완전히 적응된 그러한 교육기관 **암호**의 교환적 가치는 시장경제의 힘으로 뒤집히는 새로운 교육 형태를 효과적으로 생산한다. 표면적으로는 그것의 "뿌리" 같은 표시(graduation)의 수목형 **목적**(telos)을 차단하고, 현대 교육은 유연성, 불완전성 그리고 모듈레이션을 가진 시장 모델로 수정된다(Gregoriou, 2008). 이 모델 속에서, "교육은 훈련의 … 열린 체계로 … 돌연변이한다 … 그곳에서 그 어느 것도 끝내지 못했다는 채무감을 항상 느낀다"(p. 102). 이런 교육의 상품화는 그 자체로 리좀적(매끈하다)이다. 즉, 현대 교육의 상품화는 종종 물가안정 이론의 특성을 갖고 있다. 이는 **계속적 되기, 끝없는 연장**과 **재시작**이다. 교육기관은 재영토화 노선을 따르고 있다. 이는 **평생교육, 영구적 재훈련** 그리고 끝없이 계속되는 평가와 수행적 **등록**이다. 이는 **"어떻게 배우는지 학습"**의 끝없는 교육 프로젝트 속에서 쉽게 조직된다. 들뢰즈와 가타리(Deleuze & Guattari, 1987)가 주장하듯, 매끈하거나 코드화되지 않은 공간의 생산은 평형을 이루는 자질을 선천적으로 갖고 있지 않다. 표면적으로, 교육의 상품화는 **방랑자들**을 끌어들이고, 생산하기를 열망한다. 유연한 훈련과 등록(교육적 '서비스')의 새로운 형식을 위해 지속적으로 움직이는 주체자들은 계속해서 동원될 수 있다.

포획의 위협 속에서, **방랑자** 훈련은 홈 파인 공간이나 리좀적 공간 두 개 모두와 함께 공명하도록 만들어야 한다. 이 공명의 지점은 **쉼터**라는 구멍 뚫린 공간 속에서 볼 수 있다. 이는 저항을 위한 임시 전략 장소이다. 준-학교인 올(판)드(리프트〉) [O(rphan)d(rift〉)]나, 지하 방주 단체(underground ark collective) 같은 예술가 소모임이 구멍 뚫린 공간을 그리기(diagram)시작한다. 그리고 사디 플란트(Sadie Plant)의 **사이버네틱 문화연구 유닛**(Cybernetic Culture Research Unit) 같은 비기관의 학술적 "개념 기술자들"이 그와 같은 구멍 뚫린 공간을 그리기 시작한다. 이 같은 사례에서, 구멍 뚫린 공간은 습관적 사고와 행동의 **구두점**(punctuation)의 전술적 시작점으로 또 다른 차원을 맡는다. 즉, "[사고의] 썩은 단면"과 "기관적 제재"의 힘에 대항하는 탈주선을 표시한다. 이는 학문의 자유계약자로 그 자신을 재생산한 탁월한 식물(Plant)이다(Reynolds가 인용한 Eshun & Plant, 2008, p. 178).

유령, 개들 그리고 다른 변이를 위한 구멍 뚫린 공간

자무쉬의 〈**고스트독**〉에서 동원되는 질문은 들뢰즈가타리의 구멍 뚫린 공간 개념에서 확장된 것이다. 구체적으로 〈**고스트독: 사무라이의 길**〉은 홈 파인 힘과 리좀적 힘이 함께 공명하여, **하나의** 삶을 창조하는 실험을 한다. 이 실험은 **고스트독**이 쓰네토모(Tsunetomo)의 『**하가쿠레**(Hagakure)』와 소통할 때 가장 잘 나타난다. 『하가쿠레』를 통해 **고스트독**은 **부시도**의 엄격한 봉건적 계율 안으로 들어간다. 현대 정체성 정치와 보조를 맞추지 못한 채 비시간적 삶의 방식을 창조한다. **사무라이가-된**(Becoming-samurai) **고스트독**은 의식화된 명상을 수행하고, 군사적 전투로 훈련을 하고, 마피아 두목 루이(존 터미 분)를 위한 부하로 떠돌이 생활을 하면서 『하가쿠레』의 격언을 실천한다. 그러나 **고스트독**은 『하가쿠레』의 코드화된 격언과 **부시도**의 군사적 방법과 소통하면서, 부수적으로 능숙한 **암호-해독자**(code-breaker)가 된다.

영화 앞부분에서 **고스트독**은 자동차 경보기와 시동 장치를 해킹하기 위해서 전자 기구를 사용한다. 그는 나중 장면에서 양복을 훔치고 훔친 차량의 번호판을 바꾸고, 부동산 중개인 흉내를 낸다. 이것은 마피아의 시골 은신처에 접근하기 위한 것이다. **고스트독**은 다른 장면에서, 홍색과 청색의 기호 코드에서 벗어나 비시간적인 제휴를 맺고 국가의 군사 장치 기능에 필요한 적을 만드는 데서 도피하는 것으로 묘사된다. 대신에 **고스트독**의 급진주의는 관계 생성에 있어서, 반대 세력을 넘어서 "의사소통"할 수 있는 "그의" 능력에서 부분적으로 생겨난다. 여기서 친구(강한 제휴)나 적(과잉코딩)의 필요성은 전제되지 않는다. 중요한 것은 **고스트독**이 가장 친한 친구인 아이스크림 행상을 하는 아이티 사람 레이몬드(Raymond)[이삭 드 번콜(Isaach de Bankolé) 분]와 대화에서 각자 말을 하지만, 한마디도 이해하지 못한다는 점이다. 즉, 그들의 관계는 "알기 쉽거나" 재현적 유형의 대화의 특권적 지위에 의존하지 않는다.

이러한 암호 해독 사건들은 **부시도**의 엄격한 군사적 코드와 **별개의 것이 아니며,** 『하가쿠레』 자체를 실천하는 **고스트독**에게는 고유한 것이다. 예를 들어, **고스트독**이 사용한 사회적이고 경관적인 위장술은 쓰네모토(Tsunemoto, 1979)의 격언에서 나온 것이다. "누군가 취기가 가시거나 잠에서 깨었을 때, 안색이 나쁠 수 있다. 그럴 때는 가루 루즈를 꺼내 바르는 것이 좋다"(p. 75). 알아볼 수 없는 형체의 외모에 대한 쓰네모토의 지시를 **고스트독**이 실행한다. 신원을 해킹하고, 그 요새화된 폭도의 은신처에 **접근**하기 위해 **고스트독**이 실행한다. 또 다른 장면에서, 이미 죽은 것처럼 살아야 한다는 쓰네토모의 가르침으로 **고스트독**은 유령처럼 도시 이동을 추진한다. 자무쉬의 〈**고스트독**〉 전 과정에서 『하가쿠레』의 코드화된 격언은 암호 해독 잠재력과 관련되어 있다. 그로 인해 코드(수목형)화된 힘이나 비코드화(리좀형)된 힘 간의 대립적인 개념화가 방해받고 있다. 대신, 자무쉬의 〈**고스트독**〉은 하나의 구멍 뚫린 공간을 창조하여 『하가쿠레』의 격언과 의사소통하고, 부수적으로 그것의 기형학적 차이를 생산한다. 새로운 경관 안에서, 쓰네토모의 『하가쿠레』로부터 괴물을 탄생시킨 자무쉬는 소위 배신의 윤리(ethics of betrayal),[11] 도둑맞을 수 있는 것

---

11) 들뢰즈와 가타리(Deleuze & Guattari, 1987)는 성경에 나오는 카인의 형상은 흙의 표시가 아니라 토양의 표시라고 주장한다. 이는 지상-거주자들에게 텅 빈 공간은 절도와 배신의 장소이기 때문이다. 그러나 카인을 절도와 배신의 형상으로 정서적 징후의 지하층[sous-sol]을 매어 두는 한 텅 빈 공간과 관련된 **갤러리**(구경꾼)는 범죄자로 가정한다. 들뢰즈와 가타리(Deleuze & Guattari, 1987)는 다음과 같이 말한다. "카인의 징후는 지하층의 육체적이고 정서적인 징후로 어느 한 곳에도 멈추지 않고 홈 파인 정주 공간과 매끈한 유목지(솔)를 지나간다

만 제공하는 것으로 행해진다(Deleuze, 1990). 데리다(Derrida, 2003)의 주장에 의하면, 어떤 사상가나 사고에 대한 충성심은 베끼기나 뒤따르기와는 아무 상관이 없다. 오히려 "가장 수요가 많고, 정통적인 방법으로 … 뒤따른다는 것은 '하나의 아콜(anacol)',[12] '뒤따르지-않기', 이를테면 추종자나 단체 안에서 단절을 암시한다" (p. 7).

비시간성과 낯섦: 한 삶의 지형교육적 생성을 향하여

〈고스트독〉은 일반적이거나 세계적인 의견보다 주목할 만하거나 독특한[13] 의견의 배치를 통한 쿠레레의 작품 구성을 강조한다. 그러한 배치를 지형교육적(geopedagogical)이라고 부를 수 있으며, 이것은 들뢰즈(Deleuze, 2004)의 문제(problem) 개념과 친숙하다. 들뢰즈가 쓴 것처럼, 우리는 공식화된 대응이나 해법을 통해서만 해결된, 이미 만들어져 나타난 문제들을 믿게 되었다. 들뢰즈는 다음과 같이 주장한다. 이러한 허상은 우리가 "실험이나 정부의 국민투표에서 발견하는 기괴한 이미지의 문화" 속에서 분명하게 나타난다. 이 문화는 "우리가 단순히 대응할 수 있는 것만으로도 승리했다."(p. 197)라는 위안을 받거나 그렇게 믿도록 주의를 돌린다. 이 유치한 시나리오에서 우리는 우리의 해결책이 진실인지 거짓인

… 야금사의 이중 절도와 이중 배신을 [표시한다]"(p. 414). 그러한 배신이 자무쉬의 작업의 핵심이다. 그는 다음과 같이 말하였다. "어떤 것도 독창적이지 않다. 영감을 불러일으키거나 상상력을 북돋우는 곳이라면 어디서든 훔치라 … 그리고 도둑질을 숨기려고 하지 말라. 당신이 그것을 좋아한다면 축하하라." 어쨌든, 장 뤽 고다르(Jean Luc Godard)가 말한 것을 항상 기억하라. "물건을 가져오는 곳이 아니라 가져가는 곳이다."

12) Acol(아콜)은 브리지 카드 게임에서 사용하는 특정한 비딩 전략으로, 주로 가벼운 오프닝 비드와 다양한 상황에 유연하게 대응할 수 있는 접근방식이다. Anacol(하나의 아콜)은 특정 전략이 아니라는 의미이다.

13) 〈고스트독〉에서, 『하가쿠레』는 규율적인 코드나 (삶이 가야 할) 방법론이라기보다는 한 삶을 생각하고, 연결하고, 혼란을 만들어 내는 방법이다. 〈고스트독〉은 이전의 사람들이나 담론을 묘사하거나 배열하기를 열망하는 교육과정 연구와 다르다. 대신 〈고스트독〉은 한 아이티 아이스크림 판매자, 한 아파트 단지 위의 보트, 한 떠돌이 개, 한 체스 게임, 한 라쇼몽의 사본, 쓰네토모의 『하가쿠레』에서 선택된 한 구절을 통해 구성된다. 전체 혹은 하나의 합성된 것을 재현하는 것보다 오히려 〈고스트독: 사무라이의 길〉은 그것을 구성하는 특수성이나 강도의 관점에 의해 좀 더 적절하게 생각된다. 이런 식으로, 자무쉬 영화는 점점 더 강화되는 재현과 규율의 극장 속으로 교육과정 영역을 재영토화하려는 현대의 욕망에 개입하는 사고방식을 만들어 낸다. 대신 자무쉬는 후기 자본주의에서 차이의 균등화와 보조를 맞추지 않는 유물을 구성한다.

지 검증하는 대가가 설정하는 다른 곳에서 나온 문제들을 계속 해결하는 데 몰두한다. 들뢰즈는 교육적 사상에 만연한 이분법적 문제-해결의 흐름을 뒤집는다. "[모든] 해결은 문제를 제기한다."라며, 들뢰즈는 재반박한다(p. 215). 나아가, 해결책의 실현이 그 문제를 근절하지 않으며, **지형교육학**의 경우에는 사람들의 잠재력이 문제들의 가치를 소유하고 결정한다. 이런 의미에서, 지형교육학의 개념은 국가, 언론 혹은 일반 대중의 **상식**(독사, doxa)이 중요하다고 예단한 것과는 다른 문제를 만드는 장소로 생각할 수 있다. 그러나 이전에 말했듯이, 그런 문제들이 **실제**와 **해결책들** 혹은 **반응**으로 간단히 축소될 수 없다. 예를 들어, 삶이 어떻게 **될 것인가**의 문제는 "아무런 해법이 존재하지 않는 필수적인 [도전]"이지만, 이 문제는 어느 **특정** 해법으로 더 이상 축소될 수 없는 상태로 남아 있다(p. 215). 간단히 말해, 문제들은 그 해결책을 닮지 않는다. 따라서 교육과정 이론에 대한 도전은 지형교육학을 구성한 구멍 뚫린 공간이라고 생각하는 것이다. 그 공간은 교육적 삶이 어떻게 **될 것인가**(쿠레레)에 대한 가상의 문제를 내포하고 있다. 다르게 말하자면, 구멍 뚫린 공간의 지형교육학적 구성은 **얇은 조각**으로 생각될 수 있다. 그 조각은 불공평하게 연결되어 있으나, 그 다양성 때문에 완전히 재현될 수도, 파악될 수도, 등록될 수도 없는 쿠레레의 문제와 공명한다. 그러나 이 다양성과 관련하여, 구멍 뚫린 공간의 지형교육적 특성은 삶이 어떻게 **될지**에 대한 문제를 상상하는 **하나의** 방법이 된다. 그리고 그 특성은 "왕립 지리학(Royal geography)"이 만들어 낸 삶의 다수결주의 이미지를 망치거나 "당혹케" 할 수 있는 **특이한** 배치물을 실현하고 있다.

왕립 지리학자[14)]나 국가-후원 연구원은 "식민지화와 교육의 최선책을 제시하고, 수송과 소통망의 건설과 전쟁 수행을 위해서 제국의 경계"를 그리는 반면, 크라포트킨(Krapotkin)과 레클러스(Reclus) 같은 **소수 지리학자들**은 **새로운** 지구의 창조를 위해 작업한다(Bonta & Protevi, 2004, p. 91). 이러한 움직임은 현대 교육과정 학계에서 그려진다. "왕립 지형교육학"의 업무는 규율을 준수하는 사람들의 광범위

14) 왕립 지리학(Royal geography)은 들뢰즈와 가타리(Deleuze & Guattari, 1987)가 왕립 과학이라고 명명한 것의 확장으로, 환경의 변화로부터 상수를 추출하는 기능을 한다. 이는 차례로 '고정'을 의미하는 공리나 '분자적 요소'의 흐름의 정의를 생산한다.

한 지도 제작, 교전 지역으로의 현장 조직, 심하게 감시된 역사적 · 철학적 구절들의 베끼기에 초점을 맞추고 있다. 이러한 왕립 지형교육학에 아무런 흥미를 느끼지 못한 자무쉬는 그의 영화 작업에서는 지역과 지역 간 사이 잠재력 모두에 민감한 소수의 지형학을 진심으로 받아들인다. 더 나아가, 자무쉬 작품에서 소위 지형교육학 힘이라고 부르는 것은 국가가 간과하거나 무시하는 것을 지향한다. 이런 의미에서 자무쉬의 비시간적 도시의 부시도, 도시 내에서 증식되는 시대착오적 조직들, 봉건적 사고의 반근대주의의 설정은 하나의 지형교육학이 된다. 이것은 새로운 세계를 준비하고, 창조와 창조적 행동을 위한 새로운 잠재력이 된다(Deleuze & Guattari, 1987). 자무쉬가 만드는 여러 가지 소수 지리학은 "국가의 억류 장치나 초국가적 개발 기구는 그 문제들을 개선하기보다 방해하거나 기생하는 [경향이 있는] 복잡한 문제에 대한 수많은 해결책을 제공한다"(Bonta & Protevi, 2004, pp. 91-92). 따라서 적극적 지형교육학은 구멍 뚫린 공간 또는 이질적인 전시실을 만드는 것과 관련되며, 이것은 왕립 지형교육학 교사(Royal geopedagogue)의 욕망-기계가 간과한 바로 그 소수 지형학이다. 왕립 지형교육학에서 교사의 일은 따라 베끼기를 하고 엄격하게 결정된 분야의 규율에 홈이 파이게 하며, 또 되기를 위한 가상적 잠재력에서 실제를 분리하는 관행에 얽매인다.

홀란드(Holland, 2006)에 따르면, 왕립 지형교육학과 소수 지형교육학 간 구분은 달라질 수 있다. 교육사상에 대한 헨리 포드식(Fordian) 영향력의 결과로, 왕립 지형교육학은 어떤 디자인의 일관성뿐만 아니라 그 구성요소가 선험적인 조직모델에 부합하는 것을 지향한다. 다시 말해, 왕립 지형교육학은 명시된 규율을 준수하고 정체주의 정치를 하거나 혹은 국가의 사유를 증명하는 공적 교수의 의무로, 이전에 설계한 회로에 따라 교육적 삶을 속박하려는 반응적 욕망으로 여겨질 수 있다. 불변의 상수를 추출함으로써 왕립 지형교육학은 경관의 다양성이나 특이성을 "넘어선" 교육적 삶의 이미지를 따라 베끼고 재생산한다. 잠재적 되기 조직을 인식하고 관리할 수 있는 형식으로 작동하는 이런 형식의 지형교육학은 교육과정 연구에서 일대기적 역사를 갖고 있다. 이는 테일러(Tyler, 1949)가 말한 "질서의 약속, 조직 … 오류 수정 … 전문성과 발전"에서 확장되고, 표면적으로 정치 윤리적 중립성을 띤

블룸(Bloom, 1956)의 분류학(Cherryholmes, 1988, p. 26)에서 확장된 것이다. 그러나 교육에서 국가 사고와 정체성주의의 문제는 단순히 역사적인 것이 아니다. 데이비스(Davies, 2005)가 주장하듯이, 오늘날 많은 대학에서 일어나는 **재개념주의** 운동은 급진적 정치 변화를 가장하여, 이전의 희망과 이상, 정체성 정치, 교육적 삶의 이미지를 되살리는 역할을 한다. 데이비스는 이러한 재영토화는 진보주의를 가장하여 현대 교육의 반응적 경향과 거시 내러티브를 다시 활성화하려는 내재적인 욕망으로 나타난다고 보았다.

현대 교육에 의해 도입된 문제는 단순히 차이를 정지시키려는 도구적 욕망에 제한되지 않는다. 이 차이는 테일러의 구조주의적 **근거**의 균질화 작용 기계(machinery), 블룸(Bloom)의 "실제"에 대한 분류체계, 혹은 외부 전문가의 감독 아래 슈압(Schwab, 1970)의 교육과정 "교정(correction)"에 관한 실용적 논문에 따른 것을 말한다. 신자유주의 아래에서, 왕립 지형교육학은 더 이상 **단독으로** 구조적 과잉결정에 속박되지 않는다. 오히려 현대 지형교육학의 문제는 상호교환의 자본주의 체계에 **해독된** 새로운 방법으로 소개된다. 이러한 변화는 더 커진 개인적 선택과 책임으로, 회계 감사-중심의 감독과 기금과의 밀접한 관계로, 그리고 학교 법인의 민영화, 그리고 영구적 재교육과 수사학적 평생학습의 요구를 통한 교육의 **매끈함**으로 움직임이 나타난다. 교육과정 이론은 구조주의적 유산과 교육적 사유의 반응적 경향에 반대하는 지속적 노력이 필요한 반면, 현대 교육과정 학자들은 점점 사라지는 구조주의자 포장에 고정되는 것을 피해야 한다. 교육과정 이론이 **봉건사회의 엄격한 코드**와 **자본주의사회 속에서 해독의 흐름** 사이에 구멍 뚫린 공간의 긴장감을 만들어 내는 한, 〈고스트독〉은 근대사회가 행하는 방식으로 생각하고 **편집증**과 **정신분열증**[15]이라는 두 개 극단적인 욕망 사이에 잡혀 있게 된다.

15) 현대적으로 할리우드 영화에서 종종 제공되는 사무라이의 모습은 우둔한 피부로 무장하고 보호받는 편집증적 신체 이미지를 제공한다. 이 편집증적 상상은 영화 〈**고스트독: 사무라이의 길**〉에서는 반대이다. 이 영화는 보호된 몸과 비정상적인 탈주선을 따라 산산이 부서진 자아 사이의 약속 사이 극(play)이다.

편집증적 고정과 정신분열적 발산: 사회적 흐름의 의미

들뢰즈와 가타리(Deleuze & Guattari, 1983/1987)는 사회가 이동의 제약이나 구조, 흐름을 통해 존속된다고 주장한다. 그러한 흐름은 단순히 경제적인 것이 아니다. 즉, 흐름은 경제에 특정된 돈과 상품의 유통과 교환에만 국한되지 않는다. 오히려 사회 조성방식은 도시 내의 사람과 교통의 이동의 흐름, 담화 중 단어들의 흐름, 매체 내 정보의 흐름, 산업화된 농업에서 유전 물질의 흐름, 에너지와 제조 부문에서 물건의 흐름 등 다양한 수준에서 볼 수 있는 제약과 그것의 흐름 구조를 통해 존속한다(Roffe, 2005). 들뢰즈와 가타리가 발전시킨 바와 같이, 자본주의 이전 사회의 기본 원칙은 다음과 같다. 그러한 흐름을 막아 구조화시켜 특정의 "코드화된" 삶의 이미지를 생성하는 것이다. 자본주의 이전 사회에서 그런 흐름을 막는 것은 사회적 조직-화(organ-ization)에 안정성을 부여하는 반면, 동시에 삶이 나아갈 수 있는 잠재적 방안을 위축시킨다. 그러나 국가의 생각에 도전할 기초가 된다면, 자본주의 이전의 막음과 코드화 과정은 매우 중요한 것이다. 달리 말해서, 이 과정은 가장 큰 물질적 영향력을 일으킬 수 있는 개념들에 해당하는 한 시대의 행동, 원칙, 규범, 법이라는 제한 코드와 대립한다.

특정한 기표작용적 요건에 의해 흐름을 필수적으로 제한하고 구조화하는 것은 교육과정 학문에서 중요하다. 교육과정 학문은 국가의 생각으로 과잉결정되는 것에 대응하여 대안적 담론을 다양하게 성공적으로 배치시켜 왔다. 교육과정 이론화는 과잉결정된 사회적 흐름을 새로운 것으로, 그리고 조금은 덜 억압적인 조직화로 재영토화하기 위해 이전에 없던(new) 코드를 생산해 왔다. 그러나, 특히 자본주의 이전 사회에 대해 구조화와 막음의 흐름을 취하는 교육과정 학문의 경향은 계속된다. 이러한 경향은 모호한 이중적 환상의 궤도에 놓여 있다. 즉, 구조주의 기반이 모든 사회적 형성을 위한 것이라고 주장할 위험 소지가 있다. 여기서의 가정은 다음과 같다. 사회 아래에, 사회 뒤 혹은 사회 위에 있는 초월적 형성은 조직에 해당한다. 이러한 환상의 오류는 몰적(수목형) 힘과 분자적(리좀적) 힘을 분리한 데 있다. 더 정확히 말해, 가상적 힘으로부터 실제적 힘을 단절시키는 것이다. 그러한 환상은

"질서의 내재적 **긴장상태**(tonos)를 부인한다. 그 질서는 사유, 행동, 열정을 고정하는 방향으로 즉시 움직인다. 그리고 동시에 이 고정을 해체하여 또 다른 성질의 구조 원리가 된다"(Fuglsang & Sorensen, 2006, p. 7).

자무쉬의 〈**고스트독**〉에서 **부시도**의 질서 정연한 "코드"가 **여타** 조직(마피아, 떠돌이 MC, 개의 무리)과 다른 관계를 맺을 때 **긴장상태**(tonos)가 **나타난다**. 사회적 질서는 불변 혹은 일반적 점보다는 오히려 특이한 선들(fuites)의 "기계 제작하기(machining)"를 통해 만들어진다. 간략히 말해, 자무쉬의 〈**고스트독**〉 지형을 나타내는 사회 조직들은 누출(leakage)[16]과 되기(becoming)의 과정에서 만들어진다. 따라서 **고스트독**의 죽음은 시작도 끝도 아니다. 오히려 새로운 조직의 되기 가운데서 성장하는 선이다. 구멍 뚫린 공간은 불연속적 일련의 경관에서 지속적으로 깎이면서, 새로운 사회적 힘의 발현과 비결합, 결합을 위한 토대가 마련된다.

초월적 구조주의의 구체화는 사회적 흐름을 더 이상 코딩하지 않는 새로운 사회적 기계가 생겨나는 것을 거부한다. 즉, 구조적 포장을 습관적으로 제작하는 것에 사로잡힌 교육과정 이론화하기는 새로운 조직의 출현을 무시할 위험 소지가 있다. 여기서 이 새로운 조직들은 사회적 흐름이 과잉결정되는 것을 피한다. 교육과정 이론이 주체의 자유 혹은 급진적 **윤리**의 시작에 대해 함께 코드를 파괴할 때, 탈주선이 생산**될 수 있다**. 이 선은 자본주의 체제의 필연적 결과이다. 들뢰즈와 가타리(Deleuze & Guattari, 1983/1987)에 따르면, 자본주의는 동료를 코딩하고 과잉코딩하여 작동하는 제도가 더 이상 아니다. **원시시대 사회 기계**는 사회적 삶에 구체적 의미를 부여하면서 사회적 욕망의 흐름을 통제하였다. 그런 가운데 **독재 정권**은 과잉코딩을 통해 사회적 욕망을 통제하고 "선량한 사회"라는 정의로 결합시켜 의미를

16) 실험에 열려 남아 있는 (교육적 삶의 과정인) 교육과정은 유출 결과의 위험뿐만 아니라 생성된 혼란과 연결된 가치가 있어야 한다. 즉, 교육과정 이론은 만남을 위한 잠재력(포텐시아)에 충실해야 하며, 신체와 힘의 연결, 그리고 '되기 위한 욕망'에 충실해야 한다(Bridotti, 2006, p. 134). 브라이도티(Bridotti)에 이어 이것은 교육적 윤리를 설명하는 데 시작할 수도 있다. 그러나 이것은 바로 윤리의 정의로, 이는 교육과정 영역의 앙금을 가라앉히려는 노력을 부인하는 것이다. 따라서 이러한 침강 전략에 참여하는 교육과정 이론가들은 야금학자의 교육학에 주의를 기울이는 것이 좋다. 임시적인 구멍 생성을 통해 지반 침하를 생성하는 떠도는 공연자는 공간을 만든다. 이 공간은 생물 정치적 재현의 극장 내에서 잠재력의 동결에 대한 윤리적 대항점을 유지하기 위해 확립된 영역이다.

고상하게 만들었다. 그러나 자본주의 체제는 원시적 체제 코딩과 독재 체제 코딩에 대해 예외로 작동한다. 간략히 말해, 자본주의 체제는 코딩 그 자체로 작용하지 않고 디코딩을 통해 사회적 흐름을 탈영토화시킨다. 이 경우, 디코딩하기는 면밀하게 **판독하거나 지각**하는 것이 아니다. 코드 자체에서 문자 그대로 빼기에 해당한다(Buchanan, 2008a). 자본주의가 코드를 대신해서 **공리주의**(axiomatic)를 들여온다. 수학적 정의에서 보면 **공리**(axiom)는 증명할 수 없는 진술이다. 하지만 "기본 요소"의 조직을 정하고 함축적으로 정의한다. 달리 말하면, 공리는 사회 조직의 한 형태이다. 더 구체적으로 공리는 욕망의 사회적 흐름을 조직하고 규제한다. 그러나 들뢰즈와 가타리(Deleuze & Guattari, 1987)가 발전시킨 바와 같이 공리는 자명한 진리가 아니다. 오히려 공리는 **실현** 모형의 결과이다. 예를 들어, 현대 수학자들이 발달시킨 것과 같이 유클리드(Euclid)의 기하학은 자명한 진리가 아니라 오히려 공리를 **실현한**(우리가 세계 도처에서 유클리드를 "보는" 것으로 실현) 하나의 모형이다. 자본주의 공리론은 시장 모형을 통해 만들어진다. 시장 모형은 사회체(socius)[17]가 속한 모든 분야에서 자본주의가 실현된 사례를 누적하고자 한다. 구체적으로, 시장의 이윤 추구 모형하에서 자본주의 공리론의 실현, 즉 자명한 진리로서 자본주의의 구현은 사회적 흐름(사용 가치, 취향, 원자재, 노동력, 기술 등)의 결합으로 만들어진다. 실제로, 자본주의 공리론의 기본적 조치는 잉여 노동력의 현대적 결합과 "더 이상 토지 재산에 포함되지 않는 유동 재산"에서 실현된다(Holland, 1999, p. 67). 이는 자본주의 공리론이 **실현된** 시장 체제 위에 디코드화된 사회적 흐름이 합쳐지거나 재영토화되면서 이루어진다. 그러나 시장의 영향을 받은 결합 과정은 상징적 사회적 코드와 그 영토 사이에 있는 관련성을 지으면서 유연성을 유지한다. 자본주의 공리론은 유연할 뿐만 아니라, 새로운 주체 자리와 사회적 조직 양식을 동화시키기 위한 외부의 제한을 없앨 수 있다. 이런 의미에서 자본주의 공리는 "다중의 실현성(multiple realizability)"을 지닌다. 미국의 신자유주의, 프랑스의 사회민주주의, 유고슬라비아의 사회주의, 칠레 피노체트(Pinochet) 정권의 "무정부-자본주의" 등이 이

---

17) 사회체(Socius)란 사회적 관계의 특수한 형태, 즉 사회적 생산과 욕망의 생산이 이루어지는 장이다.

러한 다양한 모델의 결과이다(Bonta & Protevi, 2004, p. 58).

자본주의 이전 체제가 탈영토화된 흐름을 포착하고 재코드하는 기능을 한 반면, **공리화**(axiomatization)는 사회적 흐름에 있는 특정한 의미와 맥락을 짓고 그것들을 유동적이고 변경 가능하게 만든다. 예를 들어, 결혼, 교회, 도덕성이라는 승인된 회로에 있는 리비도 흐름의 자본주의 이전식 코드화하기는 자본주의사회에서 디코드화되었다(Roffe, 2005). 자본주의사회에서 성(sex)은 코드화된 결혼의식이나 종교적 도덕에 묶여 있지 않다. 대신 성은 **확산**되고 **일반적**으로 되어 디코드화에 의해 자본주의 이전 코드화로 제재되었던 대안적 **형태**로 가능해졌다. 이 시나리오의 교훈은 자명하다. 즉, 한때 고도로 전문화된 견습 및 단일화된 시장에 코드화되었던 지식은 WWW(월드 와이드 웹)을 통해 디코드화되고 있다. 그러한 디코드를 통해, 한때 맥락적이고 은밀하던 지식은 아주 다양한 지역, 시간, 공간에서 이용할 수 있게 된다(Buchanan, 2006). 더 나아가, 자본주의 이전 체제에서는 지식이 실용적 목적에 묶여 있던 반면, 자본주의 체제는 지식 그 자체를 생산하는 역할을 한다. 실용적 이용-가치에 더 이상 속박되지 않는 현대식 디코드화는 **지식사회**를 만들어 냈다. 이 지식사회는 코드화된 혹은 선형 경로의 정보 교환보다 대단히 복잡하고 즉각적인 정보 **클라우드**를 통해 작동한다.

자본주의에서 공리는 사회적 흐름을 임의화시켜서 사회관습, 의식 또는 의례의 상징적 혹은 상황적 중요성을 없애 버렸다. 이런 의미에서 제재를 통해 사회적 흐름을 규제하고 구성하는 코드가 작동되는 한 자본주의는 외부에서 제재를 하지 못하도록 보류한다. 자본주의 공리는 화폐 평가 영역 안에서 사회적 흐름을 붕괴시켜 보편적 등가 법칙을 만든다. 달리 말하면, 자본주의하에서 사회적 흐름의 상업화는 디코드화를 통한 유연화되기가 필요하다. 예를 들어, 성의 상업화는 구애와 결혼이라는 사회적 실행이 밀접하게 관련되는 것이 먼저 디코드화되어야 한다. 즉, 유용성과 (혹은) 접근성을 규정하는 특정한 사회적 맥락 혹은 규제적 코드에 묶여 있을 경우, 성은 상업화가 될 수 없다. 대신에 자본주의하에서 성의 공리화는 **주변** 상품으로 성을 판매할 수 있도록 상황을 최상화시켜 성을 화폐가치와 동등하게 만든다.

우리는 보편적 등가 법칙에 따라 교육을 급진적으로 재개념화하는 한가운데 있다. 보편적 등가 법칙하에서는 교육이 화폐가치의 형태에 해당한다. 이러한 보편적 등가 법칙은 최근 수많은 교육 연구를 향한 열망을 오염시켰다. 여기서는 연구의 목적이 연구비와 상을 통해 받을 수 있는 화폐가치 가능성에 점차 발목이 잡힌다. 보편적 등가 법칙은 현대 자본주의 기능에 대한 비판적 통찰로 이끈다. 자본주의는 유동적인 확산을 제한하는 외부의 제재를 피하면서, 공리 안에서 내부 한계를 지속한다. 보다 구체적으로, 사회 흐름이 교환이라는 불안전한 클라우드 속으로 들어가는 동안에, **그러한 교환의 내부 한계는 자본을 생산하기 위한 적통적 가능성의 중심에 속박된다.** 들뢰즈와 가타리(Deleuze & Guattari, 1983)에 따르면, "자본주의의 내부 한계는 탈영토화된 사회체(Socius)로서 자본에 얽매인 흐름들의 에너지를 … 유지한다. 그뿐만 아니라 사회체(Socius)는 어떤 다른 것들보다 무자비하다"(p. 267).

나에게 자유 아니면 죽음을 달라: 편집증, 정신분열증[18]과 교육

뷰캐넌(Buchanan, 2008a)은 다음과 같이 주장한다. 사회적 욕망의 복잡한 관리와 연결(channeling), 생성을 이해하기 위해서 우리는, 먼저 사회 경제적 장치가 "계통과 동맹의 새로운 [배치(arrangements)]"를 어떤 방식으로 조정하는지에 대해 이해해야 한다. 이 배치는 보편적 등가 법칙으로 나타낸다(p. 108). 프레리(Freire, 2002/2004)식 마르크스주의에서는 사회적 욕망을 은행식 생산으로 나타낸다. 구체적으로 프레리(Freire)의 **은행식 교육 개념**(banking concept of education)은 사회적 구조 이전에 축적 재산과 예금, 관리 능력, 적응의 이미지로 교육적 삶을 구성하는 것에 대한 비판이다. 요컨대, 프레리(Freire, 2002)의 비판은 은행식 구조주의 논리 안에서 보이는 교육적 삶에 대한 반응적 이미지에 대한 연장이다. 이런 맥락에서 프레

18) 이 정신분열증의 특정한 배치는 서구 문화에서 일반적으로 이해되는 그 병리에 대한 것이 아니다. 오히려 이 배치는 분열된 주체 또는 주권자인 '나'의 환상을 탐구하는 방식이다. 더 나아가, 재현, 대존재의 실행에 대해 해결하여 주체가 끊임없이 재영토화되는 오이디푸스 과정에 대안을 제시하는 사유방식과 예술 제작방식을 제안하고 있다.

리는 교육적 억압과 사회적 흐름이 빈사상태에 놓인 것과 관련 있음을 보여 준다. 예를 들어, 프레리에 따르면, 은행식 교육 개념하에서 학생은 제도화된 공식발표를 수용하고 수집하는 수동적 보관소가 된다. 은행식 모델에서 교환 흐름은 엄격하게 순환되고, 또 지배하는 소수에서 나온다. 그리고 은행원인 교사를 통해 전달되면서 학생의 몸에 각인된다. 결국 그런 공식 발표는 엄격한 규제하에 놓이면서 교실 지식-자본은 경영 엘리트가 부여한 삶의 이미지를 따른다. 간단히 말해, 은행식 교육 개념은 사회적 흐름의 과잉결정(overdetermination)을 전제로 한다. 프레리는 이런 교육적 삶의 이미지를 괴상하고 기계적이라고 부른다. 은행식 모델은 생산과 교환의 제한적 회로에 대해 욕망을 일치하도록 강력히 요구하는 교육적 실행을 통해 욕망을 과잉결정한다. 프레리는 이 은행식 모델로는 교육이 반응적으로 된다고 비판한다. 프레리가 쓴 책 『피억압자들의 교육학(Pedagogy of the Oppressed)』에서, 프레리가 설명하는 은행식 교육 개념에 반대하여 많은 반억압적 교육과정 학계가 해방에 관한 정치적 과제를 계속해서 찾아내고 있다.

욕망 생산을 강조하는 들뢰즈와 가타리(Deleuze & Guattari, 1983)의 사상을 진지하게 받아들이기 위해서는 교육과정 이론이 자본주의 장치가 만들어 낸 사회적 기계(machinery)와 함께 씨름해야만 한다. 보다 구체적으로, 교육과정 이론은 사회적 장치와 관련하여 그 의미를 펼치기 시작해야 한다. 여기서 사회적 장치는 더 이상 코드화하기(Coding) 기계 혹은 제약의 기계로서 기능하지 않는다. 달리 말하면, 한 교육과정 삶을 사유한다는 것은 단순히 국가의 신독재 권력에 의해 미리 조치되는 것이 아니다. 그보다 중요한 것은 자본주의하에서 해독된 사회적 흐름을 생성하여 더 혼란스러워지는 도전이다. 그런 혼란스러움은 현대의 많은 교육과정과 예술-기반 이론화 작업과 함께할 때 의미가 있다. 구체적으로 예술적 신선함, "리좀",[19] 탈영토화된 기호체계의 생성이 프레리가 말한 기술한 독재 장치를 만들어 내는 것

19) 그레고리우(Gregorious, 2008)가 발전시킨 현대 교육학 연구에서의 리좀 개념은 종종 새로운 이분법적 기계(machine)를 만들어 냈다. 이 새로운 기계는 리좀적 · 수목형 힘의 복잡한 '매듭(knotting)'을 잘 이론화시키지 못했다. 이상화된 '선천적으로 해방적인' 개념화된 '리좀'은 그레고리우가 '잘라-붙인-들뢰즈주의'로 명명된다(p. 101).

을 막는 작용을 하는 동안에, 특히 그런 전략은 **자본주의사회적 기계**(capitalist social machine)의 욕망에 충실하게 된다. 히키-무디와 말린스(Hickey-Moody & Malins, 2007)가 지적하듯이, 자본주의의 주된 운동은 "탈계층화와 탈영토화의 하나이다. 욕망 위에 놓여 있던 사회적 … 코드로부터 욕망을 자유롭게 만든다. 그리고 욕망을 둘러싼 영토적 … 경계에서 욕망을 해방시킨다"(p. 15). 이런 의미에서 자본주의는 "흔들어서 평형을 이루는 교육과정 사고에서 칭찬받는 **위기**, **모순**, **복잡성** 작업을 잘 해낸다. 더 나아가, 많은 예술-기반의 이론화에서 **불완전성**의 사회적 인정(incompleteness)은 시장경제를 위한 당연한 결과로 작동한다. 여기서 시장경제는 더 이상 사유화를 전제하지 않는다. 그보다 끝없는 **부채** 생산을 전제로 한다.

신자유주의적 자본주의 장치는 **차이**를 두려워하지 않는다. 그보다는 차이의 중단을 두려워한다. "사회적 기계들은 그들이 만든 모순, 그들이 도발한 위기, 그들이 **만든** 불안감 및 그들이 재생한 극악한 사업활동을 먹고 산다. 자본주의는 이 점을 알아 왔으며, 의심하기를 스스로 중단했다"(뷰캐넌이 인용한 Deleuze & Guattari, 2008b, p. 30). 현대 자본주의사회적 장치는 생산 매커니즘을 먹여 살리는 차이를 **축소**하지 않는다. 오히려 **외부** 혹은 코드화된 사회적 흐름을 파괴시키는 사고 궤도에 **기생**하면서 그것을 소비하는 "**차이 엔진**(difference engine)"으로 작동한다. 브라이도티(Braidotti, 2008)가 지적한 것처럼, "자본주의는 … 모든 반-문화(counter-culture)를 상품화된 소비와 재-확립된 보수적 윤리의 대상으로 축소시켰다. 이 보수적 윤리는 혁신적 변화를 목표로 한 모든 실험을 죽음으로 이끈다"(p. 142).

현대사회는 두 극단 사이에 끼어 있다. 독재 기계의 탈영토화된 폐허에서 태어난 사회는 "원국가(Urstaat)[20] 사이를 오가고 있다. 사회는 과잉코딩과 재영토화의 통합, 그리고 사회를 절대적 기준을 향해 데리고 가는 규제받지 않은 흐름으로 원국가를 기사회생시키기를 바란다"(Deleuze & Guattari, 1983, p. 282, 309). **어느 정도**는 자무쉬의 〈**고스트독**〉은 이러한 사회적 극단의 접힌 부분에서 묘사된다. 즉, 『하가쿠레(Hagakure)』의 엄격한 코드와 "그의" 삶을 이루는 정체성, 공간, 시간의 해독된 흐

20) 역자 주: 들뢰즈와 가타리의『안티-오이디푸스』3부 8장 원국가 참조.

름 사이에서 그려지고 있다. 〈**고스트독**〉에 나오는 마피아도 유사한 긴장의 접힘에 구성되고 있다. 이 긴장의 접힘은 자본주의 권력과 글로벌 범죄기업으로 지위가 올라가면서 마피아의 초강도로 코드화된 조직 질서와 그들의 내재된 이동(탈영토화) 사이에 잡혀 있다.

현대 교육과정 연구 역시 이 문제를 해결 중이라고 말할 수 있다. 이 분야는 구체적으로 생산의 탈주선을 따라 욕망을 풀어 주는 **정신분열**(schizzes)의 창안을 통해 고도로 코드화되고 제한된 형성물과 계속해서 고군분투 중이다. 이 운동은 1970년대 교육과정 재개념주의 운동을 이어받았다. 그리고 정신분열을 동원해서 이 분야의 과잉코드화된 (구조주의, 도구주의, 내재적 행동의) 이미지에 대항하였다(Schwab, 1983). 1970년대 재개념주의자들은 **복잡하고** 다중 관점적 교육과정 대화의 장을 열어서 전제적 이미지가 확장되는 것을 막아 냈다. 두서없는 무한히 많은 선을 따라 침전된 해당 분야의 영역들을 해독해서 막아 냈다(Cherryholmes, 1988). 이 각각의 선은 욕망을 여러 개의 교육과정 방향(자서전, 마르크스주의자, 현상론, 실존주의 등)으로 표면상으로 **재영토화**하는 반면에, 파시스트의 과잉코딩에서의 해방은 공통된 정치적 특성으로 유지되었다. 비슷하게 **후기 재개념주의** 운동은 포스트모더니즘, 후기구조주의, 포스트휴머니즘과 함께 정신분열을 고안해 냈다. 여기서 정신분열은 매체와 기계-인간 인터페이스의 급증시대에서 교육과정 학문의 과잉결정과 휴머니즘의 문제점을 막아 내었다.

이런 의미에서 교육과정 연구 분야는 **편집증**[아케이즘(archaism)과 신아케이즘]과 **정신분열증**(미래주의와 탈미래주의) 사이에 계속 사로잡혀 있다고 볼 수 있다. 이 매트릭스는 현대 교육과정 이론에서 분명하게 나타난다. 이 이론은 자본주의 원리 아래 혹은 위에 놓여 있는 안정된 암호나 불변의 조직에 대한 편집증적 우화(fabulation)에 중점을 둔다. 즉, 편집증적 운동은 결국 정신분열적 **욕망-생산**을 위한 포장이다. 이 경향성은 사회적 정의의 의제로 나타난다. 이것은 바로 잡고자 하는 코드화된 삶의 이미지의 생산으로 시작한다. 이러한 운동은 놀라운 일이 아니다. 왜냐하면 **정신분열**(schizzes)은 고정된 사회적 코드에 반대하여 비판받을 때 최대의 파괴 잠재력을 가지기 때문이다(Holland, 1998). 잭슨(Jackson, 1980/1981)은

1970년대 재개념주의 운동을 다음과 같이 묘사했다. "교육과정 혁명"은 교육과정 연구를 **죽음에 직면한** 시스템의 모든 증상을 드러내는 **소멸 직전의** 영역으로 우화적으로 설명하면서 나타났다.

잭슨(Jackson, 1980)이 언급한 "죽음본능의 판타지(thanatotic fantasy)"[21]는 재개념주의의 편집증적 극단으로 나타난다(pp. 174-175). 즉, 잭슨이 무심결에 재개념주의에 대해 비판한 것은 현대사회가 사로잡혀 놓인 바로 그 상황이다. 구체적으로, 비대하고 과잉코드화된 신체인 교육과정 분야의 편집증적 이미지는 다음과 같다. 정신분열적 욕망-생산의 급진적 힘들이 **사유**에 가장 필수적인 **충격**을 가능하게 한다. 즉, 교육과정주의자들은 새로운 탐구영역과 사회적 문제 및 교육적 삶의 이미지와의 관계들을 창안해 낼 수 있었다. 그 과정에서 **정신분열** 행동심리학과 포드(Ford)식 도구주의 및 교육과정 '토대'를 활용하였다. 그러나 그런 **정신분열**(schizzes)은 **죽은** 분야인 교육과정의 이미지에 기대어 편집증적 극단을 만든다. 이 편집증적 극단은 재개념주의자들이 다른 이론들, 철학, 계통학과 함께 조직 속으로 욕망-흐름을 방출하는 생명 유지 전쟁을 벌이는 것이다.

1970년대 재개념주의 운동이 소멸되기 시작한 시기는 "전통적 교육과정"의 편집증적 극단이 응집력을 잃기 시작한 바로 그때이다. 이 분산된 극단의 결과로 단정적이지는 않지만 재개념주의 운동의 **정신분열**-선(schizo-line)은 코드화된 조직으로 재영토화되기 시작한다. 파이너와 레이놀즈, 슬래터리, 타웁만(Pinar, Reynolds, Slattery, & Taubman, 2000)이 저술한 바와 같이, 교육과정 분야는 재개념주의 결과로 인해 교육적 삶의 이미지를 발달, 기본으로 되돌아가기, 표준, 행동주의 중심으로 합치기 시작한다. 달리 말하면, 재개념주의 운동에 의해 방출된 욕망-흐름은 새로운 형식의 사회적 코드화의 덫에 빠져들고, 근대성의 편집증적 극단과 정신분열 욕망-생산하에 안정된 조직의 장악에 재영토화된다. 물론 이러한 재영토화는 절대 결정적이지 않다. 그러나 혁명적 **정신분열**-흐름에 대항하는 기능을 한다. 이것은 코드화된 사고와 조직-화(organ-ization)된 회로 안에 **편집증적**으로 재영토화를 각

---

21) 역자 주: 프로이트 정신분석에서 죽음의 본능(충동)을 말한다.

인함으로써 가능하다.

정신분열증은 과잉코드화된 사회적 집단의 생성을 막아 내면서 사회적 흐름을 수없이 많이 생산한다. 이 흐름의 범위는 혁명적인 것(긍정, 비시간성, 활기)부터 "막다른 골목"(자살, 살인, 망상)에까지 이른다. 들뢰즈와 가타리(Deleuze & Guattari, 1987)의 주장대로, 욕망의 해독을 통해 양산된 **이 같은 종류의 정신분열-흐름**은 신중하게 접근되어야 한다. 현대 교육과정학자들이 이런 접근을 할 때 **정신분열**(schizzes) 양산 시도가 자본주의 장치에 의해 **기생**되거나 노동-이윤 조직의 모델에 의해 실현되는 방식에서 더욱 주의를 기울여야 한다. 마찬가지로, 현대 교육과정학자들은 욕망-생산의 행위를 "근절"하는 데 주의를 기울여야 한다. 그런 행위들은 편집증이나 과잉코드화된 삶의 이미지가 은밀히 복원되는 것을 막는다. 이런 전략은 소위 대학의 재개념화를 만연하게 한다. 여기서 정치적 진보주의 혹은 조직적 진보주의가 지닌 진보주의적 이미지는 오래된 이상이나 사고 습관을 은닉해 준다.

편집증은 안정된 사회적 구조, 코드, 제약을 생산한다. 반면에 정신분열적 욕망-생산은 탈주선 생산을 통해 영토화된 코드를 비계층화한다. 그러나 들뢰즈와 가타리는 편집증과 정신분열증의 극(pole)을 적대적 이분법의 짝으로 개념화하지 않는다. 대신에 코딩과 디코딩의 실행을 글로벌 자본주의의 **공생** 운동으로 생각하는 방식을 개발한다. 자본주의는 이전에 개발된 바와 마찬가지로 엄격한 사회적 코드 대신 공리로 대체한다. 그리고 연속되는 사회 경제적 흐름 대신에 외부적 제한의 해독을 욕망한다. 여기서 사회 경제적 흐름은 "탈영토화된 글로벌 시장"의 자본주의적 이상에서 중요시되는 것이다. 그러나 자본주의가 외부적 제한의 해독을 욕망하는 반면에, 내부의 제한은 반드시 유지해야만 한다. 여기서 이 내부의 제한은 수익성 및 해당 이익에 대한 예측 가능성이 사회적 흐름과 동등하게 만든다. 간단히 보면, 자본주의하에서 사회적 흐름은 돈과 수익의 흐름과 동일하게 만들어져야 한다. 자본주의는 이런 의미에서 독재정권으로부터 혁명적으로 출발하였지만 동시에 잔인함과 테러를 수반한다고 정의된다. 여기서 잔인함은 원시체제의 잔인함과 다른 것이며, 테러 또한 전제적 정권의 테러와 다른 것이다(Deleuze & Guattari, p. 373).

간략히 말해, 자본주의의 폭력은 엄격한 공리론을 통해 욕구-흐름을 이윤-가치에 굴복시킨다. 독재정권하에서 국민은 군주에게 자신의 삶을 빚지고 있다. 그는 "모든 부채를 군주에게 지고 있기 때문에" 군주에게서 나오는 모든 뜻에 굴복한다(Holland, 1998, p. 67). 반면에 자본주의는 고정된 의미를 제공하지 않거나 사회적 흐름을 제한하지 않으면서 군주의 위치를 대신한다. "자본주의는 … 무한한 부채를 지고 있다. 그러나 빚진 것은 개인의 삶이라기보다 단지 그의 직업, 그의 자격을 갖춘 노동력이다"(p. 67).

이런 변화는 현대 교육에서 뚜렷이 보인다. 여기서 달인-으로서-교사(teacher-as-master)가 생산한 의미들에 대한 학생들의 충성은 지속적 생산을 위한 제도적 요청에 의해 이어져 왔다. 아울러 이 의미들은 과잉활동적 과다생산이라는 "의미 없는 셈법"을 낳았다. 이 시나리오에서는 생산과 소비의 지속적 통로를 활성화시켜 줄 역량에 교육적 삶이 속박되어 왔다. 따라서 자본주의의 문제는 나오미 클레인(Naomi Klein)이 지적한 바와 같이 우리 자신이 학교를 건설하고, 공동체를 관리하는 권리를 제한하는 것이 아니다. 그보다 오히려 "공리가 자신의 실현 모델 내에서 조직의 모든 형태를 다 취급할 수 있다는 점이다"(Buchanan & Parr, 2006, p. 11). 그러나 자본주의적 공리론이 모든 욕망-흐름을 이윤-추구의 동력으로 돌릴 수는 없다. 즉, 자본주의가 사회적 욕망의 코드화된 흐름을 정신분열시키는 반면에, 정신분열은 공리화[22]에 대한 위협을 동시에 수반하여 나온다.

정신분열증의 위협

자본주의의 탈영토화 욕망에는 자본주의 해체의 가능성이 포함되어 있다. 즉, 자

22) 어떤 의미에서 이러한 위험은 현재 자본주의의 붕괴 속에서 나타난다. 그곳에서 서브프라임(최우대 대출금리보다 낮은 대출)의 확장을 통해 광범위하게 막대한 가상 부채를 생산한다. 그리고 신용 확장은 시장에서 재영토화하는 것을 불가능하게 했다. 즉, 지금까지 부족한 주택 시장에서 흑자를 내는 데 막대한 수의 서브프라임 채무자들이 그들의 주택에 대한 지분을 잃었다. 2008년 3월까지, 약 880만 명의 사람들이 그들의 집에 0% 또는 그 이하의 지분을 가지고 있었다. 재융자를 통해 전체 신용 부채를 상환할 수 없게 된 채무자들은 집을 떠나기 시작했고, 이로 인해 압류가 급증했다. 따라서 총 감가상각된 채권자 대출 자본은 이후 현재까지 미화 5,120억 달러의 총액으로 상각되었다.

본주의는 모든 욕망의 흐름을 자본주의의 공리적 이윤-가치에 종속시키지 못한다. [자본주의]는 "디코드화된 욕망의 흐름을 증폭시키는 과정에서 탈주의 욕망 흐름들을 양산할 수밖에 없다. 흐름들은 자본주의를 따라 움직이지 않고 자본주의에 대항하거나 다른 방향으로 탈주한다"(Hickey-Moody & Malins, 2007, p. 15). 이 경우에 자본주의는 탈코드화 실행에 복종하는 바로 그 장치를 필요로 한다. 자본주의는 혁명적 운동, 광기, 테러리즘이라는 탈주 욕망을 막기 위해 국가의 코드화 기계가 필요하다. 이런 맥락에서 교도소와 병원, 학교, 매체, 법률은 이들 욕망-생산을 포착하는데, 이들 욕망-생산은 자본주의 내부의 기본 원칙 제한을 건너뛴다. 그리고 "혁명가를 범죄자, 난동자, 사회적으로 버림받은 사람들, 정신이상자로 바꿔버린다"(p. 16). 자본주의에서 정신분열적 욕망-생산을 노동-이윤-중심의 공리체계에 굴복시키기 위해서는 자본주의가 기본 원칙을 내부 한계로 유지해야만 한다. 자본주의는 사회의 제한을 디코드한다. 반면에 탈영토화된 흐름들이 자본 그 자체와 동일해져야 한다. 결국, 이런 **정신분열**(schizz)-흐름들은 자본주의의 엄격한 내부 기본 원칙의 안정을 위협하여 오이디푸스화된다. 그런 후에 이 흐름들은 "자본주의 기계의 절대적 제한에 대한 정신분열증(schizophrenia)의 위협을 무효화시킨다"(Buchanan, 2008b, p. 116).

저항의 경향을 띤 마르크스 원리는 교육과정 이론화와 프레리에게 영감을 받은 반억압적 교육과정 학자들에게 특별했다. 현대에서 이 원리는 편집증과 정신분열증의 관점에서 이해**될 수 있을 것이다**(Deleuze & Guattari, 1983). 국가 장치는 **은행식 교육**과, **학제적** "기초(foundations)"와 **기본으로-돌아가기**(back-to-the basics)의 풀뿌리 운동과 같은 고도로 조직된 형태를 고집한다. 그러한 아케이즘(archaism)[23]은 "완전히 현대적 기능"을 발휘해 정신분열증의 위협을 막아 내는 "신영토권(neoterritoriality)"을 수립하려고 한다(Buchanan, 2008b, p. 115). 달리 보자면, 학교 같은 그런 코딩 장치(apparati)에 나타나는 현대 국가의 신독재권력에 대항하는 것이다. 이 수많은 현대 교육과정 이론화는 파시즘을 막기 위해 전-미래

---

23) 역자 주: 장중하거나 우아한 문체를 위하여 고어나 폐어(廢語) 등을 사용하는 태도이다.

성(ex-futurity)을 생산하는 데 방향이 맞춰져 있다. 그러나 신자유주의의 **정신분열(schizo)-욕망**은 편집증과 정신분열증의 극단(pole) 사이에서 흔들리면서 똑같이 "현대적인" 운동이 된다. 이 운동은 욕망을 재영토하는데, 특유의 유연하고 차별화하는 모형 안에서 그것을 실현한다. 예를 들어, 많은 해방 교육과정 이론화는 주체성을 조직의 억압 모형에서 풀어내고자 하였다. 그러나 그런 운동은 종종 정체성의 기본 원칙 안에 주체를 재영토화시킨다. 그리고 되기를 위한 잠재력을 실현/가능성의 주인공 모형인 겉보기에 다양한 **개인**에 속박시킨다. 마찬가지로 교육과정 분야에서 인종주의, 동성애공포증, 성차별주의의 폭정은 계속해서 주요하게 다뤄지는 주제들이다. 반면에 탈영토화는 정체성(백인, 흑인, 남성, 여성)의 몰적 범주에서 재영토화할 위험에 처해 있다. 즉, 인종, 성별, 계보[24]에 대한 비재현적이고 비통합적인 **정신분열(schizo)-분석**을 사실상 막고 있다. 달리 말하자면, 디코드 실행은 주요한 다양성, 다수, 참신함을 **양산할 수 있다.** 그러나 이런 실행은 탈주선과 더 나아가 **욕망의 흐름**이 재포착되는 실현방식에 주의를 기울여야 한다. 뉴에이지 성령주의, 주권적 개인주의, 선험적 젠더화된 경험이라는 공리와 욕망-생산의 현대적 결합은 망가진 탈주선의 모습을 한다. 이 망가진 탈주선은 이미 편집증적 신념에 의해 재포착되었는데, 이런 신념은 삶 본연의 보편적 의미, 계속되는 존재론적 모형, 인간중심적 개념화에서 찾아볼 수 있다.

테러리즘과 허무주의 사이

데뉼트(Daignault, 1992)의 에세이인 『**다양한 장소로부터 작업의 흔적**(Traces at Work from Different Places)』에서 편집증과 정신분열증에 대한 현대적 생각과 유사한 욕

24) 그 같은 재영토화 경고는 "최첨단" 교육과정 이론으로 사회정의 의제의 안정책을 직접 보여 준다. 구체적으로 사회정의의 기치 아래에서 고통받는 교육과정 이론화는 본질적인(인종, 성별, 민족의) 동일화된 사유 범주의 선험적 현실을 계속해서 주장하고 있다. 더 나아가, 반파시스트적 삶의 이미지를 생산하는 데 초점을 맞추고 있다. 그러나 사회정의 이론화는 "개인"사회 행위자의 파시스트 이미지를 아직 심각하게 추궁하지 않았다. 이는 또한 프로젝트의 "핵심"에서 지속적으로 재영토화하는 고도의 인간중심적 사회 조직의 이미지에 대해서 아직 심각하게 추궁하지 않았다. 즉, 사회정의 의제는 인식론적 해방에 중점을 두고 있지만, 교육과정의 가장 반응적인 지적 경향을 나타내는 존재론적 파시즘과의 만남을 아직 이론화하지 못하고 있다.

망에 대한 교육적 경고가 나온다. 데늄트는 이 책에서 현대 교육과 관련하여 서양 철학의 이중적 경향성에 대해 명료하게 쓰고 있다. 데늄트는 이 이중적 경향성을 **테러리즘**과 **허무주의**라고 부른다. 그에게 테러리즘이란 사냥하기와 같이 플라톤적 지식의 개념화로부터 확장된 코드화의 당연한 결과이다. 교육에서 테러리즘은 **매우 빨리 알아내서** 차이를 동일성에 굴복시키려는 욕망에서 나타난다. 이러한 맥락에서 테러리즘은 의미를 영토화하려는 편집증적 욕망과 관계를 맺기 시작한다. 테러리즘은 동일한 사유 이미지 내에 있는 욕망을 과잉코드화하면서, 욕망-흐름을 안정된 패턴 안으로 배열한다. 이런 패턴은 교육에서의 "전달", 시험, 표준화된 결과를 실행하는 데 손쉽게 굴복된다. 그러나 테러리즘의 보다 교활한 측면은 아마도 **진리**를 편집증적으로 다시 끼워 넣는 것일 것이다. 여기서 진리는 차이를 **초월한다**. 이런 운동은 사실상 초월성 철학을 복귀시키는 것이다. 초월성 철학에서는 편집증적 욕망의 배치가 편집증적 욕망 배치를 점령하는 것보다 우세하다(Deleuze, 2004). 즉, 데늄트의 테러리즘 개념화 속에서 **한** 교육적 삶에 내재하는 욕망-생산은 이전의 코드화된 흐름에 재영토화된다. 즉, 교육적 삶이 진행**되는** 방법에 대한 선험적 이미지에서 우발적으로 혹은 차이 나게 점차 일탈하도록 만든다. 이러한 맥락에서 철학적 교육 테러리즘에 일치하는 과코드화된 등장인물 데늄트는 살인에 버금간다. 달리 말하면, 엄격한 코드에 따라 사회적 흐름을 "고정"하고자 하는 편집증 욕구의 결과인 데늄트의 테러리즘 개념은 이단과 탈주선을 막아서 공범의 코드화된 본체를 따라 베끼며 이러한 흐름을 제한한다. 테러리즘은 엄격한 규제와 제한의 코드 내에서 욕망-흐름을 포착하기 위해 작동한다. 반면에 데늄트(Daignault)가 개념화한 철학적 교육 허무주의란 욕망이 특정한 의미나 관념에 흔들리는 상태를 말한다. 허무주의는 재현의 테러리즘과 정반대 방향으로 움직이는 선을 생성한다. 반면에 이 선은 **한** 삶을 "무엇이나 가능하다."라는 망각에 반응적으로 연결 짓는다(Daignault, 1992).

들뢰즈와 가타리(Deleuze & Guattari, 1987)는 테러리즘과 허무주의에 대한 데늄트(Daignault)의 개념화에 반대하여 구멍 뚫린 공간, 더 나아가 **정신분열** 공간이 지닌 잠재력을 들여왔다. 여기서 **정신분열** 공간은 홈이 파인(암호화된) 영토와 매끄러운(해독된) 흐름 둘 다를 횡단하여 "소통"한다. 구멍 뚫린 공간은 국가 감시를 피하는 준비의 공간으로 아직 과잉코딩에 굴복하지 않았다. 그러나 구멍 뚫린 공간은 공리론의 장 혹은 욕망 생산을 보편적 등가 법칙으로 축소하려는 장은 아니다. 또한 상대주의 혹은 무책임한 다원주의의 장도 아니다. 오히려 구멍 뚫린 공간과 교육과정 이론의 관계는 **기초가 없는** 교육과정의 기초[25]라는 아오키(Aoki, 2005b)의 지형교육적 개념에 더 가깝다. 아오키는 **교육과정** 및 **수업 풍경의 도구적 개념화**를 분석하였다. 여기서 그는 사람들이 빠져 있다는 점을 암암리에 주장하였다. 즉, 교육과정 및 수업 풍경의 도구적 **과잉코드하기**는 새로운 힘과, 되기-안에서-신체(bodies-in-becoming)가 마련되지 못하게 방해한다. 교육과정 및 수업 풍경의 현대적 개념화는 변칙적 세력의 출현을 막는다. 이런 과정에서 건축가의 "저장소" 기능을 한다. 이 저장소는 "교육과정 감독, 교육과정 개발, 교육과정 적용, 교육과정 평가"(p. 199)라는 과도하게 감시되는 몰적 순환에 교육과정 사유를 가둔다. 이 현대적 시나리오에서 **욕망**은 이전 사고의 회로 위에 매핑된다. 이 전략은 사회적 흐름을 "저장"하는 기능을 할 뿐만 아니라, 이를 관리하고 효율적으로 감시하게 만든다. 이 상황은 지적인 탐구를 거부하는 동시에 제도적 병폐 문화를 낳는 매우 견디기 힘든 상황이다. 예술에 동원되는 **혁신적** 힘조차도 신자유주의의 수익성 공리로 전락할 위험에 빠진다. 동시대에 "창조 경제"의 형성에 순수 예술을 묶으려는 욕망이 존재한다. 여기서 "창조 경제"는 예술가들의 작품을 "합법화"하는 데 도움을 줄 뿐만 아니라, 유연하고 참신하며 다원주의적인 사고[26]에 대한 신자유주의의 요구를 지지한다.

아오키는 이러한 포획방식에 반대하여 교육과정 풍경에서 사람들이 "수직 및 수평" 공간 **내에** 출현하는 이론화를 시도한다(Aoki, 2005d, p. 429). 달리 말하면, **살아 있는** 교육의 장소는 재현과 비재현 사이에서 출현한다. 또한 지층을 탈영토화하면서 지형을 점거한다고 아오키는 말한다. 이런 공간은 몰적 사고 범주를 회피하

25) 아오키(Aoki)는 지형교육학(geopedagogy) 그 자체의 개념을 불러일으키지는 않았다. 그러나 기초 없는 교육과정 기본에 대한 그의 암시는 이 장에서 발전된 "텅 빈 공간"의 몰적 · 분자적 경향과 관련이 있다.

26) 예를 들어, 로버트 켈리(Robert Kelly, 2008)의 『**창의적 표현, 창의적 교육**』에서의 '창조적 경제' 개념화를 참조할 수 있다.

는 한 구멍이 뚫려 더빙(덧녹음)될 것이다. 반면에 아직 새로운 문제와 도전은 욕망-생성의 이전 조직이 석회화된 회로로 바뀌는 준비가 되어 있지 않다. 구멍 뚫린 공간은 **아직-오지-않은 사람들**을 위한 공간을 만들면서 기초 없는 교육과정의 기초라는 지형교육적 개념과 관계를 맺는다. 이 개념은 욕망의 코드화(테러리즘) 혹은 막다른 탈주선에서 욕망의 사소한 해제 둘 다를 막아 낸다(Aoki, 2009). 우리는 이런 맥락에서 교육과정 이론의 과업을 영토화된 풍경의 **정신분열-점령**으로 생각해 볼 수 있다. 이 목적은 사회적 힘과 교육적 삶의 이미지를 준비하는 것이다. 이런 정신분열-점령은 땅의 신체(기관 없는 신체)와 결탁하여 구멍 뚫린 공간을 만든다. 이 공간은 포스트모던 자본주의의 다원주의적 **어떤 욕망도 가능함**(any-desire-whatsoever)으로써 지배권력(독재)하의 **무자비한** 식민화와 **허무주의적** 욕망 선동이 보편적 등가 법칙이 되는 것을 막는다.

이러한 방식으로 개념화될 경우, 비시간적 구멍 뚫린 공간이 만들어지면서 교육과정 이론화 "분야"에 대한 새로운 문제가 발생한다. 특히 기초 없는 교육과정의 기초라는 지형교육적 생성을 진지하게 받아들이기 위해서는 사회적 비주류의 힘을 생산적 배치로 "기계하기(machining)"가 가능한 분석 접근법이 필요하다. 달리 말하자면, 교육과정 및 수업 경관의 지층화된 지형을 **정신분열시키는 것**을 지향하는 지형교육학은 이전 기초의 혁신을 생각하는 데 적합한 접근법을 동원하기 시작해야 한다. 현대 교육과정 이론에서 이런 혁신의 시작은 데뉼트(Daignault)의 "**제외된 제3자**" 개념과 아오키(Aoki)의 **제3의 공간 개념**에서 구상이 된다. "제외된 제3자" 개념이란 "공백"이 교육과정인 것이며, 또 제3의 공간이란 계획으로서의 교육과정과 체험됨의 교육과정 **사이에** 있는 질문의 공간이다. 데뉼트와 아오키 모두에게 "제3의 공간"의 구상은 재현과 비재현 **사이**, 즉 존재와 지각 불가능성의 사이에 있는 수행의 장소와 관련이 있다. 데뉼트 주장에 따르면, 교육과정은 둘 다 "존재하는 것"에 연결되어 있지만 아직 그 이미지에 재영토화하지 않은 만듦의 과정이다. **사이-중간**(in-between)이라는 개념에 대한 예고기재가 논의될 필요가 있다. 이유인즉, 이 용어가 "제3의 용어"라는 진부한 논리의 예시를 너무 빈번히 나타내기 때문이다. 표면적으로는 **양성애자**이며 **개혁 중독자**인 **교사-연구자**는 "제3의 공간"을 점령하고 있다. 그러나 구상은 이원적 관계에 의존하면서 동시에 그것에 여전히 제한되어 있는 상태이다(Malins , 2004). 그러한 사이-중간 공간의 구상에 대한 이런 접근이 갖는 위험은 다양성의 잠재적인 감소가 3인조 논리에 내재해 있다는 것이다. 3인조 논리란 손상되지 않은 세 번째 용어에 의해 지지되는 일반 좌표에 해당한다. 아오키는 "사이-중간"에 대한 이 너무나 인간다운 구상에 반대하여 소쉬르(Saussure)의 기표와 기의 관계도에 있는 불투명 막대 그림에서 "제3의 공간" 추론을 떠올렸다. 이 막대는 재현적 대응의 "공백"으로서 교육적 삶이 어떻게 **될 것**인가에 대해 실행적으로 다시 선보이기 위한 잠재적 장소가 된다. 데뉼트(Daignault, 1989)의 말을 빌리자면, 교육과정은 **무엇**(thing)이 아니라 구성 과정이다. 따라서 데뉼트와 아오키 모두가 지목한 "공백"은 선험적이고 반응적인 삶의 이미지에서 쿠레레(교육적 삶의 과정)에 저항하기 위한 장소로 표시된다. 이 장소와 관련해서 그 같은 가상의 구성 장소는 구멍 뚫린 공간과 연결 지어 생각될 수 있다. 달리 말하면, 재현의 힘과 비재현의 힘 사이의 "공백"은 그런 공간의 구상이 **몰적**(재현적) 영토와 **분자적**(비재현적) 영토의 흐름(되어 가는 것) 양쪽의 프랙탈 주름으로 표시되는 한 구멍 뚫린 공간으로 더빙될 것이다. 교육과정 이론가들은 그런 공간의 구상과 점령 안에서 "존재하는 것"에 대해 문제를 제기할 것이다. 그리고 이 문제 제기는 국가의 욕망-기계에 의해 예상되지 않은 힘과 되기에-있는-신체(bodies-in-becoming)를 통해서 진행된다. 그런 강조는 사고를 위한 제3의 용어라는 진부한 예시와는 같지 않다. 대신에 **퀴어**(queer) 이론에 따라 미래의 교육과정 과제는 몰적 과잉결정에서 분자적 흐름을 자유롭게 하는 것이다. 예를 들어, 우리는 **양성애자**를 생각하는 것과는 상반되게 **수천 개의 작은 성별**을 대신에 생각할 수 있다. 좀 더 넓게 보면, 교육과정이 구성되는 **공백**은 단순히 계획으로서의 교육과정과 체험된 교육과정이 합성되는 장소가 아니다. 그 대신 여기서 구멍 뚫린 공간이라고 불리는 **공백**은 오히려 삶이 어떻게 진행될 수 있는지에 대한 질문과 함께 **한** 삶을 생각하기 위한 **천 개의 고원**을 만들어 내는 욕망-생산의 재출발을 위한 실험적인 장소라고 말할 수 있다.

위협에 놓인 제3의 장소

데뉼트(Daignault, 1990/1992)는 **제3의 공간** 그 자체가 끊임없는 재영토화의 위협하에 놓여 있다고 경고한다. "심지어 중간(the middle)은 제3의 공간을 지식의 문제, 새로운 인식의 이해관계로 축소시키는 데 전념하는 새로운 사람들을 매료시킨다"(Daignault, 1991, p. 199). 데뉼트가 단언하듯이, **제3의 공간** 개념은 오래된 관념, 코드 또는 사고 습관에 따라 재영토화될 위험에 늘 처해 있다. 그러나 교육과정 이론가들은 재영토화 "그 자체로"(코드 또는 설계자 공리에서) 문제점을 찾지 않는 것이 좋다. 그보다 문제점은 "첫 번째 장소에서 재영토화가 구성된 이유와 방법을 이해하려는" 시도에 있다(Buchanan, 2008b, p. 121). 게다가 교육과정 이론의 과제는 다음과 같은 방식으로 방향을 잡을 것이다. 교육과정의 재영토화는 감당할 수 없는 것을 위한 증상이다. 즉, 현대 교육과정 이론은 "사회 분야에서 무의식적 욕망 투입"를 검토하는 전략이 필요하다. 그러나 이 방법은 "고전적" 심리분석이나 구조주의의 **자동적 해석 기계**에 의존하지 않는다(Deleuze & Guattari, 1983, p. 123). 현대에서 요구되는 바는 단순한 제3의 공간의 생성이 아니다. 그보다 "X"가 전복된 고원("X" inverted plateaus)이나 셈이 불가능한 구멍 뚫린 공간의 생성이다. 달리 말해, 제3공간의 개념화가 단순히 **변증법적** 사고를 교육과정적 사고의 "한계 또는 주변적 사례로 다시 끼워 넣는 것일 경우, 비시간적 특이성이나 발화(enunciation)의 돌연변이적 배치"의 준비를 개념화하기에는 대비가 잘 되어 있지 않다(Guattari, 1995, p. 116). 그보다 제3의 공간과 **변증법적** 사고를 합치는 것은 교육과정적 사고를 **합성**(synthesis)과 **일치**(identity)로 재영토하는 것이다. 이럴 경우, 관계를 위한 가상적 잠재력과 자원은 통합을 위한 "**현실**(actual)" 자원이거나 "**이미 주어진**(given)" 자원으로 축소가 된다.

구멍 뚫린 공간의 개념은 교육과정 이론가들에게 저항의 장을 재고하기 위한 대안적 개념으로 지형교육학(geopedagogical)을 제시해 준다. 모리스(Morris, 2000)가 쓴 바와 같이, 바로 이런 **돌연변이** 공간 안에서 차세대 교육과정 이론가들이 준비되고 있다. **개요상**(synopical) 혹은 **정체주의적**(identitarian) 유사성에 반대하여 모리스는 다음과 같이 주장하였다. 교육과정 연구는 **잘린 부분**들(outtakes), 조각들, 되기에-있는-사람들(people-in-becoming), 감시와 재현의 가시권에서 잘리고 생략된 사고방식에 주목해야 한다. 모리스는 이런 **약자들**(underdogs)과 관련하여 다음과 같이 말하였다. "우리는 항상 이미 싸워야만 한다. 그렇지 않으면 우리의 모든 노력은 오만하고 또 무뎌진다"(p. 5). 모리스는 또 다른 개요적 교육과정 규범에 반대하면서 **발췌** 교육과정의 등장을 말한다. 이 발췌 교육과정은 교육적 삶의 동성애적 · 반학제적 · 사이보그적 · 공상과학적 · 사후(posthope)의 이미지를 분석할 때 발견된다. 그런 **잘린 부분들**은 교육과정적 삶의 **개요적** 혹은 **변증법적** 이미지라기보다 지성의 공간에서 가로질러 몸 위에 뿌려진(Serres, 1997, p. 164) 다양한 특이점의 **발생**으로 나타난다. 그러나 이러한 특이점의 발생이 이질규범적(heteronormative) **변증법**의 후손(엄마/아빠/나-교육과정/선생님/학생)으로 축소될 가능성이 없다는 점은 반드시 덧붙여야 한다. 대신에 모리스와 세레스(Serres)가 말하는 특이점들은 비시간적이고 이상한 매력 있는 사람의 **사생아**로 보다 더 생산적으로 생각될 수 있다. 달리 말하자면, "어둡고 어스름한 구덩이에서" 노역하는 이런 **잘린 부분들**은 공통 계보학, 조작적 질문 또는 과제로 된 순수종으로 구분되지 않는다(Morris, 2000, p. 3). 오히려 모리스가 차세대 교육과정 학자들에게 속한다고 본 되기에-있는-신체들(the bodies-in-becoming)은 **변이**(ANOMALs)로 더 잘 이해될 수 있다. 다음으로, 이런 **약자**(underdogs)들의 임무는 교육적 삶에 대한 반응적 이미지를 동성애하기 방향으로 향하게 하여, **유일의 교육과정**(the Curriculum)이 가진 반응적 이미지에서 **한** 교육과정적 삶[27]을 우화화할 수 있는 잠재력을 훔치는 것이다. 모리스가 주장한 바와 같이, **옛날의 좋은** 모습, 유명한 학자의 아우라, 혹은 우리가 이미 알고 있는 것의 소생이라는 이미지로 현장을 재영토화하려는 욕망을 피하는 것이 과제이다. 그

27) "퀴어링" 교육과정은 그 연구 분야에서 이질적이고 규범적인 특권이 역사적이고 현대적으로 순환하는 연구방법을 위한 전술이다. 그러나 더 나아가서는 새로운 주체성의 형태가 우화화가 시작되는지 열어 주는 역할을 한다. 이 두 가지 전술은 성, 성별, 더 넓게는 문화적 이질성과 역행성(trangressivity)의 분석에 전념하는 교육과정 연구의 미래를 위해 중요하다. 더 나아가, 학생들이 '대안적으로' 스스로를 식별할 수 있는 미래 세대의 교사들에게도 중요하다. 퀴어 이론화에 대한 이러한 광범위한 초점은 교사와 교사-연구자가 개념화를 하고, 차이를 위한 공간을 만드는 데 도와주기를 시작할 수 있다.

러나 모리스가 표면적으로 주장하는 것처럼, 그러한 변이의(ANOMAL) 힘이 단순히 젊은 사람들과의 결합이 될 필요는 없다. 국가기구의 결과로서 공공연하게 기능하든, 아니면 정치적 또는 교육적 진보주의 기치하에 오래된 패권을 재활성화시키는 잠행요원으로 기능하든 간에, 비정상의 힘은 과코딩의 힘을 배반할 준비가 된 되기에-있는-신체들(bodies-in-becoming)로 이해되면 더 적절할 것이다. 그러나 변이(the ANORAL)는 손발이 묶인 채 스스로를 시장 공리에 내놓는 보편적 동등성의 법칙에 따라 재영토화하기를 피하기 위해 동일한 주의를 기울여야 한다(Guattari, 1995).

여기서 혁신적 교육과정 사고를 위한 질문이 포착된다. 즉, 교육과정 이론이 어떻게 한 삶, 변이의 것, 구멍 뚫린 공간의 생성을 생각할 수 있는가? 여기서의 생성은 국가 간섭으로 코드화된 양식에서 재영토화하지 않으며, 뿐만 아니라 디코드화된 자본주의 공리에서도 재영토화하지 않는다. 더 나아가, 하나의 교육과정적 삶을 우화화(fabulation)하는 것이 어떻게 신보수적 혹은 반혁신적 이미지를 띤 제3공간에서의 포획을 막는가? 여기서 제3공간은 환원주의적으로 볼 때 코드화된 경향과 디코드화된 경향 둘 모두를 조절한 변증법적 통합이다. 들뢰즈와 가타리(Deleuze & Guattari, 1983)가 기술한 바와 같이, 제3공간에 대한 이런 정의는 모더니즘의 일반적 문제, 구체적으로 편집증과 정신분열증 사이의 동요 안에서 지속적으로 포착된다. 이런 맥락에서 우리는 어떻게 교육과정 연구를 반혁명적인 과제로 생각해 볼 수 있을까? 즉, 교육과정 연구가 비단일적인 구멍 뚫린 공간, 비정상적 삶, 비시간성의 철학적 사유를 우화화하려면 어떠한 개념적 자원이 동원되어야 하는가? 들뢰즈와 가타리(Deleuze & Guattari, 1983)가 발전시킨 그런 반혁명적 사고방식 중 하나가 바로 정신분열적 분석이다.

정신분열적 분석과 변이의 창조적 잠재력

자본주의는 사회적 흐름의 탈영토화를 욕망하지만 정신분열적 욕망-생산과 함께한 자본주의의 연대는 매우 미약하다. 보다 구체적으로 자본주의 기계로 풀려난 탈영토화된 흐름은 자본 자체에 대한 경계를 필요로 한다(Deleuze & Guattari, 1983). 이런 맥락에서 자본주의에 영향받는 탈영토화는 제한적인 사회규범을 대신하여 엄격한 공리를 대체해야 하기 때문에 사회적 한계를 단지 **상대적으로** 표현한 것뿐이다. 들뢰즈와 가타리는 다음과 같이 썼다. “자본주의는 자신의 **내재적인** 상대적 한계를 대체함으로써 [정신분열증의 **절대적** 경향성을] 미루거나 치환하는 조건에서만 기능한다 … 한편으로 자본주의는 다른 것과 디코드화한 것을 공리화한다”(p. 267). 그러나 들뢰즈와 가타리가 잠재적인 혁명적 경로를 상정하는 것은 바로 이러한 탈주선을 따라가는 것이다. 왜냐하면 시장이 자본주의 공리 안에서 **모든** 디코드화된 흐름을 **실현**할 수 없기 때문이다. 즉, 자본주의가 모든 탈주선들을 일반화된 경제 평가 법칙을 따르게 할 수는 없다. 코드 조각, 잘린 부분들, 비재현적 세포는 공리적 포착을 초과하는 누출(탈주)을 만들면서 자본주의에 문제를 제기한다. 이는 그런 변이가(ANOMALs) 독재적이거나 자본주의적 이미지를 가진 삶에 의해 **아직** 포획되지 않은 사유방식을 가리키는 한에 있어서이다. 이런 변이의 최신 사례는 디지털 DJ들의 작품에서 확인할 수 있다. “텍스트 밀렵(textual poaching),[28] 제로페이[되기]([become] zero-paid), 로고 없음[되기]([become] no-logo), 브랜드 X[되기]([become] brand X)”(Miller, 2008, p. 13)가 이에 해당한다. 많은 디지털 DJ에 의해 사용된 작곡기법은 음악 코드의 조각들을 배치하여 재영토화한다. 이때 배치는 음악업계가 정의한 음악문체에서 탈피할 뿐만 아니라, 더 나아가 신자유주의적 저작권과 샘플링 법을 모욕한다. 이렇게 함으로써 미국녹음산업협회(Recording Industry Association of America: RIAA), 미국작곡가, 저작자, 출판사 협회(American Society of Composers, Authors, and Publishers: ASCAP)의 **독점권을 정신분열시킨다**(Letherm, 2008). 유사하게 그래피티 예술가들이 건물과 길모퉁이를 더 이상 기업 로고, 랜드마크나 GPS 격자 좌표로 조직되지 않는 새로운 지형 배치로 그려 냄

28) 역자 주: 텍스트 도용으로, 일반적으로 다른 사람의 텍스트나 콘텐츠를 허락 없이 사용하는 행위를 지칭한다. 헨리 젠킨스(Henry jenkins)가 팬덤의 팬 제작물 생산을 미셸 드 세르토(Michel de Certeau)의 용어를 빌려 사용한 말이다. 즉, 특정 스타 또는 미디어 텍스트에 대한 애호와 충성심을 공유하는 공동체 혹은 하위문화를 말하는 팬덤이 문화 상품 소비에 그치지 않고, 자신의 즐거움을 위해 그들만의 대중문화를 만들어 가는 것을 말한다.

으로써 "콘크리트 정글"의 비정상 탈영토화를 시행한다. 보드리야르(Baudrillard, 1993)에 따르면, "벽에 문신을 새김으로써 [그래피티 태거][29]는 건축[30]으로부터 벽들을 해방시킨다". "그래피티 태그"(graffiti tag)는 선험적 코드의 정체성적 재현도 아니고, 또 수익-가능성에 엄격히 적용할 수 있는 재코드하기의 과정도 아니다. 이런 맥락에서 디지털 DJ와 그래피티 태거 둘 다 변이로 남아 있으며, 이들의 실행은 일탈, 타락, 범죄로 불린다.

들뢰즈와 가타리(Deleuze & Guattari, 1983)는 "파시스트 '경제 해법'의 기이한 부활로" 세계 시장에서 철수한다는 개념을 격퇴하는 만큼 독재사회를 낭만화적으로 만드는 것을 피하는 탈주선을 계획한다(Buchanan, 2008a, p. 116). 오히려 들뢰즈와 가타리는 시장의 정신분열적인 디코드와 탈영토화 욕망의 방향으로 움직이는 탈주선을 만든다. 그러나 자본주의는 내적 한계로서 공리를 유지함으로써 사회의 상대적 한계를 나타낸다. 반면에 들뢰즈와 가타리는 한발 더 나아가 외부뿐만 아니라 내부의 사회적 지평을 대체하면서 정신분열적 욕망-생산을 동원한다. 이런 맥락에서 정신분열적 분석은 다음과 같은 접근이다. 즉, 이 접근은 시장의 신체에서(body of the market) 재영토화하지 않을 뿐만 아니라, 주체의 과잉코드화된 "사적 영역"인 오이디푸스, 자아, 거세, 결핍의 이미지에서도 재영토화하지 않는다. 대신에 재영토화는 그 자체로 정신분열적 연구의 주제이다. 더 구체적으로, 정신분열적 분석은 재영토화 과정을 통해 만들어진 변태 혹은 중독 영역의 발생을 연구한다. 그러나 이러한 연구는 단순히 "이 영역은 무엇을 의미하는가?"라고 묻거나 욕망이 범주화, 해석적 틀, 또는 초월적 조직의 선험적 좌표를 따르는 형태를 취하지 않는다. 오히려 정신분열적 분석의 문제는 그런 재영토화가 처음에 어떻게, 그리고 왜 만들어졌는가에 대한 물음이다. 정신분열적 분석에서는 "요점이 무엇인가?"가 중요한 물음이 된다"(Bridotti, 2006). 즉, 정신분열적 분석의 과제는 탈주선이 어느 한 지점에 고정되는 과정의 등록(register)을 목표로 한다. 이런 맥락에서 정신분열적 분석

29) 역자 주: 공공장소에 그래피티를 하는 사람을 말한다.

30) 나는 보드리야르(Baudrillard)가 언급한 좀 더 일반적인 "그래피티 태그"를 가진 두 개의 특정한 꼬리표, 초성(超性, Supersex)과 과냉각(Supercool)을 언급한다.

은 "누군가의" 욕망 기계(desiring-machines)와 관련이 있다. 또는 되기(becoming)의 분자적 입자가 일관성의 지형으로 **기계화**(machined)되는 방식과 관련이 있다.

이러한 의미에서 **정신분열적 분석**의 과제는 모리스(Morris)가 **잘린 부분**(outtake)으로 언급한 교육과정적 되기에-있는-신체(curricular bodies-in-becoming)에 매우 중요하다. 영화의 잘린 장면(outtake)과 마찬가지로, 정신분열적 분석은 부분 코드, 운동, **누출**(fuites)이 지형적 일관성 안으로 배치되는 것을 조사하는 데 중점을 둔다(Deleuze & Guattari, 1983). 마찬가지로, 정신분열적 분석은 구분된 "존재", 몰적 정체성 또는 재현 형태로의 재영토화를 피하는 조직의 누출(fuites)을 사고하는 방식이다. 이런 식으로 정신분열적 분석은 자무쉬의 개념적 페르소나인 **고스트독**과 같이 비정상의 정체성을 구성하는 데 있어서 지형적 조직에서 분자적 요소를 방출하는 방식이 된다.

그러나 **고스트독**의 잡종적 정체성조차도 편집증적 욕망에 대한 비뚤어진 충성심으로 "미리 그려진다(pre-figured)". 자무쉬의 영화에서 이런 편집증적 욕망으로 인해 **고스트독**의 실행은 법에 대한 청부살인자로 되살아난다. 즉, 자무쉬의 〈**고스트독**〉이 탈영토화 선에서 생겨났지만, 부두목 루이가 이끄는 마피아에 충성하여 지속적으로 재영토화를 한다. 좀 더 구체적으로, **부시도** 두목-부하 계약이라는 코드화된 칙령에 충성하여 지속적으로 재영토화를 한다. 이 재영토화는 궁극적으로 마피아 두목 손에서 **고스트독**의 의도된 죽음으로 끝이 난다. 이 죽음은 욕망-기계에 불과한 **고스트독**이 결국 탈영토화에 실패했다는 것을 보여 준다. **고스트독의 동물-되기**(becoming-animal) 그 자체가 사무라이 코드 내에서의 재영토화에 적합했다는 점은 의미심장하다. 그는 끝까지 충성스런 개로 남아 있다.

고스트독이라는 한 실험적 삶이 충분하지 않을 수 있다. 그러나 이 삶은 "교조-적(dog-matic)" 두목-부하 계약에서 진행된 중독성 있는 정신분열증적 욕망-생산의 재영토화이다. 결국 이 계약은 "그의" 탈주선 붕괴를 넘어선 붕괴되는 "블랙홀"을 의미한다. 브라이도티(Braidotti, 2006)는 다음과 같이 주장한다. 이런 중독은 "개방이 아니라 가능한 되기(becomings)의 영역을 좁히는 것이다 … 주체의 유동성이 아닌 경직성을 [증가시키는 것이다]"(p. 141). 〈**고스트독**〉은 오이디푸스화된 이런 삶의 이미지에 습관적으로 재영토화를 한다. 그리고 이것은 **고스트독**으로 하여금 새로운 탈주선의 예를 만들지 못하도록 한다. 이런 점에서 자무쉬의 〈**고스트독**〉은 변이(ANOMAL)의 삶을 생성하는 데 대한 경고라기보다는 결국 **멀쩡한 삶이 가진 위험성**에 대한 경고이다. 예를 들어, 그의 죽음 시점에서 **고스트독**은 마지막 장면에서 황량한 서부 결전을 흉내 낸 진부한 재현에 대해 언급할 때까지 **과도한** 정상성으로 인해 고통을 받는다.

루이의 마피아 조직을 무너뜨린 **고스트독**은 **부시도**(bushido) 코드(그의 욕망-기계)에 충성하기 위해서는 루이의 죽음이 필요하다는 점을 분명히 알고 있다. 영화의 표어가 보여 주듯, "**코드에 따라 살고 … 코드에 따라 죽는다**". **고스트독**의 삶은 "치명적으로" 붙잡힌 사회적 위계질서의 메커니즘을 먼저 해체할 능력이 없는 한 해방될 수가 없다. 이 부분에서 자무쉬는 함축적 경고를 보낸다. 즉, 사회적으로 공인된 권력 양식(신, 상관, 아버지, 그리고 교사)의 명령에 욕망을 **편집증적으로** 족쇄를 채우는 교육적 사고에 대한 경고이다(Holland, 2008). 여기서 교육은 삶의 **진행**방식, 즉 삶의 기계화 방식 또는 삶의 다양한 배치방식을 제한시키는 비대칭의 관계 안에서 욕망을 재영토화한다.

사회 분야의 욕망에서 흐름이 기계화되고 투자되는 방식에 대해 신중한 검토가 이뤄져야 한다. 정신분열적 분석은 이를 위한 중요한 분석 도구이다. 즉, 몰성(molarity), 정체성, 재현이 가진 강력한 패턴을 계승한 "모호함, 미끄러짐 및 파열"에 초점을 맞춘 분석 도구이다(Reynolds, 1998, p. 206). 따라서 **고스트독**을 두목-부하 코드라는 욕망-기계로 축소할 경우, 정신분열적 분석이 가진 기본 임무의 긍정적인 부분이 거부된다. 정신분열적 분석은 차이에 대해 **개요적** 부정이나 **변증법적** 부정을 하지 않는다. 그 대신 어느 것도 반작용하거나 혹은 통합하는 것 없이, 서로 반대되는 욕망 양식이 동시에 존재한다는 점을 분명히 밝힌다(Deleuze & Guattari, 1983). "[정신분열적] 분석은 무의식을 재구성한다 … 그리고 무의식을 (무)비-중심화된(a-centered) 체계, 즉 기계(mechanic) 네트워크로 변형시킨다. 이것은 수목형에 따라 축소되거나 통합될 수가 없다"(Reynolds, 1998, p. 206). **고스트독**은 결국에는 두목-부하 계약을 재영토화한다. 그러나 여기서 재영토화의 초점은 실질상 **고**

스트독의 근본적 특이점을 생각하기에는 충분하지가 않다. 즉, **고스트독**의 **부시도**라는 봉건적 코드에 대한 중독은 결국 그의 죽음으로 이끈 선에서 풀린다. 그러나 이 치명적인 탈주선이 **고스트독**의 삶을 구성하는 유일한 선은 아니다. 저자가 글에서 전개시키겠지만, 『하가쿠레』는 죽음 자체에 대한 긍정인 만큼이나 죽음의 필연성에 대한 명상(meditative)의 선으로 생각될 수 있다.

〈**고스트독**〉의 특이점, 더 나아가 **세상의 거울**(speculum mundi, 세상의 얼굴)에 구멍을 내는 것을 생각하기 위해서는 상충되고 사유 불가능한 힘을 접수해 줄 **정신분열적** 접근이 필요하다. **고스트독**의 욕망-기계를 생각할 경우, 중독성 있는 재영토화 과정을 "덜덜거리며 시동이 걸리게 할" 정신분열증적 충동이 반드시 함께 배치되어야 한다. 상충하는 욕망의 정신분열적 배치가 **돌파구**, 더 나아가 지층화의 욕망을 흔들 구멍 뚫린 공간을 생각할 때 지형은 다시 탈주하게 된다. 여기서 한 삶을 구축하는 단일화된 주제나 변증법적 의미의 이미지는 쫓겨난다. **기본** 기표하에서 동화가 안 되는 상충적 욕망이 **정신분열**에 접수되어 차이에 **기반**을 두게 될 경우, 기초 없는 교육과정의 기초를 생각해 볼 수 있다. 달리 말하면, 재영토화에서 작동하는 지평이 존재하는 한 교육과정의 기초를 생각할 수 있다. 여기서 재영토화에서 작동하는 지평이란 **마땅히 생각해야 할 것**에 대한 내적 한계나 외적 한계를 말한다. 이게 바로 일반 상식(정통파 신념)의 개념이다. 이 일반 상식은 정신분열증적 욕망-생산에 의한 분열되고, 또 되기(becoming)를 위한 "X" 감각들이나 강도들 속으로 갈라진다. 이런 이유로 지층의 **정신분열하기**란 히키-무디와 멀린스(Hickey-Moody &Malins, 2007)가 "욕망 탈주선의 긍정이라고 말한 것을 의미한다 … 이 탈주선들은 우세한 존재방식을 풀어내기 위해 비록 작지만 자신만의 잠재력을 갖고 있다"(p. 16). 이러한 정신분열의 생성은 니체의 금언적 철학 사유혁명과 마주했을 뿐만 아니라, 보다 과격하게는 아르토(Artaud)의 글과도 마주했을 것이다. 아르토의 탈코드화되고, 비인간적이고, 생각지도 못한 표어문자체계라는 욕망-생산 실험은 데리다(Derrida)보다 거의 20년 앞서 실천한 해체적 사유 양식에 해당한다. 이런 각각의 예시에서 욕망은 철학적 글과 참된 의미의 이미지에서 벗어나 차이에 대한 잠재력을 생각할 수 있는 새로운 일련의 문제를 동원한다.

먼저, 〈고스트독〉이 재영토화하는 텍스트 자체는 **정신분열적** 욕망으로 표시된다. 즉, **사무라이 길은 고스트독의 행위**를 포함한 코드화된 지평이자, **또** 메이지 유신(1868~1912) 당시 통일국가 권력의 등장으로 역사적으로 과잉코드화된 전쟁원칙이기도 하다. 이 시기 동안 사무라이 계급은 자신들의 전통적 권력을 박탈당했다. 대신 메이지 정부는 서구식 징집군의 조성에 정치적 · 경제적 에너지를 집중시켰다. 그러나 사무라이 집단은 이 시기 내내 지속하면서 국가의 군사기구 조성에 저항을 한다. **부시도**가 떠돌이 전쟁 기계의 조성과 관련된 시기가 사무라이 역사의 이 후반기(1877년)이다. 여기서 전쟁 기계는 국가 출현을 막는 기능을 한다. 그러나 들뢰즈와 가타리(Deleuze & Guattari, 1986)가 썼듯이 전쟁 기계는 전쟁으로 축소될 수 없다. 보다 적절하게는 전쟁 기계란 "국가의 질서 영역에서 무정부 상태의 주변부", 즉 자기 존재를 떠돌아다니는 영역에 근거를 두는 무사와 목동으로 생각될 수 있다(Marzek, 2001). 메이지 유신 당시에 동원되었던 사무라이 변절부대는 떠돌아다니는 영토(주요 지방씨족과 소지방씨족)가 국경이 없는 **통제 영역**(폴리스)으로 탈영토화하는 것을 막는 데 목표를 두었다. 이러한 의미에서 전쟁 기계의 기능은 "모든 유용한 '개방' 공간을 국가의 영토로 합치려는 국가의 전략적 목표"를 격퇴하는 것이다(Holland, 2008, p. 80). 즉, 메이지 혁명 기간에 일어난 사무라이 봉기는 권력 흐름에 대한 국가의 통제를 유지하기 위한 반발 전략으로 생각될 수 있다. 이런 맥락에서 사무라이 전쟁 기계의 형성은 유목민이나 떠돌이 집단의 구역성과 확산을 유지하는 데 목표를 두었다.

국가의 기능이 그런 **방랑자** 배치를 내부화 혹은 기생시키기 위해서 방랑 영역의 지속은 매우 중요하다. 들뢰즈와 가타리(Deleuze & Guattari, 1987)의 말대로, "국가에는 자체적인 전쟁 기계가 없다"(p. 439). 국가는 먼저 징집하고, 낯선 무리나 반란군 대상자들이라는 복잡성을 반드시 줄여야 한다. 이런 가운데 이들을 군사조직에서 탈영토화하거나 군사조직 안으로 징집을 해야 한다. 이런 과잉코드 과정은 전쟁 기계의 본질을 바꾼다. 전쟁 기계의 내부화는 더 이상 창의적인 전략적 저항에 중점을 두지 않으면서 또 다른 하나의 방법이 된다. 여기서 국가 권력은 자신의 정치적 목적을 더욱 발전시킬 수 있다. 즉, 국가 통제하에서 전쟁은 "다른 수단에 의한 정치의 지속"이 된다(von Clausewitz, Deleuze, & Guattari, 1987, p. 467). 이러한 기본 원리는 후기 자본주의에서 급진적 디코딩 과정을 거치는데, 여기서 전쟁 기계의 전용이 자본을 축적하는 또 다른 수단이 된다(Holland, 2008).

떠돌이와 **특이점**이 통제라는 국가의 지평하에 굴복하는 전쟁 기계는 영토를 보존한다. 그러나 이 전쟁 기계의 기능은 탈영토화의 기능과는 반대이다. 그렇다고 이 영토가 국가라는 보편적 **도시국가**(polis)와 동일시되어서는 안 된다. 그뿐만 아니라 "환원 불가능한 특이점에 기반을 둔 그런 떠돌이 영토"와도 동일시되어서는 안 된다(Marzek, 2001). 이런 영토들은 사적 사상가 혹은 **소수자** 주체들의 영토이다. 여기서 이들은 "문화적 창조와 긍정적 사회 변형의 종말을 의미하는 일관된 동질성, 즉 '공통'의 동질성이 생성되는 것에 대해서는 반대를 한다"(Watson, 2008, p. 212). 오늘날 전쟁 기계는 "불만을 가진 인물들(도시 예술가, 테러리스트, 마약상, 비행자, 게릴라 혁명가)"이 있는 도시 환경의 구멍 뚫린 공간에서 출현한다. 그들에게 국가나 자본주의 조직에서 삶의 재영토화란 생명 유지에 필요한 차이[31]의 종결을 의미한다.

우리가 **고스트독**이 **부시도**에 대한 친근감을 갖는다고 생각하는 것도 이런 의미에서이다. 즉, **고스트독**이 **부시도**의 암호화된 칙령을 재영속화하지만 이런 재영속화가 단순히 국가와의 결탁 행위로의 축소는 아니다. 오히려 비시간적이고 정신분열적인 비정상적 정체성으로서 **사무라이가 가는 길**에서 이뤄진 **고스트독**의 재영토화는 국가 통제의 주변부에서 전쟁 기계를 만든다. 결국, 이 전쟁 기계는 자무쉬의 도시환경 침전물인 고대 부족들의 탈영토화를 막는 기능을 한다. **고스트독**이 경고하기로, 이 고대 부족들은 멸종의 위험에 처해 있다. **고스트독**은 한동안 삶이 어떻게 진행**되어야** 하는가에 대한 하나의 통제와 이미지하에서 그것의 탈영토화를 막으면서 특이한 순회영토를 유지시킨다. 따라서 **더 많은** 영토의 획득과 통합 및 매끈화를 모색하는 포스트모던 욕망의 결과물로 **고스트독**의 순회영토를 보는 경우는 드물다. 그뿐만 아니라 **고스트독**의 순회영토가 특이성의 일반화를 모색하는 엄격한 편집증적

31) 비판적 예술 앙상블(critical arts ensemble), 게릴라주의 사이버펑크 집단(guerilalartivism cyberpunk collective), 응용 자율 연구소(Institute for applied autonomy), 표면적으로 사라진 탄소 방어 연맹의 작업(carbon defence)이 이 기준을 충족한다.

욕망과도 동일시되어서는 안 된다. 그 대신에 **부시도 방식**을 가진 **고스트독의** 특이한 배치는 **하나의** 영토가 지속적으로 이질성을 유지하기 위한 윤리적 전략이 된다. 들뢰즈와 가타리(Deleuze & Guattari, 1987)가 기술한 바와 같이, 전쟁 기계는 "또 다른 종" "또 다른 본성" "또 다른 정의" "또 다른 기원"이다(pp. 352-354).

따라서 전쟁 기계는 **한 삶**을 사유하기 위해 새로운 강도를 만드는 임무인 정신분열적 욕망-생산의 창의성과의 관계로 들어선다. 그러나 전쟁 기계의 위험은 단순히 생산에만 있지 않다. 그보다 전쟁 기계는 강도(intensities)가 퇴화된 존재의 모형을 격퇴시킬 수 있는 한에서 강도의 잠재력을 유지시키는 임무를 동시에 수행한다. **고스트독**은 상당히 모호한(방랑자) 종이다. 즉, 사람부터 동물까지, 모호한 외양부터 감지할 수 없는 유령에 이르기까지 다양하다. 태생적 자질 혹은 근본적 자질도 불안정하다. **고스트독**은 단 한 번의 경우를 제외하고는 자기반성과 자서전을 부인한다. 보다 적절하게는 **고스트독**의 "본성"은 **전개인적**(prepersonal) **속도**와 **강도**의 관점에서 가장 잘 설명될 수 있다. 자무쉬는 **고스트독**을 인간중심적인 삶의 이미지에서 재영토화하는 것에 반대하여 신체를 빠름과 느림의 매트릭스, 그리고 느슨한 강도와 집약된 강도의 매트릭스로 탐구를 한다. 우탱 클랜(Wu-Tang Clan)[32]의 묘사와 같이, **고스트독**은 "빠른 그림자" 혹은 형태와 모양이 없는 **무기-되기**(becoming-weapon) 신체에 더 가깝다. 이런 점에서 리저(RZA)[33] 영화음악의 개입은 비트, 서정적 표현, 후렴 샘플의 비표상적 좌표에 따라 신체를 등록하며 사무라이 신체를 탈영토화한다. **고스트독**은 이 선을 따라 다양한 파동, 리듬 및 (전통적 및 현대적) 전용 파편과 감응적으로 배치하면서 **음악-되기**(becoming-music)로 생각될 수 있다. 마피아 보스인 레이 바르고(Ray Vargo)[헨리 실바(Henry Silva) 분]의 언급처럼, **고스트독**의 언어는 이질적 언어로 쓰여진다. 도시경관의 구멍 뚫린 공간에서 나온 힙합은 "전쟁의 시"가 된다. **고스트독의 정의는** 비록 **하나의** 법에 묶여 있지

32) 영화 〈**고스트독: 사무라이의 길**〉은 우탱 클랜(Wu-Tang Clan)의 멤버, RZA에 의해 점수가 매겨졌다. 전통적인 일본 악기와 힙합 비트를 결합된 이 영화의 악보는 휘태커(Whitaker)가 제공하는 부족한 대화를 능가하는 방식으로 〈**고스트독**〉을 표현하는 기능을 한다. 이처럼 고스트독이 도시의 부시도 몸이 수반하는 사유방식을 생각하는 것은 방식을 다양한 강도, 속도, 컷, 브레이크의 음악적 구속의 방식으로 구성된다.

33) 역자 주: 우탱 클랜의 래퍼이자 프로듀서이다.

만 그것에 복종하지 않는다. 달리 말하자면 고스트독이 맺은 부시도와의 비시간적 관계는 위로부터의 강압이 아니다. 오히려 고스트독이 표면적으로 그 자신에게 부여하는 법이다.[34] 따라서 고스트독의 정의는 차이에서 구축된 것이다. 더 나아가, 고스트독의 정의란 변이적인(ANOMALous) 흐름을 소멸시키거나 내부화하기 위해 설정한 힘의 배열 가운데서 차이를 유지시키는 것이다. 마지막으로, 고스트독은 비시간적이고 현대적인 자원을 배치하면서 "자신의" 태생을 분열시킨다. 자무쉬는 누구에게도 환원될 수 없는 다양한 혈통을 이끌어 내면서 원본의 삶으로서 고스트독의 삶을 만든다. 그러나 이 원본의 출생지는 구체적인 몰적 이미지나 재현적 이미지 내에 자리하지 않는다. 보다 적절하게는 고스트독의 기원은 구멍 뚫린 공간의 지형학에 밀접한 연관이 있다고 조심스럽게 말할 수 있다. 이런 구멍 뚫린 공간은 떠돌이의 지속적인 피난처이자 국가와 자본주의자들의 기생 모드를 물리치기 위한 전술적 장소로 생각될 수 있다. 이 개념화에서 구멍 뚫린 공간은 탈주선이 "항구적이며, 작동 가능하고 또 사유 가능하도록 만드는 임무"를 갖는다. 이 탈주선은 자본주의의 끊임없는 새로움 생산에 겁먹거나 휩쓸리지 않는다(Deleuze, 1995, p. 111). 오히려 구멍 뚫린 공간의 임무는 전쟁 기계의 준비이다. 더 나아가, 아직 국가에 의해 예상되지 않거나 일반적 동등성이라는 자본주의 법에 굴복되지 않은 하나의 반체제 배치를 준비하는 것이다. 들뢰즈와 가타리(Deleuze & Guattari, 1986)가 쓴 것처럼, 전쟁 기계는 세상에 태어난 이해 불가한 것을 통해 만들어진다. 자무쉬의 〈고스트독〉이 문화적 저항과 잠재적인 혁명 행위의 힘인 변이성(ANOMALous)을 사유하는 방법을 만드는 것도 이런 맥락이다. 그러나 자무쉬가 동질성의 힘(국가의 동일성 정치 또는 자본주의 공리하에서)을 물리치기 위해 만든 전쟁 기계는 교육과정 이론의 미래에 중요한 경고로 결론을 맺는다.

한 삶의 생명력은 실험을 위한 잠재력과 밀접하다. 그러나 이런 실험은 막다른 골목, 자살 비행 및 재영토화하려는 욕망에 주의하여 신중하게 다뤄져야 한다. 달리 말하자면, 전쟁 기계 배치는 항상 새로운 파시즘의 조성을 격퇴시키기 위해 작

34) 고스트독이 생각지도 못한 것을 생각할 수 있게 한 것은 그 자신에게 준 법칙을 통해서이다. 그러나 고스트독이 (잠재적) 죽음을 맞서는 것은 바로 이 실험을 통해서이다.

동해야 한다. 이러한 경고가 국가의 거시 파시스트 또는 편집증적 경향에 적용되지만, 마찬가지로 개인의 미시 파시스트적 욕망에까지 확장되어야 한다. 푸코(Foucult, 1983)가 『안티-오이디푸스』의 서문에서 언급했듯이, "적수는 우리 모두 안에 또 우리의 머리와 일상 행동 안에 있는 파시스트이다. 즉, 파시즘은 우리가 권력을 사랑하게 하는 원인이고, 우리를 지배하고 착취하는 바로 그것을 욕망하게 하는 원인이다"(p. xiii). 로이(Roy, 2003)는 다음과 같이 덧붙인다. "모든 투쟁과 탈영토화는 새로운 동질성이 되는 잠재성을 갖고 있다"(p. 37).

교육과정 이론을 위한 구멍 만들기

자무쉬 영화는 교육과정 이론가들에게 **추가 텍스트적**(extratextually)이라고 생각될 수 있다. 여기서 〈**고스트독: 사무라이의 길**〉은 현대 교육과정 이론의 문제를 생각함에 있어서 어떻게 **유용한지**를 묻는 대신에 텍스트 논평이라는 일반적 관행을 중단시킨다. 보다 구체적으로 말하자면, 비정상적 삶의 구성으로 진행한 자무쉬의 실험은 코딩과 디코딩이라는 이중적 문제와의 관계에 들어선다. 여기서 코딩과 디코딩은 각각 국가와 자본주의 조직의 기능에 맞춰진 것이다. 이런 방식으로 재영토화의 정신분열 분석과 그것의 욕망-기계는 교육과정 이론화**하기**가 무슨 의미인지 잘 알아야 한다. 교육이 국가 사고의 정체성 정치에서 재영토화를 계속하게 되면서 이 임무의 중요성이 점차 커지고 있다. 그러나 아마도 보다 위험한 것은 정치적 진보주의를 가장하여 낡은 패권을 다시 끼워 넣어서 미리 확립된 권력의 회로 내에 사고 넣기를 유지하는 기능을 하는 탈영토화에 대한 호소(도움 요청)이다. 교육과정 이론이 교육적 사고에 부여된 내외적 한계 모두를 접수할 수 있는 분석방식을 반드시 동원해야 하는 것도 이런 맥락이다. 우리는 탈주선을 점들로 축소시키는 **마개나 막힘**에 대한 분석을 조정하기 시작해야 한다. 달리 말하자면, 교육과정 이론의 임무는 **교육과정 이론**이 유지해야 할 것과 **아직-오지-않은 사람들**의 생성을 위해 그런 영토들이 충분한지에 대해 다루기 시작해야 한다는 것이다. 이 질문은 개념적인 제3의 공간의 이론화에도 적용되어야 한다. 마찬가지로 영토 **간** 경계선 공간을 차지하고 있음을 입증할 작업에도 적용되어야 한다. 표면적으로 평형을 이루지만, 가장 집중된 형태의 국가 및 징계 감시를 받는 그러한 공간이 지속 가능성을 유지하는지 또는 코딩, 군사화 혹은 순수한 이론적 대중성의 실행으로 인해 소모되었는지에 대해 물음을 제기해야 한다.

자무쉬는 **정신분열 분석**적으로 새로운 교육과정 지도 제작을 실행에 옮겼다. 구체적으로, 자무쉬는 공간의 홈이 파인(습관화) 개념화와 매끄러운(방황하는) 개념화 모두 포착의 위협하에 있는 시대에서 변이의 **풍경**을 재고하는 비판적 임무를 시작하였다. 만약 교육과정 이론의 미래가 **아직-오지-않은 사람들**을 만드는 임무와 관련이 있을 경우, **일종**의 공간이 개발되어야 한다. 여기서 이 공간은 국가사고에 의해 욕망된 광활한 영역으로 환원될 수 없으며, 또는 세계화 논리에 특화된 국경선 탈영토화에로도 환원될 수 없다. 자무쉬가 구상한 프랙탈 지도 제작은 그런 공간을 나타낸다. 여기서 공간들은 특이점들에 의해 거주하며, 이 특이점들은 그저 적응하는 것이 아니라 이전의 사고 토대를 수정한다. 이러한 점에서 이런 공간은 구멍 뚫린 공간으로 불린다. 기초가 없는 그런 기초는 전략적 저항을 위한 실험적 및 순회적 영역으로 표시된다. 여기서 코딩이라는 국가 권력과 모든 흐름을 보편적 동질성으로 탈영토화시키는 욕망 모두를 격퇴한다. 따라서 구멍 뚫린 공간은 흐름의 상대성이 아니라 관계의 흐름에 의해 정의된다. 따라서 텅 빈 공간은 상대적 흐름이 아니라 보다 중요하게는 **관계의 흐름**에 의해 정의된다. 여기서 관계의 흐름이란 되기에-있는-신체(bodies-in-becoming)를 위한 일시적 영역의 우화화가 가능한 일시적 기계하기(machining)의 흐름이다. 달리 말하자면, 구멍 뚫린 공간은 "공식적"이고 "대중적인" 교육과정의 기초에 의해 무시된 교육과정 작업을 위한 무-장소(non-site)로 생각될 수 있다[왜냐하면 구멍 뚫린 공간은 부분적으로 **감지할 수 없게-되기**(becoming-imperceptible)로 작동하기 때문이다]. **한** 교육적 삶을 창조할 수 있는 교육과정의 이론화는 반드시 기초의 개념 다루기를 시작해야 한다. 여기서 이것이 단순히 도구주의 교육과정의 선조들의 표준적 작업을 의미하지 않는다는 것을 기억해야 교육과정 기초의 분석은 최근 발생하는 재영토화로 가장 잘 시작할 수 있다. 여기서 욕망-기계가 무엇인가를 물으면서, **한** 교육적 삶이 어떻게 **나아가야 할**

지를 위한 이미지 만들기 작업도 계속해서 진행된다. 결국 자신의 재영토화 지평을 넘어서 구멍을 만들고 더듬거리게 만드는 것은 이 영토이다. 쿠레레(삶의 과정)의 이미지가 최근 포획의 형태를 물리치기에 적합한지를 묻기 시작하는 것이 이런 실험적 형태에 해당한다. 나아가 교육과정 이론은 오늘날 진행 중인 이런 재영토화가 어떻게 **생각하지 않은 것**을 생각하도록 자원을 동원하는지에 대해 의문을 제기해야 한다. 즉, 변이적 삶을 이루기 위한 가상적 잠재력과의 마주침인 생각되지 않음(unthought)을 생각하기 위해 어떻게 재영토화가 오늘날 자원을 계속 동원하는지에 대해 교육과정 이론은 물음을 던져야 한다. 아마도 **고스트독**처럼, 욕망-생산이 머릿속에서 떠나지 않는 정체주의 사유, 초월주의 그리고 미시 파시스트적 욕망의 편집증적 막대를 버리기에 우리는 아직 충분히 멀리 나가지 않았다. 정신분열 분석은 교육과정 작업을 위한 "기초 없는 기초"를 제공하여 탈주선으로 되돌아가려고 지층화를 밀어내는 것을 목표로 한 다른 형태의 욕망-생산으로 안내해 준다.

제 9 장 기묘한 장치와 괴상한 기계들

"우리는 왜 머리로 걷지 않고, 코로 노래하지 않으며, 피부로 보지 않고,
배꼽으로 숨을 쉬지 않는 것인가?"

—Deleuze & Guattari, 1987, p. 151.

리빙스톤(Livingston, 2004)과 페르네딩(Ferneding, 2004)이 이론화한 현재의 교육과정은 서구 문화 속에서 기술에 대한 두 가지의 지배적인 이미지를 설명한다. 첫 번째 이미지는 최후 심판의 공상과학 소설 내러티브에 묘사된 종말론(apocalyptic) 시나리오와 관련이 있는 카메론(Cameron) 감독의 〈터미네이터(Terminator)〉와 지능형 기계가 탄소 기반 생명체를 압도하는 워쇼스키 형제(Wachowski Brothers)의 〈매트릭스(The Matrix)〉이다. 리빙스톤에게 디스토피아(dystopic) 사이버펑크(Cyberpunk)[1] 시나리오에 대한 불안은 인간 실종과 관련이 있다. 여기서 인간은 기술적 효율성과 패권을 장악한 기계 지배 체계로 대체되고, 그 체계는 지속된다. 인간의 미래에 대한 이런 디스토피아 이미지는 기계가 인간의 진보와 즐거움을 위한 이로운 매체로 여겨지는 테크노-유토피아(techno-utopian) 내러티브와는 대조된다. 현대의 기계 신화론은 대중문화 내러티브(pop culture narrative)를 매개로, 판타지로 이상화된 인간 중심적 통제에 대한 가부장적 신념을 드러낸다. 이의 대중문화 내러티브 예로서 브라이언 포브스(Brian Forbes)의 〈스

1) 역자 주: '사이버네틱스(인공두뇌학, Cybernetics)'와 '펑크(70년대식 반항적 패션 경향, Punk)'를 합하여 만든 낱말로 브루스 베스키의 단편 〈사이버펑크〉(1980)에서 비롯하였다. 1980년대 이후 등장한 과학 소설의 한 장르로 인간 본성, 기술 그리고 이 둘이 엮이게 되면서 가까운 미래에 일어날 새로운 아이디어를 표현하는 것을 말한다. 특히 발달된 과학기술과 이에 따른 사회적 병폐, 부조리, 계급 갈등 등을 소재로 하고 있다.

텝포드 와이브스(StepfordWives)〉[2]와 반다이(Ban-Dai)의 **"다마고치**(Tamagotchi)"[3] **의 후계자로 "디지몬**(Digimon)"[4]을 들 수 있다. 어린이 프로그램 〈디지몬〉에서는 인간이 "디지털 애완동물(digital pets)"을 기르고, 진화시키며, 전쟁을 시킨다. 이렇게 길들여진 기계를 등장인물로 그려 내는 것은 리오타르(Lyotard, 1979)가 설명한 진화에 대한 테크노-유토피아 메타내러티브의 반복(재생산)이다. 여기서 리오타르는 정말-너무나도-인간적인(all-too-human) 욕망을 충족시키기 위한 정치와 무관한 수단으로 기계를 묘사한다.

테크노-유토피아주의(techno-utopoanism)와 정반대의 테라테크놀로지(teratechnological inverse)는 각각 교육적으로 필연적 결과를 갖는다. 페르네딩(Ferneding)에 따르면, 기술 장비(technical machine)를 교육 속으로 끌어들이려는 현대의 노력은 진보, 효율성 및 관리 가능성이라는 허상과 관련 있다. 이 허상은 랠프 타일러(Ralph Tyler, 1949)의 도구적 사고와 테일러(Taylor, 1911)의 진로 기반(vocationalist-based) 교육과정 목표로부터 나왔다. 그러나 테일러가 생각한 진로 교육과정은 최근에는 신자유주의의 영향을 받고 있다. 오늘날 학생은 정보 기술에 의해 점점 더 조직화되고 시장경제가 주도하는 곳에서 자리를 잡기 위해 준비 중이다. 반면에, 교사는 디지털 전송의 새로운 방식(emerging mode)으로 제공되는 효율성 및 관리의 가능성 모델을 통해 교육이 실행되도록 강요받는다. 이러한 이중의 운동은 교육에서 나타난 후기 산업화에 따른 교육 개정의 징후이다. 여기서 유연하고, 기술적으로 능숙하고, 똑똑한 "지식 노동자들"은 산업 노동력의 시장 수요를 이미 오래전에 초과해 왔다. 이러한 터무니없는 공급에 의해 수립된 국가 개혁 정책인 「**목표 2000**(Goals 2000)」, 「**미국 2000**(America 2000)」 및 「**아동낙오방지법**(Child Left Behind Act)」은 교육 장치와 테크노 기계를 연결시켰다. 이와 같은 국가 개혁 정책들은 레이건(Reagan)의 「**위기에 처한 국가**(A Nation at Risk)」에서 인용된 것

---

2) 역자 주: 2004년 개봉한 미국의 SF 공포 코미디 영화이다. 프랭크 오즈가 감독을, 폴 루드닉이 각본을 맡았다. 아이라 레빈의 동명 소설이 영화의 원작이며, 1975년 동명 영화를 리메이크한 작품이다.

3) 역자 주: 반다이에서 만든 장난감으로, 기계 안에서 가상 애완동물을 키우는 시뮬레이션 게임이다.

4) 역자 주: 디지털 몬스터는 일본의 위즈에서 기획, 개발하고 거대 완구기업인 반다이에서 발매한 휴대용 게임기이다.

처럼, 학생의 기술적 능숙도의 부족을 해소하기 위한 처방으로 기술 장비(technical machine)와 교육 장치(apparatus)의 결합을 강화하였다(Ferneding, 2004). 각국의 교육 보고서에서는 지배적인 기술(technology) 이미지가 인간 진보를 위한 신중하게 통제되고 길들여진 매개체로 지속적으로 나타난다. 물론 그러한 이상주의는 시장 모형식 교육의 실현과, 더 나아가 테크네(techne)[5]의 기업 식민지화와 결합되어 있다. 정치 이론가인 위너(Winner, 1986)가 경고하듯, "우리의 도구(instruments)들은 제작 과정에서 제도가 [되어 버렸다]"(p. 54).

오늘날 위너(Winner)의 경고는 교실에서 기술이 확산됨에 따라 수반된 자유와 자유선택이라는 말을 통해 드러난다. 시장의 정신분열(schizo)적 충동에 따라 표면적으로는 학생들은 침울한 교실과 교수자의 지식 한계로부터 자유로워졌다. 그리고 자신의 학습을 위해 엄청난 기술 도구(technological tool)와 표현의 장을 "자유롭게" 선택할 수 있게 되었다. 그러나 그러한 테크노-유토피아적 말은 확고한 내부의 보수주의를 혼란스럽게 한다. 학생은 다수의 디지털 매체를 통해 지식을 "자유롭게" 생산하지만, 이러한 생산은 아직 실험적인 감응(affects)과 지각(percepts)의 생성과 큰 관련이 없다. 대신, 그들은 정체주의적 체제(identitarian politics)와 재현적 사유(representational thought)를 위한 새로운 운반자가 된다. 재현적 사유에 대한 이러한 충실성은 학생의 활동을 미화시키거나 유사한 연구 보고서의 모형을 강화하는 데 디지털 기술을 진부하게 사용하는 데서 드러난다. 그뿐만 아니라 사용자들이 신자유주의적 자본주의 정체성 체제를 계속해서 드러내는 페이스북(Facebook)과 세컨드 라이프(Second Life)와 같은 디지털 공동체(digital communities)에서 나타난다(Bans, 2008). 테크노-이상주의(techno-idealism)는 제도적 지식 생산의 기하급수적인 증가와 심미적 가시성을 진보주의와 합체시키면서 인간 행위자에 대한 열렬한 지지를 보낸다. 인간 행위자는 테크네를 관리하면서 선험적 사회, 제도적 욕망을 테크네보다 우선시한다.

테크노-이상주의(techno-idealism)는 사회적 진보의 홍보하에서 효율적으로 데

5) 역자 주: 테크네는 고대 그리스 철학에서 만들거나 한다는 의미의 철학적 개념으로, 예술과 기술의 공통 어원이다. 필요한 것을 능숙하게 만들어 내는 능력, 즉 유용성과 효율성을 겸비한 실천적 · 생산적 활동 전반을 의미한다.

이터를 관리하고 생산하는 유연한 **사용자**(User)의 주장을 뒷받침한다. 반면, 리빙스턴(Livingston, 2004)의 종말론적 기술(적) 디스토피아(apocalyptic technological dystopia)는 **사용자**가 사라지는 시나리오를 생각한다. 리빙스턴은 "지금으로부터 100년 후, 기계와 인간은 합병될 것이다. 인간과 인간이 만든 기계 사이에는 별 차이가 없을 것이다."라고 쓰고 있다. 리빙스턴의 **사이버펑크** 시나리오는 도쿄 과학대학교의 히로시 고바야시(Hiroshi Kobayashi) 교수가 만든 **사야**(Saya)와 같이 좋지 않은 모습으로 형상화되었다. 여기서 사야는 인간을 닮은 로봇 교사이다. 히로시 교수는 교사 노동력의 부족을 메우기 위해서 가이노이드(gynoid)라는 여성 로봇을 제시하였다. 미래 교육에 대한 이러한 비전에 멤피스(Memphis) 대학교의 연구자인 앤드류 올니(Andrew Olney) 교수도 동조하였다. 앤드류 올니가 만든 ITS 로봇 인터페이스인 **구루**(Guru)는 미래 비전을 제시하였다. 여기서 인간 교사(human teachers)는 고도로 효율적이고 개별화된 정보전달 체계로 대체되어 단지 관료적 직위로 격하된다. 인간이 이러한 각각의 시나리오를 주장하는 사이, 교육적 삶에서의 특별한 미래 이미지는 점점 더 완벽해지며 통제 모델로 되고 있다. 고바야시나 올니 같은 과학자들이 테크노-이상주의라는 말을 통해 자신들의 구조물을 만든 반면, 리빙스턴은 인간의 삶이 종료되고 보다 쉽게 유지되며 효율적이고 관리 가능한 노동력으로 대체되는 **최후의 심판 공상과학 소설**(doomsday science fiction)에서 예견된 종말론적 시각을 연결 짓는다.

페르네딩(Ferneding)과 리빙스턴(Livingston)이 말한 것처럼, 테크노-이상주의와 상반된 디스토피아 과학기술은 아직 차이를 다루지 않은 이원적-기계(binary-machine)를 말한다. 안정된 인간 주체의 존재와 진보의 메타내러티브에 힘입어 테크노-이상주의는 기계의 잠재력을 아직 생각 못 하고 있다. 이 기계의 잠재력은 사회적 정체성주의 사고인 파시즘을 극복하기 위한 것이다. 마찬가지로, 기술의 종말론적 조짐도 아직 이 기계를 필수적이거나 긍정적 힘으로 생각하지 않고 있다. 더 중요한 점은 테크노-이상주의와 테라테크놀로지 디스토피아는 유기체와 기계 사이의 거리를 각각 유지하려고 애쓰며, 되기에 대한 사유방식을 아직 만들어 내지 못했다. 그래서 테크노-이상주의자와 테라테크놀로지 둘 다 생각지도 못한 기계-되기(becoming-machine)를 생각한다는 것은 존재론과의 마주함이다. 이 존재론은 교육과정 이론에서 이제 막 등장하기 시작하였다(Gogh, 2008; Livingston, 2004). 이러한 만남은 생성에 관한 것이다. 이 장에서는 교육과정 이론이 과정 존재론(process ontology)을 개념화하는 보다 적합한 방법을 개발할 수 있음을 말하고자 한다. 이를 위해 교육과정 사유는 음악, 영화, 시각 예술에서 이미 진행 중인 **기계적 사유**(machinic thinking)와 관련 맺기 시작했다. 이 장에서는 이러한 실행이 **폴리테리아**(politeria, 정치적 시민에게 부여되는 조건과 권리)로부터 테크네(techne)를 병들게 한다고 주장할 것이다. 그래서 그 대신 테크네를 되기(becoming)로서, 더 정확히 말하면 들뢰즈와 가타리(Deleuze & Guattari, 1987)가 **탐사적-머리**(Probe-head)[6] 라고 부르는 추상 기계 구조를 통해, 인간성의 **공통된** 측면을 탈영토화하는 것으로 사유방식을 창조해야 한다고 주장하고자 한다. 이러한 과업은 교육과정 이론에서 중요하다. 왜냐하면 사유방식을 생성으로 보기 때문이다. 이는 르네상스 전통 계승으로서의 신의 초월적 발현(transcendent emanation)이 아니다. 혹은 뉴에이지 유심론(New Age Spiritualism)을 따르면서 오염되지 않은 "안(within)"으로부터 그들 자신의 변형을 조정하는 유기체의 영역으로 (사유방식을 생성으로) 보지 않는다. 이 글의 시작 부분에서 설명된 기술-이상적 테라테크노로직(techno-ideal/teratechnologic)의 이분법적-기계(binary-machine)와 대조적으로, 이 장에서는 "실용적" 철학과 관계적 트랜스휴먼(transhuman)의 윤리 모두를 개념화하는 수단으로 기계적 사유를 도입할 것이다. 인식론의 정체주의적 문제에 대한 교육과정의 선입관을 탈피하면서, 이 장에서는 현대 예술이 어떻게 **한** 삶(a life)을 사유하기 위한 창조적인 자원으로서 새로운 감응과 지각들을 도입하고 있는지를 분석하고자 한다.

사이버오가니즘적 사유와 포스트휴먼과 관련된 문제점

일찍이 1960년 유기체와 기계의 가상적인 구분은 붕괴되었다. 이 시기에 클라

6) 역자 주: 탐사적 머리는 얼굴의 탈영토화로서 얼굴의 다른 것 되기를 의미하거나 비기표적이고 비주체적인 얼굴 없는 지대로 향하는 것을 의미한다. 이는 창조적이고 긍정적인 탈영토화를 함의하는 개념이다.

인즈와 클라인(Clynes & Kline, 1995)은 인간 종의 외계(extraterrestrial) 생존에 요구되는 주체의 종류로 **사이보그**(cyborg)를 명명했다. 그들이 주장한 최고의 우주비행사는 지구로부터 분리되고 심연의 우주라는 적대적 환경에서 살아가기 위해서 하이-테크 인공보철물을 필요로 했다. 1년 후에, 유리 가가린(Yuri Gagarin)의 자동화된 생명-유지 제어 우주비행선 보스토크 1(Vostok-1)은 클라인즈와 클라인이 말한 보철물의 불가피한 필요성에 대한 기본 주장을 반복했다. 인간 생존 가능성에 대한 질문은 사이보그가 개념적 답변을 제시해 준다. 여기서 사이보그는 "통합된 항상성 시스템(integrated homeostatic system)으로서 [무의식적으로] 기능하는 확장된 조직 복합체"이다(Clynes & Kline, 1995, p. 31). 클라인즈와 클라인의 답변은 현대에 와서 대중문화 판타지 사이트에서 찾아볼 수 있다. 그 예로는 베데스다의 포스트 아포칼립틱[7] 비디오 게임 〈**폴아웃 3**(Bethesda's postapocalytic video game Fallout 3)〉[8](2007), 2K의 디스토픽 아르누보 악몽인 〈**바이오쇼크**(Bioshock)〉(2005),[9] 마블(Marvel)[10]의 모션 픽쳐인 〈**아이언맨**(Iron Man)〉 등이 있다. 이 공상적 장면들이 암시하듯, 적대적인 미래의 위험에서 살아남는 신체의 능력은 하이-테크 인공보철물에 의한 보완 가능성에 전적으로 의존한다. 그러나 사이보그는 단지 상상의 모습이 아니다. 보드리야르(Baudrillard, 2002)가 주장하듯, 포뮬러 원(Formula One) 경주는 경주용 차의 인공보철을 통해 빠른-속도로-움직이는-바퀴를-가진-인간 겸 사이보그(human-cum-fast-moving- wheeled cyborg)의 물질 예시이다.

클라인즈와 클라인의 사이보그 개념화는 의식적으로 인간 통제에서 **기술**(technics)을 해방시키지만, 고정된 신체의 경계에 의문을 제기할 때는 보수주의를 유지한다(Land, 2006). 랜드(Land)에 따르면, 그러한 보수주의는 린네(Linneaus)가 인간을 호모 사피엔스로 분류학적 범주화한 것과 같은 선상에 있다. 랜드는 동물에서 인간

---

7) 역자 주: 대규모 전쟁, 대규모 자연 재해, 대규모 전염병 등의 거대한 재해 혹은 초자연적인 사건으로, 문명과 인류가 멸망하는 모습을 그리는 장르 혹은 문명이 멸망한 후의 세계를 그리는 장르이다.

8) 역자 주: 베데스다 게임 스튜디오 개발, 베데스다 소프트웍스 배급의 액션 롤플레잉 오픈월드 비디오 게임이다.

9) 역자 주: 켄 레빈이 제작하고, Irrational Games 및 2K Marin을 비롯한 여러 스튜디오에서 개발해서 2K 게임사에서 발표한 복고풍의 미래형 비디오 게임 시리즈이다.

10) 역자 주: 마블 코믹스는 미국의 만화책 출판사로, 월트 디즈니 컴퍼니의 자회사인 마블 엔터테인먼트의 출판 부문을 말한다.

을 분류학적으로 구분한 린네가 인간 존재의 주요한 특성인 이성(사유) 능력을 지나치게 강조한다고 보았다. 정말-너무나-인간적인(all-too-human) 데카르트적 삶의 이미지를 충실하게 가진 이성(사유, reason)은 머릿속에 자리를 잡았다. 이 개념화는 신체를 필요 없게 만든다. 데카르트적 이미지에 따르면, 사이보그는 이성적 정신을 가진 인간을 위한 인공보철물 신체로 개념화된다. 클라인즈와 클라인에게 신체는 "[이성]을 담기 위한 단순한 집으로 보이며, 인간의 본질을 손상시키지 않고 외과적 · 화학적 · 기계적으로 변형될 수 있는 것이다"(Land, 2004, p. 113).

클라인즈와 클라인의 인공보철 논리는 현대에서 애리조나 대학교의 전기 및 컴퓨터 공학 교수인 찰스 M. 히긴스(Charles M. Higgins)의 연구와 관련된다. 히긴스는 못쓰게 된 신체의 **사이버펑크 판타지를 실현하며**, 나방의 뇌를 전기로 자극해서 움직이는 로봇을 개발했다. 그러나 신경과학적인 적용을 넓어서, 히긴스의 실험은 공상적으로 매우 중요하다. 왜냐하면 **슈퍼버그**(superbug)란 용어가 다름 아닌 나방에 의한 초기 슈퍼컴퓨터의 합선(short-circuiting)[11]을 의미하기 때문이다(Genosko, 2006). 마지막으로, 히긴스의 실험은 나비목(Lepidoptarian)[12]의 위협에서 해방된 사이버네틱(인공두뇌학, cybernetic)을 연상시킨다. 또한 보다 일반적으로는 기계적 항상성을 지닌 나방으로 형상화된 이질적 신체에 대한 두려움을 넘어선 사이버네틱스를 연상시킨다. 인간의 특성을 부여하는 방식으로, 영국 텔레콤(British Telecom) 미래학 부서의 이안 피어슨(Ian Pearson)은 2050년까지 인간의 두뇌를 슈퍼컴퓨터 기반의 통신 네트워크에서 다운로드하는 것이 가능할 것이라고 말했다. 인공지능 연구원인 한스 모라벡(Hans Moravec)도 이러한 시나리오를 반복했다. 그는 로봇 생명체가 유기체보다 더 복잡해지는 "포스트-바이올로지컬"이 임박한 현실에서는 인간이 로봇 본체(body)로 인간의 영혼을 옮길 수 있게 될 것이고, 이로 인해 나약한 육체의 한계를 뛰어넘을 것이라고 주장하였다. 이러한 전-미래적 포

11) 역자 주: 전기회로에서 어느 두 점 사이 저항이 작은 도선으로 접속된 상태를 말한다. 전기적으로 접촉되는 현상을 말한다.

12) 역자 주: 나비목(Lepidopteran)은 곤충 중에서 세 번째로 큰 목으로, 크게 나비와 나방으로 이뤄져 있다. 여기에 속하는 종은 알(난)-애벌레-번데기-어른벌레로 변태하는 완전변태군에 속하는 곤충이며, 성충은 보통 인편으로 덮인 막질의 날개 두 쌍과 가늘고 긴 빨대주둥이를 가지고 있다.

스트휴먼 판타지(ex-futuristic posthuman fantasy)에서 **호모 사피엔스**는 더 이상 죽음에 의해 방해받지 않는 육체에서 분리된 정신으로 이어진다.

표면적으로 급진적이게 보이지만 사이보그에 대한 클라인즈와 클라인의 개념화는 정치적으로는 보수적이다. 인간은 "비록 인공두뇌학적으로 변형된 외형일지라도 창조의 목적인(telos)이라고" 주장하는 예방적 형이상학(prophylactic metaphysics)을 주장한다(Land, 2004, p. 113). 이러한 대중적 개념화 속에서 기계로 인해 인간 노후화에 대한 예측은 테크네(techne)의 식민지화를 통해 답을 얻을 수 있다. 테크네의 식민지화는 기술적 합리성, (정보로서) 불멸성, 그리고 최적의 효율성(열역학적 죽음의 종말)에 대한 정말-너무나도-인간적인 이미지 속에서 진행된다. 사이보그는 신자유주의 자본주의가 요구하는 고도로 변형 가능하고 유동적인 신체를 위한 이상적인 모델을 구성한다. 사이보그는 "고정된" 또는 "단일체의" 개체로서 신체 이미지를 대체한다. 그래서 시장경제에 촉발된 물질적 · 정보적 흐름을 수신하고, 관리하고, 통합하기에 최적화된 전달체가 된다. 보드리야르(Baudrillard, 2002)가 주장하듯, 마돈나(Madonna)[13]는 이런 새로운 이상의 정형(archetype)이다. 신체는 다른 무언가가 아니라, 감각을 자극하는 강렬한 표현을 만들어 내는 하나의 주형일 뿐이다. 일부 교육과정 전문가의 주장에도 불구하고, 클라인즈와 클라인의 사이보그 개념화는 인간의 파시스트 얼굴을 단절하는 데 필요한 비정형적 신체를 구성하지 못한다. 오히려 사이보그라는 개념은 정체성의 극도로 정교화된 형태와 신체의 완벽함으로 특징지어진다. 이는 기술 덕분에 완벽한 자본주의 모형 속으로 신체가 사라지는 것을 통해서이다.

문화비평가 마크 데리(Mark Dery, 1997)에 따르면, 포스트휴머니즘의 허상은 클라인즈와 클라인이 이론화한 일종의 인공보철 논리(prosthetic logic)에 달려 있다. 데리는 20세기 후반의 포스트휴머니즘을 "비상탈출좌석 신학(theology of ejector seat)"으로 규정하면서 신체를 탈출할 감옥으로 보는 영지(靈知)주의적(Gnostic, 나

13) 역자 주: 프랑스 사회철학자 장 보드리야르는 가수 마돈나를 "모든 카드를 이리저리 뒤섞어서 다문화주의라는 혼합체를 만들어 내고 성별 간의 차이에 의문을 제기하는 인물"로 그리면서 포스트모던이라는 말의 의미를 잘 표현했다고 하였다.

시스적)[14] 이미지로 포스트휴먼 이상을 비유한다(p. 136). 물질적 삶에 대한 포스트휴먼의 경멸은, 초월적이고 영원한 전지전능한 신의 이미지를 더욱 창조하려는 열망으로 해석될 수 있다. 이는 프랜시스 베이컨(Francis Bacon)과 앙토냉 아르토(Antonin Artaud)와 같은 예술가의 작품에서 생겨난 신체의 전략적인 탈동일시와는 다르다. 포스트휴머니즘에서 **호모 사피엔스**는 작은 신이 된다. 혁명적 대존재(Being)가 실패로 되면서, 포스트휴머니즘의 테크노-종말론적 이상은 완벽한 인간의 이미지에서, 혹은 오히려 인간의 완전성에 대한 합리적 꿈의 이미지에서 재영토화된다. 랜드(Land, 2004)는 포스트휴머니즘을 "독립적인 주인이 되기 위해 꼭두각시 끈을 끊그 해방되는" 이상적 자유-인간주의 주체(p. 122)를 지향하는 것으로 설명한다. 이러한 초월성의 표면적 거부는 삶을 실제적이거나 내재적 창조의 문제로 바라볼 가능성을 열어 준다. 반면, 포스트휴머니즘의 종말론적 열망은 정신을 정보 네트워크나 로봇 신체로 다운로드해 초월성을 실현하려는 시도에 바탕을 두고 있다(Dery, 1997, p. 8). 포스트휴머니즘의 욕망은 데카르트의 상상에서 기원하지만, 진화론적 경쟁이라는 신다윈주의적 사고에 의해 지속적으로 반복되고 강화된다. "적합성" 측면에서 보면, 진화는 갈수록 복잡해지고 인식된 효율적인 기술 위협에 대항하여 회피하거나 방어하는 데 문제가 된다(Ansell Pearson, 1997). 포스트휴먼에게 이것은 사회적 진화와 인간이 지향하는 완벽함이라는 목표 속에서 욕망을 안정시키며, 더 효과적인 정보 처리 기계로 돌연변이하는 것을 의미한다. 더구나 〈**로보캅**(Robocop)〉과 〈**6백만 달러의 사나이**(The Six Million Dollar Man)〉와 같은 대중문화 속 인물들의 신-다윈주의적 돌연변이는 초남성적 불사신과 무력의 **자유군단**(Friekorps)[15] 허상에 기계-되기(becoming-machine)에 정신을 집중해 왔다. 따라서 개념화된 테크네(techne)는 사이보그가 인간으로서 **실현되는** 삶의 이미지를 추적해 왔다. 다시 말하면, 클라인즈와 클라인이 사이보그와 포스트휴머니즘으로 이해했던 데리의 '비상탈출좌석 신학'은 모두, 불가능한 것을 재현하려다 정작 구체적인

14) 역자 주: 인간 존재는 비물질적 세계에서 인간의 몸으로 떨어진 신의 조각을 그들 자신 안에 갖고 있다는 믿음이다.

15) 역자 주: 나치의 전신이자 전위대이다.

현실과 부딪히지 못하고 있다. 지금까지 밝혀진 사이보그의 개념화는 혁명적인 인물과는 거리가 먼 인간(Man)의 얼굴로 다시 재영토화됨으로써 정말-너무나도-인간적인 것으로 남아 있다(Land, 2006).

비인간적 인간

바이오(bios)와 테크노(technos)의 붕괴는 기술을 인간의 관점과 필요에 따라 제한된 틀로 축소시키며, 역사와 진화를 인간중심적 이상에 얽매이게 한다. 안셀 피어슨(Ansell Pearson, 1997)이 주장하듯이, 이 개념화가 간과하는 점은 인간의 기원이 단순히 공학적발생(technogenesis)이 아니라 **생명공학적 발생**(biotechnogenesis)이라는 것이다. 안셀 피어슨에게 이러한 생명공학적 발생은 공생(symbiosis)을 통해 잘 표현될 수 있다. 공생은 유기체를 독립적이고 완결된 존재로 보는 전통적 관념, 즉 나무 모양의 비유를 무너뜨리는 관계방식이다. 공생은 아리스토텔레스의 속과 종의 범주를 초월하는 연결 가능성을 생각하는 방법이다. 공생은 리좀적이다. 공생은 진화가 결코 순수한 생물학적 문제가 아니라 오히려 **호모 사피엔스**의 등장을 앞당긴 기술의 창조적 형태라고 말한다. 세이건과 마굴리스(Sagan & Margulis)의 주장에 따르면, 생명공학적 발생은 현대 실리콘 기반 기술의 시대보다 적어도 30억 년 앞서 시작되었다. 당시 박테리아 금속학자들은 자철석을 내부 나침반처럼 활용하여 자기장을 감지하고 방향을 잡는 기술을 발전시켰다. 마굴리스에 따르면, 생명의 다양성은 돌연변이 또는 목적론적 퇴화(teleological involution)를 향한 필연적 발달 과정이 아니다. 또한 잔인한 생존 본능의 전개도 아니다. 그 대신 마굴리스의 주장에 따르면, 약 22억 년 전 유핵 세포의 출현은 숙주 박테리아가 침입자 시아노박테리아(cyanobacterial)[16]를 생성하는 산소로부터 중요한 DNA를 보호하며 보호막을 발달시킨 미생물 결합의 결과였다. 고세균(archaebacteria)은 "질병"을 생성하는 산소와 "결합"하고, 결과적으로 가장 초기의 유핵 세포를 형성한다. 따라서 이것은 공생의 결과이지 선형적 진화의 결과가 아니다. 다시 말해, 미토콘드리아와

16) 역자 주: 청록색 세균을 말한다.

엽록체가 핵과는 별도로 독립적인 DNA를 가지는 이유는 단순한 선형적 진화로는 설명할 수 없다. 마굴리스와 세이건(Margulis & Sagan, 1986)은 운동성 편모 또는 섬모 세포 발달로 이루어졌다고 주장하기 위해 이 가설을 확장한다. 이 세포 발달은 고세균과 빠르게 움직이는 나선형 모양의 스피로체 박테리아 간 다양한 피드백을 주고받는 관계를 통해 이루어졌다. 마굴리스의 주장에 따르면, 또 다른 형태의 다세포 공생에서 숙주 세포 내에 살던 나선형 생물인 스피로체(spirochetes)가 미세소관처럼 기능하다가 축색돌기(axons)와 수상돌기(dendrites)로 발달해, 이후 뇌로 진화할 원시적인 형태를 형성한다.

크로폿킨(Kropotkin, 1945/1901)은 이러한 공생의 경향성을 다르게 설명한다. 그는 공생적 협력과 횡단적 영토적 연결의 이미지로 공생을 대체하여 진화론적 경쟁에 대한 신-다윈주의적 주장에 문제를 제기한다. 망명자 크로폿킨은 "서로 돕는 습관을 습득한 동물들은 의심할 바 없이 가장 적합하다."라고 적었다(p. 12). 크로폿킨의 공생에 대한 개념은 베르그송(Bergson, 1911)에 의해 확장된다. 베르그송은 동물이 정보적으로 폐쇄된 범주화 방식(속, 종, 기관)으로 잘못 알려져 있다고 주장한다. 대신, 크로폿킨과 베르그송은 동물이 들어간 공생적 배치(인간-동물 공생, 동물-동물 공생, 식물-동물 공생, 동물-광물 공생)의 분석을 통해 생명에 대한 합당한 이해를 제시한다(Pearson, 1999). 공생의 진화론 도입에 대한 추정은 생물과학(biological science)에서 정설이 되어 온 반면, 자연사(natural history)에서는 계속해서 모욕을 받아 왔다. 자연사에서는 인류가 "바이로이드(viroid)"[17]에 의한 오염의 두려움을 동시에 드러내면서 인간중심적 결정을 사실로 받아들인다. 이러한 두려움은 현대에서 다양한 형태로 순환된다. 예를 들어, 컴퓨터 바이러스, 무기화된 생물학적 바이로이드, 그리고 일반적으로 좀비 공포 영화 장르에서 바이로이드 오염물질이 시민들을 동물적인 식인종으로 만드는 것과 같은 형태이다. 이러한 불안은 안셀 피어슨(Ansell Pearson)이 말하는 공생에 대한 불편한 진실과 얽혀 있다. "인간은 아메바이드 존재(amoeboid beings)의 통합된 집단이다. 마치 이러한 아메바이

17) 역자 주: 바이러스보다 더 작고 핵산으로만 구성된 병원체를 말한다. 주로 식물세포 내부에서 자기복제를 통해 증식하며 식물 질병을 유발한다.

드 존재(protocists) 통합된 박테리아 집단인 것처럼 … 좋든 싫든 간에 당신의 기원은 **점액** 속에 있다"(p. 182). 이러한 이질적 기원은 순수한 데이터로 포스트휴먼 신체의 소멸을 통해 지워지는 것이다. 포스트휴먼 사이보그가 기술적 기계와 공생관계를 형성하고 있다. 반면에 이 기계는 역설적으로 정말-너무나-인간적인 인간중심적 합리주의 이미지로 다시 재영토화된다. 이는 인류 안에 이미 존재하는 비인간적인 곳과의 대면을 회피하는 것이다.

공생은 우리가 태초부터 온전한 인간이 아니었음을 드러내며, 이는 포스트휴머니즘의 선험적 인간중심 이상이 결코 상상하지 못한 사이보그적 배치를 의미한다. 어찌 보면 보다 근본적으로 공생은 진화적 되기가 테크네의 창의적인 "새로운 사고(outside thought)"를 필요로 한다는 것을 암시한다. 달리 말하면, 되기를 생각하는 것은 이질적인 요소에 **기계하기**(machining)를, 혹은 오히려 배치의 "예술"을 참여시키는 방법을 요구한다. 그러한 기계적 사유하기(mechanic thinking)는 크로폿킨(Kropotkin)의 생명에 대한 개념화에서 그 자체의 공생적인 배치에 내재하는 것으로서 인식될 수 있다. 이 인식의 예시화와 함께, 크로폿킨은 아리스토텔레스로부터 물려받은 형태(속, 종, 기관의 탁월한 범주)와 물질(내재적인 물질적 원인)의 질료의 구분에서 전환한다. 공생적 또는 기계적 배치의 불가결한 필요성은 콜브룩(Colebrook, 2002)의 자전거 예를 통해 다른 곳에서 분명하게 설명된다. 콜브룩은 자전거는 저절로 작동하지 않는다고 하였다. 기능성을 얻기 위해 자전거는 다른 기계와 연결되어야 한다. 자전거와 승차자의 일반적 배치는 차량으로서 자전거의 의미를 제공하지만, 자전거의 공생 가능성은 이러한 형성물에 더 이상 단순화시킬 수 없다. 뒤샹(Duchamp)이 설명했듯이, 자전거와 미술관의 연결은 자전거를 예술작품이 되게 한다. 자전거를 정신적 외상을 입은 장소와 연결시키면 기념물이 된다. 가전제품으로 기계와 자전거를 연결하면 잠재적 모터가 만들어진다. 트럼펫과 연결한 이륜자동차(모터사이클)의 배기 시스템은 연소 엔진을 음악가로 만든다. 콜브룩은 이질적 요소의 물질적 연결 또는 공생의 내재적 과정으로 되기를 설명하며, 질료형상(론)적 도식(hylomorphic schema)을 거부했던 점을 상기시킨다. 오히려 콜브룩은 이기(Being, 사물의 의미)와 되기(becoming) 모두가 기계적 또는 공생적 사유에 의해 조작되는 것을 보여 준다. 어떤 것이 존재하기 위해서는 테크네가 요구된다. 혹은 오히려 이미 되기라고 추정하는 연결된 "새로운 사고"를 요구한다. 그러므로 존재하는 것은 질료형상론의 경우조차 결코 폐쇄적인 시스템이 아니다. 여기서 질료형상론은 신체를 초월적 분류 범주들과 자연스럽게 연결하는 사고방식에 바탕을 두고 있다. 그러한 자연스런 연결은 우리가 항상 이미 사이보그-되기(becoming-cyborg)가 진행되고 있음을 암시하는 기계적 사유 때문에 문제가 된다. 자전거와 마찬가지로 신체는 다중적이며, 기계적 연결을 통해 구별될 수 있다. 신체가 자전거와 연결되어 있으면 자전거 타는 사람이 되고, 신체를 감옥에 연결하면 잠재적 죄수, 신체를 마약에 연결하면 "환각에 빠진 사람(tripper)", 신체를 카메라에 연결하면 전기 눈(electric eye),[18] 신체를 회전판(턴테이블, turntable)에 연결하면 촉각으로 움직이는 모터(동력 장치)가 된다. 되기의 기계적인 특성을 언급했던 들뢰즈와 가타리는 **도구상자**로 그들의 개념 생성 철학을 설명한다. 달리 말하면, 그들의 신체 철학을 통해서 들뢰즈와 가타리는 이전의 계층화를 탈영토화하는 전략으로 이질적인 요소들을 함께 가공할 수 있는 개념 도구들을 만들었다. 이러한 기계적 사유 개념은 사이보그를 다시 생각하는 데 도움이 된다.

트랜스휴먼[19] 사이보그

기계적 공생(machinic symbiosis)을 통해 생성된 사이보그는 자신의 이미지에서 테크네를 영토화하는 인간중심적 주체로의 가정에서 벗어난다. 이 사이보그는 트랜스휴먼으로서 생각되는 것이 더 적절할 수 있다. 혹은 오히려 인간중심적 층위를 탈영토화함으로써, 인간의 선험적 이미지를 극복하는 가능성으로 생각되는 것이 더 적절할 수 있다. 같은 시기에 오다니 모토히코(Motohiko Odani)의 작품에서 이러한 트랜스휴머니즘이 등장했다. 그는 조각과 사진 작업을 통해 **호모 사피엔스**의

18) 역자 주: 전기 눈은 광선의 방해를 감지하는 데 사용되는 광 감지기이다.

19) 역자 주: 인간과 포스트휴먼 사이의 중간 형태의 개념으로, 대부분 인간과 비슷하지만 표준 인간을 능가하는 힘과 능력을 가진 존재이다.

공생적 타락을 가시화한다. 예를 들어, 〈**롬퍼즈**(Rompers)〉라는 제목의 퍼포먼스 비디오는 파충류의 눈을 가진 소녀가 혀로 꿀벌들을 잡고 이식된 인간 장기(organs)의 공생적 숙주인 새와 개구리, 그들 자신과 교감하는 초현실적 생태계를 묘사한다. 트랜스휴먼적 공생을 위한 이러한 전략은, 행위예술가 올란(Orlan)의 작품 속에서도 일부 드러나지만 최소한에 그친다. 올란은, 이상적인 인간과 외계인의 경계를 넘는 새로운 존재, 즉 인간화된 외계인-되기의 이미지를 만들기 위해 자신의 얼굴을 '탐사 도구(probe-head)'로 삼아 성형수술로 직접 새겨 왔다. 이와 유사하게, 매튜 바니(Matthew Barney)의 **크리매스터 사이클**(Cremaster cycle)[20]에 등장하는 기괴한 사이보그는, 기존의 재현적 사고를 해체하는 독특한 신체 배치를 통해, 기계화된 보철물로 비인간적인 얼굴을 드러낸다. 논란이 되고 있는 에두아르도 칵(Eduardo Kac)의 유전자 변형 작품 "GFB(녹색 형광 단백질) 토끼"는 **지금까지 생각해 본 적도 없는 종**(unthought species)으로 유사하게 만들었다. 이는 형광 단백질을 생산하는 해파리 유전자를 가진 알비노 토끼[21]를 기계하기 한 것이다. 각 사례는 저마다 고유한 논란을 담고 있지만, 모두 마크 데리(Dery)가 포스트휴머니즘의 특징으로 지적한 '비상탈출좌석 신학(ejector seat theory)'-현실을 벗어나려는 초월적 탈출 욕망-에 대한 공통된 거부감을 드러낸다. 즉, 신체에 대해 질문하기보다 신체를 아예 벗어나려고 하는 정말-너무나도-인간적인 열망에 빠지지 않고, 그 열망을 피하며 신체의 구성과 의미 자체를 고민한다. 이러한 예는 이 작품들은 트랜스휴먼이라는 개념을 탐구하는 방향으로 나아가지만, 한편으로는 오다니, 올란, 바니, 칵이 만든 이러한 기계들이 이미 자본주의 사회 기계라는 거대한 시스템 속에 흡수되고 지배당하고 있는 것은 아닌지 의문을 남긴다. 즉, 각자가 인간 중심주의를 넘어서는 낯선 기계를 만들려는 시도를 하면서도, 이런 욕망은 결국 자본주의 사회가 이미 만들어 놓은 틀, 즉 외모를 꾸미고 변형해 '나만의 개성'을 강조하는 소비문화인 "성형 개별화(cosmetic individuation)"와 얽혀 있다.

---

20) 역자 주: 미국의 시각 예술가이자 영화 제작자인 매튜 바니가 제작한 관련 조각, 사진, 드로잉 및 작가의 책과 함께 5개의 장편 영화 시리즈이다.

21) 역자 주: 주변에서 가장 흔하게 볼 수 있는 눈이 유난히 붉고 털이 흰색인 토끼를 칭한다.

베이컨의 탐사적-머리

아마도 더 급진적인 사이보그 형상은 프랜시스 베이컨(Francis Bacon)[22]의 작품에서 먼저 찾아볼 수 있다. 그의 기괴한 그림은 기계적 사고를 극대화해, 인간과 기계의 경계가 허물어지는 트랜스휴먼의 한계에 다다른다. 들뢰즈(Deleuze, 2002)가 쓴 것처럼, 베이컨의 초상화는 그 얼굴을 해체시키는 독특한 프로젝트를 추구한다. 구조나 질료형상의 형태로 그림을 그리기보다는, 베이컨은 오히려 형상을 재발견하거나 "얼굴 아래에" 탐사적-머리(probe-heads)를 재발견한다(p. 19). 베이컨은 신체의 일부를 문지르는 기법을 통해 인간과 동물의 경계를 지운 혼합된 형태를 만들어 낸다. 심지어 고립된 인물을 그린 작품에서도 그 경계는 흐려지고, 인간과 동물이 결합된 듯한 이미지를 보여 준다. 예를 들어, 베이컨의 〈**개와 함께한 남자**(Man with Dog)〉(1953)에서는 이해할 수 없는 특이한 형상이 인간과 동물을 결합한 인간의 퇴색된 그림자에 기계하기된다. 이러한 인간과 동물의 결합을 들뢰즈는 "잠재된 투우(latent bullfight)"라고 부른다. 비구조적 형상의 생산을 통해 베이컨은 기계적 공생자를 그의 작품에서 드러냈는데, 1944년 〈**세폭 제단화 두 번째 버전**(Second Version of Triptych)〉에서 극단까지 시도했다. 이 시리즈에서 베이컨은 신체를 기계화된 관계의 배치로 탐구하는데, 이 기계적 관계는 의학적 · 심리적 · 도덕적 기준에 의해 바라던 연결 유형에서 이탈된 것이다. 항문은 똥을 누는 기계, 입은 마시는 기계, 얼굴은 표정을 나타내는 기계이다. 이 연결을 다시 기계하기하면 베이컨의 형상은 입으로 똥을 싸고, 항문으로 먹으며, 얼굴 기계를 블랙홀, 변칙적인 그림자, 생고기로 붕괴시킨다. 베이컨은 신체의 구성에 대한 근본적인 질문을 던지며, 그의 그림 속 형상은 인간중심적 신체를 정신분열시킴으로써 새로운 충격과 영향을 불러일으킨다. 달리 말하면, 베이컨의 형상은 기계에 대한 "기계식(mechanical)" 과다결정 효과로서 신체의 정상화된 이미지를 정신분열 분석적으로 도식화한다. 이에 맞서, 베이컨은 경직된 "기계식" 배치 속에서 신체의 기계적(machinic) 잠재

---

22) 역자 주: 영국계 아일랜드 화가로, 인간의 내면을 극단적인 암울함으로 표현하였다. 특유의 강렬하고 원초적인 화풍으로 그림을 그렸다. 동명이인인 16세기 철학자 프랜시스 베이컨의 배다른 형인 니컬러스 베이컨의 후손이다.

력을 제한하는 방식을 거부하고, 새로운 정서적 관계의 기계하기(machining) 과정 속에서 기존의 고정된 연결을 분열시킨다. 그러나 가늘고 긴 모양의 경직된 신체 정서를 가진 대립으로서 베이컨이 생성해 낸 기계적 **연결**(machinic connections)은 현대사회에서는 대부분 일탈이라고 한다. 예를 들어, 정상적인 신체의 연결 이미지 아래에서 폭식증 환자의 분열적 구강 기계, 동성애자의 합선된 항문 기계, 피가학적 변태자의 찰과상을 입은 육체는 심리적으로 비정상적이거나 건강하지 않은 것으로 간주된다. 베이컨은 주어진 틀 속에 고정된 신체의 형태와 **강제된** 연결 방식을 되돌려 놓음으로써, 신체가 본래 지닌 유동성과 변화의 흐름을 자유롭게 해방시킨다. 신체는 인간중심적 지층의 계층화를 파괴시킬 트랜스휴먼 정신분열 분석 기계를 만든다.

베이컨의 형상은 신체를 기술성(technicity)과 밀접한 관계가 있는 것으로 묘사한다. 또는 오히려 신체를 이미 비인간적이고, 이질적이며, 변칙적 영향에 의해 공생적으로 오염된 것으로 보여 준다. 베이컨의 형상은 인간의 얼굴을 재영토화하는 것이 아니다. 오히려 생각지 못한 연결과 결합된 종을 조사하기 위해 충실한 탐사적-머리(probe-heads)를 창조한다. 들뢰즈(Deleuze, 2002)가 썼듯이, 베이컨의 작품은 “하나의-기호에서 [출발해], 그것이 새로운 낯선 세계로 확장되고 나타나는 과정”을 시각적으로 드러낸다(p. 82). 부분적으로 이것은 베이컨의 고유한 기술을 통해 이루어진다. 이는 사전에 준비된 스케치를 포기하고 대신에 “혼합된 감각”을 사용한다. 혼합된 감각은 “비재현적이고, 비실용적이며, 비서사적인” 실제를 통해 부분적 문지르기(브러시가 아닌 누더기 사용하기), 페인트 던지기(순수 광학 대신 리듬 이용하기), 무작위 작업하기(코딩된 요소와 디코딩된 요소 사이의 긴장 “영역”을 알아내기)이다(Deleuze, 2002, p. 82). 베이컨의 그림은 신체를 기계적 관계(machinic relations)의 산물로서 그들의 특별한 연결(기관), 관계의 영역(공생), 그리고 욕구-생산의 흐름[입, 눈, 항문 등과 같은 “작은” 기계의 연결]을 묘사한다. 베이컨의 기계적 스타일은 테크네의 산물로 되기를 묘사하면서, 인간중심적인 과잉결정에서 신체를 해방시켜 도구적 사고에 혐오하는 실험적인 배치에 참여하게 한다. 이런 관점에서 보면, 베이컨이 테크네와 되기를 결합해 발전시키는 작업은 우리가 현대 미술의 중요성을 더 깊이 이해하는 데 도움을 준다. 예를 들어, DJ가 축음기의 제3의 팔과 연결되는 턴테이블리즘, 인간의 시선이 디지털 레코더에 탈영토화되는 디지털 필름 제작, 그리고 손가락 끝 색채 조화가 잘 이루어지는 그래피티(공공장소에 하는 낙서)가 이에 해당된다. 그러나 이런 공생적 예술 행위에 참여하기 전에, 유기체에 대한 고정된 대중적 이미지와 충돌하는 기계적 사유하기(machinic thinking)의 중요성을 인식하고 주의 깊게 바라보아야 한다. 이 이미지들 중 첫 번째는 자동생성(autopoeitic) 또는 자체-생성 유기체의 이미지이고, 두 번째는 하이브리드의 대중화된 형상이며, 세 번째는 현대적 사고에서 기계(machine)에 대한 반동적 거부에 대한 탐색이다.

자기생성체계

우선, 기계적 사유(machinic thinking)는 총체적인 "통합"과 "균형"의 가정으로 개입한다. 즉, 자연의 중심에 있는 인공물을 제시하는 일종의 공생-사이보그적 사고를 소개한다(Deleuze, 1988). 안셀 피어슨(Ansell Pearson, 1997)이 쓴 바와 같이 전체성과 균형은 유기체가 선험적 "목적" 이미지 위에서 재영토화하는 **최종성**(finality) 또는 자기-조직화 능력을 나타내는 것에 한해서만 가능하다. 공생체로서 사이보그는 본질적일 수 없다. 왜냐하면 신체가 무엇을 할 수 있는지, 어떻게 다른 기계와 연결하고 접속하며 또는 배치하는지를 **우리가 아직 모르기** 때문이다. 예를 들어, 플래시몹을 동원하는 페이스북과 트위터[기계(machines)와 접속] 같은 소셜 네트워킹 사이트들의 중요성을 들 수 있다. **플래시몹**은 행동주의자 그룹이 임시로 실행행동 속으로 기계화된 것이다. 아마도 좀 더 급진적인 사례로, 가타리(Guattari, 1992)는 1999년 반-WTO "시애틀의 전투"와 같은 시위에서 인터넷 바이러스성 잠재력이 공생적 조직화로 공격적 셀을 기계화하지 않았다면 가능했을지에 대해 의문을 제기한다. 사회적 기계(social machines)는 아직 국가 권력에 잡히지 않은 방식으로 기술공학적 기계(technological machines)와 공생적으로 연결되어 있다. 그러한 배치는 미리 결정되었거나 설정된 삶의 기준을 탈영토화한다. 안셀 피어슨(Ansell

Pearson, 1997)이 "욕망-공학하기(desire-engineering)"(p. 197)라 칭하는 일종으로, 생각하는 삶 대신의 배치이다. 그러한 "욕망-공학"[기계(machines)의 전략적 연결]에 의해 가정되는 되기(becoming)는 테크네의 핵심적인 잠재력 혹은 오히려 기계적 또는 동물적 삶의 생산적 붕괴로 특징을 들 수 있다. 그러나 이러한 붕괴를 단지 현대적 현상으로만 보는 것은, 창조적이고 생산적인 "욕망-공학하기"가 이미 도구를 사용하는 침팬지와 무기를 만드는 네안데르탈인에게서 시작되었음을 간과하는 것이다. 이들의 상체는 더 이상 이동할 때 필요하지 않게 되면서 탈영토화되어 다른 원시적 기계들과 연결될 수 있었다.

그러나 두 경우 모두 기계적 또 동물적 삶의 붕괴를 단순한 생성적 조직 혹은 내부 동요에서 비롯된 진화 이미지로 돌릴 수 없다. 자기생성이 자율성에 대한 욕망으로 추진되는 폐쇄적이고 오염되지 않은 특권적 유기체의 인간중심적 이미지로 지속하는 한 이러한 정의는 부적절하다. 그러나 안셀 피어슨(Ansell Pearson, 1997)이 경고하듯이, 완전한 자율성을 지닌 유기체는 결국 진화의 교착상태에서 얼어 버릴 것이다. 이는 물질의 외부나 가상의 "새로운 사고(outside thought)"와 연결 관계를 형성할 수 없기 때문이다. 이런 맥락에서, 자기생성체계(autopoiesis)의 "고도로 제한된 [변형적] 경제"는 두 가지 선택인 "엔트로피 **또는** 완벽한 실행"(p. 196)으로 남는다. 유기체는 열역학적으로 다른 기계의 몸체로 분해되거나(오염 물질 밖으로 '돌아가기') **또는** 폐쇄적이고 "안정적인" 자기-생식(self-generating) 시스템으로 남는다. 전자의 이미지는 경제 산업화에 대한 반동적 거부와 신기술에 대한 거부감 속에서 지속된다. 반면에 후자는 1980년대 후반 대중 복잡성 이론[23]의 폭발적인 증가로 채택된 쿠레레(currere)의 생기론자적, 학생 중심적, 자기-조직적 이미지에서 분명히 드러난다. 버틀러(Butler, 1872/1970)는 철자를 바꾼 어구의 소설 『에레혼(Erewhon)』에서 삶의 생기론자적 이미지를 확산시킨다. 이 책에서 진화는 발단에서부터 기계적일 뿐만 아니라, 더 나아가 유기체가 기계의 정교한 공학과 연결 가능성에 대한 정확도를 공유한다는 것이다. 이러한 이중 운동에서 버틀러는 선험적

23) 역자 주: 대중문화와 사회적 현상에서 복잡성 이론의 개념을 사용하여 여러 요소의 상호작용과 창의적 현상을 분석하려는 시도이다.

인 구조의 통합으로서 기계(machines)의 "기계적(machinic)" 이미지를 파괴하면서 동시에 겉보기에 완전한 유기체의 이미지에도 의문을 던진다.

현대에서 생명력이 바이로이드 생명에 묶여 있다는 버틀러(Butler)의 비판은 계속해서 사람들을 불안하게 하고 있다. 방화벽이 포함된 컴퓨터 네트워크에 침투하기 위해 인공 바이러스 행위자로 **매크로**(코드의 조각들)를 활용하는 컴퓨터 해커의 경우, 특히 그러하다. 15세의 컴퓨터 해커인 마피아 보이[24)]마이클 캘스(Michael Calce)의 사례는 바이러스성 **매크로**(정보 패킷)를 표면상 안정적인 컴퓨터 네트워크에 삽입하여 기계(machines)의 비-단일성과 연결 가능성을 노출시켜 야후(Yahoo), 아마존(Amazon), 이베이(eBay) 등 전자상거래 대기업들의 코드화된 "목적성"을 차례로 사용을 중지시켰다. 그는 결국 그들에게 10억 달러 이상의 수익 손실을 입혔다. 마피아 보이 같은 해커들은 신자유주의 자본주의의 통제된 사회적 기계(social machinery) 속에서 바이러스처럼 교란하는 존재로 침투하며, 이를 통해 기술적 기계(technical machine)가 가진 숨겨진 잠재력과 파괴적 가능성을 표출한다. 전자상거래 기업의 반응적인 수사적 입장은 다르게 주장을 할 수도 있지만, 해커는 네트워크화된 시스템 내의 결함을 단순히 노출하거나 부당하게 이용하지 않는다. 오히려 해커는 이 기계의 연결 배치를 위한 기계 가능성을 실현하였다. 안정적인 네트워크를 평형 상태에서 벗어나게 할 수 있는 공생력(symbiotic force)을 생산하였다. 이러한 바이로이드 공생은 관련된 기술 기계에만 영향을 주는 것이 아니다. 앞에서 언급한 것처럼 상업적 불확실성, 대중적 불안 및 저항 현장의 대량 생산을 통해 사회 기계를 감염시킨다. 더욱이 "새로운 사고(outside thought)"로서 바이러스는 현대에 퍼지게 된 철학적 성찰과 자제를 위한 욕망의 내면화를 산산조각 낸다. 1960년대의 "유기체적" 사고의 반응적인 재활용, 투명하고 자기-성취감을 가진 사람에 대한 뉴에이지 수사나, 혹은 조화로운 존재의 영적 이미지에도 불구하고, 바이로이드의 삶의 공생-사이보그의 힘은 소멸될 수 없다. 안셀 피어슨(Ansell Pearson, 1997)이 썼듯이, "지금부터는 불안정한 시스템만 있다"(p. 181).

24) 역자 주: '마피아 보이'는 해커 '마이클 캘스'의 별명이다.

하이브리드[25]를 퀴어링[26]하기

교육과정 이론가처럼 아마도 이미 우리는 이러한 불안정 시스템을 움켜쥐고 있다. 예를 들어, 현대 교육과정 담론에서 하이브리드 개념은 근대성의 이분법적 체계가 해체되는 과정을 이해하는 데 중요한 역할을 해 왔으며, 이제는 하나의 일반적 사례로 정착하고 있다. 오리너구리는 포유류와 파충류의 혼종적 접기이다. 탱고는 만다린과 일반 오렌지의 잡종이다. 당나귀는 조랑말과 말의 잡종이다. 롤러블레이드는 발과 운송수단의 하이브리드로 기타 등등이다. 일부 교육과정 분야에서 하이브리드는 "제3의 공간" 또는 오히려 이단적인 "주변 공간" 정도의 개념으로만 홍보하였다. 그러나 이러한 방식으로 개념화된 특정 보수주의는 하이브리드 공간을 가정된 급진성으로 특징 짓는다. 특정 보수주의는 아직 공생의 도입을 진지하게 받아들이지 않는다. 특히 하이브리드적 사고는 혼합되기 전 근원적 요소에 대한 아이디어와 이러한 생성원의 표면상으로는 오염되지 않은 상태를 보존한다(Ansell Pearson, 1999). 이런 식으로 볼 때, 하이브리드성(hybridity)은 학제 간 교육과정 연구 이론화에 부적합하다. 마치 그것이 거대한 단일 조직의 산만한 분야를 상징하는 것처럼, 그것의 생성 학과목(영어, 수학, 예술 등) 이미지 속에서 계속해서 일하기 때문이다. 하이브리드적 사고의 실패는 세대 간 또는 문명적 대화의 개념화까지 마찬가지로 영향을 미친다. 이 개념화는 "청소년", "백인" 또는 유럽인과 같은 선험적 통계 범주에서 뻗어 나간다. 이러한 맥락에서 하이브리드적 사고는 단지 나뭇가지 모양의 도식과 변증법적 사고에서 최소로만 벗어난다. 그런 점들 **사이**(between) 횡단적 교환(transversal exchange)을 촉진하게 하기보다는 오히려 본래 구조의 점들을 결합시켜 남겨 둔다. 이러한 횡단적 교환은 근원적 요소의 결정체를 주어진 생성적 또는 유전적 요소로 더 이상 단순화할 수 없는 배치

25) 역자 주: 하이브리드(hybrid)는 본디 동물이나 식물 따위의 잡종, 혼종, 이종을 뜻하는 영어 단어지만, 이를 응용하여 최근에는 두 가지 이상의 이질적인 기능이 합쳐진 것을 뜻하게 되었다.

26) 역자 주: 퀴어링(queering)은 성소수자(LGBTQT)의 정체성과 관련된 개념이다. 이는 주로 성별, 성적 지향, 성역할 등 기존의 전통적이고 이분법적인 규범을 재고하고 도전하는 행위로, 기존의 것에 의문을 제기하는 실천

로 표시한다. 보다 근본적으로, 횡단성은 생성 모델 "자체"를 본래부터 가진 기계적 잠재력으로 생각할 수 있다. 예를 들어, 현대 DJ는 단순히 재생 장치와 인간 행위자의 하이브리드 변증법이 아니다. 대신에, DJ의 횡단적 공학하기(engineering)-욕망은 인간 행위자를 사이버네틱 촉각 모터로 고려하는 반면, 재생 장치는 레코(딩) 기계[reco(r)ding machine]가 되는 곳에 배치를 생성한다. 축음기와 플레이어의 결정체는 더 이상 둘 중 하나를 대표하지 않지만, 두 가지 모두의 가상 결합 공생을 도식화한다. 인간도 아니고 기계(machine)도 아니고, 오히려 횡단적 DJ-되기이다. 그러나 좀 더 분명한 것은 DJ와 축음기의 연결은 축음기가 악기로서 물질적으로 재고되는 바이로이드 오염을 일으킨다. 더욱이 DJ는 턴테이블의 다이아몬드 바늘과 기계식 사지(mechanical limb) 위에 공생적으로 탈영토화된 인간 팔을 통해 인간 행위자의 비일치(non-unity)를 보여 준다. 횡단적으로 축음기와 인간 행위자 모두의 생각지 못한 잠재력은 DJ에 의해 나타난다. DJ의 "공학하기(engineering)-욕망"은 DJ의 유전적 협응의 비통합적 특성을 참고 견디는 데 놓인다. 인간은 단순히 재생 장치로서의 축음기처럼 이미 주어진 것을 반복하는 존재가 아니라, 독립적이고 창조적인 행위 주체이다. 따라서 인간은 "완전히" 정해진 틀에 따라 존재하는 것이 아니라, 끊임없이 변화하며 생성되는 열린 존재이다. 대신 횡단적 되기인 DJ는 재생산 기술로서의 축음기와 조직화된 전체로서의 인간으로 두 가지 다 가상적인 차이를 인식하는 방법을 만들어 낸다. 이러한 선험적 "기계식" 이미지와 대조적으로, DJ는 음향학과 조작자 모두의 탈영토화된 흐름에서 "블록"의 감각, "부두 기술의 소마틱스[27] 혹은 소리 야금학"을 동원한다(MacKay, 1997, p. 254). 즉, DJ는 축음기와 인간 행위자의 하이브리드화가 아니다(무엇인가). 이는 오히려 되기(기계-되기, 음악-되기, 괴물-되기)를 위한 그들의 생각할 수 없는 (가상의) 잠재력의 공생적 기계하기(machining, 현실화)이다.

을 가리키는 말이다.

27) 역자 주: 부두(voodoo)는 아이티(Haiti)에서 믿는 종교의 주술이며, 소마틱스는 근육의 움직임을 의식하고 수의적으로 통제함으로써 몸을 회복하는 운동법이다.

(잃어)버린 얼굴

현대의 수많은 사상 속에서 "기계(machine)"에 대한 반응적 거부와 지나친 일반화는 기계적(machinic) **존재론**에 대한 사유하기와 실행하기의 가능성을 감소시켰다. 그러나 만약 우리가 사유와 실행 그 자체가 기계적이라는 주장을 진지하게 받아들이면, 그러한 기계에 대한 반응적 거부는 관습을 포기하는 것 **이상으로** 그 의미가 있다(Ansell Pearson 1997; Welchman, 1987). 더 심하게는 적절하게 생각할 수도 있는 것조차 못하게 한다. 이러한 반응성은 세 가지 주요한 가정을 기반으로 한다. 첫 번째는 "기계학(mechanics)"과 "메커니즘(mechanisms)"을 기계(machine)와 융합시킨다. 폐쇄된 시스템의 구성 요소로서 "메커니즘"은 기계를 가장 작동하지 못하는 상태(frozen)로 표시한다. 구성요소 각각의 기능인 **"정체성주의"**를 감소시킨 "메커니즘"은 도구주의 사고의 당연한 결과이다. 예를 들어, 자동차 엔진의 "메커니즘" 이미지는 설계한 기능대로 점화 플러그, 물 펌프 또는 연료 분사 시스템의 개념화를 수반한다. 인간 게놈 매핑과 체계적인 리엔지니어링[28]으로 확장된 "메커니즘"은 관계에 대한 질문을 아직 떠올리지 않은 채 구성요소(자동차 엔진, 인간 게놈)를 과코드화한 사유의 실패로 표시된다. 설계와 구성요소를 재매핑(remapping)하는 것에 초점을 맞추는 것과는 반대로, 기계적 사유는 "어떻게" 사물이 처음 장소에서 구성되었는지 질문한다. 이러한 질문은 당대에 중요하다. 그 이유는 선험적 설계 시스템을 다시 매핑해야 할 때, "기계학"은 파시즘, 정체성 정치, 표상적 존재론으로 쉽게 넘어가기 때문이다. 들뢰즈와 가타리(Deleuze & Guattari, 1987)가 주장하듯, 인간의 얼굴은 우생학과 정체성주의 "기계학(mechanics)"에 묶여 초월적 설계 시스템 속으로 축소시킨다. 프랜시스 베이컨(Francis Bacon)의 그림에서 표현된 비인간적인 탐사적 머리(probe-head) 대신, 정형화된 '얼굴 만들기'는 본래 더 자유롭고 다양하게 사고할 수 있는 기계적 사유를 억압하며, 항상 식민주의적 특징을 지니는 얼굴성을 고착화하는 역할을 한다(Land, 2006, p. 124). 식민지화는 감각과 기관의

28) 역자 주: 리엔지니어링은 사업 과정을 혁신적으로 재설계하고 그것을 고유 기능이 무시된 혼성 팀이 수행하도록 하는 경영 전략.

흐름을 동결시키는 얼굴의 과코드화를 통해 표시된다. 추론하는 뇌, 감시하는 눈, 먹는 입, 수동적인 귀 등 정말-너무나도-인간적인 결합을 생산한다. 이러한 "기계식(mechanical)" 배치를 넘어서, 얼굴은 사회적 인식의 장소가 된다. 이곳은 머리를 **남성 또는 여성**으로 재영토화한다. 그러나 의미심장하게 얼굴은 항상 확실하게 **인간**으로서 등록하는 방식으로 구성된다. 그것은 단순히 **정통적** 문화감수성에 충격받은 마이클 잭슨(Michael Jackson) 얼굴에서 해독된 성별 또는 민족성이 아니다. 오히려 잭슨의 변형에서 가장 이상한 점은 인식할 수 없는 "그의" 기술적 창조를 통한 것으로 비인간적 탐사적-머리이다. 아마도 놀랄 일은 아니지만, 마이클 잭슨에 대한 사후 논평은 그의 심하게 훼손된 탐사적-머리를 정통적인 얼굴로 되돌리는 재영토화 시도였다. 언론 매체는 정말-너무나도-인간적인 오이디푸스적 얼굴을 기반으로 마이클 잭슨의 외계인-되기/뱀파이어-되기/복제자-되기를 막으려고 시도했다. 그뿐만 아니라, 제이미 폭스(Jamie Foxx)의 BET 시상식[29] 선언에서 본 것처럼 잭슨이 기본적으로 혹은 "원래 흑인"임을 되찾았다. 사후 잭슨의 비인간적 또는 기계적 머리(machinic head)는 인간 또는 "기계식(mechanical)" 얼굴로 재구성되었다. 이로 인해 기계적인 머리는 질료형상론적 사고의 민족적 · 성별적 · 인종적 범주를 탈영토화하여 흡수시켜 버린다.

그러나 이러한 반응적 영토화에도 불구하고, 인간의 얼굴은 이미 사라지고 있다. 새로운 대화 기술, 웹 2.0, 그리고 대규모 멀티플레이 온라인 비디오 게임의 확산은 기계적 탐사적-머리를 대신하여 인간중심적 지층을 점차 탈지층화시켰다. 이 단층은 더 이상 "기계식(mechanical)" 용어로 생각할 수 없다. 실제로, 탐사적-머리의 창조는 전략적인 전쟁-기계(war-machine)가 되어 얼굴의 파시즘, 더 나아가 일반적으로 인간중심적 층위로부터 대항한다. **페이스북**(facebook)과 **마이스페이스**(MySpace)[30] 모두 각각 중심에 자율적인 인간 행위자가 있다는 뉘앙스에도 불구하고, 기술적 인터-페이스(inter-Face, **인간**과 외부 외계인과의 결합)는 관계의 "**복잡성**"을 만들어 내며, 인간 얼굴 이미지에서 재영토화를 하지 않는다. 그러한 복잡성

29) 역자 주: BET는 Black Entertainment Television의 약자로, 미국의 TV 방송국이다.
30) 역자 주: 미국의 소셜 네트워킹 웹사이트이다.

이 암시하듯이, 더 이상 개인은 없지만 오히려 군중, 무리, 흐릿한 기계화된 집단이 있다. 랜드(2006)는 이러한 운동이 낭만주의적 휴머니스트들을 자극하고, "새로운 의사소통 기술이 그들의 이상을 오염시켜" 결국에는 또 다른 형태의 통합된 주체를 만들어 내고 있다고 지적한다(p. 124).

결핍의 시스템으로 보려는 정통적 개념화로부터 벗어나 기계를 사유하는 방식으로 전환이 필요하다. 개념화는 또 다시 기계와 "기계학(mechanics)"의 정통적 융합으로부터 기인한다. "기계학"은 기계의 재료 연결 이상으로, 그리고 그 넘어선 설계자, 시스템 또는 지도의 초월적 위치를 유지한다. 이러한 초월적인 외부가 없다면, "메커니즘"은 기능을 중지하게 된다. 왜냐하면 외부의 효율적 원인이 매우 형성적이고 움직이게 하는 권력을 연기시키기 때문이다(Welchman, 1997). 칸트 학파(Kantian)의 유산은 기계적 **다양체**를 만들기 이전에 존재하는 주체의 인간중심적 편향을 반복하고 있다. 그러나 인간중심적 형태는 자신과 다른 사람 사이에 이론화된 만남을 계속해서 떠오르게 한다. 왜냐하면 그러한 만남은 차이 이전에 오염되지 않은 대리인, 또는 오히려 관계적 다양체 속으로 들어가는 **그때**의 주체를 가정하기 때문이다. 더 나아가, "기계학"의 특수한 이미지는 초월적 설계자, 시스템 또는 모델의 출현으로 교육과정을 개념화하는 한 학교교육의 도구적 모델링을 지배한다. 이러한 이미지에서 교육과정은 교육설계의 효율적인 원인과 도덕화, 평가, 교육 및 문명화 기능에 기인한 목적성에 의해 개선된 부족한 장소가 된다. 부족한 장소로 개념화된 쿠레레(currere)는 초월적 "외부" 관점에서 "작업하는" "기계식" 대상으로 축소된다. "기계식" 교육과정 사고 맥락에서 욕망은 부족함으로 속박하게 된다. 즉, 도구적 "메커니즘"은 형성하거나 움직이는 기능하기를 위해 초월적인 원인에 의존한다(Welchman, 1997). 그러한 공리주의가 애매하게 시도하는 것은 유기체와 기계 사이의 근본적인 안티모니[31]이며, "기계식(mechanical)" 조직의 중심에 있는 **인간** 관리사의 인간중심적 편향으로 되돌아간다. 이러한 관점은 인간의 삶을 증진시키는 역량의 관점에서만 기술적 장치를 이해하는 테크노-유토피아주의 결

31) 역자 주: 안티모니(antimony)는 두 가지 서로 상충되거나 모순되는 진술이나 법칙이 동시에 참인 것처럼 보이는 상황을 말한다.

과이다. 그러나 호모 사피엔스의 되기를 위한 진보가 기술을 통해서만 가능해진다면, 인간이 세계의 중심이라는 사고방식(인간중심주의)은 이미 무너지고 변화하고 있는 것이다.

비기계식 전쟁-기계로서의 서머힐

기계적 존재론(machinic ontology)은 "기계학"의 구성요소를 생각하는 것에서 벗어나 "관계"의 분석과 다르게 기능하는 잠재력을 탐구하는 정신분열 분석으로 나아간다. 예를 들어, 니일(A. S. Neill, 1993)의 **서머힐**(Summerhill)은 학교교육의 이미지를 동원한다. 이 이미지는 교육적 삶의 "기계식(mechanical)" 이미지에서 기계학적 "과거를 훔치는" 것으로 생각될 수 있다. **서머힐**의 이미지는 초현실적인 설계나 설계자에게서 나온 쿠레레의 이미지에서 벗어난다. **서머힐**의 이미지는 어떻게 삶이 **갈 수 있는지**(might go) 학생의 욕망-공학하기(desire-engineering)가 내재되어 있다. 이는 "기계학"이 주장했던 것처럼, 어떻게 삶이 **가야 할지**(ought to go)를 위한 선험적 매핑(remapping)처럼 내재되어 있지 않다. **서머힐**에서 모든 연령의 학생은 운영 및 사법 결정을 직원과 동등하게 한다. 더 나아가, 이러한 의사 결정은 특정 경우에 내재되어 있어서 보편적이거나 초월적인 도덕적 또는 징계적 규정에서 벗어난다. 이러한 의미에서 서머힐에는 모이는 행동을 지시하거나 강요하는 보스가 없다. 라이히(Reich)가 제기한 인간의 파시즘을 향한 지나치게 인간적인 욕망에 대한 질문에 따라, 서머힐은 학교교육이 학생들에게 조장하는 미시적 파시즘과의 연결을 끊기 시작하며 대안적인 조직적 배치를 만들어 낸다. 예를 들어, **서머힐** 학생은 수업에 출석하지 않으며, 비행행동을 징계응답을 위한 병적인 자극으로 보지 않는다. 그 자신의 이익을 추구하기 위해 수업 참여의 압박을 유보한 학생은 어떠한 수업을 참석할지 선택할 수 있다. 더 나아가, 그들 자신의 관심을 추구하기 위해 수업에 참석하지 않아도 된다. **서머힐**은 초월적 이상을 갖고 지속적인 생산적 노동의 장소이기보다 **반-생산**(counter-production) 교육적 잠재성을 실험하는 장소이다. 그런 맥락에서 **서머힐**은 더 이상 추정되는 부족함에 의존하지 않고 한 교육적 삶을 생각하기 위해 기계적 탐사적-머리(machinic probe-head)를 생성하기 시작한다. 대신 "기계식(mechanical)" 학교의 계층적 조직-화를 무너뜨릴 수 있는 **욕망-공학하기**(desire-engineering)의 반대적인 파시스트 사이트를 구성한다. 1990년대 후반에 **서머힐**의 미래가 위협받고 있다는 사실에 놀랄 일이 아니다. 이 시기에 토니 블레어(Tony Blair)의 새로운 노동당 정부는 **서머힐의 특이성**을 국가의 교육 효율성 및 생산 모형으로 역행시켜 재영토화를 하려 하였다. 부족함의 "기계식(mechanical)" 모형 속으로 다시 새겨 넣는다. 물론 새로운 노동당의 교육 모형은 초월적 감독과 규제력으로 국가의 필요성을 가정했다. 이와는 대조적으로 **서머힐**은 독단적이거나 재현적인 "기계학(mechanics)"에서 **한** 교육적인 삶의 기계적 잠재력을 풀어내는 프로젝트이다. 실제로 **서머힐**은 지지자들의 저항을 통해 포획을 피할 수 있었다. 이들은 정당의 대표자, 조직적 위계 구조, 전통적 사고의 상투성에 의해 과잉코드화된 문화 속에서 서머힐의 변이성의 필요성을 옹호했다(Guattari, 2000).

서머힐은 학교교육의 국가 이미지를 구성하는 물질적 재현을 이상하게 혹은 오히려 반대로-실현하는 기이한 교육적 기계를 상상하기 시작했다(Colebrook, 1996/2009). 이런 의미에서 전쟁-기계이며, 이는 "세계를 인식하는 다른 방법을" 동원하여, "사물에 새로운 얼굴을 만들거나 심지어 사건의 전환"을 이끌어 낸다(Guattari, 1995, p. 97). 이와 같이, 니일(A. S. Neill)의 **서머힐**은 1960년대에 기관의 관계적 정치 또는 기계화된 연결을 묻는 데 중점을 둔 보다 큰 운동이 되었다. 셀레스탱 프레네(Célestin Freinet, 1896~1966)[32]의 아이디어가 많이 가미된 니일의 "전환"은 1960년대의 제도화된 학교교육에 반대한 페르낭 오리(Fernand Oury)에서도 분명하게 드러난다. 이는 가타리의 정치적 교육에 깊이 영향을 준 혁신적인 프로젝트이다(Genosko, 2008). 가타리는 "기계식(mechanical)" 학교에 반대하여 오리의 **치료적 교육을 위한 집단**(Therapeutic Education Group, Groupe d'éducation thérapeutics: GET)을 **막사와 같은 학교**(encasernée scolaire) 극복 프로젝트로 규정하였다. 제노스코(Genosko, 2008)에 따르면, 이 프로젝트는 다양한 구성요소와 사전

32) 1935년에 개교한 프레이네(Freinet)의 첫 번째 학교는 수업을 위해 조직되지 않았다. 오히려 학교는 인쇄업과 협동조합 협의회의 중재 세력이었다.

에 만들어진 해석 틀로 접근했을 때 완전히 무시될 수 있는 지역적 조건에 대해 집단이 민감하게 반응하며 달성되었다. 서머힐과 마찬가지로 치료적 교육을 위한 집단 프로젝트는 제도적 배치물과 주체성에 대한 배치물들의 영향을 분석하고자 했다. 오리는 제도적으로 소외된 개인과 비대칭적인 교사 학생의 관계를 전복한 프레네의 학교 저널(학교 내에서 그리고 학교들 사이의 집단 서신), 지역 인쇄소(텍스트의 공동 제작 및 보급을 위해 학생 소유), 그리고 협동 협의회[학생들 스스로가 주도하는 단체 조직의 정제하는-기계(the refining-machine)]에 중점을 두었다. 오리는 학교 저널, 지역 인쇄소 및 협동 협의회를 중재 테크네로 동원하여, 집합적 자동 생산을 확인하고, 제도적 고통과 절망을 저지하며 교육적 특이점을 만들었다. 가타리는 프레네의 생각을 확장하여 학교 인쇄소의 "기술적 및 정치적 선택"을 지지하였다. 이는 초월적 모델에서 벗어난 집단 발성의 창조, 소유 및 대화를 위한 "분자적 혁명 활동"이다(Genosko, 2008, p. 68). 오리는 서머힐의 공동 집회 중재와 마찬가지로, 교육학의 특이점 생산에 있어서 테크네의 필요성을 주장하였다. 제노스코(Genosko, 2008)가 쓴 것처럼, 오리의 인쇄기 사용에 대한 독창적인 내용은 "중재에서의 역할"과 더 나아가 "물질적 위계가 재구성되고, 교실에서 교육청에 이르는 모든 수준에서 기존 제도적 구조에 이의를 제기하는 횡단하는 공간"의 생성이다(pp. 67-68). 니일과 오리가 생성한 교육적 삶의 반-실행의 이미지에서 명확히 드러난 것은 테크네가 한 삶, 즉 더 이상 배타적으로 인간만이 아닌 삶을 창조하는 데 역할했다는 중요한 사실이다.

오리(Oury)의 "기계식(mechanical) 학교"의 혁명적인 테크니컬한 목표는 기계적(machinic)이고 혁명적인 사유로 되돌아가는 것이다. 이 같은 기계적 사유는 덜 억압적인 사회적 관계 형성을 중재할 뿐만 아니라, 더 나아가 새로운 사회적 책임, 투쟁 및 주체성의 형태를 실현함으로써 집합의 힘을 증대시킨다. 이런 맥락에서 교육과정 이론은 테크네의 혁명적인 역할에 대한 재고를 시작할 수 있다. 테크네는 그들의 기계식(mechanical) 과잉 결정으로부터 제도적 조직-화 영역을 벗어나게 하기 위한 힘으로서 혁명적인 역할을 수행한다. 즉, 사회와 트랜스휴먼의 연결된 테크네의 기계적 생성은 조직화되거나 제도적으로 과잉코드화의 원상 복구를 의미한다(Colebrook, 2009). 달리 말하면, 테크네의 비인간적인 힘을 통해서 교육과정 이론가들은 현재 쿠레레(한 삶의 과정)의 이미지가 생각되는 자기생성, 전체론, 질료형태라는 인간중심의 고원을 변화시킬 수 있다. 각각의 과제를 통해 테크네는 상상 속의 교육적 전쟁-기계와의 관계 속으로 들어간다. 혹은 오히려 교육적 삶이 어떻게 **되어야** 하는지에 대한 정설적 이미지를 감출 수 있는 "혁명적이고 즉각적인 실험적 격동" 속으로 들어간다(Deleuze & Guattari, 1986, p. 27). 그러한 전쟁-기계의 구성은 많은 교육과정 이론에서 잘못 이해되고 있는 생성이라는 사실을 드러낸다. 즉, 테크네라고 부를 수 있는 중재 개념, 대상 또는 기술의 **필요성**을 의미한다. 달리 말하면, 테크네의 기계적 잠재성을 통해 교육과정 이론은 재현보다 생성의 문제로, 정체성보다 상상의 문제를 다루는 프로젝트로 가장 잘 이해될 것이다.

턴테이블리즘[33]과 기계적-드럼

가타리(Guattari, 1995)가 쓴 것처럼, "기계식(mechanical)" 사고로부터 전쟁-기계 동원으로의 전환은 언더그라운드 음악과 영화에서 요즘 나타나고 있다. 여기서 우리는 "자본주의 주체성의 강압에 대항하는 가장 중요한 저항 세포 중 일부"를 찾았다(p. 91). 강압은 1차원적 주체성, 일반화된 동등성, 구별 그리고 진정한 타자성에 대한 무지가 해당한다. 가타리는 테크네와 되기 간의 필수적인 관계가 가장 명확하고 효과적으로 드러난다. 그러나 이러한 생산성은 선험적 정체성이나 재현 이미지에서 작동하지 않는다. 테크네와 연결한 신체의 "기계식(mechanical)" 이미지는 **탈영토화**된다. 그 예로, 인공팔과 연결된 턴테이블의 기술적 물질 위에서 영토화하는 턴테이블리스트[34]의 신체를 들 수 있다. 구인스와 크루즈(Guins & Cruz, 2006)가 주장하듯이, 인공팔과의 연결을 통해서 턴테이블리스트는 현대 제조업에서 노동자의 손이 사라지는 것에 개입할 수 있다. 이 역사적인 움직임은 기술적 지배하

33) 역자 주: 디제잉의 일종이자, 음악의 한 장르 혹은 기법이다. 그 핵심은 두 대의 턴테이블과 오디오 믹서의 조합을 하나의 악기로 삼아 연주하는 것이다.

34) 역자 주: 턴테이블을 사용하는 DJ를 말한다. 기타리스트가 기타를 악기로 사용하듯 턴테이블을 단순히 음악을 재생하는 목적이 아닌 악기처럼 연주한다.

에 인간이 복종하게 되는 종말론적 이미지를 부추겨 왔다. 이에 반해, 턴테이블리스트의 손은 "모터"로서 턴테이블과 조화를 이루며 … 디제이와 턴테이블의 팔이 함께 작동하여 다이아몬드 드릴로 홈의 검은 구덩이에서 비트를 채굴해 낸다(p. 230). 이전에 개발된 것처럼, DJ와 턴테이블의 배치는 **기계식**으로 두 개의 힘을 증대시킨다. DJ는 사이보그 디코딩/레코딩 **기계**가 되지만, 턴테이블은 악기로 재생산적 기능에서 해방된다. "대신에" 이 기계적 **연결**은 "스크래치"[35]처럼 돌연변이적 전략을 가능하게 한다. 이 기술은 턴테이블리스트의 팔과 턴테이블 바늘이 결합한 것으로, "낡은 그루브리듬을 가로질러" 창의적으로 새롭게 스크래치를 해서 전혀 생각지도 못한 리듬 노이즈의 파편을 실현한다(p. 231). 음악적 후렴(음악의 코드화된 블록)을 오염시킨 "스크래치"는 비닐 레코드에 자체 녹음된 사운드로 되돌아가서 더 이상 영토화하지 않은 비인간 언어를 생성한다. 리믹스와 달리 스크래치에 의해 생성된 소리는 원래 소리와 비슷하지 않지만, 오히려 주어진 코드에서 전체 잠재력 범위를 탐구하는 기계적 탐사적-머리(machinic probe-head)가 된다. 할당된 탐사적-머리 스크래치는 **아직-오지-않은 사람들**을 위한 촉각-청각 "쓰기 기계(writing-machine)"로 생각할 수 있다(Attali, 1985, p. 11). 이런 맥락에서 턴테이블리즘은 "독점 사용"의 법칙, 음악 산업(힙합이 힛팝이 된 곳)에 의한 대중적 취향의 조작, 음악 후렴의 코드화된 블럭에서 경로를 벗어나기 위한 잠재적인 전쟁-기계가 된다. 새로운 사회관계를 기계(machine)하기 위한 힘으로서 테크네를 되찾는 턴테이블리즘은 "코딩 시스템을 빨리 움직이고, 심화된 실험을 지층 속으로 돌려보내주기 위한 … [정신분열적 분석] 기술"이 되었다"(Mackay, 1997, p. 267). **퍼블릭 에너미의 척 디**(Public Enemy's Chuck D, 2008)[36]는 도시 청년들과 기술 간의 당연하게 여겨진 단절에 대한 가정에 응답하며 랩을 한다. "33 1/3의 전쟁입니다. 들어 본 적 있습니까?" 테크네와 (흑인 문화의) 미래의 결합을 통해 "문화의 … 대중적 저속화

35) 역자 주: 피크로 줄을 긁어서 소음과 같은 사운드를 얻는 기타 주법을 말한다.

36) 역자 주: 1989년 스파이크 리 감독이 연출한 〈똑바로 살아라(do the right thing)〉에서 랩 그룹 퍼블릭 에너미가 부른 랩이다. 척 디는 퍼블릭 에너미의 일원이다. 이 영화는 뉴욕 브루클린을 배경으로 사소한 다툼이 인종 간의 폭동으로까지 번지게 된 사건을 통해 인종 문제에 대한 본격적인 문제 제기를 하였다.

에 맞서" 반격이 전개될 수도 있다. 턴테이블리즘(Turntablism)의 **기술 기계**(technical machine)는 더 이상 동일성 사고에 부합하지 않는 **돌연변이 주체성**을 생산한다. 턴테이블을 디코딩-기계(machine)로 활용함으로써 소수자들의 충동이 다수자의 사고로부터 되찾아질 수 있다. 이는 생산자-소비가 간의 이분법과 엄격한 음악적 계보를 재구성해 준다. 동시에 "군중, 음악가, 기계의 기능 간 경계를 흐리게" 한다. 그곳에서는 소리가 진화적 압력을 만들어 내어 실행하는 장을 형성한다(Mackay, 1997, p. 254).

테크네의 혁명적인 힘 (재)물질화하기

혁명적 잠재력으로서 테크네는 국가의 사회 기계(machinery)에 위험을 초래한다. 맥케이(Mackay, 1997)는 서구가 아프리카 식민화하면서 부족의 드럼을 파괴한 것은 중요한 의미가 있다고 보았다. 부족의 드럼은 기계적 도구로 개인의 신체를 집합 공동체와 연결하고, 더 나아가 종족 배치의 집합적 잠재적 역사와 연결시킨다. 테크네의 생산력에 맞서서 서양 식민지 사람은, 먼저 드럼의 기계적(machinic) 잠재력을 근절하기 위해 개입했다. 이는 아프리카 노예 매매의 밑바탕이 되는 주요 전략 중 하나이다. 파괴된 드럼의 찢어진 조각에 따라 식민주의자들은 아프리카에 역사적인 기억이나 기록을 위한 수단이 전혀 없다고 주장했다.

이러한 폭력적 역사에 대항하여 드럼은 "조용하게 오랫동안 기다려 왔던 야만적인 복수처럼 서양 음악 안으로 폭발하며" 재물질화하였다(Mackay, 1997, p. 257). 전염병이 가진 힘처럼 드럼은 서양세계에 의해 생각지도 못했던 현대적 신체 기술 공학을 만들어 냈다. 좀 더 구체적으로, 드럼은 할당된 "밈-분쇄기"(분리된 단위 또는 소리 강도의 분자의 반복)로 돌아온다. 이는 맥케이가 독창적인 "**크리올**[37] **사람-되기**"로 부르는 것으로 사회적 기계(machine)를 탈영토화한다. 프리스(Frith, 1996)는 "음악을 특별한 것으로 만드는 것은 … 경계가 없는 공간을 정의함

37) 역자 주: 크리올 사람, 특히 서인도 제도에 사는 유럽인과 흑인의 혼혈을 말한다.

으로써이다…. [그리고] 따라서 국경을 가로지를 수 있는 가장 좋은 문화적 형태이며 … 클럽에서, 장면에서 그리고 광란한 파티에서 장소로 정의된다."라고 하였다(pp. 124-125). 이러한 생성 역량으로 아프리카 드럼은 사회적 기계의 물질-흐름(material-flow) 속으로 바이러스성 정서를 도입한다. "드럼의 전이 음성"을 가로질러 개인의 신체는 탈영토화된다. 그곳은 신체의 소리-되기를 횡단하는 분당 비트와 서브-베이스의 물리적 특성을 가속시킨다"(Mackay, 1997, p. 256). 이런 되기는 신체가 무기물 부두 기술과 디아스포라적 흐름의 기계가 합체를 통해 추진되고 확장된다. 디아스포라적 흐름의 기계하기는 정글, 일렉트로니카, 드럼 및 베이스 음악과 같은 미세 문화적 카오스틱적인 힘이다. 소리-되기, 인간 얼굴은 음향 탐사적-머리를 기반으로 탈영토화된다. 이 음향 탐사적-머리는 도시의 "지하" 감각을 구성하는 정서의 **복잡성**을 조사하기 시작한다. "게토 블래스터(ghetto blaster)[38]로 가능해진 길거리의 브레이크 댄싱"과 비슷한 **아직-오지-않은 사람**은 전자 공학의 혼돈 기술을 통해 만들어진다(Hemment, 2004, p. 81). 새로운 주체성과 **구멍 뚫린 공간**을 기계하기하는 장소로, 이 음악적 "지하 공간"은 국가 권력에게 불안감의 근원이다. 맥케이(Mackay, 1997)는 "샘플링 되고/시퀀싱된 음악은 국회법령에 의해 구체적으로 규정된 공연음악의 첫 번째 형태"(p. 257)라고 하였다.

정글, 일렉트로니카, 드럼 및 베이스의 부두(Voodoo)[39] 음향 문(門)[40]은 신시사이저 및 디지털 샘플러의 기술을 통해 자체 기계화된다. 신시사이저/시퀀서의 플라스틱 기술을 통해 리듬 지속 시간은 속도와 느림의 비인간적 한계점을 밀어낼 수 있다. 이는 기계의 메트로놈 기능을 "순수한" 강도(타임 스트레칭)로 만든다. 전자 드럼 기계는 유사한 탈주선을 만들 것이다. 이 탈주선은 음향 형태 형성의 지점이나 혹은 음악적 후렴의 과도한 잠재력이 "분열된" 지점인 "사박자 리듬" 또는 사분의 사박자를 밀 수 있는 불규칙한 메트로놈 패턴을 생산할 수 있는 능력을 통해서

38) 역자 주: 대형 휴대용 라디오 · CD · 카세트 플레이어를 말한다.

39) 부두(voodoo)란 원래 아프리카 카리브해 지역에서 유래한 종교적 전통으로 주술적 요소와 영적 상호작용을 강조하는데, 여기서는 설명하기 어려운 복잡성을 의미한다.

40) 역자 주: 강(綱)의 위이고 계(界)의 아래인 생물 분류 단위를 말한다.

만들어진다. 헤먼트(Hemment, 2008)가 쓴 것처럼, 신시사이저의 생성력은 인간의 공연이나 도구화를 재현하는 능력에서 확장되는 것이 아니라 오히려 그것들을 "실패"하는 것에서 확장된다. 롤랜드 TB-303(Roland TB-303)[41]은 (DJ Pierre, Spanky, Herbert J 등의 아티스트가 개척한) 애시드 하우스(Acid House)[42] 음악의 출현과 친숙하다. 이는 재생산을 위해 제작된 베이스 라인을 재현할 때 악명이 높았다. 헤먼트(Hemment)가 쓴 것처럼, "롤랜드 TB-303은 오용의 문화 속에서 암묵적으로 발생했다 … 프로그래밍 절차가 너무 복잡하여 운영자의 의도가 사라지게 되었다 … 기획한 것보다 좀 더 흥미 있는 [뜻밖의 결과를 낳았다]"(p. 84). 재생산 도구로서 실패한 롤랜드 TB-303은 동일하지 않은 기능을 통해 새로운 음악 체제를 만들어 냈다. 이 "이상한" 기능은 차례로 기획 의도를 벗어나 센세이션한 생산과 과코드화된 심미적인 취향을 실험하기 위한 통로를 만든다. 헤먼트(Hemment)가 일컫는 "기업의 조직된 기술 데이터"라고 부르는 스튜디오 프로덕션의 미학적 지시에 비해 저렴한 롤랜드TB-303은 소위 **개인 프로듀서**(bedroom producer)의 문을 열었다. 더 나아가, 기업 "감지" 생산의 탈영토화를 가져왔다. 그뿐만 아니라 롤랜드 TB-303은 스튜디오 및 주류 레코딩 산업의 사회적 기계에게서 표현 잠재력을 훔쳤다. 이는 동시에 생각하지 못한 비인간적 감응과의 관계 속으로 인간의 감각을 그려 내는 새로운 스타일의 음악 실험을 기계화한다. 이런 감응적이자 동시에 스타일적인 되기는 단순히 도구적이거나 재현하지 않은 테크네와 긴밀히 관련되어 있다. 대신 신시사이저는 **애시드 하우스**와 함께 반문화적인 전쟁-기계의 생성에서 "기이한 장치"가 된다. 미시적 문화운동은 실험적 구성, 집합적 무용(격렬한 문화), 마약 사용(스페셜 K 또는 MDMA 문화), 그리고 저작권의 전복(샘플링을 통한) "사용자 독점"의 저작권 파괴를 통해 대안적 되기를 찾는다. 이 배치물에서 테크네[신시사이저/시퀀스/드럼 기계(machine)]는 인간 진화(테크노-유토피아) 또는 정지(테크노 종말)의 선구자가 아니다. 오히려, 테크테는 삶이 어떻게 **가야 할지** 전제적 이미지로 뒤처지지 않고 삶

41) 역자 주: 1981년 Roland Corporation에서 출시한 베이스 신시사이저이다.

42) 역자 주: 1980년대 중반 시카고의 DJ들이 개발한 하우스 음악의 하위 장르이다. 주로 롤랜드 TB-303 전자 베이스 신시사이저 시퀀서의 스켈칭 사운드와 베이스 라인으로 정의된다. 이는 시카고 프로듀서 Sleezy D의 혁신이다.

을 기계하기(machining) 하는 새로운 방식을 열어 나가는 관점으로 생각하는 것이 적절하다.

교육과정 이론화를 위한 퀴어 기계 구축하기

어떻게 삶이 갈 수 있는지와 어떻게 삶이 가야 할지의 차이는 기계적(machinic) 윤리와 "기계식(mechanical)" 윤리의 차이를 말한다. 윤리는 초월한 법칙에 따라 주체의 출현과 인정을 위한 사례를 제공하지만, 기계적 사유(machinic thinking)는 규범에 대한 윤리적 원상태 복귀이다. 즉, 기계적 사유는 다르게 배치될 기계화된 복잡한 관계로 "무엇인지"를 인식하는 통로를 열어 준다. 반면에 기계식(mechanical) 윤리는 이미 코드화된 요소들 간의 "올바른" 연결을 전제로 하고 있다. 기계적 사유의 가소성은 알려지지 않은 것에게 민감성을 주장한다(Ansell Pearson, 1997, p. 211). 우리는 신체가 무엇을 할지 아직 모른다. 그러나 되기의 문제를 심각하게 받아들이기 위해서는 신체가 배치되는 기술 기계(machine)를 대해, 그리고 특정 사회 세력이 끌리고 연결되는 기술 기계를 대해 세심한 주의를 기울일 필요가 있다. 턴테이블과 신시사이저는 발현되는 청소년 힘과 연결된 두 가지 기계의 사례를 보여 준다. 반면에 들뢰즈와 가타리가 동원한 개념의 도구 상자는 사유의 차이를 위해, 새로운 사회적 관계의 기계하기(machining), 몰적 또는 윤리적 사유에 의해, 그리고 예상치 못한 사람을 위한 공간을 준비하기 위해 또 다른 기술적 힘이다. 교육과정 연구 과제가 한 교육적 삶을 생각하기 위한 새로운 개념 생성을 지향한다면, 필요에 따라 교육과정 프로젝트는 되기와, 특히 "인간 이미지"를 감추기 위한 잠재력의 테크네와의 결합을 진지하게 받아들여야 한다(Colebrook, 2009, p. 21). 기계적 사유를 향한 존재론적 성향이 없다면, 삶이 "무엇이지"라는 정말-너무나도-인간적인 얼굴에 사로잡히게 된다. 삶의 이미지는 인간중심적 편견과 폭력적이고 재현적인 사고를 구체화한다. 이와 대조적으로 기계적 사유는 트랜스휴먼을 생각할 수 있는 통로를 만든다. 또는 오히려 오염된 돌연변이 주체성을 선험적 질료형상의 가능성 모델에 한정하지 않는 생각할 수 있는 통로를 만든다. 급진적 차이를 생각하는 가능성을 예증하는 기계적 사유는 **동물-되기, 탐사-머리-되기, 소리-되기** 등 알려지지 않은 관계를 위한 통로를 준비한다. 이러한 **불가분의 영역**은 휴머니즘의 메타내러티브 관념에 기대지 않는다. 그러나 차라리 살아 있는 것을 위한 다른 시간과 공간을 그리기(diagram) 시작한다. 이것은 그러한 배치물이 **좋다**고 가정하지 않는다. MDMA[43] 문화의 밑바닥이 보여 주듯이 일련의 실험은 블랙홀로 붕괴될 수 있다. 차이를 사유하거나 실행하는 일이 우연히 이루어져서는 안 된다. 오히려 새로운 형태의 폭정이나 마이크로파시즘을 피하기 위해 각별한 주의를 기울여야 한다. 새로움은 언제나 고통의 잠재성을 동반하지만, 동시에 새로운 것이 근절되는 큰 고통을 동반한다. 이 압도적인 고통의 형태는 허무주의, 냉소, 분개 그리고 분리와 같은 광범위한 현대적 증상을 가지고 있다. 이런 식으로 기계적 사유는 한 삶의 과정을 추정하기보다는 오히려 실험하는 가상적으로 연결된 잠재성의 분석과 확인을 위한 방식이 된다. 여기에서 테크네는 사유를 위한 중요한 기술 이상이 되었다. 대신, 턴테이블과 신시사이저의 기술 **기계류**를 통해 묘사된 것처럼, 테크네는 살아 있는 것의 새로운 주체성, 공간 그리고 시간을 창조하는 데 있어 금속을 가공하듯 필수 불가결한 요소가 된다. 콜브룩(Colebrook, 2009)이 단언한 것처럼, "우리가 이미 존재하고 있는 것 이상으로 인식할 수 있는 것은" 테크네를 통해서이다(p. 21).

정통적 사고가 지배하는 체계 속에서도, 교육과정 이론은 하나의 독립적 삶의 방식으로 구성되며, 끊임없이 변하고 유동적으로 작동하는 '퀴어 기계(queer machinics)' 개념과 매우 닮아 있다. **퀴어 기계**는 "퀴어가 무엇을 의미하는지에 대한 반성"과 아무 관련이 없다. 그러나 오히려 우리가 이론화하는 방식에서의 변화를 나타낸다(Colebrook, 2009, p. 11). 교육과정 이론화 과제가 한 교육적 삶을 생각하기 위한 개념 생성이라면, 기계적 사유의 정신분열 분석을 진지하게 받아들여야 한다. 개념 생성은 누적 또는 부가적 힘(n+1)에 의해서가 아니라, 물질적 반복(n-1)에서 수정되고 풀려 나가는 힘의 종류와 관련해서 이해된다는 것을 의미한다. 이 전략은 일종의 퀴어 이론화와 유사성을 띤다. 이 이론은 "자명한, 의문의 여지가 없

43) 역자 주: MDMA란 Methylenedioxymethamphetamine으로 불리는 각성제와 환각제의 효과를 동시에 가진 약물로, 여기서는 개방적 하위문화를 드러낸다.

는 것처럼 보이는 것을 이탈하거나 왜곡시키려는" 시도를 한다(p. 12). **아직-오지-않은 사람들**을 위한 공간 준비를 진지하게 생각하면서 교육과정 이론은 "무엇**인가**"에 대한 반-실행화를 위한 퀴어 기계를 동원할 수 있다. 이 임무는 **교육과정**이라 불리는 것과 밀접한 관련이 있다. 이 개념은 문제적인 것[교육과정이 어떻게 기계화될 수 있는지에 대한 정신분석적 질문(?)을 생성하는]과 퀴어 기계 장치(기본적 가능성이 시각적으로 방해받는)라는 양면을 모두 갖고 있다. 교육과정 이론화 개념은 개념이 **비판적인 것 이상**으로 생각된다는 것을 제안한다. 더 적절하게, 교육과정 이론가들은 바이로이드 탈주선을 생성하고, 등록하고, 링크하기 위한 금속을 제작하는 방식의 탐사적-머리로 개념을 생각하기 시작한다. 이런 방식으로, 개념의 기술은 **일반적인 삶**(life in general)에서 **한** 삶을 되돌려 훔치는 **퀴어 기계**의 만들기에 익숙해진다. 달리 말하면, 이는 삶의 "기계식" 이미지가 **퀴어**할 수 있다는 기계적 잠재력에 대한 생각을 되서기면서 개념의 실험적 기술을 통해 이루어진다. 그러나 그러한 분자적 혁명은 결코 보장되지 않는다. 사실 몇몇 개념은 다수주의 사고와 공모한다. 타자, 급진주의자들은 그들의 혁명적인 힘을 과코드화하고 소진하게 된다. 그러나 들뢰즈와 가타리(Deleuze & Guattari, 1993)가 철학에서 요구한 것처럼, 오늘날 교육과정 이론은 단순히 은유나 선전 문구가 아닌 **퀴어 교육과정-기계**를 만드는 적극적인 힘인 과도한 개념을 필요로 한다. 하지만 **퀴어 교육과정**을 위한 퀴어 기계 생성 작업은 **시뮬레이션**이라 불릴 수도 있다. 이는 교육과정 사유에서 분자적 혁명의 구성(긍정적 시뮬레이션)을 위한 이단세력의 기계적 배치(공생)이다. 우리에게 "교육과정 전문가"는 **시뮬레이터**(symulators),[44] 아이스 브레이커, 해커 그리고 변이가 되어, 아직은 오지 않은 어떤 사람들을 위해 욕망-생산의 실천자가 되어야 한다. "지층에 몸을 맡기고, 그것이 제공하는 기회를 실험하며, 그곳에서 유익한 장소를 찾고, 탈영토화의 잠재적 운동을 발견하고, 가능한 탈주선을 찾고, 그것을 경험하며, 그들을 경험하고, 여기저기에 흐름의 연결 고리를 만들어 내라 … 항상 새로운 땅에 탐험되지 않은 작은 영역을 갖고 있어라"(Deleuze & Guattari, 1987, p. 161).

---

44) 역자 주: 폴란드어로 시뮬레이터를 의미한다. 현실적인 조건을 재현하여 특정 상황이나 환경을 모방하는 기계나 프로그램을 말한다.

참고문헌

Adorno, T. (1966). *Negative dialectics*. E. B. Ashton (Trans.). New York: Seabury Press.

Agamben, G. (1998). *Homo sacer: Power and bare life*. D. Heller-Roazen (Trans.). Palo Alto, CA: Stanford University Press.

Agamben, G. (1999). *Absolute immanence*. In J. Khalfa (Ed.). An introduction to the philosophy of Gilles Deleuze (pp. 151-169). London: Continuum.

Albrecht-Crane, C. (2005). *Style, stutter*. In C. J. Stivale. (Ed.), Gilles Deleuze: Key concepts (pp. 121-130). Chesham, UK: Accumen.

Althusser, L. (2001) *Lenin and philosophy, and other essays*. New York: Monthly Review Press.

Alliez, E. (2006). Anti-Oedipus—thirty years on (between art and politics). In M. Fuglsang & B. M. Sorensen (Eds.), *Deleuze and the social* (pp. 151-168). Edinburgh: Edinburgh University Press.

Ansell Pearson, K. (1997). Viroid life. In K. Ansell Pearson (Ed.), *Deleuze and philosophy: The difference engineer* (pp. 180-210). London: Routledge.

Ansell Pearson, K. (1999). *Germinal life*. London: Routledge.

Aoki, T. (2005a). Sonare and videre: A story, three echoes ad a lingering note. In W. F. Pinar & R. L. Irwin (Eds.), *Curriculum in a new key: The collected works of Ted T. Aoki* (pp. 367-376). Mahwah, NJ: Lawrence Erlbaum Associates (originally published in 1991).

Aoki, T. (2005b). Legitimating lived curriculum: Toward a curricular landscape of multiplicity. In W. Pinar and R. Irwin (Eds.), *Curriculum in a new key: The collectd works of Ted T. Aoki* (pp. 199-218). Mahwah, NJ: Lawrence Erlbaum Associates (originally published in 1993).

Aoki, T. (2005c). Teaching as in-dwelling: Between two curriculum worlds. In W. F. Pinar

& R. L. Irwin (Eds.), *Curriculum in a new key: The collected works of Ted T. Aoki* (pp. 159-166). Mahwah, NJ: Lawrence Erlbaum Associates (originally published in 1991).

Aoki, T. (2005d). Spinning inspirited images in the midst of planned and live(d) curricula. In W. F. Pinar & R. L. Irwin (Eds.), *Curriculum in a new key: The collected works of Ted T. Aoki* (pp. 413-423). Mahwah, NJ: Lawrence Erlbaum Associates (originally published in 1996).

Arsic, B. (2005). Thinking leaving. In I. Buchanan & G. Lambert (Eds.), *Deleuze and space* (pp. 126-143). Toronto: University of Toronto Press.

Artaud, A. (1976). *Selected writings*. S. Sontag (Ed.). Berkeley: University of California Press.

Attali, J. (1985). *Noise: The political economy of music*. B. Massumi (Trans.). Minneapolis: University of Minnesota Press.

Bans, L. (2008). Same shit, different life. *Bitch: Feminist response to pop culture, 39*, 56-62.

Baross, Z. (2006). *A fourth repetition*. In C. V. Boundas (Ed.), Deleuze and philosophy (pp. 98-120). Edinburgh: Edinburgh University Press.

Baudrillard, J. (1990). *Seduction*. B. Singer (Trans.). New York, NY: St Martin's Press.

Baudrillard, J. (1993). *Symbolic exchange and death*. London: Sage.

Baudrillard, J. (1994). *Simulacra and simulation*. Ann Arbor, MI: University of Michigan.

Baudrillard, J. (2002). *Screened out*. C. Turner (Trans.). London, UK: Verso.

Bender, B., & Tarantino, Q. (Writer and Director) (2004a). *Kill Bill: Volume 1* [Motion Picture]. Burbank, CA: Beuna Vista Home Entertainment.

Bender, B., & Tarantino, Q. (Writer and Director) (2004b). *Kill Bill: Volume 2* [Motion Picture]. Burbank, CA: Beuna Vista Home Entertainment.

Bergson, H. (2004). *Matter and memory*. N. Paul and W. S. Palmer (Trans.). London: George Allen and Unwin (originally published in 1911).

Bergson, H. (1911/2007). *Creative evolution*. K. A. Pearson, M. Kolkman, and M. Vaughan (Eds.). New York: Palgrave Macmillan.

Blake, W. (1789/2006). *Poems and prophecies*. Pomona, CA: Pomona Press.

Block, A. (1998). Curriculum as affichiste: Popular culture and identity. In W. F. Pinar (Ed.), *Curriculum: Toward new identities* (pp. 325-341). New York: Garland.

Block, A. (2003). They sound the alarm immediately: Anti-intellectualism in teacher education. *The Journal of Curriculum Theorizing, 19*(1), 33-46.

Bloom, B., Englehart, M. D., Furst, E. J., Hill, W. H., & Krathwohl, D. (1956). *Taxonomy of educational objectives: Cognitive domain*. New York: David McKay.

Bogue, R. (1996). Gilles Deleuze: The aesthetics of force. In P. Patton (Ed.), *Deleuze: A critical reader* (pp. 257-269). Cambridge, MA: Blackwell Publishers.

Bogue, R. (1999). Minority, territory, music. In J. Khalfa (Ed.), *An introduction to the philosophy of Gilles Deleuze* (pp. 114-132). London: Continuum.

Bogue, R. (2003). *Deleuze on music, painting, and the arts*. New York: Routledge.

Bogue, R. (2004). *Deleuze's wake: Tributes and tributaries*. Albany, NY: New York State Press.

Bogue, R. (2005). The minor. In C. J. Stivale (Ed.), *Gilles Deleuze: Key concepts* (pp. 110-120). Chesham, UK: Accumen Publishing.

Bonta, M, & Protevi, J. (2004). *Deleuze and geophilosophy: A guide and glossary*. Edinburgh: Edinburgh University Press.

Bowers, C. (1980). Curriculum as cultural reproduction: An examination of the metaphor as carrier of ideology. *Teachers College Record, 82*(2), 267-290.

Bowers, C. (1987). *Elements of a postliberal theory of education*. New York: Teachers College Press.

Braidotti, R. (2006). *Transpositions: On nomad ethics*. Cambridge, UK: Polity Press.

Braidotti, R. (2008). The ethics of becoming-imperceptible. In C. V. Boundas (Ed.), *Deleuze and philosophy* (pp. 133-159). Edinburgh: Edinburgh University Press.

Bryant, L. R. (2008). *Difference and givenness: Deleuze's transcendental empiricism and the ontology of immanence*. Evanston, IL: Northwestern University Press.

Buchanan, I. (1999). Deleuze and cultural studies. In I. Buchanan (Ed.), *A Deleuzian century?* (pp. 103-118). Durham, NC: Duke University Press.

Buchanan, I. (2000). *Deleuzism: A metacommentary*. Durham, NC: Duke University Press.

Buchanan, I. (2004). Introduction: Deleuze and music. In I. Buchanan and M. Swiboda (Eds.), *Deleuze and music* (pp. 1-19). Edinburgh: Edinburgh University Press.

Buchanan, I. (2006). Practical Deleuzism and postmodern space. In M. Fuglsang and B. M. Sorensen (Eds.), *Deleuze and the social* (pp 135-150). Edinburgh: Edinburgh University Press.

Buchanan, I. (2008a). Power, theory and praxis. In I. Buchanan and N. Thoburn (Eds.), *Deleuze and politics* (pp. 13-34). Edinburgh: Edinburgh University Press.

Buchanan, I. (2008b). *Deleuze and Guattari's Anti-Oedipus*. New York: Continuum.

Buchanan, I., & Parr, A. (2006). Introduction: Deleuze and the contemporary world. In I. Buchanan and A. Parr (Eds.), *Deleuze and the contemporary world* (pp. 1-20). Edinburgh: Edinburgh University Press.

Butler, S. (1872/1970). *Erewhon*. New York: Penguin Classics.

Canetti, E. (1962). *Crowds and power*. New York: Viking.

Cherryholmes, C. H. (1988). *Power and criticism*. New York: Teachers College Press.

Clynes, M. E., & Kline, N. S. (1995). Cyborgs and space. In C. Gray, H. J. Figueroa-Sarriera, and S. Mentor (Eds.), *The cyborg handbook* (pp. 29-34). New York: Routledge.

Colebrook, C. (1996). Introduction. In G. Genosko (Ed.), *The Guattari reader: Collected essays and interviews* (pp. 1-36). Oxford: Blackwell.

Colebrook, C. (2002). *Gilles Deleuze*. New York: Routledge.

Colebrook, C. (2006). *Deleuze*. New York: Continuum.

Colebrook, C. (2009). On the very possibility of queer theory. In C. Nigianni and M. Storr (Eds.), *Deleuze and queer theory* (pp. 11-23). Edinburgh: Edinburgh University Press.

Conley, T. (2005). The desert island. In I. Buchanan and G. Lambert (Eds.), *Deleuze and space* (pp. 207-219). Toronto: University of Toronto Press.

Crockett, C. (2005). Technology and the time-image: Deleuze and postmodern subjectivity. *South African Journal of Philosophy, 24*(3), 176-188.

Daignault, J. (1989). *Curriculum as composition: Who is the composer?* Paper presentation at the 11th Conference on Curriculum Theorizing, Dayton, OH.

Daignault, J. (1990). *Education, poststructuralism and local emancipation*. Paper Presented at the 12th Conference of Curriculum Theorizing, Dayton, OH.

Daignault, J. (1992). Traces at work from different places. In W. F. Pinar and W. M. Reynolds (Eds.), *Understanding curriculum as phenomenological and deconstructed text* (pp. 195-215). New York: Teachers College Press.

Daignault, J. (2005). *Hacking the future*. Paper Presented at the Complexity Science and Educational Research Conference, Loranger, LA.

Daignault, J., & Gaultier, C. (1982). The indecent curriculum machine: Who's afraid of

Sisyphe? *Journal of Curriculum Theorizing, 3*(1), 177-196.

Davies, B. (2005). The (im)possibility of intellectual work in neoliberal regimes. *Discourse: Studies in the cultural politics of education, 26*(1), 1-14.

Deleuze, G. (1983). *Nietzsche and philosophy*. H. Tomlinson (Trans.). New York: Columbia University Press.

Deleuze, G. (1984). *Kant's critical philosophy: The doctrine of the faculties*. H. Tomlinson and B. Habberjam (Trans.). Minneapolis, MN: University of Minnesota Press.

Deleuze, G. (1988). *Spinoza: Practical philosophy*. R. Hurley (Trans.). San Francisco, CA: City Light Books.

Deleuze, G. (1990). *The Logic of Sense. M.* Lester & C. Stivale (Trans.). New York: Columbia University Press.

Deleuze, G. (1991). *Bergsonism*. H. Tomlinson and B. Habberjam (Trans.). New York: Zone Books.

Deleuze, G. (1992). *Postscript on societies of control*. October, *50*(2), 3-7.

Deleuze, G. (1994). *Difference and Repetition*. P. Patton (Trans.). New York: Columbia University Press.

Deleuze, G. (1995). *Negotiations 1972-1990*. M. Joughin (Trans.). New York: Columbia University Press.

Deleuze, G. (1997). *Essays Critical and Clinical*. D. W. Smith and M. A. Greco (Trans.). Minneapolis: University of Minnesota Press.

Deleuze, G. (2000). *Proust and signs*. R. Howard (Trans.). Minneapolis: University of Minnesota Press.

Deleuze, G. (2001a). *Pure immanence: Essays on a life*. A. Boyman (Trans.). New York: Zone Books.

Deleuze, G. (2001b). *Empiricism and subjectivity: An essay on Hume's theory of human nature*. C. V. Boundas (Trans.). New York: Columbia University Press.

Deleuze, G. (2002). *Francis Bacon: The logic of sensation*. D. W. Smith (Trans.). Minneapolis: University of Minnesota Press.

Deleuze, G. (2003a). *The Time-Image*. H. Tomlinson & B. Habberjam, (Trans.). Minneapolis: University of Minnesota Press.

Deleuze, G. (2003b). *The Movement Image*. H. Tomlinson & B. Habberjam, (Trans.).

Minneapolis: University of Minnesota Press.

Deleuze, G. (2004). *Desert islands and other texts 1953-1974*. D. Lapoujade (Ed.), M. Taormina (Trans.). Los Angeles: Semiotext(e).

Deleuze, G. (2006a). *Nietzsche and philosophy*. H. Tomlinson (Trans.). New York: Continuum.

Deleuze, G., & Guattari, F. (1983). *Anti-Oedipus: Capitalism and schizophrenia*. R. Hurley, M. Seem, & H. R. Lane (Trans.). Minneapolis: University of Minnesota Press.

Deleuze, G., & Guattari, F. (1986). *Nomadology: The war machine*. B. Massumi (Trans.). New York: Semiotext(e).

Deleuze, G., & Guattari, F. (1987). *A Thousand Plateaus*. R. Hurley, M. Seem, & H. R. Lane (Trans.). Minneapolis: University of Minnesota Press.

Deleuze, G., & Guattari, F. (1994). *What is philosophy?* H. Tomlinson & G. Burchell (Trans.). New York: Columbia University Press.

Deleuze, G., & Parnet, C. (2007). *Dialogues II*. H. Tomlinson & B. Habberjam (Trans.). New York: Columbia University Press.

Dery, M. (1997). *Escape velocity: Cyberculture at the end of the century*. New York: Grove/Atlantic.

Descartes, R. (1641/1998). *Meditations and other metaphysical writings*. D. M. Clarke (Trans.). New York: Penguin.

Doll, W. (1993). *A Postmodern Perspective on Curriculum*. New York: Teachers College Press.

Ferneding, K. (2004). The discourse of inevitability and the forging of an emergent social vision: Technology diffusion and the dialectic of educational reform discourse. In W. M. Reynolds & J. A. Webber (Eds.), *Expanding curriculum theory: Dis/positions and lines of flight* (pp. 47-64). Mahwah, NJ: Lawrence ErlbaumAssociates..

Foucault, M. (1972). *The Archaeology of Knowledge*. New York: Routledge.

Foucault, M. (1979). *Discipline and punish: The birth of the prison*. A. Sheridan, (Trans.). New York: Random House.

Foucault, M. (1983). *Preface*. In G. Deleuze & F. Guattari, Anti-Oedipus: Capitalism and schizophrenia. Minneapolis: University of Minnesota Press.

Freire, P. (2002). *Pedagogy of the oppressed*. 30th anniversary edition. New York:

Continuum.

Freire, P. (2004). *Pedagogy of indignation*. Boulder, CO: Paradigm.

Frichot, H. (2007). Holey space and the smooth and striated body of the refugee. In A. Hickey-Moody & P. Malins (Eds.), *Deleuzian encounters: Studies in contemporary social issues* (pp. 169-180). New York, NY: Palgrave Macmillan.

Fuglsang, M., & Sorensen, B. M. (2006). Introduction: Deleuze and the social: Is there a D-function? In M. Fuglsang & B. M. Sorensen (Eds.), *Deleuze and the social* (pp. 1-18). Edinburgh: Edinburgh University Press.

Frith, S. (1996). *Music and Identity*. In P. duGay & S. Hall (Eds.), Questions of cultural identity (pp. 108-127). London: Sage.

Galloway, A. (2006). *Gaming: Essays on algorithmic culture*. Minneapolis: University of Minnesota Press.

Genosko, G. (2006). The bug's body: A disappearing act. In M. Smith & J. Morra (Eds.), *The prosthetic impulse: From a posthuman present to a biocultural future* (pp. 107-124). Cambridge, MA: MIT Press.

Genosko, G. (2008). Félix Guattari and popular pedagogy. In I. Semetsky (Ed.), *Nomadic Education: Variations on a theme by Deleuze and Guattari* (pp. 61-76). Rotterdam, NE: Sense.

Gilbert, J. (2004). Becoming-music: The rhizomatic moment of improvisation. In I. Buchanan & M. Swiboda (Eds.), *Deleuze and music* (pp. 118-139). Edinburgh: Edinburgh University Press.

Gogh, N. (2008). Becoming-Cyborg: A rhizomANTic assemblage. In I. Semetsky (Ed.), *Nomadic education: Variations on a theme by Deleuze and Guattari* (pp. 77-90). Rotterdam, NE: Sense.

Gough, N. (2004). RhizomANTically becoming-cyborg: Performing posthuman pedagogies. *Educational Philosophy and Practice, 36*(3), 253-265.

Gregoriou, Z. (2008). Commencing the Rhizome: Towards a minor philosophy of education. In I. Semetsky (Ed.), *Nomadic education: Variations on a theme by Deleuze and Guattari* (pp. 91-110). Rotterdam, NE: Sense.

Gross, L. (2007). The lives of others: Todd Haynes's anti-biopic I'm Not There is about "Bob Dylan," not Bob Dylan. Retrieved from Film Comment http://www.filmlinc.com/fcm/

so07/imnotthere.htm on October 13, 2008.

Grumet, M. (1976a). Existential and phenomonological foundations. W. Pinar and M. Grumet (Eds.), *Toward a poor curriculum* (pp. 31-50). Dubuque, IA: Kendall/Hunt.

Grumet, M. (1976b). Psychoanalytic foundations. W. Pinar & M. Grumet (Eds.), *Toward a poor curriculum* (pp. 111-146). Dubuque, IA: Kendall/Hunt.

Guattari, F. (1995). *Chaosmosis: An ethico-aesthetic paradigm*. Bloomington, IN: Indiana University Press.

Guattari, F. (2000). *The three ecologies*. I. Pindar and P. Patton (Trans.). London: Athlone Press.

Guins, R., & Cruz, O. Z. (2006). Prosthetists at 33 ⅓. In M. Smith & J. Morra (Eds.), *The prosthetic impulse: From a posthuman present to a biocultural future* (pp. 221-236). Cambridge, MA: MIT Press.

Habermas, J. (1990). Remarks on the discussion. *Theory, Culture, and Society, 7*(4), 127-132.

Hardt, M., & Negri, A. (2000). *Empire*. Cambridge, MA: Harvard University Press.

Haynes, T. (Writer and Director) (2007). *I'm Not There* [Motion Picture]. Toronto: Alliance Films.

Haynes, T. (2007). Preliminary Weinstein company press notes for "I'm Not There." Retrieved on September 24, 2008, from http://blogs.suntimes.com/ scanners/2007 /10/ how_ does_it_feel_ footnote_feti.html.

Hemment, D. (2004). Affect and individuation in popular electronic music. In I. Buchanan & M. Swiboda (Eds.), *Deleuze and music* (pp 76-94). Edinburgh: Edinburgh University Press.

Hickey-Moody, A., & Malins, P. (2007). Introduction: Gilles Deleuze and four movements in social thought. In A. Hickey-Moody & P. Malins (Eds.), *Deleuzian encounters: Studies in contemporary social issues* (pp. 1-26). New York: Palgrave Macmillan.

Holland, E. W. (1998). From schizophrenia to social control. In E. Kaufman & K. J. Heller (Eds.), *Deleuze and Guattari: New mappings in politics, philosophy, and culture* (pp. 65-76). Minneapolis: University of Minnesota Press.

Holland, E. W. (1999). *Deleuze and Guattari's anti-oedipus: Introduction to schizoanalysis*. New York: Routledge.

Holland, E. W. (2004). Studies in applied nomadology: Jazz improvisation and postcapitalist markets. In I. Buchanan & M. Swiboda (Eds.), *Deleuze and music* (pp. 20-35). Edinburgh: Edinburgh University Press.

Holland, E. W. (2006). *Nomad citizenship and global democracy*. In M. Fuglsang & B. M. Sorensen (Eds), *Deleuze and the social* (pp. 191-206). Edinburgh: Edinburgh University Press.

Holland, E. W. (2008). Schizoanalysis, nomadology, fascism. In I. Buchanan & N. Thoburn (Eds.), *Deleuze and politics* (pp. 74-97). Edinburgh: Edinburgh University Press.

hooks, b. (1994). *Reel to real: Race, sex, and class at the movies*. New York and London: Routledge.

Hume, D. (2006). *Treatise of human nature*. Charleston, SC: Bibliobazaar.

Hwu, W. (1993). *Toward understanding poststructuralism and curriculum*. Baton Rouge, LA: Louisiana State University, Department of Curriculum and Instruction. Unpublished Ph.D. dissertation.

Hwu, W. (2004). Gilles Deleuze and Jacques Daignault: Understanding curriculum as difference and sense. In W. M. Reynolds & J. A. Webber (Eds.), *Expanding curriculum theory: Dis/positions and lines of flight* (pp. 181-202). Mahwah, NJ: Lawrence Erlbaum Associates.

Jackson, P. (1980). Response to Maxine Greene. *Curriculum Inquiry, 10*(2), 175-177.

Jackson, P. (1981). Curriculum and its discontents. In H. Giroux, A. Penna, & W. Pinar (Eds.), *Curriculum and instruction: Alternatives in education* (pp. 367-381). Berkeley, CA: McCutchan.

jagodzinski, j. (2008). Postmetaphysical vision: Art education's challenge in an age of globalized aesthetics (a mondofesto). *Studies in Art Education: A Journal of Issues and Research, 49*(2), 147-160.

Jardine, D. (1996). "Under the tough old stars": Pedagogical hyperactivity and the mood of environmental education. *Canadian Journal of Environmental Education, 1* (Spring 1996), 48-55.

Jarmusch, J. (Writer and Director) (1995). *Dead Man* [Motion Picture]. Burbank, CA: Miramax Home Entertainment.

Jarmusch, J. (Producer, Writer, and Director) (1999). *Ghost Dog: The way of the samurai*

[Motion Picture]. Santa Monica, CA: Artisan Home Entertainment. Jones, K. (1996). Dead man. *Cineaste, 2*(22), 45.

Kelly, R., & Leggo, C. (Eds.). (2008). *Creative expression, creative education: Creativity as a primary rationale for education*. Calgary, AB: Destselig Enterprises.

Kristeva, J. (1990). *Revolution in Poetic Language*. M. Waller (Trans.). New York: Columbia University.

Kropotkin, P. (1901). *Fields, factories and workshops*. New York: G. P. Putman's Sons.

Lambert, G. (2005). What the earth thinks. In I. Buchanan & G. Lambert (Eds.), *Deleuze and space* (pp. 220-239). Toronto: University of Toronto Press.

Land, C. (2006). Becoming-cyborg: Changing the subject of the social? In M. Fuglsang & B. M. Sorensen (Eds.), *Deleuze and the social* (pp. 112-132). Edinburgh: Edinburgh University Press.

Lanzagorta, M. (2002). *Ghost dog: The way of the samurai*. Senses of Cinema. Retrieved from http://archive.sensesofcinema.com/contents/cteq/02/22/ghost_dog.html on February 13, 2008.

Lethem, J. (2008). The ecstasy of influence: A plagiarism mosaic. In P. D. Miller (Ed.), *Sound unbound: Sampling digital music and culture* (pp. 25-52). Cambridge, MA: MIT Press.

Levich, J. (1996). *Western auguries: Jim Jarmusch's Dead Man*. Film Comment, May-June, 39-41.

Livingston, D. (2004). Wondering about a future generation: Identity disposition disposal, recycling, and creation in the 21st century. In W. M. Reynolds & J. A. Webber (Eds.), *Expanding curriculum theory: Dis/positions and lines of flight* (pp. 35-46). Mahwah, NJ: Lawrence Erlbaum Associates.

Lorraine, T. (1999). *Irigaray and Deleuze: Experiments in visceral philosophy*. Ithaca and London: Cornell University Press.

Lyotard, J. (1979). *The postmodern condition: A report on knowledge*. G. Bennington & B. Massumi (Trans.), Minneapolis: University of Minnesota Press.

Mackay, R. (1997). Capitalism and schizophrenia: Wildstyle in full effect. In K. Ansell Pearson (Ed.), *Deleuze and philosophy: The difference engineer* (pp. 247-269). New York: Routledge.

Malins, P. (2004) Machinic assemblages: Deleuze, Guattari and an ethico-aesthetics of Drug Use, *Janus Head, 7*(1), 84-104.

Margulis, L., & Sagan, D. (1986). *Microcosmos*. New York: Summit Books.

Marks, J. (1999). *Gilles Deleuze: Vitalism and multiplicity*. Sterling, VA: Pluto Press.

Martin, A. (1996, April 20). *Dead man*. This week in film [Radio broadcast]. Australia: Radio National.

Marzek, R. P. (2001). *The war machine and capitalism: Notes towards a nomadology of the imperceptible*. Rhizomes, 3. Retrieved from http://www.rhizomes. net/issue3/ on January 22, 2009.

Massumi, B. (1987a). *The simulacrum according to Deleuze and Guattari*. Retrieved from http://www.anu.edu/HRC/first_and_last/works/realer.htm on June 17, 2007.

Massumi, B. (1987b). Translator's forward: Pleasures of philosophy. In G. Deleuze & F. Guattari, *A thousand plateaus: Capitalism and schizophrenia*. Minneapolis: University of Minnesota Press.

Massumi, B. (1992). *A user's guide to capitalism and schizophrenia: Deviations from Deleuze and Guattari*. Cambridge: MIT Press.

Massumi, B. (1995). The Autonomy of affect. *Cultural critique, 31*(Autumn), 83-109.

Massumi, B. (2002b). Navigating Moments: Interview with Brian Massumi. In M. Zournazi (Ed.). *Hope: New Philosophies for Change*. Annandale, VA: Pluto Press.

May, T. (2005). *Gilles Deleuze: An introduction*. New York: Cambridge University Press.

Mengue, P. (2006). The problem of the birth of philosophy in Greece in the thought of Gilles Deleuze. In C. V. Boundas (Ed.), *Deleuze and philosophy*. Edinburgh: Edinburgh University Press, 175-184.

Miller, P. D. (2008). In through the out door: Sampling and the creative act. In P. D. Miller (Ed.), *Sound unbound* (pp. 5-20). Cambridge, MA: MIT Press.

Morris, M. (2000). The pit and the pendulum: Taking risks talking about the future of curriculum. *Journal of Curriculum Theorizing, 16*(3), 3-6.

Neill, A. S. (1993). *Summerhill school: A new view of childhood*. New York: St. Martin's Press.

Nietzsche, F. (1966). *Beyond good and evil: Prelude to a philosophy of the future*. W. Kaufmann (Trans.). New York: Random House (originally published in 1886).

Nietzsche, F. (1968). *The Anti-Christ*. R. J. Hollingdale (Ed.). New York: Penguin Books (originally published in 1895).

Nietzsche, F. (1969). *Thus Spoke Zarathustra*. D. Smith (Trans.). Oxford: Oxford University Press (originally published in 1885).

Nietzsche, F. (1986). *Human, all too human: A book for free spirits*. R. J. Hollingdale (Trans.). Cambridge, UK: University of Cambridge Press.

Nietzsche, F. (2000). *On the genealogy of morals*. In W. Kaufman (Trans), Basic writings of Nietzsche. New York: Random House (originally published in 1887).

Olkowski, D. (1999). *Gilles Deleuze and the ruin of representation*. Berkeley: University of California Press.

Otomo, R. (2000). *"The way of the samurai": Ghost dog, Mishima and modernity's other*. Senses of Cinema. Retrieved from http://archive.sensesofcinema.com/contents/00/9/samurai.html on March 2, 2009.

Pennebaker, D. A. (Writer and Director) (1968). *Don't Look Back* (Documentary). New York: Pennebaker Hegedus Films.

Perec, G. (1990/1965). *Things: A story of the sixties*. D. Bellos and A. Leak (Trans.). Jaffrey, NH: David R. Godine.

Pfaller, R. (2003). *Little gestures of disappearance: Interpassivity and the theory of ritual*. Retrieved from Journal of European Psychoanalysis 16(Winter-Spring), http://www.psychomedia.it/jep/number16/pfaller.htm on November 22, 2007.

Pinar, W. F. (1972). Working from within. *Educational Leadership, 29*(4), 329-331.

Pinar, W. F. (1974). Currere: Toward reconceptualization. In J. Jelinek (Ed.), *Basic problems in modern education* (pp. 147-171). Temple, AZ: Arizona State University, College of Education.

Pinar, W. F. (1994). *Autobiography, politics, and sexuality: Essays in curriculum theory, 1972-1992*. New York, NY: Peter Lang.

Pinar, W. F. (2004). *What is Curriculum Theory?*. Mahwah, NJ: Lawrence Erlbaum Associates.

Pinar, W. F. (2006). Relocating cultural studies into curriculum studies. *Journal of Curriculum Theorizing, 22*(2), 55-72.

Pinar, W. F., & Grumet, M. (1976). *Toward a Poor Curriculum*. Dubuque, IA: Kendall/Hunt.

Pinar, W. F., Reynolds, W., Slattery, P., & Taubman, P. (2000). *Understanding Curriculum*. New York: Peter Lang.

Pisters, P. (2003). *The Matrix of visual culture: Working with Deleuze in film theory*. Palo Alto, CA: University of Stanford Press.

Plato. (1992). *The Republic*. A.D. Lindsay (Trans.). New York: Alfred A. Knopf (originally published in 360 BC).

Postman, N. (1993). *Technopoly: The surrender of culture to technology*. New York: Vintage.

Powell, A. (2005). *Deleuze and horror film*. Edinburgh: Edinburgh University Press.

Rajchman, J. (2000). *The Deleuze connections*. Cambridge, MA: MIT Press.

Rajchman, J. (2001). Introduction to pure immanence: Essay on a life. In G. Deleuze, *Pure immanence: Essays on a life* (pp. 7-24). New York: Zone Books.

Reynolds, B. (1998). Becoming a body without organs: The masochistic quest of Jean-Jacques Rousseau. In E. Kaufman & K. J. Heller (Eds.), *Deleuze and Guattari: New mappings in politics, philosophy, and culture* (pp. 191-208). Minneapolis: University of Minnesota Press.

Reynolds, S. (2008). Renegade academia. In P. Miller (Ed.), *Sound unbound: Sampling digital music and culture* (pp. 171-180). Cambridge, MA: MIT Press.

Reynolds, W. M. (2002). Shooting arrows into the air: Deleuze and vampires. *Journal of Curriculum Theorizing, 18*(3), 41-52.

Reynolds, W. M. (2004). To touch the clouds standing on top of a maytag refrigerator: Brand-name postmodernity and a Deleuzian "in-between." In W. M. Reynolds & J. A. Webber (Eds.), *Expanding curriculum theory: Dis/positions and lines of flight* (pp. 19-34). Mahwah, NJ: Lawrence Erlbaum Associates.

Reynolds, W. M. (2006). Cultural curriculum studies, multiplicity, and cinematic-machines. *Journal of Curriculum Theorizing, 22*(2), 41-54.

Rodowick, D. N. (1997). Gilles Deleuze's time machine. Durham, NC: Duke University Press.

Roffe, J. (2005). *Capitalism*. In A. Parr (Ed.), The Deleuze Dictionary (pp. 35-37). New York: Columbia University Press.

Roy, K. (2003). *Teachers in nomadic spaces: Deleuze and curriculum*. New York: Peter

Lang.

Roy, K. (2004). Overcoming nihilism: From communication to Deleuzian expression. *Educational Philosophy and Theory, 36*(3), 297-312.

Roy, K. (2005). Power and resistance: Insurgent spaces, Deleuze, and curriculum. *Journal of Curriculum Theorizing, 21*(1), 27-38.

Rickman, G. (1999). The Western under erasure: Dead man. In J. Kitses & G. Rickmann (Eds.), *The Western Reader* (pp. 381-404). New York: Limelight Editions.

Rosenbaum, J. (2000). *Dead man*. London: British Film Institute.

Sagan, D., & Margulis, L. (1995). Garden of mircobial delights. Dubuque, IA: Kendall/Hunt.

Seem, M. (1983). *Introduction*. In G. Deleuze & F. Guattari, Anti-Oedipus: Capitalism and schizophrenia. Minneapolis: University of Minnesota Press.

Serres, M. (1997). *The troubadour of knowledge*. In S. F. Glaser & W. Paulson (Trans). Ann Arbor, MI: University of Michigan Press.

Smith, D. W. (2007). *The conditions of the new*. Deleuze Studies, 1, June 2007, pp. 1-21. Retrieved on September 22, 2008, from http://www.eupjournals.com/doi/abs/10.3366/dls.2007.1.1.1.

Spinoza, B. (1951). *The chief works of Benedict de Spinoza*. R. H. M. Elwes (Trans.). New York: Dover.

Spinoza, B. (1985). *Ethics*. E. Curley (Trans.). The Collected Writings of Spinoza, vol. 1. Princeton: Princeton University Press (originally published in 1677).

Swiboda, M. (2004). Cosmic strategies: The electric experiments of Miles Davis. Deleuze and music. In I. Buchanan & M. Swiboda (Eds.), Deleuze and music (pp. 196-216). Edinburgh: Edinburgh University Press.

Taylor, F. (1911). *The principles of scientific management*. New York: Harper.

Thoreau, H. D. (1962). *The variorum Walden*. Annotated by W. Harding. New York: Twayne.

Totaro, D. (1999). Gilles Deleuze's Bergsonian film project. Off Screen. Retrieved on August 30, 2008, from http://www.horschamp.qc.ca/9903/offscreen_essays/ deleuze1.html.

Tsunetomo, Y. (1979). *Hagakure: The book of the samurai*. W. S. Wilson (Trans.). Tokyo: Kodanasha International.

Tyler, R. (1949). *Basic Principles of Curriculum and Instruction*. Chicago: University of

Chicago Press.

Walser, R. (1993). *Running with the devil: Power, gender, and madness in heavy metal music.* Middletown, CT: Wesleyan University Press.

Watson, J. (2008). Theorizing European ethnic politics with Deleuze and Guattari. In I Buchanan and N. Thoburn (Eds.)., *Deleuze and politics* (pp. 196-217). Edinburgh: Edinburgh University Press.

Welchman, A. (1987). Machinik thinking. In Ansell-Pearson (Ed.), *Deleuze and philosophy: The difference engineer* (pp. 211-227). New York: Routledge.

Widder, N. (2006). Time is out of joint—and so are we: Deleuzian immanence and the fractured self. *Philosophy Today, 50*(4), 405-417.

Winner, L. (1986). *The whale and the reactor.* Chicago: The University of Chicago Press.

Vähämäki, J., & Virtanen, A. (2006). Deleuze, change, history. In M. Fuglsang & B. M. Sorensen (Eds.), *Deleuze and the social* (pp. 39-57). Edinburgh: Edinburgh University Press.

Villani, A. (2006). Why am I deleuzian?. In C. V. Boundas (Ed.), *Deleuze and philosophy* (pp. 227-249). Edinburgh: Edinburgh University Press.

Zourabichvili, F. (1996). *Six notes on the percept* (On the relation between the critical and the clinical). In P. Patton (Ed.), *Deleuze: Acritical reader* (pp. 188-216). Cambridge, MA: Blackwell.

저자 소개

제이슨 J. 월린(Jason J. Wallin)

캐나다 앨버타 대학교(University of Alberta) 교육학과 교수로, 교육과정 이론, 예술 교육, 미디어 철학, 포스트휴머니즘 교육학을 연구하고 있다.

1997년 캘거리 대학교(University of Calgary)에서 유아교육 학사 학위를 취득했으며, 2005년 같은 대학 대학원에서 교육과정 연구 석사 학위를 받았다. 이후 2009년 앨버타 대학교에서 중등교육 박사학위를 취득했으며, 박사 논문 「Curriculum in a Deleuzian key: Essay on a Pedagogical life」를 통해 들뢰즈 철학을 기반으로 교육과정을 재구성하는 연구를 수행했다.

대표 저서인 『A Deleuzian Approach To Curriculum: Essay on a Pedagogical life』에서 월린은 교육을 단순한 교수법이 아니라 창조적이고 예술적인 실천으로 바라본다. 그는 교육을 지식 암기와 전달이 아니라 끊임없는 변화와 생성의 과정이라고 주장한다. 이런 차원에서 음악과 영상 문화 등 대중 예술과 교육을 접목하는 연구를 활발히 진행 중이다. 월린의 연구는 기존의 교육 패러다임을 넘어, 교육을 고정된 틀이 아닌 변주와 실험의 장으로 제시하고 있다.

역자 소개

윤은주(Yun Eunju)

Univ. of Illinois at Urbana-Champaign, Ph.D.
현 숙명여자대학교 아동복지학부 교수

안효진(Ahn HyoJin)

Univ. of Illinois at Urbana-Champaign, Ph.D.
현 인천대학교 유아교육과 교수

류미향(Ryu Mi-Hyang)

Univ. of Tennessee, Knoxville, Ph.D.
현 동아대학교 아동가족과 교수

성소영(Sung So-Young)

Univ. of Illinois at Urbana-Champaign, Ph.D.
현 안양대학교 유아교육과 교수

신은미(Shin Eun-Mi)

덕성여자대학교 교육학박사
전 숙명여자대학교 아동복지학부 시간강사

이연선(Lee Youn-Sun)

Univ. of Columbia, Ed.D.
현 부산대학교 유아교육과 교수

이진희(Lee Jin-Hee)

Univ. of Illinois at Urbana-Champaign, Ph.D.
현 계명대학교 유아교육과 교수

정가윤(Chung Ka-Youn)

Univ. of Illinois at Urbana-Champaign, Ph.D.
현 명지대학교 아동학과 교수

들뢰즈적 교육방법 접근법

A Deleuzian Approach To Curriculum

2025년 2월 20일 1판 1쇄 인쇄
2025년 2월 25일 1판 1쇄 발행

지은이 • Jason J. Wallin
옮긴이 • 윤은주 · 안효진 · 류미향 · 성소영 · 신은미 · 이연선 · 이진희 · 정가윤
펴낸이 • 김진환
펴낸곳 • (주) 학지사
04031 서울특별시 마포구 양화로 15길 20 마인드월드빌딩
대표전화 • 02)330-5114 팩스 • 02)324-2345
등록번호 • 제313-2006-000265호

홈페이지 • http://www.hakjisa.co.kr
인스타그램 • https://www.instagram.com/hakjisabook/

ISBN 978-89-997-3383-3 93370

정가 18,000원

역자와의 협약으로 인지는 생략합니다.
파본은 구입처에서 교환해 드립니다.